CW01594415

JAMAIS SANS MES SŒURS

CELESTE JONES
KRISTINA JONES
JULIANA BUHRING

JAMAIS SANS MES SŒURS

traduit de l'anglais
par Laure Motet

ARCHIPOCHE

Ce livre est paru chez HarperCollins en 2007, sous le titre *Not without my sister.*

Notre catalogue est consultable à l'adresse suivante : www.archipoche.com

Éditions Archipoche
34, rue des Bourdonnais
75001 Paris.

ISBN 978-2-37735-015-5

Copyright © Green Shirt Limited, 2007.
Copyright © K&B Éditeurs, 2008, pour l'adaptation française.

Prologue

En janvier 2005, notre sœur Davida est morte d'une overdose. Elle avait 23 ans. Le choc de sa mort nous a profondément affectées, bien que nous comprenions parfaitement quelle douleur et quel désespoir avaient pu l'amener jusque-là. Chacune d'entre nous s'est battue contre des souvenirs douloureux d'abandon, de négligence et d'abus en tout genre. En effet, nous sommes nées et avons été élevées sous l'influence pernicieuse d'un culte religieux, les Enfants de Dieu.

Nous avons été systématiquement abusées, physiquement, mentalement, émotionnellement et sexuellement, et ce, dès notre plus jeune âge. Nous avons été séparées les unes des autres, ainsi que de nos parents, et avons été élevées en communauté au sein de cette organisation, qu'on appelait également la « Famille ».

Contrairement à nos parents, qui avaient tiré un trait sur leurs anciennes vies, nous n'avons jamais eu la liberté de choisir le chemin que devaient prendre nos existences. Mises à l'écart de la société, nous étions contrôlées par la peur – la peur du gouvernement, de la police, des médecins et des travailleurs sociaux, et celle, plus grande encore, de la colère de Dieu si nous quittions un jour le giron de la Famille.

Notre enfance a été dominée par un homme : David Berg – un homme que nous n'avons jamais rencontré, mais qui, tel un fantôme invisible, nous accompagnait à longueur de temps. Il était la force perverse et manipulatrice derrière les Enfants de Dieu. David Berg s'arrogeait le rôle d'une figure parentale bienveillante et nous appelait, nous ses adeptes, les « Enfants de David ». Il s'autoproclamait le successeur du roi David et du prophète Moïse – et se faisait appeler Moïse David, ou Mo pour faire court. On apprenait aux enfants à l'appeler « Grand-père ». Il était le chef de notre famille, notre prophète, notre leader, notre « lumière au milieu des ténèbres ». Il dictait les règles que nous devions suivre. Nous connaissions chaque détail de sa vie – ses rêves, ce qu'il aimait ou détestait, les femmes qui partageaient son lit et les enfants dont il abusait. Dès notre plus jeune âge, nous avons appris sa Parole par cœur et nos journées étaient consacrées à l'étude de ses écrits, qu'on appelait les *Lettres de Mo*. « Le Moment de la parole » – qui était consacré à la lecture de ces lettres et à l'étude de la Bible – occupait une grande partie de notre quotidien. Il serait difficile, voire impossible, de raconter nos vies sans reconnaître l'influence dominatrice qu'avait David Berg sur elles.

Dès la naissance, nous avons été conditionnées pour suivre les règles du culte et pour y obéir. Nous n'avions pas le choix et ne connaissions rien d'autre. Nous n'avons jamais entendu notre père exprimer une opinion qui soit la sienne. C'était toujours : « Grand-père a dit. » Si nous étions punies, c'était parce que nous avions désobéi aux règles de Mo ; au contraire, si nous étions récompensées, c'était parce que nous étions des « adeptes fidèles ». Le dévouement de notre père envers Berg, la foi qu'il avait dans ses prophéties étaient inébranlables. S'il a jamais remis en doute la véracité de tout cela, s'il a jamais pensé qu'il ne s'agissait que d'une chimère, il ne l'a manifesté à aucun moment, pas même en privé.

Berg nous a appris que le contrôle des naissances était un acte de rébellion envers Dieu : de fait, en quelques années, des milliers d'enfants sont nés au sein de notre groupe. Berg s'en enorgueillissait, affirmant que nous étions « l'espoir du futur » – une deuxième génération pure, non corrompue par le monde extérieur. On nous apprenait qu'être nés dans la Famille était le plus grand privilège qui soit, que nous étions libérés des chaînes du « Système », comme on appelait le monde extérieur. C'était notre destinée de devenir les Soldats de Dieu de la fin des Temps et de sacrifier nos vies à notre cause. Berg prédisait que la fin du monde aurait lieu en 1993, et que nous deviendrions alors les dirigeants du Nouveau Millenium. Comme nos vies terrestres devaient être de courte durée, nous n'avons jamais été autorisées à n'être que de simples enfants. Notre individualité était niée : nous n'étions que de vulgaires jouets, utilisés pour servir les intérêts collectifs du groupe.

La croyance qui nous a le plus fait souffrir était la « Loi d'Amour » promulguée par Berg. Dieu était l'amour, et l'amour revenait au sexe. Partager nos corps avec les autres était considéré comme la plus haute expression de l'amour. L'âge ne constituait en rien une barrière dans la Loi d'Amour de Berg, et les enfants de la Famille devaient prendre part à sa philosophie perverse et pédophile. Ses propres enfants et petits-enfants ont souffert de ses prédilections incestueuses.

Dans ce livre, nous décrivons le voyage émotionnel que nous avons entrepris dès nos plus jeunes années, jusqu'à notre adolescence, lorsque nous avons commencé à tout remettre en question, tout d'abord en secret, puis plus ouvertement – et finalement quand nous nous sommes battues pour nous libérer, comme des papillons pris au piège dans une toile d'araignée. Il y est question de ténèbres et de lumière, d'emprisonnement de l'esprit, de rédemption et de liberté. Nous avons survécu – mais, pour beaucoup, cela n'a pas été le cas. Des milliers d'enfants de la seconde génération de la Famille ont dû faire face aux conséquences dévastatrices de la foi aveugle de leurs parents en un leader qui se disait être la voix de Dieu sur Terre. Ceux qui ont eu le courage de parler franchement de leurs souffrances ont été diffamés et calomniés par leurs anciens bourreaux. Nous espérons qu'en racontant notre histoire, nous entendrons s'élever la voix des enfants qu'ils essaient toujours aujourd'hui de réduire au silence.

Celeste Jones, Kristina Jones, Juliana Buhring
Angleterre, 2007.

Introduction

L'histoire des Enfants de Dieu commence en Californie du Sud à la fin des années 1960, parmi les hippies et les marginaux de Huntington Beach. Le fondateur du groupe, David Berg, naît en 1919 à Oakland, en Californie. Sa mère, Virginia Lee Brandt Berg, est un célèbre évangéliste de l'Alliance chrétienne et missionnaire. En 1944, David Berg épouse Jane Miller, une jeune éducatrice baptiste. Après la naissance de leur second enfant, Berg devient le pasteur d'une église de l'Alliance chrétienne et missionnaire en Arizona. Mais il est renvoyé au bout de seulement trois ans, à cause d'un prétendu scandale sexuel. Cette éviction provoquera chez lui une grande amertume à l'égard de la religion, qui durera toute sa vie.

En décembre 1967, Berg fait déménager sa famille – sa femme Jane (plus tard connue sous le nom de Mère Ève) et leurs quatre enfants, Deborah, Croyante, Aaron et Osée – à Huntington Beach, en Californie. Ils habitent chez la mère de Berg, alors âgée de 81 ans. Cette dernière a créé un petit ministère dans un café, appelé le Light Club[1], où elle distribue des sandwichs

1. Le Club de la Lumière, en français (*N.d.T.*).

aux hippies, aux surfeurs et autres marginaux qui se rassemblent sur la jetée. Lorsque les « cheveux longs » commencent à déserter le Light Club en raison de son image trop vieillotte, Mme Berg voit l'opportunité de renouveler son auditoire grâce à son fils et ses petits-enfants. En peu de temps, David Berg et sa famille commencent à attirer de plus en plus de jeunes grâce à la nourriture gratuite qu'ils distribuent et au message contestataire qu'ils délivrent.

Le groupe parcourt ensuite les États-Unis, rassemblant toujours plus de jeunes disciples sur son passage, et génère bientôt des communautés dans tout le pays. Il bénéficie d'une couverture médiatique considérable et, dans certains articles, les journalistes font référence à lui en le nommant les « Enfants de Dieu », nom que le groupe adoptera par la suite.

Après une série d'aventures illicites avec certaines de ses très jeunes adeptes, Berg trouve une compagne dévouée en la personne de sa jeune et ambitieuse secrétaire, Karen Zerby, alias « Marie ». Insultant en public son ex-femme, l'ancienne mère de la « Vieille Église », Berg désigne Marie et les Enfants de Dieu comme la « Nouvelle Église », et lui-même comme le dernier prophète de la fin des Temps. Il commence à utiliser le pseudonyme de « Moïse David », s'identifiant au roi David de la Bible et au prophète Moïse, qui fit sortir d'Égypte (du « Système ») les Enfants d'Israël pour les conduire à la Terre promise. Berg décide alors de donner naissance à une dynastie royale. Ses différentes résidences sont appelées les « Demeures du roi » ; il se couronne roi et fait de Marie sa reine.

Pendant de nombreuses années, une assemblée de « ministres » dirige le culte, pour la plupart des membres de la famille étendue de Berg, appelée la Famille royale. Berg attend des membres de la Famille qu'ils lui obéissent, ainsi qu'aux autres leaders, sans poser de questions. Le seul contact qu'entretient Berg avec ses membres se fait au moyen de ses prolifiques écrits, qui exposent en détail les lignes de conduite à suivre, les croyances et les instructions concernant la direction des communautés, ainsi que les prophéties et autres révélations qu'il prétend tenir directement de Dieu.

Au début des années 1970, les médias et les services judiciaires commencent à surveiller de près les Enfants de Dieu : des parents d'enfants recrutés par l'organisation sont témoins de changements de personnalité radicaux chez leurs enfants après leur entrée dans le culte. Mais il y a plus inquiétant encore : tout contact avec eux est rompu et certains des enfants disparaissent même dans la nuit – leurs parents ne les reverront pas pendant des années.

Fuyant la publicité négative et se soustrayant à une citation à comparaître en justice, Berg s'enfuit en Europe, en conseillant à ses disciples de quitter l'Amérique. Le groupe fuit donc les États-Unis en 1972, exode massif pour aller évangéliser et recruter des membres dans d'autres pays, en commençant par l'Europe. Berg et Marie arrivent en Angleterre la même année.

De plus en plus paranoïaque quant à sa sécurité personnelle, le gourou s'éloigne de ses adeptes et réside dans un endroit tenu secret. Retirés du monde, Berg et Marie expérimentent une nouvelle méthode controversée, qui consiste à utiliser le sexe pour convertir de nouveaux adeptes et sympathisants. Cette méthode est tristement connue sous le nom de *Flirty Fishing*. Grâce à une série de Lettres adressées à ses membres, Berg diffuse peu à peu l'idée du *Flirty Fishing* et promulgue également une nouvelle révélation appelée la

« Loi d'Amour ». Berg annonce à ses adeptes que les Dix Commandements sont désormais obsolètes : tout ce qui est fait dans l'amour (y compris le sexe) est approuvé par Dieu. L'adultère, l'inceste, les relations hors mariage et les relations entre adultes et enfants ne sont désormais plus des péchés, tant qu'ils sont faits « dans l'amour ». Berg exige fidélité à ses messages radicaux, à la Loi d'Amour et au *Flirty Fishing :* chaque membre doit les mettre en pratique de façon active, ou bien quitter le culte. C'est la raison pour laquelle les deux tiers du groupe partiront à cette époque, signalant la fin de l'ère des Enfants de Dieu et le début de la Famille d'Amour.

En 1979, Berg écrit une lettre à ses adeptes, intitulée *Le Sexe dans mon enfance*, dans laquelle il révèle qu'une nourrice a pratiqué une fellation sur lui alors qu'il était tout juste en âge de marcher et qu'il avait aimé cela. Il déclare que cette pratique est tout à fait normale, naturelle et saine, et donne, par là même, carte blanche à quiconque le souhaite pour en faire autant. Les années suivantes verront d'autres *Lettres de Mo* et publications émanant de la Famille venir renforcer l'idée que les enfants doivent être autorisés à jouir de contacts sexuels avec les adultes – et nombre d'adultes de la Famille embrasser et mettre en pratique ces suggestions.

Christopher Jones naît en décembre 1951 dans une ville près de Hamelin, en Allemagne. Son père Glen, officier dans l'armée britannique, rencontre sa mère Krystina, une jeune Polonaise, alors qu'il est en garnison en Palestine. Christopher fait ses études dans une école publique de Cheltenham, puis étudie l'art dramatique au Rose Bruford College. Il abandonne ses études après sa seconde année et rejoint les Enfants de Dieu en 1973. Il a quinze enfants, dont Celeste, Kristina et Juliana, de sept mères différentes et reste à ce jour membre du culte.

Rebecca Jones naît en mars 1957 et reçoit une éducation solide dans une famille de la classe moyenne du sud de l'Angleterre. Son père, Bill, est ingénieur civil et sa mère, Margaret, une femme au foyer dévouée. Ses parents ne sont pas croyants, mais envoient leur fille au catéchisme à l'âge de 5 ans. Elle devient catéchiste à 12 ans et est baptisée deux années plus tard. C'est à son école que Rebecca est recrutée par les Enfants de Dieu, à l'âge de 16 ans : elle y rencontre notre père et l'épouse en 1974. Ils auront trois enfants ensemble, dont Celeste et Kristina, avant de se séparer. Rebecca quitte le culte en 1987.

Serena Buhring naît près de Hanovre, en Allemagne, en octobre 1956. Son père est architecte et sa mère, une musicienne accomplie, qui maîtrise le piano, le violon et le violoncelle. Serena, qui est hippie, voyage en Inde : c'est là qu'elle rejoint les Enfants de Dieu. Elle rencontre notre père après qu'il vient de se séparer de Rebecca et a trois enfants avec lui, dont Juliana. Serena est toujours membre du culte.

Première partie

L'histoire de Celeste

1

La petite fille à son Papa

Je jouais seule dans le jardin devant une maison blanche près du village de pêcheurs de Rafina, en Grèce. Dans notre jardin, nous avions trois oliviers, ainsi qu'un abricotier, un figuier et un pêcher, tous chargés de fruits. J'étais assise sous un vieux pin, très haut, qui projetait de grandes flaques d'ombre. Le sol était décoloré par le soleil, totalement sec, et je m'amusais à faire des dessins sur la terre desséchée avec une pierre blanche. J'avais 5 ans.

Je n'avais pas beaucoup de souvenirs de ma mère, seulement une image fugace d'elle en train de jouer de la guitare et de chanter : « Jésus m'aime, je le sais, car la Bible me l'a dit », tandis que je jouais avec ma petite sœur Kristina sur des lits superposés dans une chambrette, dans un autre pays. Je restais néanmoins très attachée à Maman et je parlais d'elle tous les jours, même si je ne l'avais pas vue depuis deux ans. Ma sœur et elle me manquaient toujours, mais je me souvenais en revanche à peine de mon petit frère David. Je me raccrochais désespérément à l'espoir que Maman finirait par revenir. Tel un disque qui ne cesse jamais de tourner, je demandais sans relâche à mon père : « Pourquoi nous a-t-elle quittés ? »

Papa me prenait alors dans ses bras et m'expliquait : « Maman a décidé de vivre avec quelqu'un d'autre, et je ne pouvais pas te laisser partir. Tu es l'aînée, et nous avons toujours été proches toi et moi, n'est-ce pas ? »

J'acquiesçais. J'aimais mon père aussi fort que ma mère, mais je trouvais injuste d'avoir à faire un choix entre eux. Je lui demandais :

« Et Kristina et David ?

— Ils étaient trop jeunes. Ils avaient encore besoin de leur mère. »

Papa passait de longues heures à travailler dans un studio d'enregistrement de fortune installé dans le sous-sol de notre maison : il produisait et faisait le disc-jockey pour une émission de radio intitulée « Music with Meaning ». C'est une jeune Allemande, Serena, qui était ma nounou. Je ne l'aimais pas et lui rendais la vie aussi difficile que possible en refusant de coopérer, allant même jusqu'à faire comme si elle n'était pas là. Serena avait de longs cheveux bruns et raides, et des yeux marron que venaient grossir d'épaisses lunettes. Pauvre Serena ! Elle avait beau faire tout ce qu'elle pouvait pour me gagner à sa cause, j'étais bien déterminée à ne pas l'aimer. Je trouvais que son accent allemand était bizarre, et elle essayait sans relâche de me faire manger des germes de blé avec du yaourt non sucré et avaler des cuillerées d'huile de foie de morue, dont je détestais le goût et l'odeur.

Nous faisions partie des Enfants de Dieu, une organisation religieuse secrète qui avait des tentacules dans le monde entier. Son leader et prophète s'appelait David Berg. Nous le connaissions sous le nom de Moïse David ; mon père l'appelait Mo et, pour moi, il était notre « Grand-père ». Il décidait de tout – ce que nous disions, ce que nous faisions, ce que nous pensions, et même de quoi nous rêvions. Tout dans nos vies, jusqu'au détail le plus insignifiant – comme ce que nous mangions –, était régi par Mo. Il avait décrété que notre régime alimentaire ne devait être constitué que de nourriture saine et ne pas comprendre de sucre blanc ; Serena avait embrassé avec enthousiasme cette politique alimentaire : « Grâce à ça, tu auras de bons os et de bonnes dents », m'expliquait-elle, mais ça n'aidait pas à rendre ses plats meilleurs. Elle ne se montrait jamais cruelle, mais elle était stricte, et je la considérais comme une intruse gênante dans ma vie. Papa m'avait assuré qu'elle ne resterait que trois mois, et je comptais les jours avant son départ.

En ce jour ensoleillé, alors que je jouais sous le pin, j'aperçus Papa et Serena sortir de la maison. Ils se tenaient sous la véranda, tout près l'un de l'autre, et je ressentis instantanément une sorte d'électricité entre eux.

« Chérie, j'ai quelque chose de très excitant à te dire », cria Papa en ma direction.

Tout en me parlant, ce père, grand et beau, que j'adorais plus que quiconque au monde, se tourna pour prendre Serena dans ses bras.

Alors que je me dirigeais vers eux, je remarquai que des sourires radieux éclairaient leurs visages. *Oh non*, grognai-je. Cela ne présageait rien de bon.

« Nous avons décidé de vivre ensemble, ma chérie, m'annonça Papa d'un ton bien trop enjoué à mon goût. Serena va devenir ta nouvelle maman.

— Pas elle, hurlai-je. Je la déteste. »

Je ne pouvais même pas prononcer son nom.

« Je veux ma mère. Pourquoi elle ne peut pas revenir vivre avec nous ? Ce n'est pas juste ! », sanglotai-je.

Je me retournai et courus vers le coin du jardin, où je restai plantée en leur tournant le dos.

Mon père me suivit et se pencha au-dessus de moi, l'air préoccupé. Il mit sa main sur mon épaule :

« Chérie, tu sais bien que ta mère est partie pour de bon. Elle ne reviendra pas.

— Mais je veux vivre ici avec mon frère et ma sœur. Ce n'est pas juste, répliquai-je en avançant ma lèvre inférieure en une moue exagérée.

— Mais tu as plein de frères et de sœurs avec lesquels tu peux jouer ici, me répondit mon père.

— Ce n'est pas pareil, ripostai-je.

— Chérie, on forme une grande famille ici. Maintenant, surveille cette lèvre inférieure… si tu ne fais pas attention, tu vas finir par te prendre les pieds dedans ! »

J'esquissai l'ombre d'un sourire, mais seulement pour que Papa se sente mieux.

Mo disait que nous n'étions pas censés avoir de familles individuelles. Nos frères et sœurs au sein des Enfants de Dieu étaient notre vraie famille. Nous nous appelions même la « Famille » entre nous. Je refusais néanmoins d'oublier ma mère, ainsi que Kristina et mon petit frère David, même si je craignais que leurs visages ne soient en train de s'effacer de ma mémoire.

La seule photographie que Papa avait de Maman la représentait debout derrière une double poussette, avec moi assise à l'intérieur d'un côté, et ma petite sœur de l'autre. Un jour, je regardais attentivement la photo. Maman avait de longs cheveux d'un blond roux qui descendaient jusqu'à la taille, des yeux bleus et un large sourire.

« Elle est belle, dis-je. Et ça, c'est ma sœur ? » Je distinguais mal son visage car la photo était de mauvaise qualité. Kristina n'était qu'un petit bébé, âgée d'à peu près un an ; elle avait deux petites nattes. Nous portions toutes les deux de jolies robes en coton et un chapeau. J'avais beau regarder attentivement la photo, je ne pouvais pas faire renaître le moindre souvenir d'elles ; je me mis à pleurer, ressentant un trou béant au fond de moi.

Papa me décrivit la façon dont Maman et lui avaient l'habitude de nous emmener avec eux quand ils allaient témoigner dans les rues.

« Je plaçais la poussette en travers du chemin des personnes qui arrivaient en face de nous et je leur tendais un tract : je témoignais, je leur parlais de Jésus et leur disais de quelle manière ils pouvaient être sauvés. Les Indiens aiment les enfants, et vous étiez si jolies, si mignonnes. Ils vous pinçaient les joues et vous parlaient. Ils pensaient qu'ils ne pouvaient pas se montrer grossiers envers nous avec vous deux assises là, qui les regardiez comme deux petits anges.

— Est-ce que tu as une photo de David ? lui demandai-je.

— Là, il avait tout juste 3 mois, répliqua Papa en me tendant une petite photographie en noir et blanc.

— Il est si mignon, regarde ces joues ! », déclarai-je fièrement. Il était allongé sur le ventre, soulevant sa tête à l'aide de ses petits bras potelés et arborait un large sourire sur le visage.

J'avais peu de souvenirs de mon enfance : je les revoyais en une série de flashs, comme des fenêtres qui s'ouvraient dans mon imagination. La majorité des souvenirs que je glanais, c'était Papa qui me les racontait durant les rares moments que nous passions seuls. Je me pelotonnais sur ses genoux, et il me racontait des morceaux choisis qui reconstituaient peu à peu un tableau plus grand. Mais ce n'était toujours que la moitié du tableau ; il ne m'en disait jamais trop sur ma mère.

Peut-être était-ce un moyen de la garder en vie, ou de me raccrocher désespérément aux vestiges d'une vie de famille, mais je demandais souvent à Papa de me raconter l'histoire de sa première rencontre avec Maman, puis de leur mariage et de ma naissance. Il ne racontait pas grand-chose à ce sujet ; ce n'est que plus tard que j'entendis toute l'histoire.

« Ta mère était jeune et belle – elle n'avait que 17 ans quand nous nous sommes mariés. Moi, j'avais 22 ans. »

J'avais toujours plein de questions à lui poser : « Et ton père ? »

Papa me disait que son père était juriste et juge dans l'armée britannique. Il ne se souvenait pas de sa mère puisqu'elle était morte quand il avait 4 ans et que son père s'était vite remarié. Son demi-frère et lui avaient été envoyés au pensionnat à Cheltenham.

« J'étais rebelle à l'école. J'ai même été expulsé pour avoir organisé une manifestation lors de laquelle nous nous sommes enfermés dans le réfectoire principal.

— Pourquoi et contre quoi manifestiez-vous ?

— Les élèves chargés de la discipline à l'école avaient l'habitude de nous battre pour tout et n'importe quoi. Ils venaient la nuit avec leurs lampes électriques et les braquaient sur nos visages pour nous réveiller. Nous en avons eu assez de cette injustice et nous nous sommes élevés contre elle. »

Renvoyé, il s'était inscrit dans une école d'art dramatique à Londres et avait voyagé à travers l'Europe pendant ses vacances. « Je cherchais le sens de la vie », m'expliquait-il.

Je l'écoutais avec sérieux quand il me décrivait comment, dans sa quête de sens, il avait lu de nombreux livres sur la spiritualité et avait touché à l'occulte et à la méditation.

Je frissonnais. Mo n'avait de cesse de nous ressasser que les drogues et les planches d'Ouija étaient dangereuses car elles pouvaient ouvrir les portes de notre esprit au Diable.

Quand il me parlait de ces années-là, Papa me disait toujours :

« J'ai fini par être profondément déprimé ; j'avais perdu mes illusions à propos de la vie.

— Ce n'est pas ce que tu voulais, aller à l'école d'art dramatique ?

— C'était vide. Sans le Seigneur, rien n'a de sens : tout n'est que coquilles vides sans lui, ma chérie. »

C'est durant cette période de dépression qu'il avait reçu l'appel d'un de ses copains qui revenait tout juste d'Istanbul. Cet ami avait prévu de se rendre en Inde à pied, mais avait été converti par les Enfants de Dieu alors qu'il était en route et était revenu en Angleterre pour répandre la bonne parole.

Papa avait été interloqué par le changement radical qui s'était opéré chez cet ami, anciennement perturbé et drogué. Il semblait maintenant sûr de lui, avec un but, une direction. « Il m'a dit que tout ça, c'était grâce aux Enfants de Dieu, et ça m'a intrigué. »

À l'époque du mouvement hippie et du « *Peace and Love* », le message que répandaient les Enfants de Dieu semblait excitant : trouver une nouvelle vie à travers le Christ, se marginaliser, vivre en communauté, renoncer au capitalisme, tout partager, comme l'avaient fait les premiers adeptes. Mais ce n'était pas qu'un autre de ces groupes évangéliques zélés venu d'Amérique

– c'était l'Armée de Dieu de la fin des Temps, l'élite qui, aux heures les plus noires, conduirait le monde en perdition vers le salut.

Les Enfants de Dieu croyaient qu'avec l'imminence de la fin du monde viser quelque but que ce soit dans la vie était vain. Papa s'était laissé convaincre. Il avait renoncé à la plupart de ses biens matériels et s'était présenté à la porte d'une communauté de Hollingbourne, dans le Kent, une petite valise à la main, prêt pour sa nouvelle vie d'adepte.

En se remémorant tous ses souvenirs, Papa, les yeux brillants, me disait : « C'était incroyable. Tout le monde vivait sous le même toit et partageait tout, comme les premiers chrétiens dans le récit des Actes des Apôtres. C'était la famille que je recherchais. »

Les nouveaux membres devaient choisir un nom biblique pour refléter leur nouvelle vie. Papa avait choisi Simon Pierre. Il avait maintenant pour tâche d'arrêter les passants dans la rue pour témoigner – le nom que les Enfants de Dieu utilisaient pour faire du prosélytisme. On appelait le fait de distribuer de la documentation en contrepartie d'un don : « faire du doculytisme ».

Papa avait découvert un nouveau moyen de faire du doculytisme. Il riait en me le décrivant : « Je m'habillais en clown, avec un gros nez rouge et un drôle de chapeau : j'avais un petit oiseau en plastique qui rebondissait sur le dessus de ma tête. »

Il agitait ses doigts au-dessus de sa tête et faisait une grimace. Je gloussais :

« Je parie que tu avais l'air idiot !

— Oh oui, c'était le cas – mais j'étais un clown. Les clowns ont le droit d'avoir l'air idiot. Je sautais devant les passants et je les faisais rire avant de leur donner les tracts et de leur demander un don. Je suis devenu une star du doculytisme et de la collecte de fonds – je récoltais des centaines de livres chaque semaine pour la Famille. »

Je riais alors que j'essayais d'imaginer mon père faisant le clown dans les rues de Londres, une ville dont je n'avais aucun souvenir, bien que j'y sois née. Néanmoins, le racolage dans la rue était interdit et Papa avait eu des ennuis avec la police. Bien entendu, il ne voyait pas ce qu'il y avait de mal dans ce qu'il faisait : il se contentait d'obéir à Dieu.

Papa avait rencontré Maman à Hollingbourne : ils avaient tous les deux intégré la communauté le même jour en tant que nouveaux adeptes. Elle avait tout juste 16 ans et avait été recrutée directement à l'école. Jeune et idéaliste, elle croyait que les Enfants de Dieu était une association missionnaire sérieuse. Mes parents furent « mariés » par le groupe, avant d'être mariés légalement à l'église. Après une lune de miel de trois jours dans le Lake District, ils squattèrent une grande maison de Hampstead que les Enfants de Dieu occupaient.

Papa utilisait sa formation d'acteur pour donner des représentations au cours desquelles il récitait avec théâtralité des parties entières des *Lettres de Mo* – les missives que le prophète envoyait régulièrement à chaque communauté et qui nous guidaient, nous autres disciples, dans notre vie. Papa aimait le frisson que lui procurait le fait de jouer, et son talent fit rapidement de lui un être à part, une sorte de célébrité au sein du groupe. Encouragé par son succès, il enregistra ces *Lettres de Mo* sur une série de cassettes intitulées *Wild Wind*, qui étaient distribuées dans les communautés pour que les adeptes les écoutent. Mon père était très occupé et comblé par sa nouvelle vie. De son côté, ma mère, enceinte, était très malade. Elle fut enfin délivrée quand, le 29 janvier 1975, après trois jours de travail difficile, je finis par naître dans une petite mansarde, au troisième étage de la maison de Hampstead.

Le fait de devenir parents n'arrêta pas Papa et Maman : ils poursuivaient leur nouvelle mission, qui visait à sauver le monde. Des équipes de missionnaires étaient formées et mes parents reçurent la « prophétie » de se rendre en Inde. Un adepte n'était pas supposé avoir de volonté propre, mais devait se conformer à celle de Dieu en priant et en écoutant sa prophétie. Ces prophéties donnaient l'approbation divine, dont tout projet ou toute décision avaient besoin. La réalité était tout autre : les autorités britanniques avaient commencé à enquêter sur les activités de la Famille, et particulièrement sur leur prosélytisme agressif et leur sollicitation de dons : Mo ordonna donc à tout le monde de quitter le Royaume-Uni pour se rendre sous des cieux plus cléments, en Inde, en Amérique du Sud ou en Extrême-Orient – des endroits où il y aurait bien moins de risques que les autorités s'intéressent aux activités d'un groupe de marginaux venus d'Occident.

Lorsque notre famille arriva en Inde, nous emménageâmes dans un appartement situé dans un immeuble de Bombay destiné aux classes moyennes, bien qu'il soit à peu près de la taille d'un appartement HLM chez nous. Il y avait trois chambres à coucher, que nous partagions avec deux autres couples et deux frères célibataires. Après quelques semaines, mes parents trouvèrent un appartement avec deux chambres au rez-de-chaussée d'un immeuble de Khar, une banlieue de Bombay. Il y avait tant de gens qui vivaient là, des adeptes qui allaient et venaient, en transit vers d'autres parties d'Inde, que l'appartement était toujours plein à craquer. Il y avait très peu de meubles, mis à part deux lits simples, ainsi qu'une table et des chaises dans le salon.

Maman était à nouveau sur le point d'accoucher mais, dès la naissance de ma sœur, mes parents durent dormir par terre, sur un drap, dans notre petit appartement communautaire, car les matelas étaient infestés de punaises. Il y avait souvent jusqu'à vingt personnes dans l'appartement, et Maman essayait de cacher leur présence au propriétaire. Ma petite sœur naquit en juin 1976 dans une clinique privée du quartier et fut appelée Kristina, en hommage à la mère de Papa. Je n'avais que 18 mois, mais je l'adorai dès que je la vis. Je m'allongeais à côté d'elle sur le drap de Maman, par terre, mettais un bras autour d'elle et la couvrais de bisous humides. J'endossai rapidement le rôle de la grande sœur aimante : j'aimais lui faire des câlins et regarder Maman changer ses couches et l'allaiter. Nous avions si peu de différence d'âge que notre lien était indestructible. Je l'appelais Nina.

Pour Papa, l'Inde représenta un choc culturel énorme. Malgré le fait qu'il ait été hippie et qu'il ait voyagé à Chypre, en Israël et à travers l'Europe, il détestait la chaleur, la saleté et l'insalubrité de Bombay. Il contracta une mauvaise hépatite et resta à l'hôpital pendant quelques semaines après la naissance de Kristina.

« L'eau et la nourriture me rendaient malade, j'avais de telles diarrhées que j'ai perdu de nombreux kilos. Et je me sentais humilié, moi, un étranger qui devait vendre des tracts dans la rue, comme un mendiant, alors qu'il y avait des tas de clochards autour de moi, et des enfants qui n'avaient pas de toit, ni rien à manger », reconnaissait-il.

Le régime alimentaire de Papa et de la communauté entière était une source constante de souffrance. Ils avaient peu d'argent puisque tout ce qu'ils gagnaient provenait de la vente de tracts, à des prix dérisoires. Parfois, ils ne pouvaient se payer que du riz et des lentilles, au jour le jour.

Persévérant dans la chaleur étouffante de Bombay, Papa, stoïque, se démenait pour progresser dans sa quête. Il était intelligent, avait fait des études et avait trouvé du travail à la station de radio locale, pour laquelle il écrivait des jingles. Selon Mo, la bataille finale de l'Armageddon allait bientôt se produire, et Papa essayait d'accepter le fait que, dans la seule Inde, une foule de gens ne serait pas sauvée.

Il se souvint soudainement des vieilles cassettes de *Wild Wind* qui lui avaient valu tant d'éloges à Londres. Il y avait déjà eu des discussions au sujet du potentiel de la radio comme moyen de répandre le message. Papa eut l'idée d'enregistrer une série de programmes d'une demi-heure qu'il voulait appeler « Music with Meaning ». Cette émission pourrait passer sur les stations de radio locales et il pouvait pratiquement tout faire tout seul : les préparer, en être l'animateur et le DJ.

Dès leur création, les Enfants de Dieu avaient utilisé la musique comme appât pour attirer l'attention et susciter l'intérêt des gens. On appelait le fait de chanter en groupe pour rendre culte à Jésus les « inspirations » : ces dernières faisaient partie de notre discipline quotidienne. La Famille attirait de nombreux artistes et musiciens de talent, dont l'ancien guitariste de Fleetwood Mac, Jeremy Spencer – qui, un jour, avait littéralement été converti dans la rue et avait laissé tomber une tournée pour rejoindre une communauté de San Francisco. Au lieu de faire du rock'n'roll, ces artistes écrivaient des chansons inspirées de la Bible et des *Lettres de Mo*. Papa décida qu'il utiliserait ces talents dans son émission pour aider à répandre la parole de Dieu. Le fait de travailler sur quelque chose qui l'épanouissait lui donna l'élan dont il avait besoin pour rester en Inde.

Papa me décrivait fièrement son entreprise : « Nous offrions gratuitement "Music with Meaning" aux stations de radio. Je savais qu'une émission de musique entraînante répandrait le message sous une forme sympa et attirerait plus facilement de jeunes auditeurs. D'un seul coup, au lieu de m'échiner chaque jour à témoigner devant une poignée de gens dans la chaleur, pour réussir à convaincre tout au plus deux ou trois personnes par semaine, je pouvais en atteindre des *millions* !

— C'est si brillant, Papa », m'exclamais-je, pensant qu'il était merveilleux.

Quand Mo entendit parler de l'émission, il rendit hommage à Papa pour son esprit d'initiative et l'aida à financer son projet. Papa n'avait jamais rencontré notre prophète – très peu d'adeptes avaient eu cette « chance » – mais Mo dictait ses instructions et ses messages dans ses Lettres, que nous transmettaient des dirigeants de l'association connus sous le nom de « bergers ». Papa travaillait jour et nuit sur son émission et laissait Maman s'occuper de ma petite sœur et de moi. À cette époque-là, Maman était enceinte pour la troisième fois et tomba à nouveau malade. Malgré tout, elle devait toujours gagner de l'argent et allait vendre des tracts dans la chaleur en nous promenant en poussette sur des kilomètres.

Nombre d'adeptes de Mo – comme mes parents – étaient restés fidèles à leur conjoint et formaient toujours des cellules familiales, bien qu'ils vivent dans des communautés surpeuplées avec très peu d'intimité. En 1978, la Lettre *Une épouse*, écrite en 1974, parvint aux communautés : il était désormais clair comme de l'eau de roche que les femmes de la Famille devaient satisfaire aux besoins sexuels des hommes, et plus particulièrement des célibataires. Nous étions tous mariés les uns aux autres ; il n'existait pas d'adultère dans la Famille de Dieu. Le sexe était la plus haute expression de l'amour et de la générosité : on l'appelait « partage ». Les Enfants de Dieu étaient maintenant une Famille d'Amour, dans tous les sens du terme.

Certains adeptes eurent du mal à se faire à ces nouvelles libertés, tandis que d'autres sautèrent sur l'occasion pour multiplier les partenaires. Mes deux parents commencèrent donc à « partager » avec d'autres – mais je crois que l'idée séduisait plus Papa que Maman. Avec deux enfants en bas âge et un autre en route, le sexe n'était pas une priorité pour ma mère. Mais, croyante fidèle, elle obéissait loyalement au prophète, même si elle devait se battre contre la jalousie qu'elle éprouvait à devoir partager Papa. Elle se sentait tout de même isolée et mal aimée, et sombra dans une dépression après la naissance de mon frère David, en 1978. La « bergère » de notre quartier remarqua que Maman était bien calme et qu'elle avait l'air triste : inquiète à son sujet, elle lui demanda ce qui n'allait pas. Maman lui confia qu'elle n'était plus heureuse en mariage. Sans l'accord de ma mère, la bergère rapporta leur conversation à un supérieur, qui décida d'envoyer Maman à l'écart faire une pause pour qu'elle réfléchisse à l'avenir de son mariage. Elle partit brusquement, emmenant David avec elle dans une communauté de Madras.

Lorsqu'elle revint de Madras, six semaines plus tard, un jeune homme l'accompagnait. Il s'appelait Joshua, c'était un frère d'Australie qui était fou d'elle. Cela ne fit que compliquer encore plus les choses entre mes parents, qui se séparèrent dans la foulée.

Et puis, un matin, la police de Bombay frappa soudain à la porte de la communauté et annonça à tous les étrangers qu'ils devaient immédiatement quitter le pays. Apparemment, certains des Indiens qui avaient été gagnés à la cause avaient été choqués par les pratiques auxquelles ils avaient assisté. Il y avait de magnifiques Indiennes parmi les nouvelles converties : cette liberté ne faisait tout bonnement pas partie de leur culture, et leurs familles en avaient parlé. Interpol était également impliqué, à la demande de parents en Occident qui essayaient de retrouver la trace de leurs enfants disparus. Nous emballâmes nos affaires avec frénésie : nos bergers fermaient la communauté.

Maman et Joshua décidèrent de retourner en Angleterre avec Kristina et David. « Mais j'ai insisté pour te garder, m'expliquait Papa. Tu es ma fille. »

Jeune, mon père était si beau que je ne pouvais pas imaginer qu'on le quitte. Mais bien qu'il m'ait choisie, j'étais dévastée d'avoir perdu ma mère.

Pour me consoler, Papa me prenait dans ses bras et me disait : « Tu étais une petite chose si malheureuse. Tu te languissais tant de ta mère que rien ne pouvait te rendre le sourire. J'ai fini par te promettre que j'attendrais avant de choisir une nouvelle partenaire, juste au cas où ta mère changerait d'avis. »

J'avais cru à ses promesses, qu'elles soient vraies ou fausses, et ses mots m'avaient donné l'espoir que la désunion de notre famille n'était que temporaire – fol espoir que je conserverais au fond de moi les deux années suivantes, sur deux continents.

Deux semaines plus tard, Papa et moi nous envolâmes pour Dubai. Papa était dévasté : il avait appris à aimer l'Inde et son futur était incertain. Une fois à

Dubai, il reçut un coup de téléphone inattendu de Croyante, la fille cadette de Mo. Elle avait exploré la Grèce à la recherche d'un endroit où démarrer un nouveau projet. Croyante était perspicace, elle avait du charisme et une aisance avec les mots qui lui permettait de convaincre presque tous ceux auxquels elle s'adressait. Elle avait entrepris de rassembler les musiciens, chanteurs, compositeurs et autres artistes les plus talentueux de la communauté : elle voulait se servir de ces atouts pour présenter la cause au monde extérieur et gagner plus d'adeptes.

« Simon Pierre, déclara-t-elle pour commencer, Mo est très content de tout ce que tu as accompli. Il a décidé d'aider la production et la distribution de ton émission, "Music with Meaning", à travers le monde. »

L'émission allait prendre de l'importante et devenir plus commerciale qu'auparavant. Ce serait un moyen efficace de mettre le grappin sur les auditeurs qui écriraient à la radio : ils seraient invités à se rendre aux « clubs » « Music with Meaning » de leur région. Il y aurait du publipostage, un magazine et des conventions de membres. Recevoir un coup de téléphone de Croyante en personne était un grand honneur. Papa était transporté de joie : on le soutenait totalement et on lui assurait une aide financière pour son programme. Son seul objectif était de convertir des âmes et ce sujet le passionnait profondément. N'ayant pas trop le sens pratique, il était heureux de laisser les dirigeants de la communauté se charger de toute l'organisation. Quant à lui, il pourrait se concentrer sur l'émission.

C'est comme cela que nous arrivâmes à Athènes à la fin de l'année 1979. Nous avions traversé l'antique péninsule pour atteindre la côte de l'autre côté, à quelques heures de là, et la vue de ces paysages pittoresques – des montagnes hautes et claires qui s'élançaient vers un ciel bleu éclatant – était à couper le souffle. Alors que nous nous rapprochions de notre destination, par la fenêtre de la voiture, je voyais, entre les bosquets de pins sombres, la mer scintiller et les bateaux de pêcheurs danser sur l'eau dans le port de la vieille ville de Rafina.

Notre maison était une villa grecque moderne typique, peinte en blanc, avec un toit en tuiles rouges. Dans le jardin qui l'entourait, il y avait des arbres fruitiers, une pelouse rugueuse, du mimosa et des oliviers. Nous nous trouvions à proximité d'un grand camping près de la mer appelé Coco Camp. La moitié était réservée aux vacanciers ; l'autre moitié était destinée à la Famille. Des groupes commencèrent à arriver en caravane et, ce, jusqu'à ce qu'environ deux cents nouveaux venus nous aient rejoints. Tous étaient des musiciens, ou des techniciens, spécialement choisis pour travailler sur l'émission de Papa.

La journée, j'allais librement : je jouais avec les autres enfants dans le camping ou le long de la mer. Il y avait de gros galets colorés à ramasser, ainsi que des étoiles de mer, des coquillages et des oursins morts. Il y avait tant à voir et à faire que je n'arrêtais pas de jouer, du matin au soir. Je ne me brossais pas les cheveux pendant des jours. Je me souviens d'une Américaine qui s'appelait Windy, une chanteuse et compositrice pour l'émission : elle me faisait asseoir et, munie d'un peigne, démêlait laborieusement mon épaisse crinière bouclée.

Parfois, le soir, je restais allongée dans mon lit pendant des heures à m'ennuyer pendant que Papa enregistrait tard dans la nuit au studio avec Croyante Berg et Jeremy Spencer, l'ancien guitariste de Fleetwood

Mac. Croyante avait décidé de se servir de sa notoriété pour promouvoir l'émission.

Quant à moi, je devenais peu à peu un véritable petit cheval sauvage et, pour régler le problème, Croyante missionna toute une série de nounous pour s'occuper de moi. La première fut une femme mariée prénommée Rosa. Puis, Crystal, une Américaine colérique, la remplaça. Crystal était une femme menue avec les lèvres pincées et une crinière de cheveux mi-longs châtain clair. Elle n'avait pas la fibre maternelle du tout, jurait comme un soldat – pas le genre de vocabulaire qu'un bon chrétien est censé employer – et elle s'attirait toujours des ennuis parce qu'elle buvait trop. Crystal disait souvent de moi que j'étais la « fille avec la boucle au milieu du front. Quand elle était gentille, elle était gentille, mais quand elle était méchante, c'était une vraie horreur ». J'admets que j'avais tendance à me montrer têtue, particulièrement avec elle. Je la détestais car je savais qu'elle avait des vues sur Papa, qu'elle voulait l'épouser, et j'étais déterminée à faire tout ce que je pourrais pour faire échouer toute romance entre eux. Je n'y parvins pas. Papa eut une aventure avec elle, mais qui fut de courte durée.

La seule personne que j'écoutais était mon père. Je l'aimais plus que n'importe qui au monde et faisais de mon mieux pour lui faire plaisir. Je ne faisais pas attention aux autres : seul le fait que ma mère revienne m'intéressait. Mais pourquoi avais-je tant de mal à me souvenir d'elle ? Pourquoi je ne pouvais même pas me rappeler ce terrible dernier moment que nous avions passé ensemble, quand nous nous étions séparées à Bombay ? Je me languissais tellement de Maman que Papa s'arrangea finalement pour que je lui parle au téléphone, en appel longue distance pour

Londres. Sous le choc, je me sentis faible : je pris le téléphone, à peine capable de croire que j'entendais à nouveau sa voix.

« Quand est-ce que tu viens, Maman ? lui demandai-je avec anxiété, le poids des années d'attente dans ma voix.

— Je t'aime, Celeste. Je vais essayer de venir vite. »

J'entendis une voix que je ne reconnaissais pas dire à l'autre bout du fil : « Ta sœur Kristina et ton frère David t'aiment et veulent aussi te voir. »

Elle avait dit qu'elle allait revenir vivre avec nous ! J'étais tellement excitée !

« Tout est arrangé, me dit Papa après l'appel. On a réservé les billets, et tout. Cela ne sera plus long maintenant, chérie. »

J'avisai Crystal, qui était assise non loin de là, et lui déclarai d'un ton triomphant : « Tu n'as plus besoin d'être ici maintenant. Ma Maman revient. »

Crystal me lança un regard noir. Quelques semaines plus tard, les dirigeants – qui avaient le dernier mot pour tout, même en ce qui concerne l'amour – mirent fin à leur relation, car Crystal n'était pas assez bien pour mon père, leur nouvelle star des médias. Moi, tout ce que je savais, c'était que ma mère serait bientôt là et que nous serions réunis, elle, mon frère, ma sœur et moi. J'attendais avec impatience qu'elle soit là, qu'elle me câline, qu'elle me brosse les cheveux, qu'elle soit à nouveau ma mère. Mais le temps passait, et je n'en entendais plus parler. J'attendais, folle d'impatience. Tous les jours, je parlais de ma mère, je pensais à elle. Quand, quand, quand ?

Un jour, je demandai à Papa pour la énième fois : « Quand est-ce que Maman revient ? » Il ne put me mentir plus longtemps et m'annonça ce qui, il en était conscient, allait détruire mon monde : « Elle a changé d'avis. Elle a décidé de rester avec Joshua. »

Je le dévisageai, abasourdie et sentis mon cœur bondir dans ma poitrine, comme un oiseau qui voltige en tous sens. Je ne comprenais pas. Pourquoi avait-elle changé d'avis ? Qui était cet homme, ce Joshua, qui nous l'avait prise ? Cela n'avait aucun sens pour moi et je ne pouvais pas accepter que cela soit définitif. À cette époque-là, mes souvenirs de Maman s'étaient évanouis, et je ne me rappelais même plus à quoi elle ressemblait. Mais c'était ma mère et c'était à cette idée que je m'étais raccrochée la moitié de ma vie. Je restais farouchement déterminée : quoi qu'il arrive, personne ne prendrait jamais sa place.

2

Loveville

Nous possédions une petite voiture déglinguée qui peinait à avancer. Comme les anciens propriétaires avaient enlevé les sièges arrière – ce qui expliquait pourquoi nous l'avions achetée à un bon prix –, nous devions nous asseoir par terre. Je me trouvais à l'arrière avec mon camarade Nicki, et nous gloussions en faisant l'expérience de ce que nous imaginions être le sexe, comme nous avions vu les adultes le faire, sans sous-vêtements, l'un sur l'autre, à se frotter. Nous n'avions tous les deux que 5 ans et tout cela était un jeu pour nous.

« Tu me chatouilles !

— Non, je ne te chatouille pas.

— Si, tu me chatouilles. Aïe ! J'ai la jambe coincée. »

J'entendis un rire étouffé et, levant les yeux, je vis la mère de Nicki, Patience, nous regarder par la vitre de la voiture, le visage pétillant, très amusé. Je me rassis d'un bond et repoussai Nicki.

Il vit sa mère et devint rouge comme une pivoine.

« Ça va les enfants, vous pouvez continuer », nous dit-elle.

J'étais néanmoins très embarrassée ; je me sentais idiote. Ce qui semblait amusant un instant plus tôt ne l'était plus du tout. Toutefois, je ne ressentais aucune culpabilité. Nous devions éviter de nombreux péchés, mais le sexe n'en faisait pas partie. Mo affirmait que Dieu voulait que tout le monde, même les nouveau-nés, jouissent de l'expérience sexuelle.

Qui allumait la radio et entendait l'émission de mon père pouvait à première vue trouver idyllique le message : l'amour était la solution à tous les maux du monde – partager l'amour, vivre dans l'amour et faire l'amour. Mo avait prévenu Papa de ne pas prononcer le mot « Jésus » à l'antenne. Cette précaution était importante car nombre d'auditeurs n'avaient aucune idée de ce qu'ils écoutaient et ne savaient pas que l'émission avait des liens avec la religion. Pourtant, certaines des chansons de l'émission n'étaient pas vraiment subtiles : par exemple, Jeremy Spencer avait interprété une chanson intitulée « Trop jeune pour l'amour », inspirée de la *Lettre de Mo Épouse enfant*, dans laquelle le gourou exposait l'opinion que les enfants, dès l'âge de 11 ou 12 ans, étaient prêts pour le mariage, pour le sexe et pour la paternité.

Une partie du plan de Mo consistait à créer une seconde génération d'enfants, comme moi, nés au sein de la Famille d'Amour et qui n'avaient jamais connu le monde extérieur, le Système. Ainsi, ces enfants ne seraient pas ternis par les péchés commis dans une vie précédente. Pour montrer la foi qu'il avait en ce paradis terrestre qu'il appelait « Loveville », Berg missionna certains membres de sa famille pour venir vivre avec nous.

Il y avait évidemment Croyante, sa fille cadette, la plus loyale envers son père, qui était si fanatique que ses yeux bleus étincelaient violemment. Mo envoya également sa petite-fille Mene, 9 ans, qui devint une star de l'émission. La première fois que je la vis, je trouvai qu'elle avait l'air d'un ange, avec ses yeux brillants, sa peau d'un blanc laiteux et ses cheveux fins.

Elle avait la voix douce et semblait rêveuse. Elle se comportait comme l'enfant parfaite de la Famille, toujours obéissante et souriante, lisant et citant la parole de Dieu. Nous passions rarement du temps ensemble en dehors du studio d'enregistrement ou des répétitions. Je ne jouais jamais dehors avec Mene, comme l'auraient fait des enfants normales – je crois en réalité qu'elle n'en eut jamais le droit.

Tout le monde devait contribuer aux émissions de radio ou aux vidéos de « Music with Meaning ». C'était amusant et, comme tous les enfants, j'aimais mettre mes talents en avant. Il y avait des musiciens, des artistes, des techniciens, des couturières et des secrétaires. Parmi les personnages les plus célèbres, on trouvait Pierre Pioneer et Rachel, un couple de chanteurs qui venaient du Danemark, et Joan et Windy, un duo de chanteurs/paroliers qui étaient ouvertement bisexuels. Zack Lightman, qui venait de Norvège, était l'éclairagiste et le cameraman, et sa femme Lydia dessinait les costumes et les toiles de fond. Sue, une Américaine à la voix douce qui avait des yeux marron et un charmant sourire, était la « secrétaire du club ». La femme de Jeremy Spencer, Fiona, était la « reine mère » du campement, et le chef était un Italien fougueux du nom d'Antonio. Ils formaient un couple à trois : Fiona avait eu sept enfants de ces deux hommes. Au centre du campement se dressait une grande tente en toile de l'armée que l'on utilisait comme lieu de rassemblement pour les réunions et comme réfectoire pendant les mois d'hiver, quand les nuits étaient froides. Deux gros chauffages à gaz chauffaient l'endroit et des lampes à kérosène nous éclairaient. Pour nourrir autant de monde, toute une équipe travaillait à « ravitailler » la communauté en nourriture gratuite provenant des marchés et autres entreprises locales.

Quand il faisait chaud, nous prenions nos repas à l'ombre des arbres, sur des bancs et des tables disposés en rangées. La nourriture était fraîche et, dans l'ensemble, délicieuse. Au petit-déjeuner, nous mangions de la semoule, à laquelle nous ajoutions du sucre brun, du miel ou de la mélasse. Antonio avait tendance à cuisiner italien, de la nourriture simple et rapide à préparer pour deux cents personnes affamées : de gros bols de pâtes accompagnées de sauce tomate, ou des ragoûts composés de morceaux de bœuf, de pommes de terre et de carottes.

On imposait une discipline stricte aux enfants et l'on attendait d'eux qu'ils se comportent bien. Même les tout-petits devaient rester sagement assis sur les bancs en bois, très durs, alignés sous la grande tente, et assister aux longues réunions tenues le soir. Ces séances étaient incroyablement ennuyeuses et je finissais toujours par trouver refuge dans mes pensées, dans un monde imaginaire où je m'échappais. De même, je trouvais incroyablement difficile de garder les yeux fermés pendant les longues prières : je me couvrais les yeux avec les mains et je jetais des coups d'œil furtifs entre mes doigts.

Quand Croyante eut fini d'établir le bon fonctionnement du campement, elle remit le commandement de Loveville entre les mains d'un couple marié, Paul Peloquin – un Québécois – et sa femme, Marianne, puis partit pour Puerto Rico, pour sa nouvelle mission, l'adaptation d'une version espagnole de l'émission, « Musica Con Vida ».

Paul et Marianne prirent leur travail très au sérieux – trop au sérieux. Ils n'avaient pas d'enfant et, depuis des années, priaient désespérément pour avoir un fils. Paul avait les cheveux noirs comme du jais et parlait anglais avec un fort accent français. C'était un véritable charmeur, mais il avait par ailleurs un tempérament brutal et pouvait laisser éclater sa colère sans qu'on s'y attende. Marianne était française : c'était une femme bien charpentée, à forte ossature, mesurant près d'un mètre quatre-vingts, avec les yeux enfoncés et un nez prononcé. Une partie de leurs responsabilités consistait à établir le programme quotidien et à assigner à chacun ses tâches précises.

Le réveil sonnait à 7 h 30 et, après le petit-déjeuner, je me rendais dans une maison voisine que nous appelions la Maison bleue car elle avait une jolie couleur bleu pâle – la même couleur que nombre de bateaux de pêcheurs. C'était l'école de notre communauté, où nous étudiions la scolastique et où prenait place le Moment de la parole avec nos professeurs habituels, Johnny Appleseed, Fiona – la femme de Jeremy Spencer – et Patience, la mère de Nicky. On nous montrait des livres en tissu et nous lisions des *True Komix* – des *Lettres de Mo* illustrées pour enfants. Un flot interminable de lettres et de livres provenant de Mo et Marie arrivait par la poste, en général toutes les deux semaines. Chaque Demeure devait se créer une boîte postale, mais seul le dirigeant de la Demeure connaissait cette adresse et possédait la clé de la boîte. Le tout était géré comme un service d'espionnage militaire, avec le secret comme sceau indéfectible.

Les jours ensoleillés, on étudiait le Moment de la Parole à l'ombre des pins parasols du campement. Les catéchistes du monde extérieur auraient défailli s'ils avaient ouvert un *True Komix*. Nombre d'entre eux montraient des scènes explicites de sexe, de nudité, ou encore d'horribles démons et des rêves étranges dont Mo était persuadé qu'ils avaient toujours une signification – ils étaient les messages de Dieu. « Mo est le prophète de Dieu aujourd'hui, Son porte-parole pour nous transmettre sa nouvelle Parole », nous enseignait-on. « Les chrétiens du Système n'ont pas la bonne disposition d'Esprit : ce sont de "vieilles bouteilles" qui ne peuvent pas recevoir le nouveau vin. »

Dieu, Jésus, les anges et le Diable étaient bien réels et faisaient partie de notre vie quotidienne. Jésus nous récompensait si nous étions sages, et le Diable nous punissait lorsque nous ne l'étions pas. Notre endoctrinement était constant : si nous remettions quoi que ce soit en question, nous ouvrions notre esprit aux doutes du Diable. Une image d'un de ces *True Komix* est restée à jamais gravée dans mon esprit : on y voit une table sur laquelle est posé un service à thé, et le Diable y est représenté comme un lutin avec des cornes et une fourche. Une petite fille est assise sur une chaise à côté de lui et de quatre « petits doutes » : le Diable lui sert une tasse de thé. Dans la scène suivante, elle est prisonnière de sables mouvants, sombrant à nouveau dans le Système car le Diable et ses doutes l'ont attrapée. « Il est dangereux de boire le thé avec le Diable et ses doutes », indique la légende de cette bande dessinée.

Certaines des histoires des *True Komix* que nous lisions étaient fondées sur les enfants de la Famille royale : Davidito, Davida et Techi. Nous les connaissions déjà à travers les *Lettres de Davidito*, qui montraient comment éduquer des enfants « révolutionnaires » selon la volonté de Dieu. La secrétaire de Mo, sa seconde « femme », Marie, avait deux enfants, Davidito et Techi. Davidito était né en 1975 d'une rencontre dans le cadre du *Flirty Fishing* avec un serveur d'hôtel de Tenerife. Il n'avait que trois jours de plus que moi, ce qui me rendait très fière. L'amant de Marie, et bras droit de Mo, Timothée, était le père de Techi. Mo écrivit dans une de ses Lettres que Timothée n'avait été « utilisé que pour ses graines » et que Techi était bien sa fille. Il affirmait avoir entendu le nom inhabituel de Techi lors d'une vision au cours de laquelle l'esprit d'une petite fille lui était apparu, alors qu'il était souffrant (juste avant qu'elle ne naisse en 1979). Il avait décidé que Techi était sa réincarnation et tenta d'ajouter cette doctrine bouddhiste à celles, chrétiennes, que nous respections.

Davida était la fille de Sarah Kelley, la nounou à plein temps de Davidito. Elle se faisait appeler Sarah Davidito. Les trois enfants faisaient partie de la Famille royale et vivaient reclus dans la maison de Mo. Ils allaient avoir beaucoup d'influence sur ma vie. Ils étaient nos idoles : nous les respections et nous suivions le cours de leurs vies dans les *Lettres de Mo*, que nous lisions avec beaucoup d'intérêt et de curiosité.

Après la sieste, nous étions autorisés à sortir pour jouer. Mes camarades de jeu habituelles étaient deux sœurs, Renee et Daniella. J'aimais bien leur mère, Endurance : je la considérais comme ma deuxième mère. Je n'acceptais toujours pas Serena comme belle-mère et l'ignorais la plupart du temps. Je suppose que mon esprit d'enfant s'imaginait que si je faisais abstraction d'elle, elle cesserait d'exister. Serena avait également fort à faire avec sa fille âgée de 6 mois, Mariana, et était maintenant enceinte de mon père à un stade avancé. Pour calmer le jeu, je finis par rester à plein-temps avec Endurance et son mari, Silas. Ma sœur, Kristina, avait le même âge que Daniella et je parlais toujours d'elle comme si je la connaissais, sauf qu'elle était en « Inde avec ma mère et mon petit frère David ». Être entourée de mes amies, dans une atmosphère familiale, m'aidait à faire comme si j'avais beaucoup de sœurs. La journée, nous jouions ensemble et la nuit nous dormions dans un grand lit double, à l'arrière de leur caravane.

J'avais une autre amie, Armi. Nous n'aurions pas pu être plus différentes : elle avait des cheveux noirs, raides, et des yeux marron, comme sa mère qui était à moitié amérindienne. Elle était l'un des premiers enfants nés au sein des Enfants de Dieu, en février 1972. Son père, Jérémie Russell, avait été l'un des premiers adeptes à rejoindre le groupe de Mo à Huntington Beach, lorsque ce dernier ne comptait encore que quinze membres. Il était musicien et écrivait des chansons jouées dans l'émission « Music with Meaning ». Armi avait hérité des talents musicaux de son père et était l'une des interprètes star de l'émission. Elle était un modèle pour moi, je voulais chanter comme elle et traîner avec son groupe d'amis. Nous riions aux mêmes blagues et échangions nos secrets. Elle m'aidait et m'apprenait plein de choses, comme dessiner un corps bien proportionné au lieu d'un simple triangle pour représenter le cou et d'un cercle pour la main. C'est également elle qui m'aida à perdre mon accent anglais et à parler « américain », comme la plupart des autres enfants.

Armi et Mene, la petite-fille de Mo, s'attachèrent fortement l'une à l'autre, comme des sœurs d'infortune. Mo avait demandé à leurs parents d'envoyer leurs filles à Loveville en leur promettant qu'elles leur reviendraient six mois plus tard. Cela ne devait jamais se produire. À la place, Paul Peloquin et Marianne devinrent leurs gardiens.

Personne n'osait s'élever contre les requêtes de Mo, auxquelles nous obéissions comme à des ordres. Après tout, il était le prophète. On nous conditionnait à croire qu'exécuter les directives de Mo équivalait à se plier à la volonté de Dieu. Il m'apparaît clairement aujourd'hui que nous n'étions que ses jouets, ses adeptes, habitués à satisfaire ses ambitions, ses désirs et ses fantasmes. Un jour, Mo demanda que les femmes dansent nues pour lui sur une vidéo : Paul nous rassembla, mêmes les fillettes de 3 ans, pour une réunion spéciale au cours de laquelle il nous lut les *Lettres de Mo* intitulées *Rendre gloire à Dieu à travers la danse* et *La nudité est belle*.

« Remerciez le Seigneur ! N'est-ce pas un privilège de pouvoir danser pour le roi ? »

Tout excitées, les adultes répondirent à la question de Paul par nombre de « Dieu soit loué » et de « Amen ».

Paul poursuivit : « Mo nous donne des conseils détaillés dans ces lettres sur la manière de faire. Dieu soit loué ! »

Je regardai les femmes choisir leur morceau de musique et le voile transparent derrière lequel elles danseraient nues. Quand ce fut au tour des fillettes, Paul déclara : « Maintenant, c'est pour Davidito – alors faites-lui vos plus beaux sourires. »

Armi, Mene, Renee et Daniella dansèrent pour leur petit prince – et puis ce fut mon tour. Paul choisit deux chansons pour moi et noua un voile blanc autour de mon cou que j'étais censée enlever pendant mon numéro de danse. Derrière sa caméra, il me donnait des directives.

« Tortille-toi ! » Il mimait le mouvement. « Tortille-toi bien et remue tes fesses, chérie. »

Je ne faisais que copier les femmes, copier les mouvements que je les avais vues faire plus tôt.

« Bien, très bien ! Maintenant, envoie des baisers à Davidito pour qu'il sache que tu l'aimes vraiment. »

Je m'évertuais à sourire tout en écoutant ce qu'il me disait de faire derrière la caméra. Cette vidéo existe toujours, et l'adulte que je suis aujourd'hui regarde en arrière et revoit l'adorable enfant, tout sourire, que j'étais à 6 ans. Je fixe la caméra de façon suggestive, et, ce qui est frappant, c'est mon regard tout à la fois averti et innocent. Rétrospectivement, ce qui rend la chose pire encore, c'est qu'à l'époque Davidito n'avait que 6 ans : cette requête ne pouvait donc être que l'idée malsaine de Mo pour que l'enfant qui portait son nom bénéficie des mêmes attentions que lui, pendant que le vieux cochon profitait de ces danses pour son propre plaisir.

À partir de ce moment-là, on prit des photos de nous, nues, pour les envoyer à Mo. Il nous promettait qu'il les accrocherait dans sa chambre pour son inspiration quotidienne – doux euphémisme pour évoquer la masturbation. Il m'apparaît maintenant clairement que c'est à travers le voyeurisme que Mo prenait son plaisir. À l'époque, nous ne nous rendions pas encore compte qu'il se rapprochait dangereusement du stade où il demanderait qu'on lui apporte ses filles préférées pour sa satisfaction personnelle. Leurs parents croyaient naïvement qu'elles étaient entre de « bonnes mains », même s'ils n'étaient pas au courant de l'endroit où se trouvaient leurs enfants et ne pouvaient communiquer avec elles. Mais pour le moment, et heureusement pour moi, je ne savais pas encore quel destin attendait certaines de mes amies.

Il n'y avait pas de limite au sexe dans notre monde : il y était totalement transparent. Les adultes n'avaient aucune inhibition, faisaient l'amour devant nous et nous encourageaient vivement à nous masturber et à explorer nos corps. Ils exploitaient notre curiosité enfantine, bien qu'on nous dise toujours de ne jamais, jamais le faire devant des étrangers, ni d'en parler quand ces derniers pouvaient nous entendre. « Le Système déteste le sexe, nous avertissaient-ils. Ils pensent que c'est sale et que c'est un péché. » Quand il faisait très chaud, tout le monde se promenait en maillot de bain ou en short. Je n'avais aucun problème à courir partout en ne portant qu'une simple culotte, comme tous les autres enfants. Mais, à 5 ou 6 ans, j'étais sexualisée et extravertie.

Jamais mon père ne me toucha. À l'époque, je ne l'avais jamais vu faire quoi que ce soit d'indécent avec mes camarades non plus, mais je supposais qu'il savait ce qu'il se passait. Son meilleur ami était un batteur du nom de Salomon Touchstone : le dimanche, il venait souvent en ville avec nous pour déjeuner dans une petite taverne qui surplombait le port. Comme Papa, Salomon venait de Londres et, pour plaisanter, ils parlaient ensemble avec un faux accent cockney. Salomon était petit – 1,65 m environ – beau et plaisait à toutes les femmes. Je l'aimais bien moi aussi parce qu'il était drôle et qu'il faisait attention à moi.

À nos yeux, le sexe était normal et omniprésent autour de nous. Tout le monde se faisait des câlins, s'embrassait et se montrait mutuellement son affection. Pour moi, ce n'était qu'un jeu, mais on exploitait d'une manière infâme mon caractère ouvert et ma soif de tendresse, d'amour et d'approbation. Le gentil et enjoué Salomon, le meilleur ami de mon père, fut l'un des nombreux hommes à avoir exploité l'affection naturelle et naïve que j'avais pour eux. Quand nous étions seuls dans sa chambre, il me demandait de danser nue pour lui pendant qu'il se masturbait sur son lit.

« Tu es si sexy ! », gémissait-il.

Peu de surprise donc à ce que dans la vidéo tournée spécialement pour Mo j'aie un regard aussi averti, bien que naïf. J'étais innocente, mais j'apprenais ce qui excitait les hommes. Les seuls moments où nous recevions une attention positive de la part des adultes étaient quand nous faisions ce qu'ils voulaient, quand nous flirtions ou que nous étions « sexy ». Les enfants éprouvent le besoin d'être acceptés, et j'étais comme les autres. Nous étions récompensés pour être « soumis » et pour montrer notre amour à Dieu. Se montrer entêtés, dire non ou être prudes, était mal, c'était le Diable qui s'exprimait et cela nous apportait des ennuis. J'appris vite à flirter pour attirer l'attention ; en fait, je ne savais pas comment me comporter autrement avec les hommes.

Un autre homme qui nous courait après, nous les fillettes, était un Péruvien prénommé Manuel. Sa femme allemande, Maria, et lui nous enseignaient la danse. C'était un autre couple sans enfant. Manuel avait des yeux noirs et un regard profond, presque perçant, qui me mettait mal à l'aise. Il nous portait toujours une attention particulière, à nous les filles, et plus précisément à Mene et à Armi. Maria aimait avoir des rapports lesbiens : tous les deux, ils apprirent aux filles à faire l'amour entre elles, pour le plaisir des hommes qui regardaient. Comme j'étais plus jeune, je ne prenais pas part à la plupart des actes sexuels dans lesquels on embrigadait mes amies. Je me suis toujours considérée comme chanceuse par rapport à elles. Mais je n'y échappai pourtant pas totalement.

Un après-midi, Manuel entra dans la caravane de Silas et d'Endurance à l'arrière de laquelle Renee, Daniella et moi dormions. Je connaissais bien la caravane et la considérais comme ma deuxième maison. Les rideaux rouges étaient tirés. Il me dit de m'allonger, puis enleva ma culotte et passa du temps à m'embrasser – « C'est comme ça que font les femmes », m'expliqua-t-il alors qu'il s'agenouillait sur moi et se mettait à se frotter contre moi, allant jusqu'à l'orgasme, mais sans me pénétrer.

Quand je sentis cette chose blanche et collante sur moi, j'éprouvai du dégoût. Je n'avais jamais vu de sperme auparavant. C'était dégoûtant, salissant. Manuel prit des mouchoirs en papier et m'essuya avant d'aller dans les petites toilettes de la caravane pour se nettoyer. Je restai sur le lit, hébétée et confuse. J'éprouvais le même sentiment que lorsqu'on fait un cauchemar : vous voulez hurler ou dire quelque chose, mais rien ne sort. Des milliers de questions se bousculaient dans ma tête, j'éprouvais des sentiments confus, mais j'étais totalement incapable de les exprimer. Même quand les adultes me demandaient directement ce que je pensais, je me figeais toujours, la langue collée au palais.

Quand je regardais les grands avoir des rapports sexuels, il me semblait qu'ils aimaient cela, alors pourquoi pas moi ? Les hommes du groupe essayaient de me mettre dans la tête qu'une petite fille comme moi provoquait le même intérêt, la même excitation sexuelle chez un homme qu'une femme mûre. J'avais une mauvaise perception de moi-même et ne comprenais pas que j'étais vulnérable et différente des femmes adultes.

Même si, à bien des égards, on attendait de nous que l'on se comporte en adultes, nous n'en étions pas moins toujours des enfants. Au moins une fois par semaine tout Loveville se rassemblait pour une nuit de danse, qui finissait en orgie. Comme toujours, nous étions livrés à nous-mêmes pendant que les adultes – tous ceux qui avaient plus de 12 ans – choisissaient un partenaire pour avoir des relations sexuelles.

Une nuit, Renee, Daniella et moi regardions les adultes danser nus et se caresser. Nous décidâmes de leur faire une farce et nous faufilâmes chacune notre tour derrière un couple qui s'affairait pour les pincer aux fesses. Nous nous amusions beaucoup, jusqu'à ce qu'ils sursautent vivement. Au moment où ils se retournèrent pour voir qui avait fait cela, nous étions évidemment loin depuis longtemps, à rire sottement dans un coin.

En dehors de la Famille, nous avions donc l'interdiction de parler à quiconque de notre « liberté sexuelle », comme l'appelaient les adultes. On m'expliquait que les gens du Système ne comprendraient pas la vérité et la liberté dont nous jouissions, et j'appris à mener une double vie.

Un matin, je me souviens avoir chanté dans un orphelinat, puis avoir rejoint le van de la communauté pour me reposer avant de nous rendre au studio de télévision à Athènes, où nous devions interpréter une chanson de Noël pour une émission de télé locale. Nous nous garâmes dans la rue, fermâmes les légers rideaux et fîmes ce que les adultes appelaient « S'aimer » ou « l'Heure des câlins ». Mon professeur, Johnny Appleseed, s'allongea à côté de moi et me caressa tout en m'embrassant sur la bouche. Il ouvrit son pantalon, guida ma main jusqu'à son pénis et m'aida à le masturber. Puis, il finit tout seul alors que j'étais allongée à côté de lui. J'avais conscience que les autres faisaient l'amour autour de nous. Johnny avait les yeux fermés et la bouche ouverte, haletant et suffoquant. Quand il eut fini, il récita une prière : « Merci mon Dieu de nous permettre de partager votre amour les uns avec les autres », avant de rouler sur le côté pour dormir un peu.

Pendant tout le temps de l'acte, je fus effrayée – c'était mon professeur – parce qu'il y avait des trous dans les rideaux. J'entendais le pas des gens qui passaient à côté et j'avais l'impression qu'à n'importe quel moment quelqu'un pouvait regarder à l'intérieur et nous voir.

Quand l'heure de notre rendez-vous arriva, les adultes arrangèrent nos cheveux et nous prodiguèrent quelques paroles d'encouragement, comme si rien de ce qui s'était passé dans l'après-midi n'avait eu lieu : « Quand nous serons à l'intérieur, n'oubliez pas de sourire et de montrer votre amour à Dieu. Ne vous inquiétez pas pour les caméras : comme dit Grand-père, contentez-vous de chanter avec votre cœur et pensez aux âmes perdues qui regarderont l'émission. »

Nous sortîmes du véhicule en désordre pour nous entasser dans le studio. Le présentateur nous trouva formidables et nous offrîmes une bonne prestation. Évidemment, personne parmi ceux qui nous regardaient ne pouvait avoir idée de ce qui s'était passé seulement une heure auparavant derrière les rideaux rouges du van.

Lorsque des visiteurs venaient au campement, tout le monde s'habillait d'une manière un peu plus conventionnelle, et j'appris rapidement qu'il y avait des sujets dont on ne parlait pas devant les « étrangers » – comme le sexe, ou notre prophète Mo, par exemple. Les *Lettres de Mo* et les publications de la Famille, comme les Lettres de Davidito, étaient cachées.

« Ma chérie, mes parents, ton grand-père et ta grand-mère vont venir d'Angleterre pour nous rendre visite, m'annonça Papa un matin en ouvrant le courrier.

— Mais c'est Mo que nous appelons Grand-père, lui répondis-je. C'est un autre grand-père ?

— Oui, il s'appelle Glen. C'est mon père.

— Oh ! Je risque de m'emmêler les pinceaux si je l'appelle Grand-père aussi », ajoutai-je.

Après un moment, je trouvai comment résoudre le problème.

« Peut-être que je vais l'appeler Papi, comme ça, je ne m'embrouillerai pas. Est-ce que je les ai déjà rencontrés ?

— Oui, ils t'ont vue quand tu étais bébé, quand nous vivions à Londres. J'attends depuis longtemps de les aider. Mon père n'a pas encore été sauvé, il s'est montré entêté, mais peut-être qu'il priera, cette fois. »

Papa parlait toujours de sauver des âmes. Il croyait sincèrement que ceux dont Jésus n'habitait pas le cœur étaient condamnés à l'enfer et il ne voulait pas que ses parents subissent un tel sort dans leur vie après la mort.

Lorsque je rencontrai mes grands-parents, je remarquai immédiatement qu'ils étaient différents des autres adultes, que ce soit dans leur apparence et dans leurs manières – je notai par exemple à quel point ils étaient réservés et que la façon dont Penny, la belle-mère de Papa, s'habillait était différente de celle des femmes de la Famille. Elle avait les cheveux coupés très court, permanentés, et elle portait un chemisier à manches longues et un pantalon. Elle me fit un bisou sur la joue, mais on ne se fit pas de câlins, bien qu'ils aient l'air heureux de me voir.

« Ça par exemple, tu as bien grandi depuis qu'on t'a vue la dernière fois, quand tu n'étais qu'un bébé ! », s'exclama Penny.

Le soir de leur arrivée, Antonio prépara un délicieux plat de pâtes et nous nous assîmes ensemble à l'une des tables sous les arbres. Croyante Berg était venue nous rendre visite ; elle se présenta à mes grands-parents et parla de l'émission de radio de Papa en des termes très élogieux. Windy, Pierre et Rachel jouèrent de la guitare et interprétèrent des chansons de l'émission. Papa était fièrement assis, un large sourire éclairant son visage, comme s'il était à nouveau un petit garçon. Il pouvait montrer à ses parents ce qu'il avait accompli.

Le lendemain, nous leur fîmes visiter la ville. Ce qui me marqua le plus lors de leur séjour, ce sont les histoires que Papi nous raconta, ses histoires de jeune homme. Il nous fit partager ses frasques de jeunesse, en Palestine, pendant la guerre alors qu'il y était officier de l'armée britannique. « Un matin, je me suis réveillé et j'ai découvert que mon lit m'avait été volé directement sous moi », évoqua-t-il en riant.

La visite de mes grands-parents et le fait d'entendre Papa parler de sa vraie mère me firent éprouver un sentiment étrange. Je découvrais ainsi que j'avais une famille, de chair et de sang, différente de la Famille. Après le départ de Papi Glen et de grand-mère Penny, je leur écrivis de nombreuses lettres et leur envoyai des dessins et des petits cadeaux que je fabriquais : je leur disais que j'espérais les revoir un jour.

Ces retrouvailles familiales touchèrent probablement une corde sensible chez Papa. Il voulut en savoir plus sur sa mère et Mo lui donna la permission d'effectuer un voyage en Pologne, pour retrouver la famille de cette dernière. À Cracovie, il retrouva la trace d'un parent toujours en vie et revint avec plein d'histoires sur ma grand-mère, Krystina, ainsi que des photos d'elle. Elle semblait jeune et elle était très belle sur sa photo de mariage, avec ses yeux marron et ses cheveux bruns fins. Papa me dit avec fierté que c'était d'elle que j'avais hérité ma voix de chant. Ma grand-mère connut malheureusement une fin très triste : elle contracta une maladie dégénérative, un peu semblable à la maladie de la vache folle, et mourut en quelques mois, à l'âge de 24 ans. Papa était alors âgé de 3 ans et demi et n'avait aucun souvenir d'elle, ce qui ne l'empêcha pas de l'idolâtrer, tout comme je le faisais avec ma propre mère.

Je compris alors que Papa et moi avions un lien fort – et je compris également pourquoi il ne m'avait jamais forcée à avoir de bonnes relations avec ma belle-mère, Serena. Je parlais toujours d'aller rendre visite à ma mère en Inde, mais Papa me disait que c'était trop cher et qu'on avait besoin de lui pour l'émission de radio. À la place, il me suggéra d'enregistrer une cassette pour ma famille là-bas. Je chantai donc mes chansons favorites et les jingles de « Music with Meaning » tout en agitant mon tambourin. Lorsque j'oubliais les paroles, Salomon Touchstone était là pour me guider. Je citai également des paroles de Mo et des versets de la Bible. À la fin de la cassette, je dis à Kristina et à David que je les aimais et leur conseillai d'être de « bons témoins pour Jésus ». Avant de leur dire au revoir, je leur lançai : « Si je ne vous vois pas ici, alors je vous verrai lors du Millénium. »

C'était la réplique préférée de Papa quand je lui avouais que ma famille me manquait. Il rétorquait toujours : « Tu les reverras bientôt : si ce n'est pas ici, sur terre, ce sera lors du Millénium. »

La fin du monde pouvait se produire à n'importe quel moment et nous allions donc bientôt être réunis pour toujours. Tout ce que disait mon père était vrai. Il savait tout. Il était également très important, comme je devais le découvrir un soir que nous nous étions tous réunis pour une grande célébration. C'était l'anniversaire de « Music with Meaning », et je fus très fière quand j'appris que nous allions honorer Simon Pierre – mon père ! – en sa qualité de fondateur de l'émission. Mo avait proclamé ce jour « journée de Simon Pierre ». Je ne crois pas que mon père se rendait compte que tout cela était bel et bien en train de se produire et que son travail et lui-même étaient reconnus par le prophète en personne. Dans une lettre élogieuse, Mo l'avait même appelé saint Simon Pierre.

Je restai aux côtés de mon père toute la soirée, avec adoration. Lorsqu'on amena le gâteau d'« anniversaire », Paul donna à mon père une enveloppe contenant une grosse somme d'argent. « Simon, c'est pour toi : tu peux dépenser cet argent comme tu l'entends au cours d'une semaine entière de vacances. C'est une juste récompense pour le dur travail que tu as effectué au service du Seigneur. Comme tu auras semé, tu récolteras. Dieu soit loué ! »

Mais il y eut également d'autres récompenses pour marquer cet événement de bon augure : tout le monde eut droit à trois jours de vacances. Évidemment, tous étaient conquis par Papa et se bousculaient autour de lui pour le féliciter et le remercier. Il rayonnait sous leurs éloges et sa gloire rejaillissait sur moi tandis que je me tenais à ses côtés, m'accrochant à lui et le regardant fixement.

Après nos trois jours de vacances en famille, Papa emmena Serena, alors enceinte de huit mois, sur l'île de Pathmos pour sa semaine spéciale de vacances pendant que je restai avec Silas, Endurance, et mes amies Renee et Daniella. À son retour, Papa me montra les photos qu'il avait prises pendant leur voyage.

« Nous sommes montés à dos d'âne. C'était très cahoteux et, après ça, j'ai eu mal partout pendant plusieurs jours, déclara-t-il en riant.

— Qu'est-ce que vous avez fait d'autre ? lui demandai-je, désireuse de savoir dans le moindre détail tout ce qu'il avait fait sans moi.

— Eh bien, nous sommes allés dans la grotte où l'apôtre Jean a reçu le Livre des révélations. Rends-toi compte, c'est l'endroit même où il a vu en visions les derniers événements avant la fin du monde ! »

Quelques semaines plus tard, le 2 juin 1981, ma demi-sœur Juliana naquit dans un petit hôpital grec de Rafina. Je mourais d'impatience de la voir. Salomon Touchstone alla les chercher et les ramena en voiture de l'hôpital. Lorsque la portière s'ouvrit, Serena tenait dans ses bras une adorable petite fille, les yeux bien fermés.

Tout excitée, je lui demandai :

« Je peux la prendre ?

— Bien sûr, Mais fais bien attention », me répondit-elle.

Elle me mit doucement le bébé dans les bras. Je trouvais qu'elle ressemblait à une petite poupée tandis que je la soulevais. Mais, ce faisant, sa tête heurta la portière, et la pauvre petite se mit à crier de toutes ses forces.

« Oups », bredouillai-je, bouleversée. Serena la reprit vivement dans ses bras pour la réconforter, mais ne me gronda pas, ce qui était rassurant.

Papa me fit un câlin et nous rentrâmes tous à l'intérieur de la maison.

« Comment s'appelle-t-elle ? demandai-je.

— Nous l'avons appelée Juliana Faithful », me répondit mon père.

J'étais tellement heureuse d'avoir une petite sœur. Je regardais Serena changer ses couches et l'allaiter. J'essayai même de l'allaiter moi-même – à la suite de quoi j'eus droit à quelques suçons violets. Mais il y avait une grande différence d'âge entre nous et, une fois l'excitation d'avoir une nouvelle petite sœur passée, je ne la vis plus que rarement – tout comme Mariana, la première fille de Serena – excepté le dimanche. Je préférais passer mon temps à jouer avec Renee et Daniella.

Mais jamais je ne fus jalouse de cette nouvelle venue dans la famille. J'étais la première de Papa, et il m'avait assuré que personne ne prendrait jamais ma place.

Les dimanches étaient nos « Jours libres », les seuls moments que je passais avec Papa et notre petite famille. J'attendais la fin de semaine avec impatience, mais redoutais la traditionnelle communion du dimanche après-midi.

Un jour de communion, tout le monde s'entassa sous la grande tente communautaire et prit place sur les rangées de bancs alignés devant un poste de télévision. Paul incita tout le monde à prier, puis annonça, tout excité : « Vous allez avoir droit à un privilège très spécial. J'ai ici, dans mes mains, une série appelée le *Jardin d'Éden*. Mo nous a autorisés, ici à Loveville, à visionner ces cassettes, mais personne ne doit parler de cela à quiconque, ni dire à quoi il ressemble. »

Ce fut une immense surprise : il y eut un grand silence, suivi d'un brouhaha chargé d'excitation tandis qu'on mettait la première cassette. Exception faite de quelques dirigeants de confiance, personne n'avait jamais vu David Berg. Son nom de famille n'était jamais mentionné dans les publications internes, et les photos de Moïse David représentaient son visage recouvert d'un dessin d'artiste figurant une tête de lion. Ces précautions avaient pour but de protéger son identité et son adresse, puisqu'il s'était dérobé à la justice. Les médias publiaient régulièrement des articles très négatifs sur lui dans le but d'avertir le grand public et d'alerter les autorités gouvernementales de par le monde. Toutes ces raisons avaient poussé David Berg – Grand-père Mo – à vivre sa vie dans l'ombre, sous la surveillance de son cercle d'intimes, qui le faisaient passer de pays en pays grâce à de faux passeports.

J'étais curieuse de découvrir à quoi ressemblait vraiment Grand-père et fixai l'écran avec attention. Soudain, son image apparut. Les yeux très enfoncés dans leurs orbites, il arborait une longue barbe blonde et était atteint de calvitie naissante. Il portait une robe de cérémonie marron foncé et un grand joug – le genre de harnachement en bois qu'on met aux bœufs pour les atteler – pendait à une chaîne autour de son cou. Il correspondait parfaitement à l'image que je me faisais d'un prophète.

C'était comme si Jésus était apparu sur Terre. Tout le monde inspira profondément, puis poussa des oh ! et des ah !

« C'est un tel privilège... »

« Quel honneur... »

« Dieu soit loué ! »

Lorsque Mo se mit à parler, un silence total régna immédiatement dans la pièce. Quand il s'exprimait « en langues », tous les adeptes participaient. Ils levaient leurs mains au ciel quand Mo le faisait et copiaient ses moindres mouvements. J'observais les personnes de l'assemblée l'une après l'autre, me demandant ce qui pouvait bien se passer. Je ne comprenais pas ce qu'ils disaient et ne savais pas comment parler en langues. Quand tout le monde se mit à pleurer, je me demandai ce que je ne percevais pas. À certains moments, pendant qu'on chantait en groupe, l'atmosphère se chargeait d'émotions et je ressentais un léger frisson, comme la chair de poule – est-ce Jésus qui m'avait touchée ? Les adultes disaient que c'était ce qu'on ressentait. En regardant ces vidéos, on aurait dit que tous avaient été touchés par Jésus, et je souhaitais que quelque chose m'arrive à moi aussi – mais ce ne fut jamais le cas.

Les semaines suivantes, nous passâmes de longues heures à regarder ces vidéos. Mo prêchait à propos de la fin du monde, interprétant des passages du Livre de Daniel et du Livre des Révélations : il nous expliquait qu'un dictateur appelé l'Antéchrist allait bientôt faire son apparition et annoncerait les sept dernières années de la vie sur Terre. Selon ses calculs, le Christ reviendrait sur terre en 1993.

Tout le monde louait le Seigneur. Personne ne semblait préoccupé, ni même terrifié, par l'idée que la fin du monde allait bientôt se produire. Mo disait que l'Antéchrist devrait apparaître au milieu de l'année 1986 – seulement cinq ans plus tard. Dans mon esprit d'enfant, cinq ans semblaient une éternité.

La série du *Jardin d'Éden* marqua le début d'un exode massif hors d'Europe. Mo nous ordonna de nous rendre dans l'hémisphère Sud afin d'échapper aux retombées nucléaires qui engloutiraient bientôt l'Occident. Paul Peloquin nous annonça que Loveville lèverait bientôt le camp pour s'installer au Sri-Lanka. Nous nous contenterions de marcher sur les traces de notre prophète.

Quelques jours plus tard, Papa m'annonça qu'on lui avait demandé de partir avec une équipe d'éclaireurs avant les autres afin de trouver un endroit approprié pour réimplanter Loveville.

« Je ne veux pas que tu t'en ailles, Papa, le suppliai-je. Tu vas me manquer.

— Ne t'inquiète pas ma chérie, ce n'est que pour quelques mois », me répondit-il pour essayer de me donner du courage.

Au moment de lui dire au revoir, je m'accrochai à lui, comme un bébé, et Serena dut m'empoigner pour m'éloigner.

3

Commune union

« Où va-t-on habiter au Sri Lanka ? demandai-je.

— Tu verras, c'est une surprise, me répondit mon père, le regard malicieux. Savais-tu que c'était une station de radio sri-lankaise qui avait passé la première « Music with Meaning » à l'antenne ? C'est un très beau pays et ses habitants sont très réceptifs au message du Seigneur. »

Lorsque nous fîmes escale à l'aéroport international de Karachi, je savais que le Pakistan était proche de l'Inde, et je regardais avec avidité par les fenêtres de l'aéroport, à travers la brume de chaleur qui recouvrait la mer d'Arabie. Il flottait dans l'air une odeur vaguement familière, mélange d'épices exotiques et d'essence ; l'intense chaleur et l'humidité m'étaient également familières. J'étais près, et en même temps très loin, de l'endroit où j'avais vu ma mère pour la dernière fois. Je pensais à ma sœur Kristina. Si seulement nous avions pu nous arrêter à Bombay pour les voir… Mais, rapidement, nous dûmes embarquer à bord d'un autre avion pour Colombo, la capitale du Sri Lanka, et je me laissai envahir par l'excitation d'arriver sur une île de l'océan Indien.

Après ce long voyage, nous restâmes deux jours dans un hôtel de la capitale afin de nous reposer avant de poursuivre notre périple. L'air était chaud et humide, empli du parfum des frangipaniers, les fleurs sacrées des temples qui étaient utilisées lors des cérémonies bouddhistes. Partout où se posait le regard, on voyait ces arbrisseaux, avec leurs fleurs aux couleurs vives qui pendaient en bouquets, le sol en dessous jonché d'un tapis de fleurs jaunes, blanches, roses pourpres et rouges qui embaumaient. Mon premier jour dans ce pays exotique, d'une grande beauté, fut inoubliable. La première chose que je remarquai était des oiseaux noirs qui croassaient vivement. Il semblait y en avoir partout. Alors que je marchais dans l'une des bananeraies du parc de l'hôtel, je sentis quelque chose de chaud sur ma tête. Horrifiée, je découvris qu'un corbeau m'avait fait caca dessus.

Durant le voyage vers notre nouvelle maison, je ne tenais plus. Papa n'arrêtait pas de me dire : « Attends un peu, tu verras. » L'attente me tuait. Nous entassâmes tous nos bagages dans le bus à air conditionné que nous avions loué pour les trois heures de chemin qu'il nous restait à parcourir dans les montagnes. C'était un pays très différent de la Grèce, avec ses rochers nus et une végétation très rare. Ici, les palmiers et les terres rouges riches, les champs où s'échinaient des buffles à la peau noire, cédaient la place à de petites collines recouvertes de plantations de thé. Comme il pleuvait beaucoup – l'île se trouve sur le chemin des moussons tropicales et des centaines de centimètres d'eau tombent chaque année –, nous vîmes de nombreux lacs paisibles, qui reflétaient le ciel, ainsi que les hautes montagnes qui les encerclaient. Tout semblait tranquille et somptueux. Je fixais tout cela avec grand intérêt, absorbée par ces paysages et ces sons.

Nous arrivâmes enfin à la nouvelle maison. C'était un grand corps de ferme colonial, avec quelques petites dépendances à côté. Papa m'emmena faire le tour de la propriété pour me montrer, à son extrémité, les grands champs de cannes à sucre, ainsi que les rangées de fraisiers et les arbres à piments verts et rouges.

La bâtisse principale était grande, avec une immense pièce à vivre voûtée, au sol recouvert de marbre blanc. Notre petite famille obtint l'une des meilleures chambres, spacieuse et aérée, avec une salle de bains attenante que nous partagions tous les cinq. Il y avait un jardin derrière la maison principale, où nous construisîmes une piscine. En quelques mois, j'appris à nager la brasse et le crawl. Quant à Papa, il recréa le plus rapidement possible son studio de façon à ce que son émission ne soit pas interrompue.

Lors de notre Jour libre, mon père et moi faisions toujours quelque chose d'amusant ensemble. Parfois, nous descendions la montagne pour nous rendre au village à pied, à vingt minutes de là. C'était facile de descendre, mais bien plus ardu de remonter ! Toutes les femmes portaient des saris colorés et les hommes, des *lungis*, sortes de longues jupes en coton, nouées à la taille. Ils étaient torse nu et luisaient dans la chaleur et l'humidité. J'essayais de ne pas fixer les lobes d'oreilles des femmes, qui me dégoûtaient car ils pendaient quasiment jusqu'à leurs épaules. Un jour, je demandai en murmurant à Papa :

« Qu'est-ce qu'elles ont, leurs oreilles ?

— Oh, les femmes ont l'habitude de porter des boucles d'oreilles en or très lourdes pour les grandes occasions, m'expliqua-t-il. C'est leur poids qui déforme leurs lobes. C'est assez courant dans plusieurs endroits du monde. »

J'aimais être seule avec Papa parce qu'il se comportait différemment : il était détendu et n'avait plus de règle à suivre. Nous partions tous les deux « à la recherche de l'aventure », comme il disait pour plaisanter. Nous préparions un pique-nique et parcourions les chemins de montagne alentour. La vue était à couper le souffle, avec des chutes d'eau descendant en cascade le long des falaises abruptes, des petites rivières rocailleuses, d'épais sous-bois peuplés d'oiseaux et d'immenses papillons, et des arbres anciens, absolument incroyables, qui faisaient des centaines de mètres de haut.

Les sangsues étaient les seules choses que je redoutais. Elles se frayaient un chemin dans mes chaussettes et j'en trouvais à chaque fois au moins trois ou quatre sur chacune de mes jambes, en train de sucer mon sang. Papa me montra comment m'en débarrasser : il fallait leur mettre du sel dessus, ce qui les faisait tomber. Après nos balades, je détestais revenir à la maison : cela signifiait revenir à la routine de notre communauté. Après nous être douchés, nous rejoignions tout le monde dans la pièce principale pour la communion du dimanche, que dirigeaient Paul Peloquin et Marianne. Nous finissions toujours ces cérémonies par la traditionnelle communion chrétienne.

Un dimanche, Paul nous lut une nouvelle Lettre de Mo, intitulée *Commune union*. Mo avait eu une révélation : nos cérémonies avaient une signification sexuelle. Nous n'étions qu'un et faisions partie les uns des autres, corps et esprit :

Communions-nous complètement, entièrement ? Commune union ? Union commune, toutes choses communiant dans notre chair et notre esprit ? Depuis combien de temps n'avez-vous pas donné votre corps à quelqu'un, à un frère ou à une sœur – ou même à un poisson ? Jésus a même donné son corps aux damnés !

En avez-vous fait autant ? Vous avez sans doute besoin de vous libérer de votre égoïsme et de vos peurs – peur de l'amour, peur du sexe, peur de la grossesse, peur de la maladie, peur de l'engagement, peur du futur, peur de l'inconnu, peur de la chair !

Paul s'arrêta de lire et enleva ses vêtements. Tout le monde, même les enfants, fit docilement de même. Il se mit à parler en langues : « *Haddeda, Shedebeda, Hadaraba, Shadbrada*. Dieu soit loué ! Merci Jésus. » Dans toute la pièce résonnèrent des psalmodies ; tout le monde se mit à babiller, louant le Seigneur, les bras levés au ciel.

Je regardai autour de moi avec stupéfaction, déconcertée une fois de plus par ces adultes qui pleuraient. Je n'arrivais pas à comprendre cet accès soudain d'émotion et d'euphorie. J'étais jeune, mais j'avais pourtant l'esprit critique. Rien de tout cela n'avait de sens à mes yeux. En quoi le fait de se mettre nu était-il censé montrer notre dévouement envers Jésus, notre sauveur ? Tous les adeptes étaient assis, nus, enlacés, pendant que Paul finissait de lire la Lettre de Mo, *Commune union*. Mais le pire restait à venir : Paul se mit en effet à nous montrer une nouvelle manière de faire passer le vin.

« Nous avons démontré que nous n'étions qu'un seul et même corps, le pain, lut-il, et un seul et même esprit, le vin. C'est pourquoi j'aime boire dans le même calice, comme le faisaient les apôtres. Ces Églises protestantes qui ont plusieurs calices, elles n'ont jamais rien compris. Leurs membres rompent le pain en petits morceaux à l'avance et, là encore, ils ne comprennent rien. Ils ne comprennent pas que vous ne devez être qu'un corps. Bigre ! Nous n'en avons qu'un dans notre

Famille ! Un dans la chair, un corps, un esprit ! Et sexuellement, c'est pareil : une épouse du Christ, une femme, un corps ! »

Tout le monde se mit alors par deux : on dit aux hommes de boire une gorgée au calice de la communauté et de la faire passer dans la bouche de leur partenaire féminine. Quand le vin arriva jusqu'à nous, mon partenaire, un adulte, en but une gorgée et plaqua sa bouche contre la mienne. Le vin rouge, chaud, mélangé à sa salive, avait un goût affreux. Pour une fillette de 7 ans, c'était vraiment dégoûtant, et j'en avalai le moins possible.

Comme Jésus avait transformé l'eau en vin dans l'Évangile selon Jean, Mo avait toujours affirmé qu'il était permis de boire de l'alcool et, lorsque nous étions en Grèce, on servait toujours du vin à table et au cours des soirées. Maintenant, Mo admettait dans une Lettre de Confession qu'il était alcoolique et qu'il avait détruit son œsophage et son estomac par excès de boisson. Mais il rejetait la responsabilité de ses beuveries sur ceux qui l'avaient abandonné et trahi.

« Vous voyez, je ne suis pas comme les autres prédicateurs qui dissimulent leurs péchés, écrivait-il dans ses Confessions. Je suis un horrible pécheur, mais Dieu m'a choisi pour vous guider. Dieu appelait toujours le roi David d'Israël "un homme à la recherche de son cœur" même après qu'il a fait assassiner Urie le Hittite dans le but de pouvoir épouser sa femme. Je ne suis qu'un homme avec beaucoup de défauts, mais, quand je suis présent en esprit, je suis le prophète de Dieu et son roi. »

Tout le monde avait bien sûr gobé cette démonstration de franchise et de fausse humilité. Papa me disait : « Il est si humble, si seulement nous pouvions lui ressembler un peu plus. » Mais je commençais doucement à comprendre qu'il y avait manifestement deux poids deux mesures, et que les adultes semblaient excuser bien volontiers ses erreurs car il était « l'oint de Dieu ».

Maria nous demandait constamment de prier pour la santé de Mo et nous blâmait pour notre manque de ferveur lorsqu'il tombait gravement malade et qu'il était incapable de manger de la nourriture solide. À maintes occasions, nous dûmes jeûner et prier pour la guérison de notre prophète. Pendant trois jours, la nourriture solide, le sexe et l'alcool étaient interdits. Les enfants de moins de 12 ans, comme moi, avaient droit à un minimum de nourriture, en général de la soupe ; les tiraillements d'estomac étaient tout bonnement aussi difficiles à supporter que les longues prières et les séances de prophétie.

Jusqu'à présent, notre cuisinier, Antonio, fabriquait du vin en faisant fermenter du raisin dans de grands récipients : l'alcool coulait donc à flots et certains n'arrivaient apparemment pas à se contrôler. Un matin, le lendemain d'une orgie, je vis que les adultes étaient à cran comme on nous convoquait tous dans la pièce commune. Paul Peloquin y entra, le regard noir de colère.

« Le péché a envahi le campement ! Le Diable a été autorisé à entrer ! » hurla-t-il.

Je savais que quelque chose avait dû se passer pour qu'il soit dans cet état : j'écoutai donc avec attention. De ses vociférations, je compris que l'un des hommes, Paul Michael, s'était adonné à des « perversions » avec Endurance, la mère de Renee et de Daniella. J'essayais d'imaginer ce que cela pouvait être. Tandis que les hurlements s'intensifiaient, que Paul écumait de rage et battait des bras, je restais là, assise, terrifiée à l'idée de ce qu'il allait faire ensuite. Je me demandais pourquoi les enfants avaient aussi des ennuis. Je n'avais pas bu de vin : j'étais au lit, endormie.

« Vous avez trop bu et trop fait la fête ! cria Paul. Antonio, je veux que tu ailles immédiatement chercher tous les tonneaux de vin et que tu les alignes là, sur la table », ordonna-t-il.

Antonio s'exécuta et rapporta chaque bouteille et chaque tonneau de vin de la pièce de conservation. Il y en avait au moins quinze.

« C'est tout ? cria Paul.

— Oui, Monsieur », répondit Antonio avant de s'asseoir.

Paul attrapa le premier des tonneaux. Il arrivait à peine à le soulever. « Vous ne boirez plus. Point à la ligne. Si l'alcool est la cause du poison qui envahit le campement, alors on va s'en débarrasser. Et si vous croyez que je ne pense pas ce que je dis, alors… »

Dans ce qui me parut être un mouvement lent, je le vis rejeter ses bras en arrière et lancer avec violence les tonneaux, l'un après l'autre, dans le patio. Le bruit du verre cassé continua pendant dix bonnes minutes, jusqu'à ce qu'il ait lancé les dernières bouteilles.

Je fixai avec horreur le verre brisé et les flaques de vin qui suintaient dans le jardin. Je me demandais si Paul avait pensé à qui devrait ranger tout ce bazar après cela et à quel point le verre cassé était dangereux.

« Nous allons faire des prières désespérées et jeûner, cria-t-il. Et l'alcool est interdit pendant trois mois. »

Tout le monde se mit à genoux avec ferveur et pria à tour de rôle pour être pardonné, pendant les deux heures qui suivirent. Le sol était dur, c'était du marbre froid : mes genoux commencèrent à me faire mal et j'avais des picotements dans les jambes. Je fus soulagée quand les prières et les pleurs cessèrent. Je pensais que nous pourrions peut-être nous lever pour nous rasseoir. Mais c'était maintenant au tour des prophéties. J'essayais d'adopter plusieurs postures pour me sentir mieux, mais j'avais peur que Paul ne le remarque et me punisse.

J'avais de bonnes raisons d'avoir peur. Lors d'une précédente correction commune, Paul avait cru que je lui avais désobéi. On avait trouvé sous l'oreiller d'Armi un mot qu'elle avait écrit pour faire une farce, en inscrivant le nom de quelqu'un d'autre sur la lettre. C'était censé être pour rire, mais les farces comme celle-ci étaient prises au sérieux. Tous les enfants furent appelés dans la pièce commune pour recevoir une correction. Paul nous ordonna de fermer les yeux pendant qu'il priait et de les garder fermés le temps qu'il lise une Lettre de Mo. Lorsqu'il dit « amen » à la fin de la prière, j'ouvris immédiatement les yeux.

« Celeste, comment oses-tu ! Tu es rebelle et désobéissante », hurla-t-il. Je ne comprenais pas ce que j'avais fait de mal, puis je me souvins qu'il nous avait dit de garder les yeux fermés pas seulement le temps de la prière, mais pendant toute la lecture de la lettre. J'essayai de lui expliquer.

« Cesse de répondre, insolente ! Maintenant, sors et mets-toi contre le mur, MAINTENANT ! » cria Paul.

Tremblant comme une feuille, je sortis de la pièce pour me mettre à côté de Renee qui avait été envoyée dehors un peu plus tôt pour ne pas être restée assise sagement.

Après une demi-heure, Paul nous rappela et me dit que j'avais intérêt à rester debout et à écouter.

Faisant de mon mieux pour lui obéir, je me tenais bien droite mais, au fur et à mesure que le temps passait, mes jambes commençaient à me faire de plus en plus mal et à se fatiguer. À bout de force, j'appuyai l'arrière de mes jambes sur le canapé qui se trouvait derrière moi.

« Tu le fais encore ! Tu désobéis aux ordres ! » Cet homme avait décidément des yeux derrière la tête... « Tu l'auras voulu, Celeste. » Il m'ordonna de tendre la main, et une pluie de coups s'abattit dessus. La douleur fut si insoutenable que je pus à peine bouger le poignet pendant la semaine qui suivit. Cette nuit-là, je sanglotai en silence avant de m'endormir, épuisée, blessée et en colère contre l'injustice de cette punition et l'humiliation que j'avais subie devant mes camarades.

Je détestais l'injustice. Tout comme Paul, mon professeur, Patience, avait un caractère terrible ; elle possédait très peu de cette vertu d'après laquelle elle s'était rebaptisée ! Elle nous insultait quand nous faisions des erreurs et nous giflait quand nous essayions de nous justifier. « Cesse de répondre », disait-elle d'un ton brusque.

Une fois où elle nous apprenait l'écriture cursive, j'essayais tant bien que mal de suivre ses instructions. Elle ferma mon livre en le claquant et cria : « Tu es complètement idiote, ou quoi ? Va au coin maintenant puisque tu n'obéis pas et, ça, fais-le correctement au moins. »

Ma mère ne me traiterait jamais comme ça, enrageai-je alors que je restai contre le mur pendant la demi-heure qui suivit. Je pensais souvent à ma mère...

Je savais que le Sri Lanka était une île située au sud de l'Inde et j'espérais que nous pourrions aller lui rendre visite, à elle, ainsi qu'à Kristina et David, ou qu'eux pourraient venir nous voir. D'une certaine manière, le fait de vivre dans un pays à la culture similaire me faisait me sentir plus proche d'eux. J'imaginais toujours que Maman était exactement comme Papa. Il n'était jamais imprévisible, jamais de mauvaise humeur, ni violent – ce qui faisait que je l'aimais encore plus. Je ne voulais jamais le blesser, ni le décevoir, et faisais de mon mieux pour lui obéir. Il ne me donnait des fessées qu'en de rares occasions, en général parce qu'un autre parent l'attendait de lui car j'avais fait une bêtise – comme la fois où j'avais pointé un piquet de tente en direction d'une autre fille au cours d'une dispute, ou lorsque j'avais volé quelques billes à mon ami Koa parce que sa mère lui avait interdit de jouer avec. Mon père ne me donnait jamais plus de six coups, qu'il se serve de sa main ou d'un chausson.

« Chérie, ça me fait plus mal à moi de devoir te donner une fessée qu'à toi de la recevoir », soupirait-il. La façon dont il le disait, son visage et le ton de sa voix me poussaient à le croire.

« Chérie, tu sais que Jésus est mort sur la croix pour tes péchés, poursuivait-il. Il t'a sauvée. Tu n'as pas envie de le décevoir, n'est-ce pas ? »

Je secouais la tête en imaginant Jésus accroché à sa croix de bois, des clous faisant saigner ses mains. J'avais vu *Jésus de Nazareth* : la scène de mort était effrayante. Mais le fait d'avoir déçu mon père me faisait plus mal encore. Après notre petite discussion, il me mettait sur ses genoux et comptait les coups à voix haute : « Un… deux… trois… quatre… cinq… six. »

J'essayais de ne pas pleurer. En général, je rassemblais mes forces et je fermais les yeux car j'étais fière et je ne voulais pas que mon père me voie pleurer. Papa ne me gardait jamais rancune de mes bêtises.

Dès que c'était fini, c'était comme si rien ne s'était jamais produit. *Si seulement tous les adultes pouvaient être comme lui*, me disais-je à moi-même. Il était mon héros. Rien ni personne ne pouvait l'égaler. Mais cela rendait plus difficile pour moi d'avoir à accepter l'autorité de quelqu'un d'autre.

La saison de la mousson dans le centre du pays, où nous habitions, s'étalait de septembre à novembre : pour échapper au froid et à l'humidité, nous fîmes nos valises et nous rendîmes sur la côte nord-est de l'île, où il faisait plus chaud. Nous nous installâmes dans un ensemble constitué de bungalows, avec une piscine située à cinq minutes de la mer. Notre petite famille avait son propre bungalow. Juliana – qui avait maintenant 2 ans – n'avait pas bien réagi à ce temps chaud et souffrait d'irritations dues à cette terrible chaleur. Elle avait constamment des démangeaisons et se grattait à s'en faire saigner. Serena la couvrait de lotion rose calmante à la calamine pour l'apaiser. Elle développa également un cas sévère de croûte de lait à la tête, ce qui me désola. En revanche, elle apprit à nager très tôt.

Mariana, qui avait 3 ans, avait peur de l'eau et refusait d'y aller, mais Juliana adorait cela. Je plaisantais souvent en lui disant qu'on aurait dit un poisson, à entrer dans l'eau et à en sortir de la sorte.

Chaque jour ressemblait aux vacances, et même l'école était amusante. Nous nous asseyions en rond sur le balcon du bungalow de Patience et elle nous montrait les coquillages qu'elle avait ramassés et dont elle faisait des collages. Malheureusement, notre parenthèse enchantée fut de courte durée. Quelques mois plus tôt, la rumeur s'était répandue qu'un membre de la Famille avait vu Mo assis au bord de la piscine d'un hôtel de Colombo. Sa couverture s'étant envolée, Mo, accompagné de son cercle d'intimes, avait immédiatement quitté le Sri Lanka. Dans les innombrables lettres sans queue ni tête qu'il nous adressait, il se plaignait toujours que c'était la Famille qui représentait le plus grand risque pour sa sécurité personnelle, puisque ses membres étaient incapables de se taire. Il était censé être notre berger, le prophète qui nous aimait et, pourtant, il faisait preuve d'un manque de confiance flagrant à l'égard de ses propres adeptes et fuyait devant eux. Je me demandais bien pourquoi.

Mo changeait également souvent d'idées et d'opinions. Mais nous étions censés obéir à la moindre de ses paroles. Nous avions fui l'Occident pour échapper à une guerre nucléaire mais, à peine un an plus tard, Mo déclara que son interprétation des écritures saintes était erronée. Il n'y aurait finalement pas de guerre atomique avant que l'Antéchrist ne se lève pour prendre le pouvoir. À la place, Jésus allait revenir le premier pour délivrer les Élus et les mener au paradis. Néanmoins, j'avais toujours peur de ce que nous devrions endurer lors de la Grande Détresse. Je fis part de mes craintes à Papa.

« Je ne veux pas mourir en martyre, Papa, ni être torturée.

— C'est bon, ma chérie. Dieu nous donnera les pouvoirs de vaincre l'Ennemi. »

Comme s'il était sur le point de me divulguer un secret d'État, il me fit un clin d'œil et ouvrit doucement le tiroir de sa commode pour en sortir une chaussette. « Regarde, c'est l'Argent de notre Fuite, que nous utiliserons pour nous mettre hors de danger », m'expliqua-t-il, en me montrant deux pièces d'or dissimulées dans sa chaussette. On avait donné à chaque famille une somme d'argent qu'elle devait conserver, avec l'ordre strict de ne l'utiliser qu'en cas d'urgence.

Juste après mon huitième anniversaire, en janvier 1983, la guerre civile éclata entre les Tigres tamouls, qui se battaient pour leur indépendance, et les Cinghalais. Notre lieu de résidence se trouvait en plein milieu de la zone de combat : nous dûmes plier bagage en quelques jours pour être évacués. Nous étions plus d'une centaine : pour voyager, nous fûmes divisés en petits groupes et évacués dans un avion militaire à huit places jusqu'à l'aéroport où nous achetâmes des billets pour tout le monde. Grâce à nos pièces d'or, nous pûmes sortir du pays et nous mettre à l'abri. Les protagonistes principaux de « Music with Meaning » devaient se rendre aux Philippines. Les autres émigrèrent en Inde ou dans d'autres pays voisins. Je n'avais aucune idée de l'endroit où je me rendais – je n'avais jamais entendu parler des Philippines – mais j'étais heureuse de ne pas avoir à dire au revoir à mes amies : Armi, Mene, Renee et Daniella. Quoi qu'il arrive, nous serions ensemble et cela rendait ce voyage vers l'inconnu un peu moins effrayant pour moi.

4

Derrière quatre murs

Notre nouvelle maison ne sortait pas de l'ordinaire pour un quartier cossu de Manille : elle comportait douze chambres à coucher, une piscine, un terrain de basket-ball et un court de tennis. De hauts murs, que nous avions recouverts de verre déchiqueté pour dissuader les cambrioleurs, entouraient notre location. Mais ils me retenaient également prisonnière, coupée du monde extérieur, comme dans un couvent.

J'avais été habituée à jouer dans de grands espaces – au campement, à la ferme et à la plage. Mais ici, à la périphérie d'une grande ville polluée, je me sentais en cage, avec nulle part où me réfugier pour échapper aux bruits incessants et à tous ces gens avec lesquels je vivais.

Nous séjournions dans une chambre au second étage de la maison. Papa et Serena dormaient dans un lit double, et les filles et moi avions des lits superposés. Dès notre arrivée, nos bergers, Paul et Marianne, nous annoncèrent : « Pour plus de sécurité, nous nous appelons désormais officiellement le Service mondial. Tout le monde va devoir changer de nom. »

Plus tard, je demandai à Papa les raisons de ces changements. Je ne pouvais pas imaginer porter un autre nom que Celeste.

« C'est par mesure de sécurité, m'expliqua-t-il. Certains membres de la Famille pourraient nous reconnaître dans la rue. De nouveaux noms nous aideront à nous débarrasser de tous ceux qui pourraient nous voir ou nous entendre parler quand nous sortons. Nous avons une tâche importante à mener à bien et si nos ennemis découvrent où nous nous trouvons, cela entravera l'œuvre de Dieu. »

Désormais, à l'image de notre prophète Mo, nous devions donc nous cacher, et même de la Famille, au service de laquelle nous étions censés être.

« Et pourquoi pas Rebecca, mon deuxième prénom ? » suggérai-je.

Papa fut ravi :

« Ce sont mes parents qui ont choisi ce nom, Rebecca.

— Et toi, c'est quoi ton nouveau nom ?

— J'ai choisi le prénom Heureux. »

Je trouvais le choix de Papa très bizarre, mais il y avait pire : il s'était laissé pousser une moustache en guidon de vélo. Je lui dis que c'était affreux et, à mon grand soulagement, il la rasa peu de temps après.

En tant que Demeure du Service mondial, nous étions directement sous le contrôle de Mo et de Marie. Ces Demeures à but opérationnel aidaient à superviser et à produire les *Lettres de Mo*, les vidéos et les publications destinées à la Famille. Elles étaient différentes des communautés habituelles et étaient financées par la dîme que payaient les membres de la Famille. Au début des années 1970, Mo avait introduit un impôt de 10 % sur chaque revenu provenant du doculytisme, des héritages et du *Flirty Fishing*. Ce pourcentage avait peu à peu augmenté et, à cette époque-là, 3 % supplémentaires étaient prélevés pour les divers coûts administratifs. Si une communauté ne parvenait pas à payer la dîme à temps, la peine était l'excommunication jusqu'à ce qu'elle se soit acquittée de sa dette.

Les règles des Demeures du Service mondial étaient plus strictes, et notre liberté était encore plus restreinte. Nous n'avions pas le droit de communiquer notre numéro de téléphone, notre adresse, ni même le pays dans lequel nous vivions. Les dirigeants lisaient toutes nos correspondances personnelles avant qu'on ne les envoie, et toutes les lettres venant de l'extérieur étaient ouvertes avant de nous être données. Je ne connus jamais notre adresse, et le seul téléphone de la maison se trouvait dans la chambre de Paul et Marianne.

Bien que je n'aie eu que peu de contacts avec ma mère, elle savait que j'étais en Grèce, puis au Sri Lanka, grâce aux vidéos que nous tournions et qui étaient distribuées aux différentes Demeures de par le monde. Maintenant, je n'avais plus le droit de rien lui dire. Nous ne pouvions pas parler du temps, ni de ce que nous mangions, car cela risquait de trahir notre cachette. Je lui écrivais des lettres – des petites missives emplies de tristesse que j'envoyais dans l'inconnu – mais tout ce que je pouvais lui dire, c'était que j'allais bien et que j'apprenais des tas de choses. En plus de mes lettres, je lui envoyais, ainsi qu'à ma sœur et à mon frère, des cadeaux que je mettais tout mon cœur à fabriquer, pendant mes heures de classe. À ma plus grande joie, quelques mois plus tard, je reçus une réponse de ma sœur. Elle ne m'y donnait pas beaucoup de détails, mais il y avait une photo de Kristina, âgée d'à peu près 7 ans, debout sous une véranda, un bananier à l'arrière-plan.

Il m'est impossible de décrire ce que je ressentis en regardant cette photographie. Le dernier cliché que j'avais vu d'elle était l'instantané que Papa m'avait montré en Grèce, celui où j'étais avec elle dans une poussette. Cette nouvelle photo montrait une grande fille avec des cheveux marron foncé tombant jusqu'aux épaules et de beaux yeux bleus. J'attachai immédiatement une grande valeur à cette photo et je la rangeai précieusement avec mes autres souvenirs dans une petite boîte. Pourquoi Maman ne m'avait pas envoyé de photo d'elle, ni même écrit une lettre ? Tout cela était si mystérieux – mais presque tout dans ma vie semblait nimbé par le secret.

Manille étouffait de chaleur sous le soleil tropical et tout le monde se promenait en sous-vêtements ou dans un sarong noué autour de la taille, même dans le jardin. Malgré nos efforts pour faire profil bas, la rumeur s'était répandue dans le quartier qu'un groupe d'étrangers venait d'emménager. Notre propriété se trouvait près d'une plantation de cocotiers : un jour, un homme du coin grimpa dans un des arbres afin de jeter un coup d'œil dans le jardin des « étrangers ». Il eut le plaisir d'apercevoir des femmes aux seins nus portant des sous-vêtements très sexy. Tous les hommes des alentours capables de monter aux arbres firent de même, afin de constater par eux-mêmes. Cette exposition portait un premier coup terrible à notre sécurité. Mais, au lieu de nous contenter de mettre des vêtements, quelqu'un eut la brillante idée de fabriquer des panneaux pour dénoncer les voyeurs. Quand on remarquait un homme dans un cocotier, on accrochait ces panneaux d'avertissement à chaque porte donnant sur l'extérieur. Personne n'avait le droit de sortir. Quand la voie était libre, on ôtait les panneaux et tout redevenait normal – du moins, normal pour nous : des adultes en train de faire l'amour dans la piscine, en train d'accrocher le linge ou de jouer au badminton en sous-vêtements.

« Music with Meaning » avait servi de ministère pour la Famille pendant cinq ans. Mais lorsque les médias et les fonctionnaires de l'administration locale découvrirent que l'émission était une couverture pour les Enfants de Dieu, les stations de radio la supprimèrent des ondes. Pour survivre, la Famille devait s'adapter. Le jour de la dernière émission de Papa fut triste. Je l'accompagnai au studio pour récupérer ses bandes. Je savais qu'il était très déçu de devoir mettre un terme à son émission et que, comme moi, il n'aimait pas être enfermé à la maison. Cependant, il me dit qu'il s'y était résigné, que cela faisait partie de son sacrifice pour le Seigneur.

« On m'a donné un nouveau projet, m'expliqua-t-il. Grand-père m'a demandé d'écrire des histoires pour les enfants racontant la vie dans sa Demeure avec Davidito, Davida et Techi. Cette série va s'appeler *La Vie avec Grand-père*. Je n'ai jamais écrit d'histoires pour enfants avant, mais je vais essayer. » Il essayait toujours de rester optimiste, mais il admettait qu'enregistrer son émission allait lui manquer.

« Comment vas-tu faire pour écrire sur Grand-père et les enfants si tu ne les rencontres pas ? demandai-je.

— Ils vont m'envoyer toutes les informations dont j'ai besoin et on en trouve aussi plein d'autres dans les *Lettres de Mo*, dans certaines qui n'ont pas été publiées. »

Au final, *La Vie avec Grand-père* devint une série de bandes dessinées en sept volumes. La période de « Music with Meaning » étant officiellement terminée, on donna un nouveau projet à notre Demeure : enregistrer une série de cassettes de musique que nous pourrions vendre au public sous le nom de *La magie du Paradis*. Je passais des heures avec Windy à apprendre des accords et à enregistrer avec Armi et Mene dans le studio. J'attendais ces moments avec impatience car ils venaient rompre la monotonie de ma journée.

À la même époque, on confia également à notre Demeure un projet qui consistait à produire des affiches en couleurs à destination du public : nous accueillîmes de nouveaux membres, venant d'autres demeures du Service mondial, pour travailler avec nous. L'un d'entre eux était Eman Artiste. Mo l'avait envoyé pour qu'il illustre les affiches, ainsi qu'une série de bandes dessinées appelée *La Fille du paradis*. Dans l'une de ses Lettres, Mo nous raconta un rêve qu'il avait fait, dans lequel une jeune adolescente, « la Fille du paradis », avait des superpouvoirs pour vaincre les Ennemis de Dieu, les armées de l'Antéchrist, au moment de la fin des Temps. Elle était également experte en matière de *Flirty Fishing*. Mo déclara que la Fille du paradis devait devenir notre modèle et que, comme elle, nous deviendrions des superhéros au service de Dieu capables d'utiliser les rayons divins pour détruire nos ennemis en les rendant aveugles. Mais, en contrepartie, certains d'entre nous allaient devoir mourir en martyrs pour la foi. Pour moi, cela ne faisait aucun doute : cela allait se produire, et bientôt.

Eman avait besoin d'un modèle qui correspondait à la description qu'avait donnée Mo de la Fille du paradis. Toutes les femmes de la maison posèrent pour lui, chacune leur tour, à demi nues, et les photos furent envoyées à Mo pour approbation. Il finit par choisir sa propre petite-fille, Mene, allant même jusqu'à dire qu'elle pourrait être celle qui accomplirait la vision et nous conduirait à la fin des Temps. Sur une image, Eman Artiste dessina Mene – la Fille du paradis – debout, les bras tendus, un bâton à la main, tandis que la terre avalait les soldats et les tanks de l'armée de l'Antéchrist.

Mene avait 12 ans désormais et, un mois plus tard, elle disparut. Personne ne savait où elle était allée. Lorsque quelqu'un « disparaissait », c'était généralement pour un endroit secret, comme une autre demeure du Service mondial, ou la Demeure de Grand-père.

Un soir, je demandai à Armi : « Sais-tu où Mene est allée ? »

Elle fit signe que oui : « Elle est allée vivre avec Grand-père. »

À la même époque, on demanda aux familles les plus nombreuses de notre Demeure de retourner s'installer dans des communautés classiques. Fiona et Antonio partirent fonder une communauté à Manille avec tous leurs enfants. Je dus aussi dire au revoir à mes amies Renee et Daniella, qui partirent avec leurs parents, Silas et Endurance. Même si elles étaient toujours dans la même ville, c'était comme si elles étaient parties à l'autre bout du monde. Aucun contact n'était permis entre l'élite du Service mondial et les membres ordinaires de la Famille. Il ne restait maintenant plus que quatre enfants de mon âge – Armi et moi, ainsi que les fils de Michael et Patience, Patrick et Nicki.

Même si je n'avais que 9 ans, on me confiait souvent la garde des enfants plus jeunes, à moi toute seule ou avec Armi, pendant que les adultes assistaient à leurs réunions ou regardaient leur film du samedi soir – le seul film qu'ils étaient autorisés à voir par semaine. Un soir, je lisais un *True Komix* à mes petites sœurs Mariana et Juliana avant de les mettre au lit : je décidai de leur jouer un tour, pour rire. Je refermai le livre d'un coup sec et leur dis sévèrement : « Alignez-vous contre le mur. Vous avez été très vilaines toutes les deux et vous méritez une fessée. »

C'étaient de gentilles petites filles et elles s'exécutèrent docilement. J'emmenai Mariana, 4 ans, dans la salle de bains et la pris sur mes genoux. Puis je mis ma main droite sur ses fesses et claquai dans mes mains. Elle comprit immédiatement que je lui faisais une blague, que je ne la battais pas en réalité et elle se mit à rire. On s'amusa un petit moment, puis je la fis sortir, en lui demandant de ne rien dire à sa sœur. « D'accord », chuchota-t-elle.

Quand je sortis pour appeler Juliana, cette dernière sanglotait déjà. Je pensais qu'elle comprendrait elle aussi la blague, bien qu'elle n'ait que 3 ans. Je l'emmenai donc dans la salle de bains.

« Bon, maintenant c'est ton tour, dis-je de ma voix la plus sévère.

— Non, non, s'il te plaît, non… »

Elle devenait hystérique et était en sueur.

Je la mis sur mes genoux et fis comme avec Mariana, mais elle ne comprit pas la plaisanterie. Elle hurlait et me suppliait d'arrêter. Je la remis debout et lui expliquai que je ne faisais que taper dans mes mains, que je ne tapais pas sur ses fesses. Elle continua à pleurer et son irritation due à la chaleur s'enflamma : son corps dégoulinait de sueur. Je l'avais déjà vue avoir de pareilles sueurs et devenir hystérique, quand on lui donnait des fessées. Mais, ce jour-là, je lus pour la première fois dans ses yeux la panique et l'impuissance. Elle était terrifiée à l'idée même de recevoir une nouvelle correction.

Honteuse, je lui fis prendre une douche pour la refroidir, puis je m'efforçai de la distraire et de la calmer.

Mariana lui dit qu'elle non plus n'avait pas reçu de fessée et elle finit par se calmer. Je m'en voulus terriblement de ce que j'avais fait. Cette nuit-là je pris la ferme résolution de ne jamais me montrer violente envers les enfants quand je serais adulte, peu importe ce qu'ils aient fait. Pour la première fois, je pris conscience que les enfants avaient droit au respect et à la dignité et à quel point le traitement que les dirigeants nous infligeaient était pervers et abusif. La violence ne faisait que détruire la confiance, déjà fragile, qu'un enfant accorde à ceux dont il attend de l'amour et de l'attention. Je détestais être frappée au visage, recevoir des coups à la tête ou des fessées, et je fis le vœu de ne jamais oublier.

Peu après cet incident, notre petite famille fut séparée. Après que Serena eut accouché de son fils, Victor, elle fut conduite avec les deux filles dans une autre Demeure du Service mondial, dans une banlieue voisine de Manille. Bien que Victor n'ait que 3 mois, il ne partit pas avec elle et fut adopté par un couple sans enfant de notre Demeure.

On ne m'expliqua jamais pourquoi on avait donné Victor, ni pourquoi mon père et Serena avaient permis qu'on leur prenne leur fils. Nous n'étions pas censés poser de questions, mais c'était terriblement déroutant. J'avais l'impression que Papa et Serena avaient des ennuis à cause de quelque chose et que cette séparation était une forme de punition. Je pensais qu'après le départ de Serena je serais peut-être à nouveau seule avec Papa, mais, au lieu de cela, Marianne m'apprit que je resterais avec Michael et Patience dans leur chambre.

« Mais pourquoi je ne peux pas rester avec Papa, la suppliai-je.

— Tu seras mieux avec Patience : elle pourra s'occuper correctement de toi. »

J'étais indignée de ce changement. Patience était la dernière personne avec laquelle j'avais envie de vivre et j'avais peur d'être séparée de mon père, ma seule protection. Pour être ironique, nous fûmes « bien » séparés puisque je ne le voyais plus qu'une fois par semaine, lorsque nous allions rendre visite à Serena et aux filles pendant notre Jour libre.

Durant l'une de nos journées ensemble, Papa et moi regardions une compilation vidéo de *Benny Hill*. Dans une scène, Benny était présentateur du journal télévisé et faisait une plaisanterie sur l'expression « *fish and chips* ».

« Hum, un *fish and chips* ! dit Papa en gémissant et en se passant la langue sur les lèvres. Un bon *fish and chips* enveloppé dans du papier journal, avec du vinaigre : c'est la seule chose qui me manque d'Angleterre.

— Beurk ! Papa, le papier journal, c'est sale. Toute l'encre se retrouve sur tes mains. »

Il sourit et fit non de la tête : « Ça donne un goût plus fort. Un jour, on ira en Angleterre et je t'achèterai un *fish and chips* à l'anglaise », me promit-il.

C'était la première fois que j'entendais Papa évoquer l'Angleterre, ou dire quoi que ce soit de positif à propos de son pays natal. Mo fulminait souvent contre l'Amérique et l'Occident, ces « cloaques d'iniquité », et Papa croyait que Dieu jugerait bientôt l'Angleterre pour son « rejet des enfants de Dieu ».

Tout ce que Mo disait était pris avec un extrême sérieux, même ce qu'il aimait ou n'aimait pas. L'une des tâches qui m'incombaient était de mettre la table pour le dîner et, un jour, on me demanda de mettre des cuillères à la place du couteau et de la fourchette. À la fin du repas, je demandai pourquoi à Papa.

« Eh bien, Grand-père affirme que la seule chose dont nous ayons besoin est une cuillère. »

Il se mit à m'en faire la démonstration.

« Tu peux ramasser des choses avec une cuillère, et en utiliser le bord pour couper. On n'a pas vraiment besoin de fourchette. De toute façon, la nourriture finit bien par rentrer.

— Mais, j'aime les fourchettes, moi. »

Je trouvais cela ridicule. Nous n'avions pas le droit de manger du poivre noir, les femmes n'avaient pas droit au jean, et les hommes avaient troqué leurs slips contre des boxer-shorts, simplement parce que Mo avait décrété qu'il n'aimait pas les slips. On devait faire tremper les fruits et légumes dans l'eau salée pendant vingt minutes – ce qui les rendait dégoûtants – car le sel était censé tuer les germes. Mo se vantait toujours d'avoir un appétit frugal – son enfance durant la Grande Dépression des années 1930 l'avait marqué. Il pouvait prendre une douche avec un bol d'eau, faisait des économies de bouts de chandelle et utilisait toujours au mieux une serviette, en s'en servant tout d'abord pour s'essuyer la bouche, puis pour nettoyer ses lunettes, pour moucher son nez et, enfin, pour s'essuyer les fesses.

Beurk, pensais-je en lisant cela. *C'est répugnant !*

Il déclara également que trois feuilles de papier par passage aux toilettes étaient suffisantes. C'était devenu une des règles de la Famille. On nous menaçait constamment avec les Écritures saintes : « Les yeux de l'Éternel sont en tout lieu, observant les bons et les méchants. » Je faisais donc mon possible pour plier soigneusement ces trois feuilles afin d'optimiser leur utilisation. J'étais convaincue que Jésus était là, avec moi, aux toilettes, à me regarder afin de s'assurer que je n'en utilisais pas plus que j'y étais autorisée. À l'époque, je commençai à suspecter que Mo habitait dans les environs. L'endroit où il se trouvait était censé être top secret, mais j'avais remarqué que Paul Peloquin et Marianne disparaissaient souvent durant quelques jours pour revenir avec de nouveaux projets, de nouvelles règles et des « nouvelles de Grand-père ». Paul parlait souvent du foyer de Mo et introduisait de nouvelles règles, qu'il avait apprises lors des visites dans sa Demeure.

Un soir, au cours d'une réunion, il annonça : « Je veux que vous notiez, par ordre de préférence, quel partenaire vous voulez pour votre rendez-vous programmé. Je ne vous garantis pas que vous obtiendrez la personne que vous avez demandée : inscrivez donc également vos deuxième et troisième choix. » Alors qu'on donnait le choix aux adultes, Paul décida arbitrairement des rendez-vous qu'Armi et moi aurions. Nous devions avoir un rendez-vous – en d'autres mots, avoir des relations sexuelles – avec Patrick et Nicki, 12 et 9 ans, une fois par semaine.

Je me souviens de m'être amusée avec Nicki lorsque lui et moi avions 5 ans, au campement : nous faisions semblant d'avoir des rapports sexuels comme nous avions vu les adultes le faire. Je l'aimais bien. Mais là, j'étais « forcée » par un planning ; je devais le faire, que j'en aie envie ou non : c'était devenu un devoir. Je détestais le fait d'être « distribuée » sans la moindre considération pour ce que je ressentais, ni pour ce dont j'avais envie.

En plus de nos rendez-vous avec les garçons, Armi et moi avions également été inscrites avec des hommes mûrs. Paul Peloquin me demandait de me masturber pendant qu'il faisait de même. Il disait que cela l'excitait de me regarder. Je détestais cela, particulièrement parce que j'avais peur de lui. J'imitais les mouvements, comme on m'avait appris à le faire, mais je ne ressentais que de la peur : si je ne lui faisais pas plaisir, il laisserait éclater sa colère.

On m'avait appris que le noir, c'était le blanc, jusqu'à ce que je n'aie plus aucun sens de la normalité. Malgré tout, il subsistait quelques lueurs de moralité en moi, bien ancrées, qui me disaient ce qu'étaient vraiment le bien et le mal. Avoir des rapports avec des hommes que je ne choisissais pas et qui auraient pu être mon père était mal. C'était bizarre qu'ils me touchent : cela me mettait mal à l'aise. C'était une agression sur mon propre corps que je devais prendre avec le sourire. Je ne pouvais pas y mettre un terme : j'étais impuissante, piégée. Papa aurait dû me sauver, mais il ne le fit pas.

Jeremy Spencer travaillait avec Papa sur *La Vie avec Grand-père*. Il vivait dans une petite chambre séparée, construite dans la cour pour les domestiques. Lors de nos rendez-vous, il passait une cassette de musique jouée au saxophone. Cette routine m'était désormais familière – me déshabiller, prier, l'embrasser, puis le masturber. Jeremy essayait de me caresser, mais cela ne faisait que m'irriter et me faire mal. Je changeais de position pour qu'il frotte un autre endroit, mais je ne compris jamais pourquoi lui – et les autres hommes – n'arrêtaient jamais de frotter et de frotter encore. Si je leur disais que je n'aimais pas ça, ils m'accusaient d'être prude, ou fière. Je me contentais donc de faire semblant d'avoir un orgasme pour qu'ils arrêtent.

Comme nous étions censés « aimer et partager », mes protestations étaient considérées comme de la rébellion, qui était l'œuvre du Diable. Eman Artiste travaillait directement avec Mo : il avait droit à un traitement de faveur et pouvait choisir toutes les femmes, ou filles, qu'il désirait. Il était petit, gros, portait des lunettes et, bien que n'ayant pas dépassé la trentaine, avait déjà perdu la plupart de ses cheveux. Eman aimait se mettre derrière moi pour me peloter ou passer ses bras autour de ma poitrine pour me presser les seins. J'avais l'impression qu'il m'étouffait.

« Tu me fais mal, lui disais-je en le repoussant.

— Tu n'es qu'une petite princesse, n'est-ce pas ? répondait-il d'un ton brusque. Si fière, si *princesse* », se moquait-il, en insistant sur le mot « princesse ». Je détestais ce nom.

J'avais réussi à l'éviter pendant quelque temps, mais la soirée tant redoutée finit par arriver quand il me demanda de venir dans sa chambre pour un rendez-vous. Je ne supportais pas l'idée de me retrouver seule avec lui. En désespoir de cause, j'allai trouver mon professeur, Sally, pour lui dire que je ne pouvais pas le faire.

« Il est horrible, arrogant et dégoûtant, lui dis-je.

— Ma chérie, parfois, ça peut être difficile de partager, mais Dieu nous donne la force de le faire. Pourquoi ne prierions-nous pas toutes les deux ? »

Elle mit sa main sur mon épaule.

J'écoutais sa prière d'un air abattu, me sentant trahie et impuissante. Si elle n'y mettait pas un terme, personne ne le ferait. Elle me tendit son magnétophone et me suggéra de passer de la musique et de danser pour cet homme détestable. Elle m'escorta même jusqu'à la chambre d'Eman Artiste. Je la détestais. Je détestais le fait d'être forcée à satisfaire les désirs d'un pervers qui persistait à s'imposer à moi tout en sachant que je détestais cela. Le pire, c'était la façon dont il jubilait. Il avait le pouvoir sur moi et je ne pouvais rien y faire.

Il affichait un sourire satisfait en se déshabillant. « Suce-moi », m'ordonna-t-il. De force, il appuya mon visage sur son pénis jusqu'à ce que j'aie des haut-le-cœur. Mais, bien qu'il haletât et gémît, il ne se passa rien. Il me demanda donc de danser pour lui, m'ordonnant de me tortiller et de remuer les fesses de manière suggestive, alors qu'il se caressait. Il ne parvint pas à jouir et cette impuissance le rendit plus exigeant. Après ce qui me sembla durer des heures, je sortis de sa chambre en trébuchant et finis par m'endormir à force de pleurer dans mon lit. L'assaut était fini, mais ce cauchemar continua de me hanter pendant des années.

Jamais je ne pensai raconter cet incident à Papa, particulièrement après le soir où je le découvris allongé à demi nu sur le lit avec Armi. Bouleversée et terriblement embarrassée, je sortis rapidement de la pièce. La pensée que mon père puisse avoir un rendez-vous avec ma meilleure amie me perturba profondément. Il faisait donc comme tous les autres. Bien sûr qu'il ne me sauverait pas. Nous ne parlâmes jamais de mes expériences sexuelles : jamais il ne me demanda ce qui se passait. En réalité, je le voyais rarement. On lui avait ôté toute responsabilité parentale – il n'était mon père que par le nom. Je passais la plupart de mon temps avec Michael et Patience, qui se comportaient comme des parents adoptifs avec moi.

Pour Michael, j'étais plus qu'une fille. Comme toutes les autres fillettes, je me promenais toute la journée en culotte. Un jour, après avoir joué au badminton avec lui, il vint à moi et baissa ma culotte, pour jouer.

« Tu as été une gentille fille ces derniers temps. En récompense, on devrait avoir un rendez-vous tous les deux », me dit-il.

J'esquissai un sourire, mais, à l'intérieur, je criais : *Pourquoi ? Quel genre de récompense est-ce ? Avoir ton pénis dans la gorge n'est pas une récompense pour moi.* C'était la dernière chose que je voulais. J'avais fini par atteindre le point de non-retour. Je ne supportais plus ce qui avait trait au sexe et ce qui me semblait être un enfer interminable. Je décidai de tenter le tout pour le tout – j'imaginais que je n'avais rien à perdre – et allai trouver Paul Peloquin. « Je ne veux plus avoir de rendez-vous. J'en ai assez », lui annonçai-je.

Il devint tout rouge. « C'est l'esprit de rébellion qui parle en toi », hurla-t-il. Va dans ma chambre et attends-moi. »

Mon cœur se serra. J'avais des ennuis. Quand il entra dans la pièce une heure plus tard, Paul me dit qu'il avait une lettre à me lire, intitulée *La fille qui ne voulait pas*. C'était une Lettre de correction sévère venant de Mo, adressée à une femme qui avait refusé d'avoir des relations avec Keda, l'une de ses dirigeantes.

Paul me dit que ce que disait la lettre s'appliquait aussi à moi. « Tu sais que c'est ton problème. Tu es si fière et suffisante que tu penses savoir tout mieux que tout le monde. Penses-tu savoir mieux que Dieu ? Il rageait. C'est le rôle d'une femme de se soumettre à l'homme et de lui donner ce dont il a besoin. Il ne s'agit pas de *toi*. Tu ferais mieux d'avoir envie de te sacrifier et de montrer un peu plus d'amour, bon sang. Tu cèdes au Diable, t'en rends-tu compte ? La rébellion, c'est de la sorcellerie. »

Je dus écrire une Lettre de Confession et de Repentance mais, à l'intérieur, je haïssais Paul. Je détestais qu'on me force à avoir des rapports sexuels, sans aucune échappatoire. Je commençais à nourrir des pensées violentes à son égard, à souhaiter sa mort. Je sentais que j'étais en train de devenir folle, étouffée par tous ces sentiments refoulés que je ne pouvais pas exprimer. Parfois, j'allais m'isoler dans le jardin en début de soirée. Un soir, après une partie de badminton, alors que le soleil se couchait, j'entendis une musique lancinante venir de l'autre côté du haut mur. Je m'y attardai et, alors que les papillons de nuit voletaient, attirés par la lampe qui illuminait la cour, j'entendis les mots :

« *Flashback warm nights... suitcases of memories... time after time*[1]... »

J'étais comme hypnotisée. Alors que nos propres compositions n'évoquaient que Jésus et la Bible, les paroles de cette chanson me captivaient. Elles étaient poignantes et m'emplissaient la tête de rêves d'amour, de romance et de souffrance.

« *You're calling to me... I can't hear what you've said*[2]... »

J'avais envie de pleurer tant cette chanson m'inspirait de souffrance.

« *If you're lost you can look and you will find me... time after time*[3]... »

J'avais l'impression que tous mes rêves, tous mes espoirs, tout ce à quoi j'aspirais pour le futur étaient exprimés ici. Mon sentiment d'être perdue dans un monde que je voulais fuir n'en fut que plus aigu.

---

1. Flashback, nuits chaudes... des valises de souvenirs... Heure après heure (*N.d.T.*).
2. Tu m'appelles, je n'entends pas ce que tu m'as dit (*N.d.T.*).
3. Si tu es perdu, tu peux chercher et tu me trouveras... Heure après heure (*N.d.T.*).

« *If you fall I will catch you... I'll be waiting... time after time*[1]*...* »

Toutes les nuits, dehors dans le crépuscule, j'attendais que l'on passe à nouveau cette musique. Peu importe la personne qui la passait, elle ne pouvait se douter que, juste de l'autre côté du mur, j'étais là à attendre et à rêver.

Confinés derrière quatre murs, sans changer d'air, nous autres enfants avions fini par trouver des moyens de nous divertir et de nous amuser. Armi et moi apprîmes à faire le grand écart, la roue et le flip arrière. Nous montâmes même un spectacle de cirque d'une demi-heure avec les garçons, que nous exécutâmes fièrement devant les membres de la Demeure.

Dans les bons moments comme dans les mauvais, Armi et moi étions inséparables. Elle était ma meilleure amie et ma confidente : apprendre son départ pour la Formation des adolescents à la Demeure du Roi – la maison de Grand-père – me dévasta. C'était le plus grand des privilèges que d'être invité dans cette maison et je me demandais bien ce que j'avais fait de mal pour que l'on ne me considère pas digne d'y aller aussi. À l'époque, je n'avais aucune idée que cette Formation à la Demeure du Roi était loin d'être un honneur, mais plutôt le purgatoire.

« Nous allons effectuer quelques changements de personnel, m'annonça Marianne, après m'avoir convoquée dans sa chambre. Il semble qu'il serait mieux pour toi de rejoindre Serena. Il n'y aura plus personne de ton âge ici. » Michael, Patience et les garçons partaient eux aussi pour une autre communauté de Manille.

1. Si tu tombes, je te rattraperai... Je t'attendrai... Heure après heure (*N.d.T.*).

« Et Papa ? lui demandai-je.

— Il doit écrire *La Vie avec Grand-père* ici », répondit-elle, sans même essayer d'adoucir son annonce, tandis que je me décomposais.

J'éclatai en sanglots. On m'enlevait d'un seul coup mon père et ma meilleure amie. Je n'avais plus rien. Sans doute pour m'amadouer, Marianne m'expliqua que le petit Victor devait aller retrouver sa mère. Comme cela faisait six mois qu'elle était partie, il l'avait probablement oubliée et je devais donc l'accompagner : « Il te connaît et cela sera plus facile pour lui. »

Victor était un amour, bien joufflu, avec de grands yeux marron. Je n'arrivais pas à comprendre pourquoi on l'avait séparé de Serena au départ. Plus rien n'avait de sens à mes yeux. Mais je l'aimais et, sachant que je n'avais pas le choix, j'acceptai de partir avec lui.

La veille de mon départ, Armi et moi scellâmes un pacte. La Grande Détresse allait bientôt se produire et, peu importe dans quelle partie du monde nous serions, nous avions prévu de nous retrouver près de la jungle, aux abords de Manille. J'étais passionnée par la série de bandes dessinées *Sam le Survivant*, qui décrivait comment survivre dans la nature. Nous dressâmes une liste des choses essentielles dont nous aurions besoin, comme des cordes, des allumettes, des tablettes de purification d'eau et un couteau suisse.

« Je serai là, à t'attendre, dis-je à Armi. Peu importe ce qui se passe. Est-ce que tu promets d'être là ?

— Je te le promets », m'assura-t-elle.

C'était sans doute un rêve délirant, mais j'y croyais de tout mon cœur et, d'une certaine manière, cela m'aidait à me sentir mieux.

5

Endoctrinement

Tard dans la soirée, j'arrivai à ma nouvelle destination – la Demeure de Dan et de Tina – avec Victor dans les bras. Mon avenir était incertain et j'avais l'estomac noué.

Serena, accompagnée de Mariana et de Juliana, entra à toute allure dans le salon, transportée de joie. « Victor ! Il est si grand ! », s'exclama-t-elle. Je le lui tendis, mais il ne reconnut pas sa mère et se mit à hurler, agitant ses bras potelés pour la repousser.

Il continua à se débattre, tourna vers moi son petit visage tout rouge, couvert de boutons et me tendit les bras. Je le pris et le berçai, sous le regard bouleversé de Serena. J'étais le seul visage qui lui était familier, mais il continua néanmoins de pleurer pendant un long moment. Je fis de mon mieux pour le réconforter, mais il réclamait la seule mère qu'il avait connue : Claire.

On finit par me montrer mon lit, au troisième palier de lits superposés, dans la véranda qui avait été transformée en chambre d'enfants. Épuisée émotionnellement, je restai allongée dans le noir avec les autres, me demandant pourquoi on me punissait en m'envoyant en exil. J'étais bannie : aucun contact, ni coup de téléphone, ni visite, n'était permis.

Dan et Tina avaient quatre enfants : Pierre, qui avait 10 ans comme moi, deux garçons plus jeunes et une fille. La maison comptait quatre chambres et, en plus de Serena et de mes sœurs, deux autres couples vivaient là : Pierre Pioneer et Rachel, que je connaissais du temps de « Music with Meaning », et Joseph et Talitha, un couple d'Allemands qui parlaient anglais avec un fort accent. Juliana s'était liée d'amitié avec leur fille de 4 ans, Vera, et elles passaient le plus clair de leur temps avec Talitha.

À mon arrivée, je trouvai difficile de vivre à nouveau avec Serena. Elle était comme une étrangère pour moi et je passais la plupart de mes journées à m'occuper de Victor. Il ne s'arrêta de pleurer qu'au bout de deux semaines et, après six semaines, son ancienne famille ne semblait plus lui manquer.

Serena se battait depuis de nombreuses années contre une maladie débilitante qui gênait sa mobilité, particulièrement quand elle était enceinte, ce qui était le cas à l'époque, puisqu'elle attendait son troisième enfant de Papa. Ses genoux avaient doublé de volume mais cela ne l'empêchait pas d'aider à la Demeure. Même si les débuts avaient été difficiles, je finis par sympathiser avec elle.

Au bout de quelque temps, Victor contracta la tuberculose, endémique dans plusieurs régions d'Orient. Les soins médicaux coûtaient cher et il fut donc décidé qu'il rentrerait en Allemagne avec Serena pour se faire soigner correctement. Le fait de devoir retourner en Occident était un signe de déshonneur. Avoir recours aux médecins signifiait que Serena n'avait pas assez la foi et qu'elle rencontrait des problèmes spirituels. Comme d'habitude, toutes les allées et venues des membres étaient nimbées de mystère, et Serena partit sans me dire au revoir. Le jour de son départ, Tina me demanda de m'occuper de Juliana.

« Elle ne part pas avec eux ? interrogeai-je.

— Non, ce serait trop dur pour Serena. Elle est enceinte de huit mois et Victor est malade. Mariana est l'aînée : elle sera capable de l'aider avec Victor. » Mariana n'avait que 5 ans.

Je trouvais la situation vraiment terrible pour Juliana, l'enfant « du milieu », qui était désormais sans mère, comme moi. Je me sentis immédiatement un devoir de protection envers elle. On désigna Dan et Tina comme nos gardiens légaux. J'avais 10 ans et Juliana, 4. Tina m'indifférait, mais j'avais peur de Dan et m'évertuais à ne pas croiser son chemin. Il battait ses fils avec une tapette à mouches en métal, leur administrant parfois jusqu'à cent coups d'affilée. Leurs cris me glaçaient le sang. Après une correction, ils avaient les fesses gonflées et ensanglantées pendant plusieurs jours.

J'avais toujours peur que Dan vienne un jour me frapper moi aussi, mais, par chance, cela n'arriva pas. Ce sont ses deux fils cadets qui faisaient le plus les frais de sa violence. Du coup, ils s'en prenaient à moi, comme pour faire passer leur douleur. Une fois, ils essayèrent même de m'étrangler. J'étais très effrayée et me repliais de plus en plus sur moi-même. Juliana emménagea avec Joseph et Talitha mais, contrairement à moi, elle n'échappait pas aux accès de violence de Dan. Je ne pouvais pas faire grand-chose pour empêcher les corrections qu'il lui infligeait quotidiennement, principalement parce qu'elle faisait pipi au lit, ce que je trouvais profondément injuste. Quand Dan se déchaînait, on entendait résonner ses cris dans toute la maison : j'avais l'estomac noué jusqu'à ce que cela s'arrête enfin.

Je fermais les yeux, serrais les dents et priais mentalement : *Papa, viens s'il te plaît. S'il te plaît.* L'espoir qu'il entende d'une manière ou d'une autre mes prières silencieuses et qu'il vienne bientôt nous chercher me permirent de tenir pendant cette période difficile.

C'est seulement au bout d'une longue année – j'avais 11 ans – que, sans prévenir, Papa apparut à la porte de notre maison, accompagné de Jeremy Spencer. Je sus ce qu'avait ressenti Serena lorsqu'elle avait enfin revu son bébé. Je hurlai *Papa !* et me jetai à son cou.

Il me fit un gros câlin :

« Comment va ma petite fille ?

— Oh, Papa, tu m'as tellement manqué !

— Eh bien, nous sommes ensemble maintenant et nous allons aller vivre dans une ferme, ajouta-t-il.

— Une ferme ? Où ça ?

— À Macao.

— Où c'est Macao, Papa ?

— C'est une colonie portugaise près de Hong Kong. Nous allons vivre dans la ferme d'Osée. Tu sais qui est Osée, n'est-ce pas ? »

Il n'attendit pas que je le lui confirme. Tout le monde connaissait la Famille royale par cœur. Une part de moi était très curieuse de rencontrer Osée, le plus jeune fils de Mo : j'avais lu des choses sur lui dans les *Lettres de Mo*. Mais, plus encore, je me fichais éperdument de l'endroit où nous irions tant que je restais avec Papa.

La ferme d'Osée était située dans un petit village chinois du nom de Hac Sa. La propriété était composée d'une villa de quinze chambres, de deux maisons plus petites, d'écuries et de terres cultivées : quarante-cinq membres y vivaient. Osée avait deux femmes, Esther et Ruth, et sept enfants d'elles – deux filles et cinq garçons. Le soir de notre arrivée, je ne me sentais pas bien : j'avais passé la journée à vomir. La température n'était que de 10 degrés. Cela me changeait des Philippines où il faisait beau toute l'année. Esther me couvrit immédiatement et plongea mes pieds dans un seau d'eau chaude.

« Tu dois avoir de la fièvre », me dit-elle, l'air préoccupé. Elle prit ma température, qui était juste un peu plus élevée que la normale. « Contente-toi de bien te reposer demain », me dit-elle d'une voix chantante.

Personne n'avait été aux petits soins pour moi de la sorte depuis longtemps : Esther était chaleureuse et maternelle, et je rêvais que ma mère lui ressemble.

On nous montra notre chambre, à Papa, Juliana et moi, dans l'une des petites maisons. C'était douillet et j'aimais l'idée de vivre un peu à l'écart de la communauté.

Le matin suivant, j'avais déjà meilleure mine. Contrairement aux Demeures des Philippines, aucun mur n'entourait les maisons. Des familles chinoises vivaient à côté de nous, et je les voyais jouer dehors au tennis de table ou aux cartes. Mais je ne pouvais pas leur parler à cause de la barrière de la langue.

Là-bas, je retrouvai Crystal, qui avait été ma nounou en Grèce des années plus tôt, et son mari, Michael.

« Soyez les bienvenus, dit-elle en souriant à mon père. Et je me souviens bien de toi aussi », ajouta-t-elle en m'adressant un clin d'œil.

Rapidement, Papa commença une liaison affichée avec elle, ce dont Michael semblait se moquer. Alors qu'Esther était la personne la plus gentille que j'aie jamais rencontrée, je découvris qu'Osée était un homme violent, au tempérament explosif. Je le voyais battre ses fils : il les attrapait par le cou, les étouffant presque.

David, le deuxième fils d'Osée, avait 15 ans et je fus choquée d'apprendre qu'il ne savait pas lire. Lui et son frère aîné, Néhémie, endossaient la plupart des responsabilités concernant la ferme et les animaux. Ils étaient des fermiers avertis, mais il leur manquait les bases de la lecture, de l'écriture et de l'arithmétique. David en avait conscience, cela l'embarrassait et ajoutait à la mauvaise estime qu'il avait déjà de lui. De mon côté, j'avais appris à lire avant d'avoir 3 ans, tout comme Juliana. Je n'arrivais pas à comprendre pourquoi des garçons de cet âge n'avaient jamais reçu une éducation appropriée.

Nous devions nous lever à 5 heures du matin, ce qui nécessita un temps d'adaptation. Les fils d'Osée trayaient les vaches, ramassaient les œufs des poules, nourrissaient les boucs et les chevaux, nettoyaient les écuries. Pendant ce temps, je devais préparer le petit-déjeuner et, bientôt, le déjeuner et le souper pour quarante-cinq personnes. J'étais souvent seule dans la cuisine et je me démenais pour soulever les marmites et les casseroles, de taille industrielle. Je me coupai et me brûlai à maintes reprises mais, heureusement, jamais rien de très sérieux. Je suivais les recettes de livres de cuisine et expérimentais toute seule. Je préparais des salades de pâtes, des ragoûts, ainsi que du cœur et du bœuf rôtis au four.

Excepté les deux filles d'Osée, j'étais la seule préadolescente. Je découvris qu'ici les garçons avaient régulièrement des rendez-vous avec les femmes adultes, mais je n'y étais pas préparée quand je tombai sur Aaron, 13 ans, en pleine action avec Crystal, la « bergère des adolescents », sur le lit de cette dernière. Embarrassée et perturbée, je refermai bien vite la porte. Les garçons se disputaient mon attention : ils me taquinaient et me harcelaient constamment au sujet du sexe. J'étais consternée par leur comportement. Par exemple, ils avaient fait des trous dans les murs de la salle de bains pour pouvoir m'épier. Ils me traitaient de bêcheuse, mais je m'en fichais. Le peu de curiosité que je manifestais naturellement pour le sexe s'était transformé en dégoût et je leur fis clairement comprendre que je n'étais pas intéressée.

Je n'oublierai jamais le matin où Papa entra dans la cuisine alors que j'y préparais le déjeuner pour me demander si les filles pouvaient être excitées.

« Comment oses-tu me demander ça ? Bien sûr que non », rétorquai-je d'un ton brusque. Il ne m'était jamais venu à l'esprit que les filles pouvaient avoir envie d'avoir des relations sexuelles, ni que cela pouvait être une expérience agréable. Je quittai la pièce en coup de vent, vexée par les rires de mon père.

Tout ce que nous lisions mettait le sexe en avant. Un nouveau livre avait été publié pour les adolescents et les préadolescents, *Manuel de base de la Formation*. Il comportait des détails sur mon amie Armi et sur les ados qui vivaient dans la Demeure de Grand-père : ils avaient suivi un programme de formation, dirigé par Sarah Davidito et Marie. Ce que j'y découvris à propos de la discipline stricte, des corrections, des rendez-vous programmés et des confessions me soulagea de ne pas y avoir été invitée.

Durant la semaine, Papa travaillait avec Jeremy Spencer sur *La Vie avec Grand-père*, mais, lors de notre Jour libre, nous partions nous promener tous les deux sur la plage. Il m'apprit également à faire du vélo, en tenant l'arrière de la bicyclette et en courant à côté de moi. Un jour, je tombai et me blessai assez grièvement à la jambe et au genou – j'en porte toujours les cicatrices – mais il me poussa à persévérer. Rapidement, je pus pédaler sans vaciller. Pour la première fois en deux ans, je commençais à profiter de la vie avec mon père. Mais, au bout de seulement trois mois, il fut subitement convoqué au Service mondial. Lorsqu'il m'apprit la nouvelle, mon estomac se noua.

« Oh, non ! Mais pourquoi, Papa ?

— Je pars avec Jeremy, répondit-il d'un ton découragé. Juliana et toi devez rester ici – mais ce ne sera pas long : je te le promets, ma chérie.

— Papa, tu sais bien que tu ne peux rien promettre », rétorquai-je.

Nous passâmes notre dernier jour ensemble dans un hôtel, en ville. Macao était un mélange étrange de modernité criarde – à l'image de Hong Kong, qui s'étendait à quelques kilomètres de là, de l'autre côté du golfe – et d'ancienneté, avec ses vieux immeubles de briques reflétant son passé colonial, qui remontait au début du XVIIe siècle. Je profitai de cette journée tout en redoutant le moment de la séparation.

Alors que nous déjeunions à la table d'un petit café sur une place pavée, j'avouai à Papa ce que j'avais sur le cœur :

« Je ne veux pas rester ici sans toi. Je déteste Osée. Il me fait peur.

— Oh, ma chérie… [Il s'interrompit et baissa les yeux.] Je vais voir ce que je peux faire. »

Après le déjeuner, nous fîmes la sieste dans notre chambre d'hôtel. À mon réveil, Papa n'était pas dans la pièce. J'entendis du bruit dans la salle de bains, m'approchai et entrebâillai la porte. Papa avait la tête enfouie dans ses bras : il sanglotait. Je ne l'avais jamais vu pleurer de la sorte. Je retournai discrètement dans la chambre pour me recoucher sur le lit. D'une certaine façon, cela me fit me sentir mieux de le voir pleurer. Au moins, je savais que le fait de nous quitter le faisait souffrir lui aussi.

Je ne sais pas si c'est du fait de Papa mais, un mois plus tard, Juliana et moi fûmes ramenées aux Philippines, dans ce qui s'appelait maintenant la Demeure de Marianne. Beaucoup de choses avaient changé en mon absence. Paul et Marianne s'étaient séparés et l'on avait confié à Paul un nouveau travail : berger national des Philippines. La Demeure de Marianne avait elle aussi une mission : convertir les officiers de l'armée des Philippines grâce au *Flirty Fishing*. Rien ne semblait trop ambitieux, ni trop extravagant : après tout, Jésus était de notre côté. Mo savait utiliser comme personne les femmes et le sexe pour influencer les hommes de pouvoir et ceux du gouvernement.

Chez Marianne, je retrouvai mon amie Armi. Elle m'avait manqué et j'étais impatiente de l'entendre me parler de la vie à la Demeure du Roi. Mais on lui avait fait jurer de conserver le secret sur son séjour et elle ne pouvait donc pas trop m'en dire. Néanmoins, je remarquai qu'elle portait un anneau en or au doigt.

« Où as-tu eu ça ? » Armi fit tourner son anneau nerveusement.

« C'est Grand-père qui me l'a donné. C'est une alliance.

— Il t'a prise pour femme ? » demandai-je, profondément choquée.

Lorsque nos regards se croisèrent, je lus tant de peine et de chagrin dans ses yeux que j'en aurais pleuré de rage.

Elle me raconta que la cérémonie prenait place dans le lit de Grand-père pendant que Marie restait assise à regarder. Je frissonnais. Elle venait d'avoir 13 ans quand ce faux mariage avait eu lieu.

« Toutes les filles qui sont allées à la Formation pour ados ont eu une bague.

— Même Mene ? murmurai-je.

— Oui », répliqua Armi.

Mais c'est sa petite-fille. Cette pensée me dégoûtait.

Je voyais bien qu'elle aurait voulu m'en dire plus, mais divulguer quoi que ce soit au sujet de Marie et de Mo aurait été considéré comme une trahison. Si on le découvrait, Armi serait sévèrement punie. Je le savais et ne la poussai donc pas à m'en dire plus. Mais tout cela expliquait pourquoi Krys, une autre adolescente qui partageait notre chambre, portait également une bague au doigt.

Parfois, Armi et moi arpentions le jardin pour faire de l'exercice et échangions rapidement quelques confidences lorsque nous étions hors de portée des autres. Un après-midi, je lui racontai un rêve que j'avais fait : « C'était très bizarre. J'essayais d'attraper un énorme œuf et de m'enfuir avec lui. Et toi, tu sautais par-dessus le mur pour t'échapper. »

Elle me regarda, l'air surpris, et me confia qu'elle avait déjà pensé à s'enfuir pour retrouver ses parents. Puis elle s'interrompit pour regarder par-dessus son épaule, comme si on pouvait nous entendre. Nous étions prises au piège dans ce monde et ne pouvions rien y faire. Je ressentais la douleur d'Armi et, bien que nous n'en ayons jamais reparlé par la suite, nous compatissions l'une pour l'autre, nous nous comprenions.

Krys et Armi furent inscrites pour participer au programme de rendez-vous avec deux adultes, John et Silas. John avait été le berger national avant que Paul ne reprenne cette fonction, et Silas était maintenant le berger d'une communauté jumelle de la Demeure de Marianne, avec sa femme Endurance.

Un matin, je fus réveillée par quelqu'un qui vomissait dans la salle de bains : c'était Krys. Au bout de quelques jours, Armi et moi nous aperçûmes qu'elle manifestait des signes de grossesse. La bergère des adolescents, Windy, en informa Marianne et l'un des préposés aux courses de la Demeure fut envoyé acheter un test de grossesse. Le résultat s'avéra positif.

« Qui est le père ? demandai-je à Armi.

— Je crois que c'est John. C'est ce que Krys m'a dit. »

Les dirigeants étaient pris de panique. Krys n'avait que 14 ans et il était hors de question de l'emmener à l'hôpital pour des soins prénataux. On nous ordonna de ne parler de sa situation à personne, et de ne surtout pas révéler qui était le père. Krys n'aurait pas le droit de sortir de la maison et porterait des vêtements amples pour camoufler son ventre naissant.

J'étais révoltée. John n'assumait pas ses responsabilités de futur père. Il était évident qu'on sacrifiait Krys et qu'on faisait d'elle un bouc émissaire. Dans ses *Lettres*, Mo faisait souvent référence aux cultures musulmane et indienne des temps passés, lorsque les filles étaient mariées jeunes, pour appuyer son idée que le sexe avec les enfants était légitime. Il écrivait :

En Inde, ils avaient l'habitude d'épouser des jeunes filles dès l'âge de 7 ans ! Elles pouvaient se marier à cet âge ! Comme cela, ils pouvaient faire l'amour autant qu'ils le voulaient, sans avoir à s'inquiéter des enfants, jusqu'à ce qu'elles aient 12 ans ! Nous avons aujourd'hui de jeunes adolescents dans la Famille qui sont assez vieux pour se marier et avoir des enfants.

Pourquoi ne le pourraient-ils pas, hein ? Oh, c'est vrai : les filles pourraient tomber enceintes ! Et alors ?

J'avais envie de jeter ces Lettres à la poubelle mais nous devions rester assis des heures à les lire sans poser de questions. La réalité était que, dans notre monde, les petites filles étaient utilisées pour assouvir les désirs des hommes sans penser aux conséquences à long terme qu'engendraient leurs actions. Krys deviendrait une mère célibataire avant même d'avoir eu la chance de vivre sa propre enfance. Pour ma part, j'étais déterminée à ne pas subir un tel sort.

Nous étions en 1987, et des Camps de formation pour adolescents étaient organisés sur tous les continents, suivant le projet élaboré dans le *Manuel de base de la Formation*. Quelque deux cents jeunes membres venant de toute l'Asie du Sud-Est assistèrent à un camp à Manille pendant deux semaines. Marie et Sarah Davidito orchestraient ces groupements pour adolescents et préadolescents, puisqu'il devenait évident que les enfants avaient aussi besoin d'être endoctrinés. Le pire est que l'on nous disait effrontément : « Oui, nous vous faisons un lavage de cerveau : nous lavons vos cerveaux de l'influence du Diable pour la remplacer par la Parole. »

Quand j'arrivai au camp, on me montra une « chambre de filles », qui comprenait dix autres filles de mon petit groupe. On nous appelait les « Lumières d'amour ». Chaque groupe avait son berger dont le travail était de surveiller les adolescents vingt-quatre heures sur vingt-quatre. C'était stimulant de rencontrer autant de jeunes, mais nous avions peu de temps pour parler. Le matin, nous nous mettions en ligne et marchions au pas jusqu'au réfectoire pour prendre notre petit-déjeuner.

Puis nous passions notre journée en classe, où l'on nous faisait apprendre des choses par cœur. On insistait sur la loyauté que nous devions manifester à l'égard de la Famille royale et « David notre roi » à travers des sketchs et des chansons ; nous devions par ailleurs mémoriser et signer une promesse de dévouement à notre prophète et à Marie. Tous les soirs avant de nous coucher, nous écrivions nos réactions et nos confessions dans un « Rapport à cœur ouvert ». La bonne volonté, l'humilité et la soumission à l'autorité et à Dieu étaient les qualités que nous étions censés nous évertuer à atteindre, pour nous préparer au moment où on nous appellerait pour devenir les dirigeants du monde. Tout cela semblait tellement surréaliste.

On nous bourrait le crâne en nous affirmant que nous étions l'« Élite » – le groupe le plus enviable au monde. Je ne savais pas quelle était la solution possible à tout cela, au-dehors. Mais les adultes nous racontaient leurs histoires, horribles, peuplées de tragédies, de souffrance et de vide existentiel avant qu'ils ne rejoignent la Famille : j'en conclus que peu importait ma souffrance, cela devait être dix fois pire dans le Système.

Avant de quitter le camp, nous dûmes remplir un long questionnaire qui nous demandait des détails très intimes sur tous les aspects de notre vie. « Nous voulons que vous soyez totalement honnêtes car ces questionnaires vont être envoyés à Grand-père et à Marie pour qu'ils les lisent », nous informa notre bergère. C'était notre chance d'exprimer ce que nous ressentions et d'être entendus. Consciencieusement, je couchai sur le papier mes pensées intimes, évoquant en toute confiance les expériences sexuelles traumatisantes que j'avais endurées, en mentionnant des noms et quand cela avait eu lieu.

Peu après notre retour du camp, Marianne nous lut à tous une note écrite par Marie et Sarah Davidito. Je n'avais pas été la seule fille à rapporter de mauvaises expériences sexuelles et ce fait, auquel s'ajoutait un certain nombre de grossesses d'adolescentes, avait alarmé les dirigeants. Toutefois, ils firent bien attention à ne pas blâmer Mo, le prophète.

On nous dit : « Il n'y a rien de mal à la Loi d'Amour, mais les rapports sexuels entre enfant et adulte sont désormais déconseillés » – pas interdits, mais « déconseillés ». Je poussai un soupir de soulagement. Je me moquais de la doctrine, j'étais juste heureuse de ne plus avoir à pratiquer ces actes.

Mais j'avais tort. Les nouvelles lois étaient vaines, comme j'allais vite m'en rendre compte. La première fois que j'avais été agressée sexuellement, c'était en Grèce par le Péruvien Manuel, sur le lit de la caravane de Silas et Endurance : je n'étais alors qu'une enfant de 6 ans. Sa femme Maria et lui nous avaient accompagnés au Sri Lanka lors du grand exode. Aujourd'hui, ils vivaient dans notre Demeure jumelle, dirigée par Silas et Endurance. Nous nous y rendions chaque semaine pour la Communion du dimanche, et j'allais souvent rendre visite à Renee et Daniella : ensemble, nous sortions chanter dans la rue. Lorsque j'étais là, Manuel le Péruvien passait son temps à me dévisager, ce qui me mettait mal à l'aise. Un jour, il vint nous rendre visite et passa la nuit chez nous. On lui donna le lit du bas dans ma chambre, car Armi était partie en voyage pour quelques jours. J'étais extrêmement nerveuse. Des souvenirs d'enfance revenaient me hanter tandis que je grimpai sur mon lit et fermai les yeux.

Quelques minutes plus tard, il entra dans la chambre et se mit à me caresser le dos. Je gardais les yeux fermés, faisant semblant de dormir. Il ne comprit pas le message, descendit la main jusqu'à mon vagin et y mit un doigt.

« Tu es tellement sexy, tu sais », murmura-t-il à mon oreille.

Je restai allongée là, rigide, et ouvris les yeux. « Laisse-moi. Tu n'as pas le droit de faire ça », lui dis-je, en faisant référence à la nouvelle directive.

Il mit sa bouche sur la mienne et y fourra sa langue de force, tout en continuant d'enfoncer son doigt en moi avec ardeur. J'avais peur, je détestais la confrontation, mais je refusais d'être contrainte à faire cela. « Non, non, non, sifflai-je entre mes dents serrées. Tu sais que c'est contre les règles. » Je me dégageai de son étreinte et fermai bien la bouche. Au bout d'un moment, il abandonna.

« Ok… », dit-il, mais en prenant bien son temps. Je me raidis. Il soupira et redescendit dans son lit. Je restai éveillée très longtemps, mon cœur battant à toute allure, tandis que je l'entendais se masturber. Quand je fus assurée qu'il dormait, je fermai enfin les yeux, mais pour passer une nuit très agitée.

Le matin, je me levai, attrapai mes vêtements et allai dans la salle de bains pour m'habiller. Plus tard, je trouvai Marianne assise près de la piscine et lui demandai si je pouvais lui parler. Je croyais naïvement que si je rapportais l'incident, on se chargerait de lui. Marianne ne parut pas choquée par mes propos et ne manifesta aucun signe de désapprobation. Elle se contenta de dire : « Je lui en parlerai. » Elle ne me reparla jamais de cet incident et j'en conclus que ces nouvelles règles étaient inutiles puisque les dirigeants n'allaient pas les mettre en application.

Évidemment, c'est moi qui fus corrigée. Puis Marianne me convoqua dans sa chambre et me fit asseoir sur une chaise, dans un coin de la pièce. Un autre dirigeant, Sadoq, et elles s'assirent en face de moi.

« Tu as de graves problèmes spirituels, m'annonça Marianne. Nous sommes très inquiets à ton sujet et tu dois être franche. Tu as un problème : tu rêves éveillée, tu planes. L'oisiveté est l'atelier du Diable. »

Je ne comprenais vraiment pas ce que « planer » signifiait, mais le mot était emprunté au jargon hippie : on l'utilisait quand quelqu'un avait pris de la drogue et qu'il avait l'air hébété. Si je n'entendais pas ce que quelqu'un me disait, ou si je n'étais pas occupée, ou même si je regardais simplement par la fenêtre, un adulte me disait d'un ton brusque : « Celeste ! Arrête de planer. »

« À quoi penses-tu quand tu rêvasses ? », me demanda Marianne.

Je ne savais pas quoi répondre à sa question : « À rien. Vraiment, je ne pense à rien. »

Elle eut l'air perplexe et me reposa sa question. Elle me prévint que rêvasser était un crime sérieux et me rappela la Lettre intitulée *L'Ultime État*, qui parlait de Mene. Nous avions lu cette Lettre au camp de formation pour ados. Mene rêvait éveillée, ce qui l'avait poussée à nourrir de mauvaises pensées envers Grand-père, disait la lettre. La violence de cette lettre m'avait flanqué une peur bleue. Elle décrivait comment Mene était allée dans la chambre de Grand-père : il l'avait accueillie avec un baiser, puis l'avait soudainement empoignée et violemment secouée tout en parlant en langues. Puis il l'avait frappée avec une baguette, afin de faire sortir les démons de son corps. Je fus encore plus choquée par le passage dans lequel il l'accusait de trahison, racontant comment il l'avait prise dans son lit et qu'elle avait néanmoins eu le culot de se refuser à lui.

Elle était sa chair et son sang, et il a eu des rapports avec elle ? Même si l'on nous assurait que « tout était légal avec nous », l'inceste était trop difficile à accepter pour moi.

Dans la lettre *L'Ultime État*, Grand-père accusait également Mene d'être folle et donnait la permission à Sarah Davidito et Pierre Amsterdam, son numéro trois, de la battre à chaque fois qu'elle avait de mauvaises pensées et de l'attacher à son lit la nuit. Je n'arrivais pas à comprendre comment cette fille parfaite, qui avait été notre modèle à tous, avait pu se transformer en un monstre débordant de péchés, possédé par le Diable et qui pervertissait son esprit par des pensées meurtrières.

Après Mene, les dirigeants furent convaincus qu'il y avait d'autres sceptiques et dissidents potentiels parmi nous. Comme Mene avait été *une gentille* fille, tous les *gentils* enfants furent suspectés. J'avais travaillé dur et fait mon possible pour respecter les règles mais, ce jour-là, dans sa chambre, Marianne avait une dent contre moi et elle était décidée à ne pas abandonner tant que je n'aurais pas confessé mes crimes.

Pourtant, rien ne me venait à l'esprit que je puisse confesser. « Je ne plane pas, insistai-je. Je n'imagine rien, je ne vois rien. »

Contrariée, elle marqua un temps d'arrêt puis me regarda avec colère : « Eh bien, c'est encore *pire* ! Le Diable te parle et tu n'en as même pas conscience. »

Je n'arrivais pas à croire à de telles absurdités. Je laissai échapper un petit rire, que je réprimai vite… mais pas assez.

« Tu trouves ça drôle ? gronda Sadoq. C'est très sérieux, le Diable est en train de te détruire. Si l'on ne te brise pas maintenant, Dieu devra s'en charger. Et, crois-moi, ce sera bien pire. »

S'ensuivit ce que je croyais être la vraie raison de cette correction. On avait transmis à Marianne les rapports que j'avais écrits au camp. Mes écrits prouvaient, déclara-t-elle, que j'avais entretenu de l'amertume envers Dieu et « mes frères en Dieu ». Elle me dit que je devais pardonner à ceux qui, selon moi, m'avaient fait du tort. Elle m'accusa également de faire de Papa une idole dans mon cœur. Elle avait entendu dire par des habitants de la Demeure que j'aurais dit que mon père me manquait : c'était la preuve que j'avais fait de lui une idole. Je devais renoncer à lui pour le donner à Dieu.

« Dieu est un dieu jaloux, gronda-t-elle. Il ne permet aucun autre dieu devant lui. »

Je conservais précieusement les rares lettres que Papa m'envoyait et les lisais encore et encore quand il me manquait. Seul l'espoir que j'avais de le revoir me faisait tenir. Et là, maintenant, Marianne me disait que j'avais fait de lui une idole que je devais détruire. Son attaque fut la goutte d'eau qui fit déborder le vase : elle avait touché la corde sensible.

J'éclatai en sanglots, et laissai exploser mon sentiment d'abandon. *Comment pourrais-je oublier mon propre père ?* J'essayais désespérément de contenir mes larmes, mais je n'arrivais pas à me contrôler.

Cette manifestation d'émotion convainquit Marianne qu'elle avait fini par briser ma fierté et mon esprit rebelle. Elle prononça alors ma « sentence » : je passerais le mois suivant en isolement, à lire des *Lettres de Mo* et à écrire mes réactions sur les sujets de la rébellion, de l'abandon de soi, de la soumission et de la possession par les démons. J'aurais un « ami » adulte pour lire avec moi et ne serais autorisée à parler à personne d'autre.

Néanmoins, changer d'attitude ne suffisait pas. On me demanda également de changer de nom. Celeste était trop « planant », et je devais me choisir un prénom plus terre à terre.

« Tu as quelques jours pour y penser et prier : tu pourras alors revenir me dire ce que le Seigneur t'a montré », me dit-elle.

Durant trois jours, je n'eus le droit de boire que de la soupe et de l'eau. Les tiraillements d'estomac étaient terribles et j'étais enfermée dans une petite pièce, à l'écart. Au bout des trois jours, Marianne me demanda :

« Eh bien, t'es-tu décidée pour ton nouveau prénom ?

— Jeanne, en hommage à Jeanne d'Arc. Je veux être une battante, comme elle », acquiesçai-je.

Marianne fut ravie de ce choix. « Jésus a besoin de guerriers dans son armée de la fin des Temps, me répondit-elle. C'est bien, je vais le dire à tout le monde. »

Durant mon mois d'isolement, mon esprit et mes sentiments s'engourdirent, comme si je m'éteignais totalement. Je me souviens de cette période comme d'une sorte de brouillard, où les jours se mêlaient aux nuits. À la fin du mois, la communauté se rassembla pour me dédier une prière de délivrance. On bénit ma tête avec de l'huile, puis tout le monde plaça ses mains sur ma tête en parlant en langues. Les démons de la fierté, de l'autosatisfaction et de la rébellion avaient soi-disant été chassés de mon corps…

J'étais perturbée. *Y avait-il vraiment une lutte pour mon âme au Paradis entre Dieu et le Diable ? Alors, pourquoi je ne la ressentais pas ?* Je n'avais toujours aucune idée de ce que j'avais fait de mal, ni quelle partie du Diable Marianne avait vue en moi, mais j'étais heureuse et soulagée que cela soit enfin fini.

Plus tard, je découvris que je n'étais pas la seule à avoir été brisée : je fus stupéfaite de lire deux *Lettres de Confession*, publiées pour toute la Famille, dans lesquelles Papa confessait ses péchés : dans le cadre d'un rassemblement à la Demeure du Roi, il avait été rétrogradé en public. Tout d'abord, il admettait que la célébrité qu'il avait connue grâce à « Music with Meaning » l'avait rendu trop fier. Durant ses années d'université, il avait touché à l'occulte : les démons devaient avoir pris possession de lui et il demandait une prière purificatrice pour le délivrer de leur influence. Je fus blessée en lisant que, selon lui, les femmes de sa vie se portaient mieux depuis qu'il les avait quittées pour le Seigneur.

Pensait-il vraiment cela ? me demandais-je. Dans une seconde Confession, il disait qu'il avait fait de sa mère, Krystina, une idole. Mo avait dit que les démons pouvaient pénétrer secrètement dans votre maison, comme des « passagers clandestins », en passant par les photos. Afin de briser l'emprise du Malin et se débarrasser des esprits malfaisants, Papa avait brûlé toutes les photos qu'il avait de notre grand-mère. Elle était catholique et avait été une mère aimante avant de mourir : que pouvait-il bien y avoir de démoniaque en elle ? Cela me brisa le cœur que Papa ait détruit ces clichés irremplaçables qu'on lui avait confiés lors de son voyage en Pologne, quand il était à la recherche de ses racines. La seule photo qu'il nous reste de notre grand-mère est celle qu'il m'avait donnée à son retour pour que je la conserve.

Profitant des camps de formation pour adolescents, des « centres de redressement » furent créés de par le monde, à des endroits stratégiques, pour accueillir les adolescents de la Famille et les adultes « rebelles », et les soumettre à une formation plus poussée. À la même époque, Mo se mêla un peu trop étroitement de la politique et de l'armée des Philippines : par conséquent, la Famille ne fut plus la bienvenue dans le pays. Les médias s'emparèrent de l'affaire, et Mo déclara que les Philippines étaient désormais un « terrain moissonné ». Marianne reçut l'ordre de déménager sa Demeure à Tokyo. Pendant cette période de transition, Armi, Krys, ma petite sœur Juliana et moi fûmes envoyées à Manille, dans une résidence voisine, si grande qu'on l'appelait le Jumbo. Krys vivait toujours avec nous dans la chambre des adolescentes bien qu'elle vienne d'accoucher d'une petite fille. Elle avait des difficultés à s'attacher à son bébé et ne s'en occupait pas bien : elle voulait partager avec nous les rares choses amusantes que l'on nous autorisait à faire au lieu de rester tout le temps à surveiller un enfant qu'elle n'avait pas désiré.

C'est dans notre nouvelle demeure que je tombai à nouveau sur Paul Peloquin, venu filmer une nouvelle vidéo de danse nue pour satisfaire les désirs de Mo.

Un jour, il me prit à part : « Ma chérie, Grand-père a fait une demande spéciale. Il veut que tu danses. Nous ne sommes plus vraiment censés filmer des filles de ton âge en train de danser nues, mais c'est une exception. »

Les nouvelles règles étaient censées mettre un terme à toute manifestation de sexualité enfantine, mais les dirigeants ne pouvaient pas refuser un plaisir à Mo.

« Il a trouvé que ta danse pour son anniversaire l'année dernière était très sexy. » Paul me fit un clin d'œil. Je ne voulais pas faire cette danse – je me sentais utilisée et exposée pour divertir un vieil homme. Mais personne ne s'opposait à Grand-père sans en subir les conséquences : j'acceptai donc. Et, tout comme avant, Paul me coacha depuis sa caméra. À la fin de la chanson, on applaudit mon humilité et ma soumission au Seigneur. Il était toujours question d'abandon de soi et de soumission, mais je commençais à me demander si l'on se soumettait vraiment à Dieu, et non aux lubies de nos dirigeants.

Le moment vint pour certains d'entre nous de nous rendre dans une école installée au Japon. Lorsque j'appris que Juliana allait rester aux Philippines, je m'inquiétai : allait-elle être bien sans Papa ou moi dans les parages ? J'avais essayé de m'occuper d'elle du mieux que je le pouvais pendant toutes ces années mais, en réalité, j'étais impuissante.

J'étais déterminée à ne pas partir au Japon avant d'avoir vu mon père. Bien que l'emplacement du Service mondial soit supposé rester secret, je savais qu'il était toujours aux Philippines. La veille de mon départ pour Tokyo, on m'accorda la permission de passer deux heures avec lui dans un hôtel. On me fit monter dans un van et on me banda les yeux de façon à ce que je ne voie pas où on m'emmenait. Après avoir roulé environ une heure, le van s'arrêta. Lorsqu'on m'ôta le bandeau, mon père était devant moi, le sourire aux lèvres. J'étais tellement heureuse de le revoir, ne serait-ce que pour quelques heures.

Il avait vieilli depuis la dernière fois où je l'avais vu, presque deux ans auparavant. « Tu as des cheveux gris », m'exclamai-je. Il m'embrassa sur le front, comme il le faisait quand j'étais une petite fille.

« Comment va mon bébé ?

— Je ne suis plus un bébé, répondis-je, me tenant bien droite pour paraître plus grande.

— Eh bien, peu importe l'âge que tu as, je serai toujours plus vieux que toi – donc tu seras toujours mon bébé », me taquina Papa.

Je souris, à la fois agacée et amusée par ses taquineries. Nous entrâmes dans l'hôtel cinq étoiles.

« Comment as-tu su que j'étais aux Philippines ? me demanda-t-il avec curiosité.

— Comme ça. C'était évident. »

Je ne lui avouai pas que Grand-père semblait savoir tout ce qui se passait dans notre Demeure et que ses Lettres évoquaient la situation politique aux Philippines : je m'étais contentée de faire le rapport entre les deux. Papa était sous le choc. Mo avait développé une telle atmosphère de contrôle et de secret qu'il était inquiet à l'idée que je puisse échapper quelque chose par inadvertance et qu'il en soit blâmé.

« Ne dis pas un mot à quiconque, me mit-il en garde.

— Oh Papa, je connais les règles ! »

Nous entrâmes dans le restaurant pour déjeuner tous les deux et Papa me questionna sur Juliana.

« Comment va Julie ?

— Elle va bien, je crois. Je ne la vois pas souvent, mais elle s'en sort bien à l'école.

— C'est un cerveau sur pattes », dit-il en riant.

Il semblait si désinvolte à ce sujet.

« Vous êtes toutes les deux de vraies enfants de la Famille. Et regarde comme vous vous en sortez bien ! »

Je n'en étais pas si sûre. J'avais passé une année terrible, mais je ne voulais pas décevoir Papa, ni qu'il pense que je me montrais négative. Ce moment à nous passa hélas trop vite et j'eus les larmes aux yeux quand il fut temps de partir. Papa me dit de me montrer courageuse et qu'il me reverrait bientôt. Si ce n'était pas sur cette terre, ce serait lors du Millénium. Il m'embrassa sur le front et me dit au revoir. On me banda à nouveau les yeux et je disparus comme par enchantement.

6

Déchirée

Au début du mois de décembre 1987, une trentaine d'entre nous arrivèrent à l'aéroport de Tokyo. Comme l'avion atterrissait, j'aperçus le paysage époustouflant du mont Fuji enneigé, que je reconnus immédiatement. Nous nous entassâmes dans un bus de location et partîmes pour une petite ville du nom de Tateyama, à cinq heures au sud. Elle était située dans les montagnes, près de la mer. Le Japon est constitué de plusieurs longues îles et les saisons changent d'un bout à l'autre de l'archipel – l'hiver peut être arrivé d'un côté, alors que c'est encore l'été de l'autre. Nous étions situés sur l'île du milieu, où c'était la fin de l'automne. Tout y était minuscule -- les routes, les magasins, les maisons, ainsi que les temples bouddhistes.

Nous nous rendions à l'École de la Ville céleste. C'était un grand bâtiment qui avait été construit pour la Famille par les Narita, un couple de vieux Japonais qui apportait un soutien financier au groupe. J'appris que M. Narita était le riche propriétaire d'une boîte de nuit appelée Charivari, située dans le district de Ginza, un quartier bourgeois de Tokyo où l'on trouvait de nombreux magasins et autres établissements de divertissement. M. Narita avait été la cible d'un *Flirty Fishing* actif de la part des membres et il avait rapidement succombé à leurs charmes. Il ne s'était sûrement pas rendu compte des sommes qu'il allait dépenser au cours des années suivantes.

En plus du bâtiment de l'école, qui avait la forme d'une croix, les Narita – Mme Narita avait vite été convertie – étaient propriétaires d'un certain nombre de petites maisons, situées à quelques minutes de marche du bâtiment principal, et dans lesquelles demeuraient les dirigeants. Naturellement, en échange de son soutien financier, M. Narita recevait les faveurs des femmes de la Famille. Si le but du *Flirty Fishing* était simplement de sauver des âmes pour le Christ, l'âme de M. Narita dut assurément être sauvée à maintes reprises. À l'époque, on avait mis fin au *Flirty Fishing*, principalement par peur du sida, mais il restait quelques exceptions : les personnes qui aidaient financièrement la Famille et qui lui offraient leur protection.

Nous passâmes brusquement du temps chaud de Manille à un hiver glacial. Ce changement brutal de climat fut un choc pour moi. La nuit, nous dormions sur des futons à même le sol et nous nous lavions à la mode japonaise, dans un grand *ofuro*, ou bain commun. L'école était si grande qu'elle était difficile à chauffer. Nous utilisions des chauffages à gaz portatifs, mais modérément, de façon à faire des économies de fuel : le matin, nous nous blottissions tous autour de notre seul chauffage, dans l'aile droite du bâtiment où nous dormions, histoire d'avoir un peu chaud, le temps de nous habiller.

Un matin de janvier, nous nous réveillâmes devant un spectacle éblouissant : la neige. C'était seulement la deuxième fois de ma vie que j'en voyais et je fus captivée par la beauté étincelante qui englobait tout – les arbres, les immeubles et le sol étaient recouverts d'un manteau blanc. Comme des adolescents normaux, nous nous précipitâmes dehors, impatients de nous sentir libres et de nous amuser. J'étais en pleine bataille de boules de neige quand Ado, le berger en chef des adolescents, m'interpella :

« Une lettre est arrivée pour toi. Elle vient d'Angleterre. »

Sous le choc, je manquai de suffoquer et de me sentir mal. *L'Angleterre ! Était-ce une lettre de ma mère ?* J'avais trop peur de demander.

Ado me tendit la lettre : « Tout d'abord, prions ensemble pour purifier cette lettre des esprits qui s'y sont introduits clandestinement. »

Je fermai docilement les yeux, mon cœur battant la chamade, pendant qu'Ado priait. L'enveloppe était déjà ouverte et il me regarda en sortir délicatement la lettre. Il en connaissait déjà le contenu – rien de ce que nous recevions restait privé et tout subissait une censure stricte. Je me hâtai de regarder l'adresse et la signature : ce n'était pas une lettre de Maman, mais de sa sœur, dont je ne connaissais même pas l'existence. Tante Caryn m'écrivait que Maman, Kristina et David aimeraient que je vienne leur rendre visite en Angleterre. Elle disait également que David allait désormais à l'école et qu'il était bon en mathématiques. J'étais perplexe, car les enfants de la Famille n'allaient pas dans les écoles du Système.

Je restai clouée sur place, abasourdie par l'idée d'aller leur rendre visite pour de bon. Tous mes vieux rêves, tous mes espoirs et mes désirs – ce poids constant, le manque de ma mère, qui m'avait accompagnée pendant une décennie – refirent immédiatement surface. Je me demandais pourquoi ce n'était pas ma mère qui avait écrit, ni Kristina.

« J'aimerais leur rendre visite. J'ai le droit d'aller en Angleterre ? demandai-je, pleine d'espoir.

— On te le fera savoir », répondit Ado.

J'osais espérer que le rêve de revoir ma mère devienne réalité, mais cela ne devait jamais arriver. Les semaines passèrent et je n'en entendis plus jamais parler.

Tateyama était un endroit si beau que, parfois, l'atmosphère de paranoïa qui planait sur nous semblait se dissiper. Mais la menace de la fin des Temps, elle, planait toujours. Grand-père avait prédit que la Grande Détresse – les trois dernières années et demie précédant le retour de Jésus – devait commencer en 1989. On avait largement fait appel au portefeuille des Narita : ils avaient construit l'école pour nous servir de refuge, avec un abri antiatomique creusé très profondément sous terre, équipé pour résister à une guerre atomique. Une prise d'air dans l'abri devait, en théorie, filtrer les radiations. Il y avait également en réserve une grande quantité de whisky et d'autres alcools. S'appuyant sur son expérience de la Grande Dépression des années 1930, Grand-père croyait que ces produits seraient les plus susceptibles d'être échangés en cas de krach économique.

Mo avait également interprété les dimensions de la Ville céleste que l'on trouve dans le Livre des Révélations, chapitre 21, comme étant celles d'une structure pyramidale. Ses plus fervents adeptes vivraient près du sommet, tandis que les autres chrétiens resteraient des citoyens de deuxième ordre du Paradis.

Un après-midi, on nous rassembla dans la salle à manger principale. Je fus sidérée d'y voir entrer le numéro trois du mouvement, Pierre Amsterdam. Dans un silence de plomb, il prit place sur une chaise placée sur une estrade, au bout de la pièce. Il avait un message important à nous communiquer.

Inspirés par la révélation de Mo, les Narita avaient déjà construit une pyramide au sommet d'une colline adjacente à l'école, qui servait comme lieu de prière. Mo avait maintenant décidé d'en faire une attraction touristique pour répandre le message.

« Au cours des prochains mois, des artistes du Service mondial vont travailler sur l'intérieur de la pyramide, pour créer des modèles réduits des attractions célestes, nous expliqua Pierre Amsterdam. Vous ne devrez vous rendre à la pyramide sous aucun prétexte, ni même simplement regarder dans sa direction le temps des travaux. Souvenez-vous, les yeux de Dieu sont partout, et ne croyez pas que vous pouvez désobéir quand personne ne vous regarde », avertit-il.

Il parcourut la pièce du regard : ses yeux semblaient nous transpercer tandis que nous étions assis, intimidés par le fait de rencontrer l'une des personnes les plus importantes de la Famille. « Vous n'avez pas besoin de savoir pourquoi vous n'avez pas le droit de regarder. Si quiconque est pris en train de désobéir, l'offenseur sera excommunié. »

Puis il sortit majestueusement de la pièce, suivi par les bergers. J'étais terrifiée à l'idée d'enfreindre les règles. Je découvris plus tard la vraie raison de ce secret : Mo et Marie vivaient à la Maison de la fontaine, à dix minutes de marche. Étrangement, à certains moments de la journée, un message circulait qui nous interdisait de sortir et de nous rendre à la Maison blanche située de l'autre côté de la rue, face à l'école. C'était une petite maison qui appartenait également aux Narita et où vivaient les dirigeants ; Grand-père leur rendait souvent visite, en secret, pour des réunions.

Le soir, Pierre Amsterdam tenait régulièrement des réunions avec tout le monde : c'était le temps du redressement. Il instaura également un programme de rendez-vous de la Parole. Nous étions censés partager l'amour de Dieu et lire Sa Parole. Pour ce faire, on construisit quatre chambres de fortune dans l'abri antinucléaire, les chambres d'amour. Dans chacune d'entre elles, il y avait un lit, une petite table sur laquelle étaient posés des mouchoirs et des lubrifiants et, pour la décoration, une peinture avec une citation de Mo accrochée au mur. La seule personne avec laquelle je voulais être était Miguel, mon premier petit ami. Nous avions tous les deux 13 ans, à un mois d'écart, et il était Sagittaire comme mon père. Il aimait s'amuser, était populaire et j'aimais ses blagues et son style décontracté. Évidemment, ne voir que Miguel aurait été considéré comme égoïste, et les bergers arrangeaient nos rendez-vous à notre place.

Notre berger, Ricky, nous faisait quotidiennement les « inspirations » : il prenait un malin plaisir à « briser nos bouteilles » en demandant aux filles d'enlever leur haut quand elles jouaient de la guitare et chantaient « Vas-y, Maman, brûle ton soutif ». Le jour de son anniversaire, sa partenaire, Elaine, fit enlever leur haut aux filles et il les pelota les unes après les autres. C'était notre « cadeau d'anniversaire » pour lui. Je fus la seule à refuser de participer. Après cela, Ricky me prit en grippe.

« Tu n'es qu'une vieille bouteille », me dit-il devant tout le monde. Ces attaques ne faisaient que renforcer mon entêtement. Le groupe avait beau exercer une forte pression pour que je cède, je refusai d'enlever mon haut. Je finis néanmoins par fléchir. Pour l'anniversaire de Pierre Amsterdam en avril, Elaine suggéra que les filles refassent comme pour celui de Ricky. Je commençai par refuser, puis décidai à la dernière minute de danser seins nus avec Armi. En réalité, ce qui me motivait réellement était d'impressionner Miguel, qui était assis sur le côté avec les autres garçons, pour regarder. Notre berger interpréta quant à lui ce changement d'avis comme un signe d'épanouissement spirituel.

Pierre nous avait prévenus que des gens du Service mondial allaient venir dans la région et que si nous les croisions, nous ne devions pas leur parler. Ils se promenaient toujours par deux et je remarquai vite un adolescent qui effectuait des travaux de bricolage autour du bâtiment de l'école avec un homme de type scandinave qui l'accompagnait partout. Je n'avais vu des photos de Davidito que lorsqu'il était bébé, mais cet adolescent lui ressemblait étrangement. Son teint mat et ses traits espagnols le trahissaient. Je voulais lui parler, mais il regardait par terre la plupart du temps et je sentais que mon regard le mettait mal à l'aise. Je continuai néanmoins de le regarder fixement à chaque fois que je le voyais.

Une fois les travaux dans la pyramide effectués, nous fûmes enfin autorisés à monter la voir. L'intérieur avait été transformé pour refléter l'idée que se faisait Mo d'un parc ayant pour thème la Ville céleste. Nous commençâmes également à voir plus souvent Davidito – ou plutôt Pete, comme il s'était présenté à nous, et Davidita, la fille de Sarah Davidito. On leur avait donné la permission d'assister à certaines de nos activités et certains de nos cours pour adolescents. Ils étaient tous les deux incroyablement timides, ce qui me surprit. Je m'attendais à ce que Davidito soit sûr de lui et se comporte comme un chef. Mais compte tenu de son histoire – que nous connaissions tous – sa timidité était compréhensible. À la Demeure de Grand-père, les enfants vivaient sous verre, comme dans « Big Brother », et leurs moindres faits et gestes étaient notés. Au fil des ans, nous avions lu tous les détails concernant sa vie – ses premiers pas, chaque fessée, chaque récompense reçue. Nous savions tout de Davidito, Davidita et Techi, bien que nous ne les ayons jamais vus en face à face. Ils avaient grandi sans côtoyer d'autres enfants.

Quand je le rencontrai, Davidito avait 13 ans. C'était la première fois qu'il rencontrait des adolescents en si grand nombre et je voyais qu'il voulait désespérément se joindre à nous. Mais, après tant d'années d'isolement et de répression, il lui était extrêmement difficile de venir nous parler. Un après-midi, j'eus l'occasion de parler seule avec lui. Il était assis dans la chambre des ados et je pris place à ses côtés. J'étais un peu nerveuse : je ne savais pas ce que je pouvais lui demander, ni ce qu'il était autorisé à me dire. Pourtant, dès que nous nous mîmes à parler, je ressentis instantanément de l'affection pour lui. Il était comme n'importe lequel d'entre nous, et non l'idole construite à travers les Lettres et *La Vie avec Grand-père*.

« Qu'est-ce que ça fait de rencontrer autant de jeunes pour la première fois ? lui demandai-je.

— C'est bien, répondit-il, hésitant. Je me suis fait quelques amis, mais c'est difficile quand même. On attend de moi que je sois tout le temps un exemple. Je veux juste être comme tout le monde. »

Nous savions tous qu'il était destiné à devenir l'un des deux derniers Témoins de la fin des Temps avec sa mère, Marie, qui avait été élevée au statut de prophétesse. Grand-père avait prédit qu'ils rempliraient tous les deux ce rôle, décrit dans le Livre des Révélations, et que Davidito mourrait en martyr aux mains des soldats de l'Antéchrist avant le retour de Jésus. Alors que j'avais peur à la simple idée de mourir un jour en martyre, je ne pouvais imaginer ce que cela faisait de *savoir* que son destin était de mourir dans les rues de Jérusalem. J'avais envie de lui demander comment il appréhendait cette terrible prédiction, mais cela aurait été cruel de la lui rappeler. C'était beaucoup demander à un enfant que d'avoir à être constamment le parfait reflet de ses parents alors que tout ce qu'il voulait était de profiter de la vie.

Un après-midi, on nous rassembla pour une correction, dans un silence rigoureux. J'étais allongée sur un futon au fond de la pièce car j'étais malade depuis un mois : j'avais eu une inflammation des ganglions et de la fièvre. Cet été-là, presque tout le groupe avait attrapé la maladie du baiser, ou mononucléose. Mais, malade ou pas, tout le monde devait assister à la correction. Pierre Amsterdam entra dans la pièce, flanqué de ses bergers. Ils s'assirent face à nous.

Après une prière, il tonna sévèrement : « Vos péchés, votre sottise et votre attachement aux biens de ce monde ont éveillé l'attention de Grand-père en personne. »

Nous nous regardâmes, interloqués. De quoi parlait-il ?

Il poursuivit : « Certains d'entre vous ont été surpris en train d'écouter une compilation de musique du Système ! Pete en faisait partie : c'est triste à dire. Cela ne l'excuse pas, mais vous avez tous joué un rôle en ayant une mauvaise influence sur lui et en autorisant le Diable à entrer. »

Je n'avais aucune idée de ce à quoi Pierre Amsterdam faisait allusion mais, là encore, nous avions tous des ennuis à cause de l'action de quelques-uns. La liste de nos péchés présumés était longue : nous nous étions adonnés à des discussions stupides et avions cédé à l'oisiveté au lieu d'apprendre les écritures de la Bible ; nous nous habillions de façon matérialiste, ou décontractée ; les filles portaient de grandes boucles d'oreilles et de courts pull-overs sans manches.

Les « meneurs » finirent par être identifiés et se rendirent au bout de la pièce. Pierre Amsterdam sortit une lanière de cuir et les coupables furent battus, pour servir d'exemples à tous. Nous pleurions tous, nous tremblions. Quand la correction fut finie, Amsterdam hurla : « Mettez-vous à quatre pattes et priez pour demander grâce à Dieu ! »

Ce n'était pas fini : une longue liste de corrections fut établie pour tout le monde. Cette nuit-là, quatre d'entre nous, souffrants, furent emmenés à la Maison pour malades : nous étions contents de pouvoir au moins échapper à quelques mois de punition, que le reste du groupe allait endurer. Quelques semaines plus tard, j'attrapai la coqueluche. Après deux mois terribles, alors que j'étais sur le point d'être libérée de ma quarantaine, je fus exposée à la varicelle. Selon les bergers, cela signifiait que je devais rester en quarantaine un mois de plus. La mi-novembre arriva : cela faisait cinq mois que j'étais enfermée. La réclusion me rendait folle : séparée de mes amis, je m'ennuyais et j'avais désespérément envie de travailler, de faire n'importe quoi pour m'occuper. Je sombrai dans une profonde dépression.

Et puis un jour, sans prévenir, Papa arriva à l'école, revenant des Philippines. « Papa ! dis-je en le prenant dans mes bras. Tu m'as tellement manqué ! » Je m'attendais à de la compassion de sa part mais, pour la première fois, il se mit en colère. Je pensais qu'il n'était pas en droit de me réprimander : il ne vivait plus avec moi depuis des années. Pourtant, il éleva la voix :

« J'ai entendu dire que tu étais malade depuis des mois. Tu t'es montrée désobéissante ! Tu n'as pas fait fidèlement tes Sorties comme l'a ordonné Grand-père ! » Une Lettre de Mo intitulée *Sorties* avait été écrite à propos de mon père, lorsqu'une hépatite l'avait terrassé à Loveville, en Grèce. Mo y avait écrit : « Nous ne pouvons pas avoir une émission qui dépend d'un homme malade » et, pour s'assurer que Papa reste en bonne santé, il avait ordonné qu'il fasse des exercices quotidiens. Depuis ce jour, mon père avait toujours consciencieusement fait ses exercices, jogging ou yoga.

En écoutant les réprimandes de mon père, j'avais les larmes aux yeux. *Il doit avoir reçu un mauvais rapport des bergers pour adolescents*, pensais-je. Que je sois malade pendant si longtemps avait probablement des incidences sur sa réputation.

Face à cet homme en colère, l'image parfaite que j'avais de mon père fut brisée en un instant. Je croyais qu'il m'aimait : il ne s'était jamais mis en colère et ne s'était jamais montré injuste envers moi. Mais, maintenant, je ne reconnaissais pas l'homme que j'avais en face de moi. *Que lui était-il arrivé pendant ces années où nous étions séparés ? Était-il réellement comme les autres, irrationnel et colérique ?*

Comme il continuait de vociférer, je me tus, faisant mon possible pour ne pas l'écouter. Pendant ces mois de maladie, j'avais détesté me sentir impuissante, mais je détestais plus encore que quiconque me juge, comme si j'avais fait quelque chose de mal. Maintenant, mon propre père se retournait contre moi. Je n'arrivais pas à le croire.

Malheureusement, je tombai à nouveau malade. Deux jours plus tard, ma fièvre augmenta et je développai de l'urticaire. Mon corps gonfla, se couvrit de bosses rouges et mes lèvres et mes yeux triplèrent de volume. Je ne me reconnaissais même pas dans le miroir. Le troisième jour, Papa vint me voir à la Maison bleue. Il me dit qu'il avait prié désespérément au sujet de la raison pour laquelle je souffrais depuis si longtemps.

« Le Seigneur m'a montré que tu avais subi une malédiction, me dit-il. Ta mère a régressé. Elle a quitté la Famille. »

Je luttai intérieurement pour intégrer cette information. *Maman avait quitté la Famille !* Cette nouvelle me dévasta. Ces dernières années, depuis cette fameuse lettre, je m'étais raccrochée à l'espoir que je serais un jour autorisée à lui rendre visite. Je ne savais même pas si elle était toujours en Angleterre. Je n'avais aucune idée de l'endroit où elle se trouvait, ni de ce qu'elle faisait.

« Oui, elle est retournée dans le Système, dans l'enfer, pour se vautrer dans la fange, ajouta-t-il avec dédain. Elle t'a réclamée, elle veut te retirer de la Famille… »

Je restai bouche bée, sous le choc, tandis que différentes pensées et émotions m'assaillaient. Elle m'avait réclamée ! Elle me voulait avec elle ! Se souvenait-elle seulement de moi ? Cela faisait si longtemps…

« Le Seigneur m'a indiqué que tu devais prier contre elle et chasser son esprit. Grand-père a écrit une Lettre de Mo à ce sujet, intitulée *Les Malédictions de Dieu*. Tu devrais la lire. »

Une larme roula le long de ma joue. Je ressentais toujours un lien d'amour et de loyauté envers ma mère, que personne n'avait pu remplacer. *Prier contre elle ?* C'était impensable.

Papa était déchaîné : « Elle n'est plus ta mère désormais. Tu dois renoncer à toute pensée la concernant et prier contre son influence dans ta vie. C'est une guerre spirituelle sérieuse. »

J'étais déchirée entre mon amour pour lui, le besoin que j'avais qu'il m'approuve, et la répugnance que je ressentais instinctivement à faire ce qu'il me demandait. Maman avait-elle véritablement jeté une malédiction sur moi ? Papa savait à quel point je l'aimais. Il détenait désormais une arme pour détruire totalement les souvenirs que j'avais d'elle.

Une vague de désespoir m'envahit. J'étais toujours malade, épuisée et déprimée. Je me sentais vaincue. Je cédai. « D'accord », dis-je, sans avoir aucunement l'intention de prier contre elle.

Papa posa ses mains sur moi et pria avec ferveur : « Puisse le Seigneur détruire ta mère et l'enlever de notre chemin. Il vaudrait mieux qu'elle soit morte plutôt que d'être un jouet dans les mains du Diable. » La prière dura quelques instants et il finit par conclure : « Puisse le Seigneur laver sa fille, Celeste, de son esprit de rébellion. »

Entendre mon père prier le Seigneur pour qu'il tue quelqu'un, ayant « régressé » ou pas, faillit me détruire. Grand-père avait souvent proféré des prières venimeuses contre ses ennemis, *mais maintenant cela concernait ma propre mère* ?

Ce jour-là, je mis un mouchoir sur les souvenirs de ma mère et fis un gros effort pour ne plus penser à elle. Mais c'était trop difficile d'y parvenir.

Le matin suivant, quand je me réveillai, les gonflements avaient réduit. À la fin de la journée, l'urticaire avait complètement disparu. Cette guérison « miraculeuse » me poussa à me demander si ce que Papa m'avait dit était vrai. Quant à lui, il la prit sans doute pour le signe de ma délivrance.

Je finis par sortir de la Maison pour malades. Comme tout prisonnier libéré, j'étais follement heureuse de retourner à la vie normale. Je commençai un apprentissage qu'offrait la Famille en photographie, qui me passionna. C'était également l'époque de Noël : je rejoignis une nouvelle fois la chorale et me produisis pour le spectacle de Noël, qui avait lieu dans un hôtel de luxe pour tous nos amis japonais, devant cent cinquante personnes. Cela me redonna confiance en moi et je commençai enfin à me sentir mieux après de si longs mois de maladie et d'isolement.

À peine un mois plus tard, mon visa de tourisme expira et je dus me rendre en Corée pour ce qu'on appelait un « voyage visa ». C'était commun – les membres allaient et venaient régulièrement de cette manière pour renouveler leur visa, et cela n'avait jamais posé problème. Je partis la veille de mon quatorzième anniversaire avec une adulte, Sue, la joyeuse secrétaire du club « Music with Meaning », du temps de Loveville. Lorsque nous essayâmes de rentrer au Japon, les services d'immigration arrêtèrent Sue. Après une nuit de détention, on nous mit dans un avion à destination de Hong Kong. J'étais dévastée et passai le voyage à pleurer.

« Je n'arrive pas à le croire, dis-je en sanglotant. À mon retour, je devais aller dîner avec Papa pour mon anniversaire. » Sue était elle aussi bouleversée. Elle avait quitté son compagnon et son travail à Tokyo : son futur était incertain. Il y eut des turbulences terribles pendant le vol, ce qui ajouta à mon anxiété. J'étais sûre que nous allions nous écraser au beau milieu de l'océan.

À l'aéroport, nous fûmes accueillies par Sadoq et un homme du Service mondial du nom d'Isaac. Sue disparut avec le dirigeant du Service mondial dans une Demeure de Hong Kong et Sadoq m'annonça qu'on m'emmenait à Macao.

J'éclatai à nouveau en sanglots. *Pas la ferme !* J'aurais tout à recommencer, une nouvelle fois, loin de mon père et de mes amis. Cette injustice me révoltait. « Ne t'inquiète pas, me dit Sadoq pour essayer de me réconforter. Osée n'y est plus. Il y a beaucoup d'ados. C'est différent. » Mais ses mots ne me rassuraient pas. Je passais des jours à pleurer. Sadoq et les bergers des adolescents firent de leur mieux pour essayer de me remonter le moral, mais en vain. J'étais une véritable épave, sur le plan tant physique qu'émotionnel. Puis comme toujours, je me ressaisis et commençai à me lier d'amitié avec les autres adolescentes. La ferme avait été transformée en un centre de formation similaire à celui que nous avions au Japon. Mais une partie de celui-ci était une sorte de prison pour adolescents rebelles. Pour la première fois depuis qu'elle avait eu 12 ans et qu'elle avait servi de modèle pour la Fille du Paradis, je revis Mene. Elle avait été renvoyée de la Demeure du Roi, avait échoué à Macao en disgrâce et était maintenant l'une des « Adolescentes en détention », séparée du reste du groupe. Le crime numéro un qui pouvait vous faire atterrir chez les Adolescents en détention était de répandre le doute, de faire preuve d'un esprit d'analyse et d'esprit critique, et de remettre en question les mots du prophète, comme Mene l'avait fait. Elle était la première Ado en détention placée sous la garde de Crystal et de son mari, Michael. Ils étaient d'une sévérité brutale.

Mene et les autres Ados en Détention effectuaient du travail de main-d'œuvre autour de la ferme – pour la plupart des tâches totalement dénuées de sens, comme creuser des fossés pour ensuite les remplir à nouveau, ou peindre et repeindre la vieille ferme, tout d'abord en marron puis en vert, puis encore en marron. Le but était de les épuiser pour les briser psychiquement. Mon amie d'enfance était très pâle, ses traits étaient tirés, mais nous n'avions pas le droit de nous parler ni même de nous regarder. Mene était constamment réduite au silence. Parfois, elle disparaissait des semaines entières. J'appris par les adolescents qui étaient avec elle dans le Programme de détention qu'elle avait été enfermée seule dans une petite mansarde, où elle était battue et attachée nue au lit, bras et jambes écartés, avec un seau pour lui servir de toilettes et du pain et de l'eau pour seule nourriture.

L'idée d'être envoyée en Détention me terrifiait tellement que je faisais tout mon possible pour passer pour une adepte soumise et dévouée. Tout ce que je voulais, c'était quitter cette ferme le plus vite possible.

Après trois mois sans nouvelles, nous reçûmes un message urgent en provenance du Japon. Mon père s'était rendu à l'ambassade britannique pour signer une procuration. Il ne s'attendait pas à être interrogé par les fonctionnaires mais, quand le consul vit ses papiers, il exigea qu'on lui dise où je me trouvais. L'ambassade avait été chargée de me rechercher par le ministère de l'Intérieur car j'étais devenue une pupille sous tutelle judiciaire à Londres, en instance de droit de garde. Mon père refusa de dire où je me trouvais et, le consulat n'ayant pas le droit de le garder, il prit le vol suivant pour les Philippines.

En une heure, je dus rassembler mes affaires. On me fit traverser la frontière pour Canton et je pris un avion pour Manille afin de rejoindre mon père et ma sœur Juliana au centre de formation, le Jumbo. J'étais très heureuse de revoir ma sœur. Je les pris tous les deux dans mes bras, ravie que nous soyons à nouveau réunis. J'étais donc revenue au point de départ, le Jumbo, que j'avais quitté deux ans auparavant. À certains moments, je pensais que j'étais allée en enfer, et que j'en étais revenue. J'avais combattu la maladie, la solitude, la peur et le rejet. Mais j'étais loin d'être émotionnellement mûre et confiante.

Le Jumbo fermait ses portes et nous faisions partie de l'équipe qui restait pour nettoyer le site avant de le rendre à ses propriétaires. Pendant les cinq mois qui suivirent, Papa, Juliana et moi formâmes une famille. Le soir, nous jouions au basket ensemble, ou Juliana faisait du hula-hoop pour nous. Je lui appris à jouer au badminton, et nous écoutions Papa nous raconter des histoires sur ses premiers jours dans la Famille.

Toutefois, j'avais passé si peu de temps avec Papa ces dernières années que nous ne nous connaissions plus vraiment. J'étais souvent choquée de son comportement envers moi et des commentaires qu'il me faisait. Un jour, je parlais avec quelqu'un dans la salle à manger de mon ambition de devenir photographe : mon père entendit notre conversation. Je me souviens encore de son air choqué et dédaigneux.

« Quoi ? Tu vas être missionnaire ! » Et pas un mot de plus. Je ne m'attendais pas à cette réponse brutale. Je restai calme et silencieuse, mais rageai intérieurement. *Comment ose-t-il me dire ce que je vais faire ? Je ne serai jamais missionnaire pour la Famille.*

Peu après, je vécus une autre expérience perturbante. L'un des agresseurs sexuels de mon enfance, Eman Artiste, vint au Japon pour un « voyage visa ». Il demanda à me parler. Le simple fait de le revoir me provoqua des sueurs froides.

« Je veux m'excuser, dit-il pour commencer. Tu sais, dans le passé, si j'ai été pressant, je ne le voulais pas. » Il me sourit.

Bien, c'était bien. Il s'excusait. *Peut-être avait-il changé ; peut-être que les choses étaient différentes maintenant.* J'étais prête à lui pardonner : après tout, c'était ce qu'on m'avait toujours dit de faire.

« Bien sûr », répondis-je.

Soulagé, il commença à parler avec moi, essayant de se montrer amical. Mais, en parlant, il glissa sa main sur ma cuisse.

« Tu es belle, murmura-t-il en se penchant sur moi. Tu as bien grandi… et tu es si sexy », ajouta-t-il en me lorgnant.

Je revis ce vieux désir dans ses yeux. *Non ! Il n'avait pas changé du tout.* Je pouvais à peine croire à son comportement, après les excuses qu'il m'avait faites. Je prétextai que je devais aller quelque part et partis, profondément bouleversée. Je fis mon possible pour l'éviter les deux jours suivants, jusqu'à son départ. Cela ne fut pas une surprise quand, quelques années plus tard, j'appris qu'il avait été officiellement excommunié. On avait donc fini par s'occuper de ce salaud. Mais pourquoi cela avait-il été si long ? Pourquoi l'avait-on autorisé à laisser tout un tas de filles traumatisées partout où il était passé ? Pendant des années, son comportement avait été signalé par moi et par d'autres. De toute évidence, les dirigeants étaient responsables de ne pas avoir agi plus tôt. Ces questions subsistaient dans un coin de ma tête.

Un après-midi, Papa me montra une lettre ouverte qu'il avait écrite à ma mère, intitulée *Pour défendre notre fille.* Je fus consternée par le ton satisfait et condescendant dont il usait pour s'adresser à elle. Il niait toute idée d'abus sexuels au sein de la Famille. Je savais que c'était faux car j'en avais fait l'expérience en personne – évidemment, on m'avait dit toute ma vie que c'était de « l'amour », « l'amour de Dieu ». Papa ne m'avait jamais demandé si j'avais été abusée sexuellement avant de déclarer à ma mère de façon si véhémente que j'avais reçu les meilleurs soins possibles. *Comment peut-il dire ça ? Il ne me connaît même pas*, pensai-je.

Papa me demanda d'écrire une lettre à Maman, ce que je fis. Je déclarai que j'étais heureuse de servir Dieu dans la Famille et que c'était là que je voulais être. En réalité, c'était la seule vie que je connaissais. Je n'avais jamais eu le droit de lire les lettres de Maman ou de Kristina. Je n'avais que la version des faits de Papa – « Le Diable se sert de ta mère pour attaquer la Famille et tenter de nous empêcher de poursuivre notre mission visant à "sauver des âmes pour Jésus". Elle ferait mieux de se méfier car elle "s'en prend à la prunelle de Dieu". »

J'étais alarmée. Papa semblait tellement en colère contre elle, tellement haineux. Tout cela excitait ma curiosité : qui était ma mère, à quoi ressemblait-elle et pourquoi avait-elle décidé de quitter la Famille ? Était-elle réellement folle, un monstre possédé par le Diable, ou était-elle simplement une mère voulant protéger sa fille qu'elle n'avait pas vue depuis plus de dix ans ? Je devais savoir.

Deuxième partie

L'histoire de Juliana

7

Une famille brisée

« Julie, debout là-dedans ! Allez, lève-toi ! »

J'étais incapable de bouger, paralysée par la peur. Si je me levais, ils allaient se rendre compte que j'avais fait pipi au lit. Mais je ne pouvais rien y faire : je devais me lever… et descendre lentement de mon lit superposé.

« Qu'est-ce que c'est que ça ? » J'entendais le sang battre à mes tempes. Quelqu'un m'avait prise par la main et m'emmenait… pas encore…

Je me retrouvai devant le berger de notre Demeure, Oncle Dan, un homme imposant et effrayant qui était mon gardien quand je vivais à Manille. J'avais 3 ans. « Alors, on m'a dit que tu avais encore fait pipi au lit, hein ? Ça fait quatre jours de suite maintenant. Tu te souviens de ce qui se passe quand tu fais ça ? »

J'acquiesçai, tremblante.

« Je ne peux pas lire dans tes pensées. Qu'est-ce que tu dis ?

— Oui, Monsieur », murmurai-je, espérant contre tout espoir qu'aujourd'hui il me laisserait partir. Mais j'avais rarement cette chance.

« Penche-toi et baisse ta culotte. »

J'obtempérai, suant à grosses gouttes – comme toujours avant de recevoir une fessée – ce qui enflammait mes irritations dues à la chaleur.

« Mets tes mains sur la chaise. »

J'obéis, tout en sanglotant :

« Je suis désolée, Oncle Dan !

— Si tu étais vraiment désolée, tu arrêterais de le faire. Maintenant, si tu cries, je vais devoir continuer. »

Je gardais les yeux bien fermés alors que la planche de bois de la taille d'une petite batte de cricket venait frapper mes fesses nues.

Encore et encore.

Les coups finirent par s'arrêter. Oncle Dan posa la planche et je remontai ma culotte.

« Et maintenant, qu'as-tu à dire ? » Je n'avais pas besoin qu'on me souffle la réponse. Je connaissais bien la routine maintenant.

« Mer… merci de m'avoir corrigée ! répondis-je consciencieusement entre deux sanglots.

— C'est bon, ma chérie, roucoula-t-il en me prenant dans ses bras comme un père bienveillant. Nous faisons tous des erreurs. » Je devais être glissante comme une limace, sans compter que je devais empester l'urine : le câlin ne durait jamais longtemps. Mais j'étais heureuse d'être libérée de son étreinte.

Mon histoire commence le 2 juin 1982 dans le village de Rafina, en Grèce, où ma sœur âgée de 6 ans, Celeste, vit à Loveville avec son père, Simon Pierre. Mon père.

Mes parents s'étaient rencontrés moins d'une année avant ma naissance, lorsqu'on avait demandé à ma mère de venir s'occuper de mon père, qui souffrait d'une hépatite. Ils avaient eu le coup de foudre et, bien qu'ils n'aient jamais été officiellement mariés, ils s'étaient rapidement mis en couple.

Ma mère, Serena, était allemande. Violoniste de talent, elle était issue d'une famille de musiciens et d'artistes. Elle était hippie, à la recherche de la vérité, et voyageait en Inde quand elle rencontra les Enfants de Dieu. Un jour où elle était complètement perdue, elle se retourna et aperçut des membres du groupe derrière elle, leur sourire radieux éclairant son chemin vers le salut et une place dans la Famille de Dieu. Elle interpréta leur apparition comme un signe. Le concept d'amour libre prôné par la génération hippie la poussa à embrasser sans réserve la doctrine du groupe, le *Flirty Fishing*.

Les femmes croyaient leur chef, Mo, quand il leur disait que Dieu les protégerait du « sperme et des germes » : de fait, elles n'utilisaient aucune contraception. Inévitablement, elles tombaient enceintes. Mo prétendait que les enfants nés du *Flirty Fishing* étaient des dons de Dieu et il les appelait les Bébés de Jésus. Ma sœur Mariana fut conçue avec un des « poissons » que Maman avait attrapé dans ses filets pendant un séjour en Turquie : elle était donc un Bébé de Jésus. Papa adopta Mariana et, avec Celeste, nous devînmes une famille.

En raison de tout ce « partage » sexuel, les maladies sexuellement transmissibles étaient monnaie courante. Les membres de la Famille n'attrapaient pas seulement du sperme, mais bien des germes ! L'herpès était un problème très répandu au sein du groupe. Dans un premier temps, Mo ordonna à ses brebis de se contenter de prier pour la guérison mais, comme l'herpès commença à se répandre plutôt qu'à guérir, les membres contaminés finirent par aller chercher une aide médicale. Mes parents attrapèrent tous les deux une MST au début de leur relation de couple : un médecin leur conseilla de s'abstenir d'avoir des rapports jusqu'à guérison complète. Néanmoins, après un mois de quarantaine, ils succombèrent à la tentation.

Adolescente, je voulus que mon père me prouve que j'étais bien son enfant. Il n'y avait pas de test ADN pour m'en donner la preuve et je pouvais être l'enfant d'un tas d'hommes. Un jour, Papa me raconta donc l'histoire de ma conception. Il me regarda et me sourit tendrement en disant :

« Nous étions si amoureux avec ta mère, nous n'avons pas pu nous retenir.

— Donc, je suis née par accident, à la suite d'une maladie vénérienne ! »

Je crus que cela signifiait que j'étais le produit d'une erreur obscène et cela ne fit que renforcer mon impression de n'avoir aucune valeur.

« Non, ma chérie, s'empressa de dire mon père pour me rassurer. Tu n'étais pas une erreur. Au contraire, cela montre à quel point tu étais destinée à naître, en dépit de tout. »

Peu après ma naissance, Maman revint d'une baignade dans la mer Égée en se plaignant d'une douleur intense dans le genou. Au cours des semaines suivantes, la douleur s'intensifia et s'étendit à d'autres articulations de son corps. C'était le premier symptôme d'une maladie héréditaire incurable qui faisait enfler toutes les articulations, ces dernières se remplissant de liquide et triplant de volume. Tout mouvement devenait extrêmement douloureux pour elle.

Pauvre Maman ! Elle boitait et, avec deux bébés et Celeste dont elle devait prendre soin, elle souffrait constamment. J'étais encore un bébé lors du « grand exode », quand nous quittâmes la Grèce pour l'Extrême-Orient. Après la naissance de mon frère Victor, aux Philippines, la condition physique de Maman se détériora un peu plus. Papa fut choisi pour prendre part à l'œuvre de Dieu – il avait été désigné par le prophète en personne pour travailler à son service dans le Service mondial. Une malade et quatre enfants ne rentraient pas dans l'équation. Nous étions devenus un obstacle pour Dieu et Sa Famille. Après la naissance de Victor, les dirigeants séparèrent mes parents et envoyèrent Maman, ma sœur Mariana et moi-même dans une autre communauté de Manille, plus petite, où Dan et sa femme Tina étaient les bergers de la Demeure. « Oncle » Dan prenait un plaisir manifeste à nous battre.

J'avais 3 ans à l'époque. Papa et Celeste restèrent à la Demeure principale et mon petit frère Victor fut confié à un autre couple. Papa venait nous rendre visite le dimanche et j'attendais toujours ce moment avec impatience. Papa et Maman restaient allongés avec paresse sur le grand lit aux draps jaunes : ce dernier semblait pénétré de la lumière du soleil du matin, qui dardait par les immenses fenêtres. Mariana et moi jouions à cache-cache dans les placards pendant que nos parents prenaient leur temps pour se lever. Plus tard, nous irions au zoo, faire du bateau sur le lac et nourrir les canards. Ce fut au cours d'une de ces visites que ma sœur Lily fut conçue.

À cette époque-là, Mo écrivit plusieurs Lettres au sujet de certains membres de la Famille qui étaient grièvement malades, et dans lesquelles il affirmait que la maladie était la conséquence du péché. Si vous étiez malade, soit vous étiez en disgrâce auprès de Dieu, soit vous souffriez d'un malaise spirituel qui se manifestait au travers d'une maladie physique. À cause de cette doctrine, certains membres de la Famille ne reçurent pas de soins médicaux appropriés et moururent. Parmi ces pertes se trouvait Pierre Puppet[1], qui produisait

1. Signifie « marionnette » en anglais (*N.d.T.*).

une émission télévisée de marionnettes appelée *Les Tit'chéris*, diffusée aux Philippines. Il développa une tumeur au cou, mais décida de ne pas la faire soigner : Mo lui avait dit que la tumeur disparaîtrait dès qu'il serait lavé de ses péchés spirituels. Il ne fallut pas longtemps pour que la tumeur se développe, mais la mort de Pierre fut considérée comme une élévation et il alla rejoindre les rangs grandissants des « Aides spirituelles », distinction qu'on accordait aux membres décédés.

Lorsque la maladie de ma mère finit par affecter tous ses mouvements, elle fut également accusée de rébellion spirituelle et de se livrer à des messes basses – selon Mo, certains des pires péchés qui soient. Malgré cela, les bergers décidèrent que mon petit frère Victor devait revenir vivre avec nous. Il arriva avec Celeste six mois après la dernière fois où je l'avais vu. Il ne se souvenait même plus de sa propre mère et hurla des jours entiers, réclamant ses parents adoptifs.

Quand Victor développa la tuberculose, Maman fut mise en quarantaine avec lui pendant des mois. La maladie de son bébé était considérée comme une nouvelle manifestation de ses péchés spirituels, puisque les « enfants sont punis pour les péchés de leurs pères ». Pendant l'isolement de Maman et de Victor, je restai avec un couple d'Allemands, Joseph et Talitha. Leur fille Vera et moi avions le même âge et nous allions à l'école ensemble la journée. Mariana, Vera et moi attrapâmes la rougeole et restâmes alitées pendant des semaines. Je voulais ma Maman, mais elle n'était pas autorisée à me voir.

Dès que nous fûmes rétablies, nous contractâmes les oreillons. Pourtant, nous n'allâmes jamais consulter de médecin, pas plus qu'on ne m'administra de vaccin d'immunisation. Les adultes faisaient confiance à Dieu pour notre santé. En lieu et place de médicaments, ils nous faisaient avaler tous les jours un mélange d'huile de foie de morue, d'ail, de mélasse et de miel. Les seuls médicaments auxquels nous avions droit étaient les vermifuges. Peu après la « libération » de Maman et de Victor, on ordonna à Maman de retourner en Allemagne pour y être soignée et donner naissance à son enfant : là-bas, elle aurait droit à des soins médicaux gratuits. Elle supplia d'être autorisée à rester, pour être aux côtés de son mari, mais on lui conseilla fortement de partir si elle ne voulait pas tomber en disgrâce auprès de Dieu et risquer Son Courroux.

Il y avait cependant une condition à son départ : elle devait laisser un de ses enfants derrière elle, pour Papa. Les deux dernières semaines avant son départ furent insoutenables : elle restait assise à mon chevet pendant de longues nuits, qu'elle passait à me regarder fixement et à pleurer. « Je t'aime, Julie », me disait-elle en me caressant les cheveux pour m'endormir. Elle était persuadée qu'elle ne me reverrait jamais. J'étais leur premier enfant, sa préférée, son bébé.

Quant à moi, on ne me dit rien. J'étais trop jeune, croyaient-ils, pour comprendre ce qui se passait. Je ruminai donc cette séparation pendant des années, jusqu'à ce que je finisse par arriver à ma propre conclusion : je n'étais pas désirée. Je grandis avec cette idée ancrée au plus profond de mon psychisme.

Le jour du départ de ma mère et de Victor, Celeste avait reçu pour consigne de me distraire : elle devait jouer avec moi pour que je ne m'aperçoive de rien. Le manège fonctionna jusqu'au moment où j'entendis la voiture démarrer dans l'allée, sous la fenêtre. J'étais folle des voitures et celle-ci en particulier était notre préférée, à nous les enfants. Nous la surnommions la « voiture avocat », à cause de sa couleur vert pâle. En entendant le bruit du moteur, je me précipitai à la fenêtre pour la regarder partir. Je ne m'attendais pas à y voir monter ma mère, accompagnée de ma sœur et de mon frère.

« Ils partent sans moi ! hurlai-je. Ils m'oublient !

— Non, Julie. Ils partent en voyage. Tu restes avec moi », répondit Celeste en essayant de me retenir.

J'arrivai néanmoins à me dégager en me tortillant et me dirigeai précipitamment vers la porte d'entrée, que j'ouvris à temps pour voir le véhicule tourner au coin de l'allée en marche arrière. Ma mère ne s'attendait pas à me voir là, mais elle eut un dernier acte de bravoure en me souriant et me faisant au revoir de la main alors que des larmes silencieuses roulaient le long de ses joues. C'est cette image que j'ai toujours conservée d'elle.

Celeste me rejoignit et tenta de me faire remonter à l'étage pour jouer.

« Viens Julie, on va jouer aux Lego. Je vais construire un château avec toi !

— Non, je ne veux pas ! Je veux aller avec Maman dans la voiture avocat moi aussi ! »

Je sortis d'un pas lourd et bruyant, montai les escaliers et me jetai sur mon lit. On eut beau me cajoler, rien ne pouvait m'égayer : j'étais en colère pour le reste de la journée. Bizarrement, je ne pleurai pas, ou peut-être n'était-ce pas si étrange puisque je ne me rendais pas compte de l'atrocité de ce qui venait de se passer. Puis, au bout de quelque temps, ne voyant toujours pas ma mère, je compris qu'elle ne reviendrait pas. Je le réalisai brusquement un jour en me réveillant de ma sieste trempée de sueur. Je restai allongée, comateuse, dans la chaleur soporifique. La porte de ma chambre était ouverte et je voyais les autres enfants regarder un témoignage vidéo de la Famille, dans le salon.

Eux qui aiment Dieu ne se voient jamais
[pour la dernière fois.
Cette vie n'est pas la fin, nous nous reverrons.

Je constatai avec surprise que mon oreiller était mouillé de larmes, et non de sueur. Je n'avais jamais pleuré que pendant les fessées : c'était la première fois que je faisais l'expérience d'un genre de douleur très différent. La pensée que je ne reverrais peut-être jamais ma mère et mon père dans cette vie me faisait mal, comme si je recevais un coup de poignard au cœur, et je ne pouvais m'arrêter de pleurer.

Papa n'est jamais venu me chercher, comme on l'avait promis à ma mère. À la place, je fus confiée aux premiers de mes nombreux parents adoptifs. Je devins une enfant très angoissée et commençai à faire pipi au lit toutes les nuits. Immanquablement, on me menait jusqu'à la chambre d'Oncle Dan, pour que j'y reçoive une correction.

C'était ses fils qu'Oncle Dan battait le plus. Il y avait un Tableau d'avertissements accroché au mur de notre classe et, chaque fois que nous faisions quelque chose de mal, on inscrivait un avertissement sous notre nom. Si nous récoltions trois avertissements dans une journée, nous recevions une correction, administrée avec une planche. Un jour, l'un des fils d'Oncle Dan, David, était très malade, mais il avait reçu un certain nombre d'avertissements. Cette nuit-là, on l'emmena pour sa correction – fièvre ou non, il n'y avait aucune pitié.

« Je vais prendre la correction de David pour lui. » Son frère Timmy se porta volontaire, en dépit du fait qu'il ait déjà des avertissements pour son propre compte : cela signifiait donc qu'il allait recevoir une double correction.

C'était l'acte le plus courageux que j'aie jamais vu. Même Oncle Dan fut impressionné. « N'est-ce pas là un réel amour fraternel ? Il prend la punition de David, tout comme Jésus a pris notre correction pour nous en mourant sur la croix. »

J'étais sûre qu'à cause de ce noble sacrifice Oncle Dan se montrerait gentil envers Timmy et ne lui infligerait pas la correction en entier. J'étais loin d'avoir raison. Cela dura, dura, dura. Je me mis à pleurer en l'entendant recevoir sa correction dans la pièce d'à-côté. Lui ne pleura pas. Quand ce fut fini, il avait les fesses ensanglantées. Je n'arrivais pas à comprendre comment Oncle Dan pouvait se montrer aussi cruel envers ses propres fils.

Paradoxalement, il lui arrivait de se comporter gentiment. Un jour, après une correction, il sortit un objet du tiroir à côté de lui. « Regarde ce que je t'ai réparé ! »

C'était la petite voiture jaune à ressorts que j'avais reçue lors du dernier Noël que Maman avait passé avec moi. C'était mon jouet préféré.

« Merci Oncle Dan. » J'essuyai mes larmes pour prendre la voiture dans ses mains. Cela faisait deux mois que ma mère était partie. Je demandai à Tante Talitha si je pouvais lui écrire une lettre. Bien qu'habituellement j'aime écrire, je ne fis qu'un seul dessin, qui représentait exactement ce que je ne pouvais exprimer. C'était la représentation d'une petite fille qui pleurait, coloriée en noir. Ce fut la première et dernière lettre que ma mère reçut de moi : elle pleura en la recevant. Quant aux siennes, je ne les reçus jamais. Lorsque je déménageai quelques mois plus tard chez de nouveaux parents adoptifs, on ne l'informa pas de mon déménagement. La seule preuve que j'avais eu un jour une mère reposait sur mon passeport. Mon père ne me révéla jamais son nom, comme si le fait de ne pas me le donner annulait symboliquement son rôle de mère à mon égard. J'étais devenue une vraie enfant de la Famille, comme allait s'en vanter mon père dans les années à venir. Le lien maternel avait été rompu.

Celeste me prit sous son aile. Elle fut une présence constante dans mes premières années et, bien qu'elle ne puisse en général pas m'en protéger, elle compatissait à mes malheurs.

Près d'une année s'écoula avant que Papa ne revienne nous chercher. J'avais presque 5 ans et les mois qui suivirent furent parmi les plus heureux de mon enfance. Nous voyageâmes ensemble, traversant Hong Kong et la Chine avant d'arriver dans la colonie portugaise de Macao. Nous n'étions peut-être que les restes d'une famille, mais nous étions une famille heureuse.

Nous arrivâmes dans la ferme d'Osée à Hac Sa. À la ferme, ma sœur intégra le groupe d'adolescents alors que je passais mes journées avec les enfants plus jeunes. Le soir, Papa, Celeste et moi nous retrouvions pour dîner et, la nuit, nous partagions tous les trois une chambre.

Lors d'une visite en Chine, Papa nous emmena dans un centre commercial et m'autorisa à choisir entre deux poupées. L'une était une adorable petite Chinoise qui arborait un costume traditionnel et deux longues nattes noires ; l'autre faisait partie d'un petit ensemble livré dans un sac, qui contenait des vêtements et une fiole. C'est cette dernière que je choisis car la poupée avait l'air vraiment paisible. À Macao, une famille d'une autre Demeure nous rendit visite lors d'une Communion régionale – leur fille la plus jeune avait environ 3 ans. Elle s'attacha à ma petite poupée. Je la laissai jouer avec puisque, suivant l'exemple des Apôtres, nous « partagions tout et avions toutes les choses en commun ». Mais plus tard, quand je la vis partir avec ma poupée, je découvris que le partage avait ses limites.

« Elle emmène ma poupée ! Je veux ma poupée ! S'il te plaît, je peux avoir ma poupée ? » criai-je désespérément, arrachant le jouet des mains de la petite fille, qui braillait en retour, visiblement très en colère. Ce tapage attira l'attention des adultes. Papa me prit sévèrement par la main et m'emmena à l'écart : ce fut l'une des rares fois où il se mit en colère contre moi. Il m'emmena dans notre chambre pour un sermon.

« Écoute Julie, tu ne joues même pas beaucoup avec ta poupée. Je suis sûr que la petite fille en a plus besoin que toi. Pourquoi ne la lui donnes-tu pas ?

— Mais je la veux. Je jouerai avec elle, je te le promets !

— Eh bien, chérie, que crois-tu que pense Jésus, maintenant qu'il sait que tu ne veux pas partager ?

— Mais c'est ma poupée, sanglotai-je, certaine que Jésus comprendrait cela.

— Tu es une grande fille maintenant. Tu n'as pas besoin de poupée. »

Le fait que je n'aie que 5 ans n'était visiblement pas un problème pour mon père. Et je pouvais encore moins lui expliquer que la seule raison pour laquelle j'aimais cette poupée était que c'était lui qui me l'avait donnée. Cela en faisait un trésor à mes yeux. Je n'arrivais pas à comprendre pourquoi il voulait que je rende le cadeau qu'il m'avait fait. Je finis par céder, puisque Papa et Jésus me le demandaient : je pleurais en regardant partir les visiteurs, la petite fille serrant joyeusement ma poupée contre sa poitrine. J'appris alors que le partage n'était véritable que s'il faisait mal.

Toujours au nom du partage, je perdis nombre de biens précieux de la même façon, certains ayant plus de valeur que d'autres – par exemple, le médaillon en argent en forme de cœur et sa chaîne, que mon père m'avait donnés et qui avaient auparavant appartenu à la fille adoptive de Mo, Techi. Plus tard, il y eut la bague que Papa m'avait envoyée pour mon dixième anniversaire, un cœur rouge entouré de dix pierres blanches scintillantes. Je la portais fièrement et l'enlevais la nuit pour bien la cacher sous mon matelas. Un matin, quand je me réveillai, la bague avait disparu et j'eus beau questionner les autres enfants, elle ne reparut jamais. J'ai bien retenu la leçon : chose ou personne, rien ne dure.

Une famille, ce dont je rêvais le plus, était ce qui durait le moins.

Nous ne passâmes que quelques mois ensemble à Macao avant que Papa ne soit rappelé au service du Seigneur, cette fois pour vivre dans la Demeure de Mo – connue sous le nom de la Demeure du Roi. De fait, Papa nous laissa derrière lui une fois de plus. Cela ne signifiait pas qu'il était totalement irresponsable ou qu'il n'était pas attaché à nous : il croyait sincèrement qu'il serait récompensé s'il nous sacrifiait, ainsi que tous ses autres enfants, à Dieu, comme dans la Bible Abraham avait offert son fils Isaac sur l'autel. Mais, contrairement à Isaac, nous n'avions pas de bélier sacrificiel pour nous sauver la mise. Toute mon enfance, on m'a répété que je serais bénie de renoncer à mes parents pour l'Œuvre de Dieu. Seulement, je n'avais pas du tout renoncé à eux : on me les avait pris.

8

Laissée pour compte

J'avais 5 ans quand un adulte m'escorta avec Celeste jusqu'à Manille pour vivre dans la Demeure de Marianne. Je fus placée dans un groupe composé de quatre autres enfants de mon âge, sous la garde d'une sévère Allemande répondant au nom de Tante Stacey : elle croyait dur comme fer qu'une bonne raclée était le meilleur remède pour les enfants et nous en administrait fréquemment. Les membres de notre petit groupe – nous avions de 3 à 5 ans – allaient à l'école ensemble, dormaient ensemble, mangeaient ensemble, prenaient leur douche ensemble et « faisaient l'amour » ensemble.

Tout était rigoureusement programmé – des heures d'école jusqu'aux heures d'exercices dans le jardin. Nous avions même des « rendez-vous » programmés, au cours desquels nous choisissions chacun un partenaire pour avoir des rapports sexuels avec lui. Nous tendions nos mains pour recevoir une petite boule de lotion rose pour bébé et nous dirigions vers nos lits. Les adultes utilisaient du lubrifiant KY Jelly mais la lotion pour bébé était le lubrifiant qui était choisi pour nous, les petits. Nous savions comment procéder, puisque nous avions vu nos professeurs le faire assez souvent, mais manquions de compétences au niveau mécanique. En général, le garçon montait sur la fille et tout un tas de bruits s'ensuivait, rythmé par les habituels « Ooh – Aah, Ooh – Aah, Ooh – Aah. »

Souvent, j'étais la laissée-pour-compte. Le fils de Marianne, Pierre, refusait régulièrement les rendez-vous avec moi, même si c'était lui que je demandais toujours en premier. Il préférait faire des câlins avec Tante Stacey, ce qui m'ennuyait. Je restais assise à les regarder, me demandant pourquoi il était allongé avec une adulte qui n'était pas sa Maman et pourquoi elle ne m'invitait jamais à faire un câlin. Parfois, on me mettait avec le garçon le plus jeune, qui n'avait que 3 ans : c'était une insulte encore plus insupportable.

Il va sans dire que je fus rapidement dégoûtée de ces siestes rendez-vous. Je devins une enfant prude, qui n'aimait pas qu'on la touche ; je me dérobais même devant les câlins, les associant inconsciemment aux fessées ou au sexe. Je commençai à faire des cauchemars terribles et à avoir peur de m'endormir le soir. Parfois, je restais au lit, éveillée, jusqu'à 2 heures du matin, luttant contre le sommeil. Quand les lumières s'éteignaient, des cafards géants sortaient en rampant des fissures dans le sol et je restais figée dans mon lit à les regarder grimper au mur et sur mes draps. J'avais peur que ma bouche s'ouvre dans mon sommeil et qu'une de ces créatures y pénètre : j'avais entendu dire que c'était arrivé à l'un des Oncles de la Demeure.

Nous devions appeler tous les adultes « Oncle » ou « Tante », en témoignage de notre respect. Si nous n'observions pas cette appellation, nous étions sévèrement punis. On nous apprenait les bonnes manières à l'ancienne : dire « s'il vous plaît » et « merci », répondre à quiconque s'adressant à nous par des « oui, Madame », ou des « oui, Monsieur ». Étant la seule enfant sans parent de la Demeure, je n'avais personne pour me protéger. Je recevais quotidiennement des corrections pour avoir commis des péchés insignifiants, comme avoir oublié une consigne ou m'être disputée avec mes camarades. Là encore, il y avait un système d'avertissements pour notre groupe, et trois avertissements par jour nous valaient une fessée. J'étais tellement terrifiée par ces corrections que je me mis à mentir lorsqu'on m'accusait d'avoir commis un méfait. Je reçus ainsi nombreuses fessées non méritées quand j'étais vraiment innocente car, à l'instar du garçon qui criait « au loup », les adultes ne me croyaient plus.

Un jour, l'autre fille de ma classe, Nyna, sortit avec ses parents pour son anniversaire et eut le droit de choisir un cadeau. Elle opta pour un assortiment bague et bracelet et, pour être juste, puisque nous avions « toutes les choses en commun », on m'en acheta un pour moi aussi. Le sien était rouge ; le mien, bleu. Il ne fallut qu'un jour à Nyna pour casser son fragile bracelet. Quant à sa bague, elle la jeta dans un trou de serpent dans le jardin pour voir combien il était profond. Il était trop profond pour la rattraper.

Le lendemain, elle vint me trouver : « Julie, est-ce que je peux t'emprunter ta bague ? J'ai perdu la mienne. » Je dansais d'un pied sur l'autre, hésitante : je ne voulais pas renoncer à mon nouveau trésor si rapidement et j'avais dans l'idée que je ne le reverrais jamais. Nyna se mit en colère : « C'est *moi* qui te l'ai donnée pour *mon* anniversaire : tu *dois* donc la partager avec moi. » Je trouvai cela logique : je la lui donnai donc, mais en lui faisant promettre de me la rendre le lendemain matin.

Cet après-midi-là, dans le jardin, ma bague s'en alla rejoindre celle de Nyna dans le trou à serpent. Je pleurai naturellement cette perte.

Le lendemain, alors que j'étais assise sur les toilettes pendant que les autres enfants se brossaient les dents, je décidai de lui en parler. « Nyna, je suis très triste que tu aies perdu ma bague. » Je soupirai pour faire plus d'effet.

Nyna était Bélier, elle avait les cheveux d'un roux flamboyant, était pleine de taches de rousseur et souffrait d'un gros complexe de supériorité. Elle souffla avec colère :

« Je vais rapporter ça à Tante Stacey !

— Quoi ? »

Mais elle était déjà sortie en coup de vent. J'entendais sa voix haut perchée dans la chambre à coucher.

« Julie, viens ici tout de suite ! », tonna Tante Stacey depuis la pièce voisine. Les autres enfants accoururent dans les toilettes pour m'attraper, aussi excités que si quelqu'un avait crié « battez-vous » : j'étais sur le point de recevoir une correction et cela rompait toujours la monotonie de la journée.

« Tante Stacey veut te voir immédiatement ! dirent-ils en chœur.

— J'arrive. Je dois juste finir d'utiliser la salle de bains. »

Les enfants se précipitèrent faire un rapport au professeur – et revinrent plus vite encore.

« Tante Stacey te fait dire de venir tout de suite, ou tu auras encore plus de problèmes. » Oui, je savais cela. Je finis mes petites affaires aussi vite que possible, me lavai les mains et allai faire face à ce dont j'étais accusée. Mais, cette fois-ci, je n'étais pas en sueur et mon cœur ne battait pas. Je savais que je n'avais rien fait de mal : je ne serais donc pas punie.

Tante Stacey me mit en face d'elle : « Nyna, ici présente, dit que tu lui as dit : "Je suis très en colère contre toi car tu as perdu ma bague. Je vais te tuer !" C'est vrai ?

— Je n'ai pas dit ça du tout, Tante Stacey. J'ai dit : "Je suis très triste que tu aies perdu ma bague." C'est tout.

— Ce n'est pas vrai ! Ce n'est pas vrai ! cria Nyna. Demandez à Pierre, il était là. »

Pierre était le petit ami de Nyna. Ils s'étaient auto-proclamés roi et reine et m'avaient gentiment accordé le rôle de princesse, bien que j'aie un an de plus qu'eux. Pierre n'était même pas dans la salle de bains au moment des faits.

« Oui, c'est vrai, répondit-il consciencieusement. Elle l'a dit.

— Ce n'est pas vrai Tante Stacey, ce n'est pas vrai !

— Eh bien, Julie, je vais te le demander à nouveau et je veux que tu me dises la vérité cette fois. As-tu dit que tu étais en colère et que tu voulais tuer Nyna ?

— Non.

— Bien, nous allons tous aller déjeuner et, toi, tu vas rester ici jusqu'à ce que tu sois prête à dire la vérité. Si tu ne me la dis pas à mon retour, je devrais te corriger pour avoir menti. »

On me laissa seule et je me mis à pleurer. C'était l'injustice de la situation qui me faisait pleurer, et non la peur de la fessée elle-même. Armi entra dans la pièce, s'assit à côté de moi et me demanda ce qui n'allait pas. Je lui racontai toute l'histoire en pleurant. Évidemment, elle ne pouvait rien faire pour m'aider, mais elle tenta tout de même de me réconforter. Sa compassion me donna du courage. Quand elle partit, j'avais cessé de pleurer et m'étais résolue à ne pas me laisser décourager – quoi qu'il se passe ensuite.

Quelques minutes plus tard, Tante Stacey revint :

« Alors, Julie, es-tu prête à me dire la vérité ?

— Oui, je vais vous dire la vérité. »

Et je répétai ma version des faits.

« D'accord, je vais devoir te donner sept coups de planche : quatre pour avoir dit une chose terrible, et trois pour avoir menti. Et, si tu es innocente, prends-le pour toutes les fois où tu le méritais et que tu ne t'es pas fait attraper. » C'était l'une des répliques favorites de la plupart de mes professeurs. Je reçus ma correction sans pleurer. Quelque chose en moi refusait de fondre en larmes. Mais je n'oubliai pas.

Les seules fois où je sortais de la communauté étaient quand nous allions chanter dans la rue. Oncle Pierre – Pierre Pioneer, qui avait été chanteur dans « Music with Meaning » – nous avait formés pour devenir une chorale. Il nous emmenait à l'extérieur pour chanter dans des restaurants et des hôtels. Après notre spectacle, nous faisions le tour des tables, distribuant notre documentation et nos affiches pour récolter des dons. Souvent, nous restions tard la nuit, fatigués et affamés. Mais nous n'avions pas le droit de le montrer.

« Les enfants, grondait Oncle Pierre, je veux voir de grands sourires sur vos visages, ou bien les gens vont croire que nous vous forçons à chanter pour eux. Ce serait un très mauvais exemple et cela rendrait Jésus très triste ! »

De fait, nous affichions nos grands sourires de la Famille – mais ce n'était pas tant à cause de la peur d'offenser Jésus que de la menace d'avoir des élastiques accrochés aux coins de la bouche et derrière les oreilles si nous ne souriions pas. On nous en avait fait la démonstration très clairement un jour pendant les répétitions en utilisant des trombones et des élastiques : cette idée ne me quittait jamais lors de nos prestations.

Les jours que nous passions à chanter dehors étaient éreintants, mais je préférais être dehors que rester enfermée toute la journée à la maison à m'ennuyer. Parfois, des personnes gentilles nous donnaient des friandises et il y avait toujours quelque chose d'intéressant à voir. Même si notre chorale arrivait à rapporter un peu d'argent, nous ne représentions qu'une partie infime de la « mission » de la Demeure. La Demeure de Marianne se vantait d'avoir les meilleures spécialistes du *Flirty Fishing* : ces dernières attrapaient dans leurs filets certains des principaux généraux du gouvernement de Marcos.

J'avais 5 ans quand Cori Aquino fomenta un coup d'État contre Marcos : des coups de feu éclatèrent non loin de notre lieu de résidence. J'entendais les coups de feu alors que, réunis dans le salon, nous restions étendus sur le sol, bras et jambes écartés, pendant des heures. Les adultes parlaient tous en langues et priaient désespérément, pas seulement pour notre sécurité, mais aussi pour le régime de Marcos.

Mais cela ne finit pas comme l'avait prévu Mo. Cori Aquino prit le pouvoir et les accointances de la Famille avec le gouvernement des Philippines prirent fin peu de temps après, en raison d'une couverture médiatique négative et de la menace de déportation systématique des membres étrangers de la Famille. Mo décida de transférer ses activités au Japon : la Demeure de Marianne devait être réimplantée à Tokyo puisque notre « ministère » auprès des militaires n'était plus utile.

Un jour, Tante Stacey rassembla notre petit groupe pour nous donner des nouvelles : « Devinez quoi, les enfants ? Une nouvelle école de la Famille a ouvert ici, à Manille. Pierre et Julie, vous êtes invités tous les deux à y aller. N'est-ce pas excitant ? »

En une petite semaine, ma valise était faite et je fus envoyée dans la première école de la Famille, le Jumbo. On m'avait dit que Celeste y avait également été envoyée, mais je ne la revis qu'au bout de trois ans.

9

Le bâton de correction

L'école s'appelait le Jumbo en raison de sa structure massive et labyrinthique, un complexe géant avec des centaines de compartiments, qui ressemblait presque à une ruche. C'était le premier pensionnat expérimental de la Famille. De nombreuses méthodes que l'on y testait étaient ensuite appliquées dans les écoles et communautés de la Famille du monde entier.

Le jour de mon arrivée, je fus placée dans un groupe de trente enfants de 5 et 6 ans. J'en avais 6 pour ma part. C'était la première fois que je me retrouvais avec autant d'enfants de mon âge. Au départ, je fus dépassée par le nombre de règles que nous étions censés retenir. La propriété était immense, et déroutante de par son architecture étrange. Tous les murs ou presque étaient couverts de miroirs et cela me prit du temps de mémoriser quel « miroir » était une porte. Le bâtiment principal avait une forme octogonale, avec une terrasse en bois qui s'étendait tout autour. Les dirigeants vivaient dans une maison à l'écart, construite dans un style japonais, agrémentée d'un bassin à poissons, ainsi qu'un pavillon, également octogonal, qui servait à accueillir les malades en quarantaine. Le jardin avait différents niveaux : de fait, chaque groupe changeait régulièrement d'endroits pour faire ses exercices. Deux fois par semaine, nous allions nager dans la grande piscine. Tout le monde se retrouvait dans l'immense réfectoire de la communauté pour les repas et, pour le dîner, les enfants allaient manger avec leurs parents.

Comme je n'avais pas de parent, on me plaça à nouveau sous la garde de Tante Stacey et, chaque soir, je passais l'heure du Temps en famille avec elle et sa fille, avant de rejoindre mon groupe pour aller au lit.

Chaque groupe logeait dans une immense chambre nommée d'après la couleur de la moquette, et qui comportait une salle de bains et une douche. Nous dormions sur des matelas qui se repliaient en canapés bas et sur lesquels nous restions assis de longues heures pour le Moment de la parole. Avant d'aller au lit, nous dépliions les canapés, formant un dédale de matelas qui recouvraient tout le sol, laissant de tout petits espaces entre eux pour marcher.

Nous n'avions pas le droit de dormir avec des vêtements ou des sous-vêtements et nous devions nous allonger sur le ventre. Partout où on regardait, on ne voyait qu'un parterre de fesses nues. J'étais très timide : de fait, lorsque nous avions droit à un drap, je couvrais toujours mes fesses. Tant d'enfants nus allongés tout près les uns des autres n'aidait pas à décourager l'expérimentation sexuelle et, bien sûr, ce n'était pas le résultat escompté. Avant de dormir, il y avait un temps imparti pour faire l'amour.

Deux frères et une sœur de mon âge, Danny, Davie et Anita, arrivèrent peu de temps après moi d'une Demeure du Service mondial où travaillaient leurs parents. Danny était grand et maigre, avec une tignasse de cheveux blonds bouclés et sales. Je trouvais que Davie, avec sa peau brune et ses yeux verts, était de loin le plus beau des deux. Quand ils étaient au Service mondial, tous trois avaient appris les bases mécaniques du sexe en regardant deux adultes en classe, en direct. C'était la première fois que je voyais réellement un petit garçon pénétrer une petite fille avec son pénis. Je m'allongeai pour les regarder, fascinée, jusqu'à ce que Davie se retire nonchalamment et qu'il me demande, à ma grande horreur :

« Est-ce que tu veux que je te montre comment faire ça ?

— Quoi ? Non !

— Oh, allez ! C'est marrant », m'incita-t-il.

Loin de trouver cela « marrant » ou naturel, j'étais persuadée que cela faisait mal : je refusai donc malgré ses incitations persistantes. Il finit par s'allonger à côté de moi et me raconta les histoires de galipettes que différents adultes lui avaient enseignées. Davie et Danny s'éprirent tous deux de moi : ils me charriaient sans cesse, me disant qu'ils profiteraient de moi dans mon sommeil si je n'acceptais pas d'avoir des rapports avec eux.

« Eh bien, je dormirai sur mon ventre alors ! répliquais-je avec une confiance naïve.

— Ce n'est pas grave, répondait Davie en riant. On devra juste te le faire par-derrière ! »

L'image que cela m'évoquait était assez perturbante. Je n'avais jamais pensé qu'une telle chose était possible.

Nos surveillants dormaient dans notre chambre à tour de rôle et amenaient toujours avec eux un de leurs rendez-vous. Les adultes étaient soumis à un calendrier de partage qui leur indiquait avec qui ils devaient passer la nuit. La plupart des personnes que je voyais allongées sur les matelas n'étaient pas vraiment désirables et je me demandais ce que les adultes en pensaient – comme ceux qui sentaient mauvais, ou ceux qui étaient obèses et avaient des taches de sueur sous les bras. Je regardais les femmes empâtées, avec leurs jambes appuyées à la verticale contre le bureau, leur graisse bougeant comme de la gelée, tandis qu'elles se balançaient d'avant en arrière, gémissant et criant en langues lorsqu'elles jouissaient, inconscientes de la cinquantaine d'yeux qui les fixaient.

Une des Tantes, qui venait des Philippines et qui allaitait, avait un problème de surplus de lait : la solution fut de nous faire aligner pour nous « nourrir au sein », chacun notre tour. Elle avait des tétons énormes, gonflés et noirs. Je trouvais cela dégoûtant et je refusais toujours d'y prendre part. Heureusement pour moi, ce n'était pas obligatoire. De temps à autre, certaines de nos surveillantes prenaient des petits garçons dans leur lit pour le Moment des câlins, ce qui impliquait tout un tas de gigotements – les petits garçons, sur le dessus, se balançaient d'avant en arrière pendant que les Tantes s'accrochaient à leurs fesses. Je remarquai vite que nombre d'enfants autour de moi s'adonnaient régulièrement à un passe-temps des plus étranges : ils se tortillaient sur leur matelas. Je finis un jour par demander à l'une de mes amies ce qu'ils faisaient.

« On se masturbe, me répondit-elle.

— C'est quoi ?

— Je ne sais pas exactement, mais c'est très bon. »

Je tentai donc de les imiter pour voir ce qui était si bon, mais cela ne sembla jamais marcher pour moi. Comme c'était très populaire, je faisais semblant de savoir de quoi ils parlaient et, comme tout le monde le faisait, je voulais être comme les autres. C'était une façon de passer le temps pendant les longues heures de sieste.

Une grande partie du temps était consacrée aux Moments calmes. C'était le terme utilisé pour désigner les siestes et le moment du coucher, plages horaires durant lesquelles nous n'avions absolument pas le droit de parler. Le silence nous était également imposé pendant les prières, à l'école et pendant les repas. Si nous voulions parler, nous devions lever le doigt. Si nous désirions aller aux toilettes, c'était deux doigts. Les trois doigts étaient réservés à l'appel de la « Révolution pour Jésus ! »

À n'importe quel moment de la journée, le professeur pouvait crier : « C'est la révolution ! » Ce à quoi nous devions tous répondre avec enthousiasme : « Pour Jésus ! » Sur ce, nous faisions un salut avec nos trois doigts, à la manière d'un « Heil Hitler ». C'était le seul moment où nous étions autorisés à hurler : nous profitions donc de l'opportunité pour crier à pleins poumons. En temps normal, nous ne pouvions que murmurer.

Je passais l'autre moitié de mes journées à l'école : c'est pour cela que nous avions été envoyés au Jumbo. Puisque nous représentions le futur de la Famille, Mo envoya une Lettre intitulée *La Vision de l'école* : selon lui, il était impératif que nous recevions la formation et l'éducation requises pour diriger le monde au retour de Jésus. Nous devions être une génération pure, une recherche de perfection sans cesse en devenir.

Chaque dimanche, tout le monde au Jumbo se rassemblait dans la salle de réunion pour la communion du dimanche. Je l'attendais toujours avec impatience, car il y avait plein de musiciens talentueux qui menaient les « inspirations » avec enthousiasme. Plus de deux cents voix se mêlaient en chanson : cela rendait l'atmosphère électrisante et, parfois, cela me donnait la chair de poule. Souvent, les gens pleuraient et priaient en langues alors qu'ils sentaient l'Esprit saint descendre sur eux. Il y avait ensuite des sketchs – la partie que je préférais – qui finissaient par une communion et une prière. La plupart des sketchs et des chansons avaient pour sujet le témoignage ou la fin des Temps. Selon les prophéties de Mo, Jésus était censé revenir en 1993.

Je grandis en croyant fermement que j'aurais 12 ans quand le Christ reviendrait. Cela signifiait que je n'avais plus que six années à vivre. C'était une sorte de soulagement de savoir que je n'aurais pas à vieillir et à mourir. Sauf si, bien sûr, j'étais capturée par les forces du mal de l'Antéchrist : ils me tortureraient et je mourrais alors en martyr. C'était ma plus grande peur, malgré la Lettre de Mo intitulée *La Mort, l'ultime orgasme*, dans laquelle il décrivait un rêve qu'il avait fait : on lui tirait dessus et il faisait l'expérience de la mort. Il la décrivait comme un ravissement merveilleux, encore meilleur qu'un orgasme. Mais, comme je n'avais jamais eu d'orgasme, cela n'apaisait pas vraiment mes craintes !

Je concoctais dans ma tête des scénarios sur la façon de m'échapper si je me faisais capturer – peut-être en utilisant le *Flirty Fishing* avec les soldats, comme dans le livre *La Fille du Paradis*, qui parlait d'une jeune fille menant la résistance contre les soldats de l'Antéchrist à la fin des Temps. À un moment, les soldats la jetaient aux lions, ce qui me perturbait toujours, malgré le fait que son ange gardien vienne la sauver et ferme la gueule des bêtes. Avant d'être jetée aux lions, la Fille du Paradis subissait un viol collectif, mais elle offrait son corps aux soldats avec joie et deux des gardes finissaient par être convertis et la sauvaient. Par la suite, elle devait séduire un officiel du gouvernement, vieux, répugnant et gros pour qu'il l'aide à sortir du pays : je ne pensais pas être capable de faire cela.

Nous nous demandions tous qui serait la Fille du Paradis. Je savais que je serais trop jeune car elle avait environ 15 ans dans l'histoire et je ne vivrais que jusqu'à mes 12 ans. Néanmoins, cela restait mon livre favori car nous n'avions rien d'autre à lire d'intéressant.

Ma mère était une pionnière en matière d'apprentissage précoce et, à 3 ans, je savais lire, écrire et résoudre des équations mathématiques. Les adolescents avaient été privés d'éducation car, on les avait envoyés, enfants, chanter dans la rue pour récolter des fonds. Maintenant, ils devaient rattraper leur retard et je fus mise dans la même classe que ceux qui avaient 14 ou 15 ans : naturellement, ils le virent d'un mauvais œil. J'essayais de me faire discrète et m'asseyais silencieusement dans le fond de la classe. Néanmoins, le professeur insistait toujours pour m'interroger et m'utilisait pour créer une sorte de compétition en classe. Je détestais cela – je ne voulais pas me faire remarquer, ni embarrasser d'aucune façon mes camarades. Quand je réintégrais enfin mon groupe, les autres enfants m'en voulaient d'avoir été en classe avec les ados.

C'est peut-être pour cette raison que j'avais très peu d'amis proches et que je me sentais aussi seule. De fait, je me réfugiais dans mes pensées : je pouvais imaginer ce qui me faisait plaisir, vivre des aventures et même être à nouveau avec Papa et Maman. Nos professeurs appelaient cela « rêver éveillé » et c'était interdit : « Un esprit oisif est l'atelier du Diable. » Je faisais des cauchemars presque toutes les nuits. Des chiens géants et des lions me poursuivaient, mais je ne pouvais pas courir car je me trouvais sur un tapis de jogging : ils m'immobilisaient et me dévoraient. C'est alors que je faisais pipi au lit. Cela devint vite humiliant, et je me haïssais à cause de cela. Lorsque je me réveillais et que j'avais fait pipi, je me contentais d'enlever mon drap, de retourner le matelas et de mettre une parure propre. Au matin, le matelas avait séché et les professeurs ne pouvaient pas savoir si c'était une vieille tache ou une nouvelle. Tous les matelas empestaient l'urine et devaient être aérés régulièrement. En général, je venais à peine de me rendormir quand j'étais réveillée en sursaut par « l'Hymne de bataille » de la Famille qui jaillissait des haut-parleurs :

Qui va se dresser pour répondre
À l'appel du Paradis, là-haut ?
Qui rejoindra la bande des hommes de David,
L'armée d'Amour ?
Appelés pour vivre et mourir pour le Royaume,
Comme nous nous sommes tous donnés au Seigneur.
Levez vos épées,
Et attendez la récompense du Paradis.
C'est la Révolution pour Jésus et David notre roi.

À la fin de l'hymne, nous devions être sortis du lit, les draps pliés et les matelas transformés en canapés, ou bien nous risquions de recevoir une correction, administrée au Bâton blanc. C'était un bâton en plastique que les professeurs avaient toujours avec eux, comme une baguette magique. D'un mètre de long et de deux centimètres de largeur, il pouvait sembler inoffensif, mais les coups de fouet sur les fesses nues engendraient des marques douloureuses. Après une correction, il nous arrivait parfois de ne pas pouvoir nous asseoir correctement pendant une semaine. Une fois, le bâton se cassa sur les fesses d'un garçon, tellement le professeur l'avait brandi avec une force phénoménale. Je prenais ma douche entourée de nombreux derrières bleutés. On pouvait facilement repérer ceux qui avaient reçu le plus de fessées : on ne voyait jamais leurs fesses nues sans qu'elles soient teintées d'une couleur ou d'une autre. Ceux qui avaient été battus le plus récemment avaient les fesses ensanglantées et on pouvait voir à quel point cela les brûlait quand l'eau coulait sur eux, car ils sursautaient.

Une punition moins sévère était la Restriction au silence, une sentence que l'on pouvait recevoir pour une durée indéterminée. On me força à marcher pendant des jours avec une pancarte ignoble autour du cou signalant : « Ne me parlez pas : je suis restreinte au silence. » Parfois, on nous mettait même un épais morceau de chatterton sur la bouche, que l'on ôtait seulement pour parler.

Concernant les punitions pour offense verbale, comme parler sans avoir levé le doigt, répondre, ou encore proférer quelque chose « sans amour » ou « non spirituel », on nous lavait la bouche avec du savon. C'était une vieille punition que la mère de Mo, qui était pasteur, avait pratiquée sur lui. J'avais la mauvaise habitude de penser tout haut quand j'assistais à une injustice. Mon sens de la justice était très développé et il m'arrivait de ne pas pouvoir me contrôler : je finissais donc souvent avec du savon dans la bouche. Certains adultes m'enfonçaient le savon dans la gorge ; d'autres me faisaient me laver les dents avec et les plus cruels d'entre eux me le faisaient mâcher et avaler, ce qui me provoquait des haut-le-cœur. Tante Stacey aimait particulièrement me faire subir cette punition.

Nous étions les enfants de tous et de personne : de fait, dans sa Lettre *Une épouse*, Mo disait que tout adulte était libre de nous corriger, pour toute offense qu'à ses yeux nous aurions commise. C'était souvent déroutant car un adulte pouvait vous ordonner de faire quelque chose et un autre vous attrapait et se mettait en colère car il y voyait quelque chose de mal. Si vous tentiez de vous expliquer, vous aviez des problèmes pour avoir répondu, mais si vous n'obéissiez pas à ce que le premier adulte vous avait dit, vous étiez punis pour désobéissance. Pour les pires « péchés », qui étaient ceux que nous commettions en classe devant les autres élèves, nous recevions une fessée en public, qui était destinée à nous blesser dans notre fierté autant qu'à nous faire mal aux fesses. Cette correction était dérivée du verset : « Ceux qui pèchent devant tous doivent être repris devant tous. » Je reçus des fessées en public pour un certain nombre d'offenses, comme avoir fait des messes basses, m'être disputée, avoir parlé sans permission ou avoir menti.

Un jour, après la sieste, mes cheveux fins et clairsemés flottaient dans toute la pièce. Pandita, la fille des dirigeants de l'école, le fit remarquer aux autres enfants, en riant : « Julie ressemble à la femme de Jean le Baptiste avec ses cheveux en bataille ! »

Tous les enfants se mirent à rire avec elle et je sentis le sang me monter au visage.

« Eh bien, toi, tu es grosse et tu pues ! » rétorquai-je, sous le coup de la colère. Notre professeur entendit le vacarme et nous fit sortir tandis qu'elle allait chercher le professeur en chef, Tante Joie. Pendant qu'elles se mettaient d'accord sur notre punition, nous restâmes assises pendant plus d'une heure dans les toilettes. Je transpirais, j'avais la tête qui tournait, je ne me sentais pas bien. Le professeur fit ensuite entrer toute la classe dans la pièce. Il s'avéra que Pandita ne reçut pas de correction, car ses parents étaient les bergers de l'école. Cette injustice me rendit furieuse :

« Mais elle m'a traitée de femme de Jean le Baptiste ! m'écriai-je.

— Et qu'y a-t-il de mal à ça ? répondit Tante Joie pour la défendre. Jean le Baptiste est le prophète qui a annoncé l'arrivée de Jésus. Mais, toi, tu as dit des choses terribles : tu as insulté quelqu'un, et tu vas devoir accepter les conséquences de ton manque d'amour. »

J'allais donc recevoir une correction publique et tout le groupe se rassembla pour y assister. Tante Joie lut plusieurs passages de *Lettres de Mo* et des versets de la Bible au sujet de l'amour. Ensuite, je dus confesser mon péché devant tout le monde, après quoi le professeur vociféra pendant ce qui me sembla durer des heures. Durant tout ce temps, je restai assise à craindre l'inévitable, souhaitant que ce soit déjà fini. Tous mes camarades étaient assis par terre, en tailleur, et me fixaient ; la pièce était bondée et il y faisait chaud. Je sentais mes cheveux coller à la sueur sur mon cou.

Le moment finit par arriver.

« Baisse ta culotte. »

Bien que nous dormions et que nous nous douchions tous ensemble, ce n'était pas pareil d'être seule, toute nue devant tous mes camarades.

Lentement, toujours très lentement, je baissai ma jupe, puis ma culotte et me tournai pour mettre mes mains contre le mur, comme on me l'avait enseigné.

La douleur du bâton blanc sur ma peau nue n'était rien comparée à celle de l'humiliation que je ressentais alors que trente paires d'yeux me fixaient. Mais ce ne fut pas tout. Après la fessée, il y avait toujours une prière de délivrance. On me fit mettre à genoux, et tout le monde posa ses mains sur moi. Après avoir longuement parlé en langues et récité une litanie rythmée qui disait « Merci Jésus, merci Seigneur. Merci Jésus, merci Seigneur », ce fut mon tour d'« implorer le Seigneur avec désespoir ». Ensuite, Tante Joie fit longuement une autre prière pour moi, pour résister au Diable et à tous ses démons et bannir leur influence de ma vie.

Ce ne fut que quelques heures plus tard que le professeur se rendit compte que j'étais brûlante de fièvre. Ils découvrirent une énorme grosseur dans mon oreille. J'avais une mauvaise infection et une otite qui dura presque deux semaines. Lorsqu'ils comprirent que ma colère ce jour-là avait été une réaction à mon malaise, Tante Joie me prit à part :

« Chérie, je suis désolée. Je ne savais pas que tu étais malade. Pourquoi tu n'irais pas t'allonger ? »

Des excuses en privé étaient toujours bonnes à entendre, mais n'offraient aucune réhabilitation aux yeux de mes camarades. Il était hors de question que les bergers admettent une erreur devant la classe.

La Famille pensait que les péchés spirituels, à l'image de la maladie physique, pouvaient être contagieux. Un an après mon arrivée au Jumbo, nous remarquâmes un groupe d'adolescents qui étaient en quarantaine. Ils n'étaient pas autorisés à se mêler aux autres. Ils ne mangeaient pas dans le réfectoire de la communauté ; les seuls moments où je les voyais étaient quand ils s'attelaient à leurs corvées quotidiennes et dégradantes, qui consistaient à récurer les toilettes, les canalisations et les sols immenses à la brosse à dents. On leur imposait régulièrement des heures de gymnastique éreintante, comme la marche des canards ou le saut bras et jambes en étoile et ce, jusqu'à ce qu'ils tombent de fatigue. On leur administrait des coups de planche avec un morceau de contre-plaqué qui avait une poignée au bout et dans lequel on avait percé de gros trous pour en faciliter le maniement. Ils arboraient toujours une pancarte rouge sur laquelle était inscrit « en Quarantaine » et ils avaient souvent du chatterton sur la bouche. On les appelait les Adolescents en détention.

Le plus jeune – qui n'était pas du tout un adolescent – était un Afro-Américain de 8 ans. Il avait exprimé son désir de quitter la Famille et avait donc été enfermé dans une minuscule pièce avec un adulte pour le surveiller en permanence. Il était considéré comme trop dangereux pour se mêler aux autres détenus. On ne lui donnait que du liquide à manger et on lui lut des *Lettres de Mo* nuit et jour pendant presque un an. Comme il avait quasiment le même âge que moi, je pensais souvent à lui : je me demandais ce que je ferais si j'étais à sa place. Pendant les Moments en famille, je l'aperçus à plusieurs reprises en train de faire de l'exercice, escorté par un adulte : j'aurais souhaité pouvoir lui parler. Tout le monde évitait les Adolescents en détention comme la peste, comme le fait d'être près d'eux pouvait nous contaminer et nous transformer à notre tour en horribles adolescents.

J'avais également mes défauts, comme on me le faisait constamment remarquer. Je devais par exemple maîtriser ma fierté. La fierté était la racine de tout péché. Comme mon père était célèbre – grâce à son travail sur « Music with Meaning », ainsi que sur d'autres projets –, on croyait que j'en retirais de la fierté. On entendait sa voix sur chaque cassette, on voyait son visage sur presque chaque vidéo et il m'était impossible d'oublier qui il était, même si je l'avais voulu. Mais je me fichais de qui il était. Pour moi, il n'était que mon Papa et il me manquait.

Afin d'éliminer toute fierté non révélée en moi, de temps en temps, on me faisait asseoir dans une baignoire remplie de langes souillés, cadeau de la nursery. En général, c'était les Adolescents en détention qui se chargeaient de cette corvée, mais on m'autorisait souvent à partager leur fardeau. Cela prenait des heures. Ces jours-là, je n'arrivais jamais à manger. Ma peau était pénétrée de l'odeur d'excréments et ce, malgré la vigueur avec laquelle je frottais mon corps pour m'en débarrasser. Mais il y avait pire encore que cette odeur : l'humiliation que je ressentais alors que mes joyeux camarades passaient dans la salle de bains pour me regarder, éprouvant une jubilation revancharde à me voir ainsi rabaissée, puisque leurs parents n'étaient pas célèbres.

Je me fichais de savoir qui était Papa dans la Famille : je voulais juste que tout soit comme avant. J'avais presque complètement oublié Maman à cette époque. Les seuls souvenirs que j'avais d'elle m'apparaissaient en rêve. Je la voyais marcher au loin avec Mariana et Victor, et je courais joyeusement vers eux. « Maman ! Maman ! », m'écriais-je. Mais je n'arrivais jamais à l'atteindre et elle ne m'entendait pas l'appeler. Je me réveillais alors, en proie à une violente crise de larmes.

Parfois, les enfants étaient autorisés à aller passer la nuit avec leurs parents. Cela me faisait souffrir car cet ersatz de vie familiale me manquait cruellement. Un jour, ma mère d'adoption, Tante Stacey, me promit de passer la nuit avec moi : je l'attendis toute la semaine avec impatience. Elle avait promis de passer me prendre après une réunion : je restai donc dans mon lit pendant trois heures à l'attendre, fixant la porte, jusqu'à ce que notre professeur finisse lui aussi par s'endormir. Je ne me laissai pas gagner par le sommeil et restai éveillée en récitant la cassette de « Music with Meaning » qui passait. Mes yeux ne cessaient de passer de la porte à l'horloge, jusqu'à ce qu'ils tombent de sommeil. Ce fut après minuit que je me rendis compte que Tante Stacey m'avait probablement oubliée. Mais j'avais attendu cette nuit pendant si longtemps que je sortis de mon lit pour me faufiler à l'étage, jusqu'à la chambre de Tante Stacey. Je la trouvai endormie avec sa petite fille et il n'y avait pas de place pour moi sur leur matelas. Je me pelotonnai donc à ses pieds, par terre, et m'endormis là. C'était loin d'être un lit luxueux, mais je m'en fichais : j'étais heureuse, bien que je ne sache pas pourquoi.

10

Adoptez-moi, s'il vous plaît

À l'âge de 7 ans, on m'envoya au Japon vivre avec Papa, dans une très belle région montagneuse, près de la mer. Ma nouvelle maison s'appelait l'École de la Ville céleste.

Bien que Papa vive juste en bas de la rue dans laquelle se trouvait l'école, je ne le voyais qu'une ou deux fois par semaine. Comme d'habitude, on me plaça dans un groupe d'enfants de 7 et 8 ans appelés Les lumières étincelantes. Je fus étonnée d'y retrouver Davie et Danny, même si cela n'aurait pas dû me surprendre. Après tout, comme mon père, les parents des deux garçons travaillaient aussi directement pour Mo, qui avait quitté les Philippines pour le Japon ; les équipes du Service mondial qui travaillaient au plus près de lui suivaient partout la Demeure du Roi : de fait, ils étaient là. Pierre était là également – ses parents, Paul Peloquin et Marianne, avaient emménagé au Japon pour y prendre des postes de bergers.

Nombre de musiciens de « Music with Meaning » s'étaient rendus au Japon pour continuer à enregistrer des cassettes de musique que la Famille vendait. Récemment, ils s'étaient mis à produire des vidéos musicales à destination des enfants, appelées « Vidéos des petits ». Le soir, une scène était montée dans le réfectoire de la demeure pour les « inspirations » et les meilleurs musiciens dirigeaient les chants. En général, tous les enfants passaient une heure avec leurs parents après le dîner et, parfois, je passais une heure avec Papa. Mais, les soirs où les inspirations avaient lieu, nous devions rester en groupe et je manquais l'heure du Moment en famille. Être avec mon père était une chose si rare que j'en vins à détester ces inspirations qui m'enlevaient ce temps précieux passé à ses côtés. Je m'asseyais et pleurais pendant que tous autour de moi se joignaient au chant. Comme cela aurait fait mauvais genre de voir un enfant pleurer sur la vidéo, on m'escortait souvent en dehors du réfectoire et je devais passer l'heure toute seule dans ma chambre à écouter les chants étouffés.

Je chérissais les moments que je passais avec mon père. Nous nous promenions longuement tous les deux, ou gravissions la colline jusqu'à la pyramide. À l'intérieur, une ville miniature avait été construite selon les révélations de Mo : elle reproduisait ce que devait être la Ville céleste. Je pouvais passer des heures à regarder les immeubles, qui ressemblaient à des pierres précieuses que venaient illuminer des lumières rutilantes, ainsi que les arbres et les personnages minuscules. Cela ressemblait à un pays merveilleux, magique, et je m'imaginais rapetisser jusqu'à atteindre la taille d'un pouce et vivre dans ce petit monde magnifique.

Après quelques mois, Papa et moi quittâmes le Japon pour retourner aux Philippines où nous retrouvâmes Celeste qui venait directement de la ferme d'Osée à Macao. Trois ans après son ouverture, le Jumbo fermait ses portes et nous avions pour tâche de le nettoyer jusqu'à ce que l'immense bâtiment soit étincelant et prêt à être restitué à ses propriétaires. C'était un travail éreintant. J'y passai mon huitième anniversaire et, pour la première fois en quatre ans, Papa et Celeste le célébrèrent avec moi.

Je désirais à tout prix une boîte à musique, à cause d'une histoire de *La Vie avec Grand-père* dans laquelle Techi recevait une boîte à musique avec une petite ballerine qui dansait autour d'un miroir. Je voulais exactement la même et suppliai mon père d'en avoir une pour mon anniversaire. Même si je n'en sus rien à l'époque, ma demande paniqua totalement Papa. Personne dans la Famille n'était censé savoir où vivait Mo, et Papa pensait que s'il m'offrait une boîte à musique semblable à celle de Techi, je devinerais que la Famille royale avait vécu aux Philippines.

Le jour de mon anniversaire, Papa, Celeste et moi sortîmes. Il me promit que si je trouvais une boîte à musique comme celle que je voulais, il me l'offrirait. Il espérait en secret qu'on ne la trouve pas et encouragea Celeste à m'aider à choisir un autre cadeau. Mais tout me semblait dérisoire par rapport à elle et nous dûmes inspecter tous les magasins de la ville. À la fin de l'après-midi, nous étions fatigués, mais Papa accepta d'aller voir dans un dernier magasin. Il tenta de m'intéresser à des petits jouets qui faisaient de la musique.

« Regarde chérie, que penses-tu de ce petit ours qui fait de la musique quand tu tires sur la corde ? » Il tenait le petit animal et je fronçai le nez.

« Papa, c'est pour les bébés ! » Je m'éloignai de lui pour chercher plus loin dans l'allée. C'est alors que je la vis, parmi toute une rangée de magnifiques boîtes à musique – certaines ornées de cygnes, ou de couples qui dansaient et d'autres encore avec des ballerines.

« Papa, Papa, je l'ai trouvée ! Je l'ai trouvée ! Je savais que je la trouverais ! »

Je vis à ses yeux que mon père était stupéfait : il avait commencé à douter de son existence. « Eh bien, ma chérie, je pense que Jésus te récompense pour ta détermination ! Laquelle te ferait plaisir ? », concéda-t-il.

Je choisis une boîte noire avec un motif rouge et or qui représentait des cygnes en vol au-dessus d'un lac bordé de roseaux en fleurs. À l'intérieur, il y avait un miroir magnétique soutenant deux ballerines en train de danser, sur la musique du *Lac des cygnes*. J'étais enchantée. Pendant des années, je conservai précieusement cette boîte. Sur le chemin du retour, nous nous arrêtâmes manger une glace, ce qui était très rare. Cette journée fut l'une des plus belles de ma vie.

Quelques semaines plus tard, nous emménageâmes dans une nouvelle maison avec les membres de la Famille qui restaient aux Philippines. C'était une époque de parfait bonheur avec mon père. Je le surprenais avec des bonbons au chocolat et aux flocons d'avoine et le regardais les manger avec délectation. La nuit, je dormais dans sa chambre ; je portais l'un de ses tee-shirts, qui me descendait jusqu'aux mollets, comme une chemise de nuit, et me pelotonnais dans le lit alors qu'il me racontait des histoires sur ces chats, sur ces jours au pensionnat et sur la façon dont il avait rejoint la Famille. J'examinais avec tendresse son album, rempli de photos de nous trois qui me rappelaient des souvenirs de temps plus heureux. Mais je ne trouvai jamais de photos de ma mère, ni de mon frère et de ma sœur. Néanmoins, une photo retenait mon attention. C'était celle d'une jolie petite fille d'environ 4 ans, souriante, qui tenait une pomme rouge foncé devant un sapin de Noël. Avec ses grands yeux bleus, ses joues roses et ses longs cheveux bruns et bouclés qui scintillaient grâce aux lumières de l'arbre, elle ressemblait à une poupée de porcelaine.

« Papa, c'est qui ça ? demandai-je en tenant la photo.

— Hein ? Oh, c'est ta sœur grecque, Davida.

— J'ai une sœur grecque ? »

C'était la première fois que j'entendais parler d'elle. Papa ne parlait jamais de ses enfants et, au cours de ma vie, je devais apprendre l'existence de divers frères et sœurs.

« Oui. Elle a ton âge, en fait. Elle est même née dans le même hôpital que toi.

— On est jumelles ?

— Non, je crois qu'elle a un mois de plus que toi.

— Où est-elle ?

— Je ne sais pas. Probablement quelque part en Grèce. »

Je contemplai la photo pendant un long moment, puis finis par me décider : à partir de ce jour-là, j'affirmai aux gens que, quelque part, j'avais une sœur jumelle.

Quelques mois plus tard, Papa m'annonça que nous quittions les Philippines pour l'Inde. Cette fois, c'était différent car il venait avec nous. Mais, dès notre arrivée à Bombay, il nous déposa aussitôt, Celeste et moi, au pensionnat de la Famille, puis s'en alla rejoindre la Demeure du témoignage. Je ne le vis que quelques fois au cours des mois que nous passâmes là-bas.

Nous dormions sur des lits superposés : j'avais un des lits du haut, près de la fenêtre. De là où j'étais, je pouvais observer le voisinage. De l'autre côté de la rue, il y avait une salle municipale qui accueillait régulièrement des mariages. Pendant plusieurs jours d'affilée, de la musique bollywoodienne jaillissait d'immenses haut-parleurs. La nuit, je restais allongée à regarder les Indiens danser dans leurs costumes de mariage colorés : il y avait des lumières et des fleurs partout. Cela avait l'air d'un monde merveilleux, et j'aimais avoir un aperçu de ce monde, en cachette.

Un jour, nous faisions nos Sorties dehors, dans la cour – les seuls moments pendant lesquels nous étions autorisés à sortir pour jouer ou faire de l'exercice – lorsque quelqu'un sonna à la porte de notre propriété. L'Oncle indien préposé à l'accueil se rendit au portail. Une riche famille indienne était dehors. Ils avaient pris notre école pour un orphelinat et étaient venus se renseigner pour adopter l'un d'entre nous.

Mon cœur se mit à battre la chamade. Je voulais partir avec eux ! C'était une famille qui désirait un enfant ; j'étais une enfant sans famille. Je faillis leur crier : « Emmenez-moi ! » Je ne pensais même pas à Papa.

L'Oncle les éclaira rapidement sur le sujet. Mon cœur se serra quand ils partirent. Je passai la fin de la journée à imaginer à quoi cela aurait ressemblé de grandir parmi eux – j'y pensai tellement que cela en devint presque réel à mes yeux.

Depuis le Jumbo, j'étais devenue une enfant très calme, introvertie, mais ingénieuse. Je savais comment fonctionnaient les professeurs et m'étais entraînée à rester parfaitement silencieuse. Pour la première fois de ma vie, je réussis à m'en sortir sans recevoir de fessée. J'avais compris que pour survivre je devais me transformer en caméléon, changeant de façon à m'adapter à chaque environnement dans lequel je me trouvais. Si c'était le silence et la docilité qu'ils réclamaient, je les satisfaisais, les mains soigneusement pliées sur mes genoux ; s'ils voulaient que je chante, je chantais avec enthousiasme : je me pliais à leurs quatre volontés. Mon meilleur déguisement était la transparence.

Néanmoins, ma popularité toute neuve auprès des professeurs ne m'aidait pas à me faire beaucoup d'amis.

Un des professeurs, Tante Paix, me plaignait. Elle était gentille, avec des cheveux roux bouclés et des yeux d'un bleu brillant. Même quand elle était en colère, elle restait calme et ne nous hurlait jamais dessus, comme le faisaient les autres adultes. J'avais une phobie à propos de mes cheveux et l'on me taquinait fréquemment à ce sujet, me répétant à quel point ils étaient fins et clairsemés. Dès ma naissance, j'avais souffert de mauvaises croûtes de lait, qui s'étaient plus tard transformées en eczéma, qui recouvrait tout mon cuir chevelu et empêchait mes cheveux de pousser. Lorsque je m'ennuyais la nuit, je restais allongée à arracher la peau sèche, et mes cheveux venaient avec elle. À ma grande horreur, le lendemain matin, je trouvais des trous énormes dans mes cheveux là où je m'étais grattée. Une des filles de ma classe avait des cheveux longs et épais qui descendaient plus bas que ses fesses et, me sentant laide, je regardais avec envie le professeur les brosser. Je ne laissais jamais personne me toucher les cheveux et, quand personne ne regardait, je les attachais toujours toute seule, en arrière, formant une queue-de-cheval pleine de bosses.

Un jour, Tante Paix me persuada de la laisser la défaire et me peigna doucement, en me disant combien ils étaient beaux : « C'est un genre différent de cheveux, me dit-elle. Ce n'est pas parce que tes cheveux ne sont pas longs et épais qu'ils ne sont pas beaux. Tu es une très belle fille, spéciale, et tu vas grandir pour accomplir des choses spéciales. »

Je n'ai jamais oublié sa gentillesse et je repense toujours à elle avec la même affection que j'aurais pu ressentir pour ma propre mère. En retour, je promenais sa petite fille quand elle se réveillait en hurlant la nuit et que les adultes se trouvaient au rez-de-chaussée pour des réunions.

« Tu n'as pas à pleurer, lui murmurais-je en la berçant. Au moins, ta maman va revenir. Ma maman ne reviendra jamais pour moi et je ne pleure pas, donc tu ne dois pas pleurer non plus. » Puis je mettais en marche ma boîte à musique et chantais pour elle jusqu'à ce qu'elle se rendorme. Ce n'est que des années plus tard que je découvris que Tante Paix avait donné mon nom à son bébé.

Pour la première fois, je me sentis relativement à l'aise dans ma nouvelle demeure, ce qui me permit de créer quelques liens, fragiles. Mais alors que je commençais tout juste à avoir un semblant de routine et à développer un sentiment d'appartenance, Papa fut rappelé à l'École de la Ville céleste, au Japon. Il s'envola avec Celeste et moi pour la Thaïlande et nous déposa à l'école du centre de formation de Bangkok, promettant de revenir nous chercher quelques mois plus tard.

Papa n'a jamais su tenir ses promesses.

Troisième partie

L'histoire de Kristina

11

Double vie

Je me souviens de cette scène comme si c'était hier. J'avais 5 ans. C'était une belle journée ensoleillée. Nous nous étions levés tôt pour assister à une communion dans Hyde Park, à Londres. Tout le monde s'était salué en se faisant la bise, en se prenant dans les bras et s'appelait « frère » ou « sœur ». Nous étions plus de quatre-vingts à être assis dans l'herbe, à chanter et à battre des mains au son de « Redeviens un bébé pour aller au Paradis ».

Je chantais de tout mon cœur, aussi fort que possible. C'était un jour heureux et je savourais cette atmosphère de joie. Les autres enfants et moi distribuions des prospectus à la foule toujours plus nombreuse de badauds, à qui nous demandions de dire une prière avec nous pour recevoir Jésus dans leur cœur. Après avoir « gagné une âme » pour le Paradis, je courus rejoindre ceux qui dansaient. Un grand cercle s'était formé, et tout le monde se tenait la main : je m'accrochais, tandis que nous tournions encore et encore en chantant :

Venez rejoindre notre caravane de nomades
Nous sommes en route pour un autre pays,
[pour une autre terre…

Je regardais ma mère, magnifique, qui jouait de la guitare, ses cheveux longs flottant jusqu'à la taille. Nous étions les Enfants de Dieu : nous devions donc former une grande famille, heureuse. Elle me racontait les premiers temps de la Famille, quand ils avaient un bus à deux étages appelé le Bus du prophète, peint en jaune vif avec les mots « Révolution pour Jésus » inscrits sur les côtés. Le bus était bondé d'adeptes qui chantaient et battaient des mains alors qu'ils rejoignaient Trafalgar Square, leur destination : armés d'une guitare, d'une Bible du roi Jacques et de quelques prospectus, ils se mettaient alors par deux pour aller convertir des jeunes.

Les moments de bonheur comme celui-là étaient rares. Toute ma petite enfance se déroulait dans une atmosphère de calme désespoir, avec un beau-père que je détestais et une mère qui semblait si faible et si fragile qu'elle avait besoin d'être protégée du monde. Elle était la princesse enchaînée au rocher, mon beau-père était le méchant dragon et j'étais celle dont la tâche était de la protéger par tous les moyens. C'est pourquoi j'essayais de la ménager en lui cachant tous les abus que je subissais – sexuels, physiques et verbaux.

Mon vrai père était mon chevalier en armure étincelante. Un jour, j'en étais persuadée, il viendrait nous sauver. Nous serions alors réunis, avec lui et ma grande sœur Celeste, et toute cette douleur cesserait.

« Raconte-moi comment tu as rencontré Papa », demandais-je constamment à Maman quand nous étions seules et que Joshua ne pouvait pas nous entendre. Ma question concernait mon vrai père et non Joshua, ce beau-père que je méprisais et qui abusait de moi de façon quasi quotidienne.

C'était toujours la même histoire : Papa et Maman étaient arrivés le même jour dans une communauté des Enfants de Dieu du Kent. Ils se connaissaient à peine, mais elle avait senti que le Seigneur leur disait de se marier. Papa l'avait abordée lors d'une grande communion dans le centre de Londres :

« Est-ce que le Seigneur t'a indiqué quelque chose ?

— Oui. Que nous devons nous marier », avait-elle répondu humblement.

Papa était tombé à genoux de façon théâtrale et l'avait étreinte à la taille. « Merci mon Dieu », avait-il soupiré, soulagé.

J'aimais cette histoire : cela semblait si romantique – ce qui rendait d'autant plus triste le fait que nous ne soyons désormais plus une famille.

Je suis née le 29 juin 1976 à Bombay, en Inde, où mes parents travaillaient comme missionnaires. Dès mon plus jeune âge, j'ai été très consciente du sexe – il était impossible de ne pas l'être. À l'époque de ma naissance, notre prophète, Mo, publiait une série de Lettres détaillant un nouveau ministère appelé le *Flirty Fishing*. Dans ces lettres, Mo se souvenait des nombreuses années qu'il avait passées loin de sa famille alors qu'il travaillait comme représentant : il ressentait de la compassion pour les hommes dans le besoin qui n'avaient jamais connu le véritable amour de Dieu. « Qui mieux que les filles de la Famille peuvent leur donner ? », écrivait-il. Il se vantait d'être le pêcheur de Dieu : le sexe était l'hameçon pour attraper les « poissons » et les femmes étaient ses « appâts ». Le sexe était la plus haute expression de l'amour et, si Jésus avait voulu mourir sur la Croix pour nous, nous devions être disposés à sacrifier nos corps pour gagner des âmes et de nouvelles recrues pour lui. Mais les Lettres *Les Putains de Dieu* et *Des prostituées pour Jésus* expliquaient par ailleurs que le *Flirty Fishing* devait servir à payer les factures. Mo y détaillait comment il était allé cornaquer sa seconde « femme », Marie, pour qu'elle attrape dans ses filets des hommes dans les bars des hôtels et les boîtes de nuit de Londres et de Tenerife. Elle avait même eu un enfant – Davidito – de l'un de ces hommes.

Ce nouveau ministère, scandaleux, avait incité de nombreux adeptes à quitter la Famille.

Un jour, quand je n'avais encore que quelques mois, on annonça à Maman qu'elle devait aller faire du *Flirty Fishing* pour gagner de nouvelles âmes. Lorsqu'elle comprit ce que cela impliquait, elle dit à Papa : « C'est mal. »

Il rit et essaya de la persuader d'accepter : « Si Mo dit que c'est bien, qui es-tu pour discuter ? »

Déconcertée et pas vraiment convaincue, Maman décida de prier pour demander au Seigneur si cela pouvait être la vérité. Après une nuit, elle découvrit que ses sentiments avaient changé. En théorie, elle sentait qu'elle *pouvait* avoir envie de donner son amour et même son corps pour gagner des âmes perdues afin de faire plaisir au Seigneur. Puis elle tomba à nouveau enceinte, de mon frère David. Toutes ses grossesses étaient difficiles, elle vomissait beaucoup et avait une aversion pour les odeurs et le toucher : dans cet état, l'intimité physique avec son mari la dégoûtait. Mon père lui déclara qu'il devait trouver quelqu'un d'autre pour satisfaire ses besoins sexuels, en dehors de leur mariage. Il fit sa demande au dirigeant local, qui lui prêta sa propre femme.

Un article écrit par un berger en visite fut publié dans un magazine international : il y fustigeait les femmes de ne pas satisfaire aux besoins des frères de la communauté.

« J'ai été très surprise, m'avoua Maman quand je lui en parlai. Je n'avais pas réalisé que nous étions censées faire cela. »

Après cette réprimande, le « partage » sexuel fut immédiatement mis en place. En avril 1978, mon frère David naquit. J'avais 16 mois. Maman se démenait pour se débrouiller avec trois jeunes enfants alors que mon père passait le plus clair de son temps à travailler sur son émission de radio, « Music with Meaning ». Elle se sentait délaissée et était jalouse d'avoir à partager son mari. La bergère de la région remarqua que quelque chose n'allait pas et Maman, touchée de son intérêt, se confia. La conversation fut rapportée aux supérieurs, qui envoyèrent Maman à Madras pour qu'elle prie afin de savoir si elle devait rester avec Papa.

David venait de naître, et Maman l'emmena donc avec elle. À la communauté de Madras, un frère australien, Joshua, s'enticha d'elle. On lui demanda de libérer sa chambre pour elle, mais il ne quitta pas les lieux.

Au bout de six semaines, Maman était bien reposée et elle retourna auprès de Papa et découvrit qu'en son absence il avait commencé une liaison avec une sœur indienne, Ruth, qui attendait un enfant de lui. Joshua persuada Maman de retourner à Madras et demanda qu'on organise une audience pour suggérer qu'il prenne ma mère pour compagne et mon père, Ruth.

En privé, Papa demanda à Maman :

« Veux-tu rester avec moi ?

— Oui », lui répondit-elle.

L'affaire fut réglée et mes parents s'installèrent dans une autre communauté. Mais Joshua insista : il venait rendre visite à ma mère tous les jours pour l'aider avec les enfants. Après quelques semaines, à force de toujours voir Joshua dans le coin, Papa demanda à Maman qu'ils se séparent.

« J'y étais totalement opposée, me racontait ma mère avec tristesse. Mais Joshua était si insistant et ton père si entêté : il n'allait pas changer d'avis.

— Tu n'aurais pas pu le supplier ? » lui demandais-je.

Maman secouait la tête :

« C'était mon mari. Je croyais que je n'avais pas d'autre choix que lui obéir et rester avec Joshua. Ton papa a insisté pour garder Celeste.

— Mais pourquoi moi, il ne me voulait pas ? » la questionnais-je, me sentant rejetée – même si partir avec lui aurait impliqué de ne plus être avec Maman : j'aurais donc fini par être déchirée entre les deux.

Elle essayait de me rassurer en me disant que ce n'était pas parce qu'il ne m'aimait pas, mais parce que j'étais trop jeune.

Je disais : « Mais Celeste, elle n'a pas besoin de Maman ? »

Je savais à quel point Celeste manquait à Maman aussi : mes questionnements ne menaient donc jamais à rien. Elle me donnait toujours la même réponse : « Eh bien, je suppose qu'il trouvait cela juste puisque je gardais deux d'entre vous. » Cela ne me consolait pas vraiment.

Peu après, à cause d'une campagne médiatique dénonçant le *Flirty Fishing*, la police indienne déclara que tous les membres des Enfants de Dieu devaient quitter le pays. Joshua décida que nous retournerions en Angleterre. Avant notre départ, nous allâmes rendre visite à Papa et à Celeste une dernière fois, pour leur dire au revoir. Maman était anéantie, choquée par la façon dont se déroulaient les événements. Il était difficile pour elle d'accepter que Dieu exige d'elle qu'elle abandonne sa fille aînée.

Je pleurai pendant le voyage jusqu'à l'aéroport de Bombay, à travers le remue-ménage et le chaos de la ville, me rappelant les derniers mots de Celeste : « Prends soin du petit David. »

Lorsque nous arrivâmes en Angleterre, c'était le plein hiver. Maman passa en revue la foule à l'aéroport et repéra ses parents, Bill et Margaret, qui nous attendaient. Épuisés par ce long voyage, glacés, nous nous entassâmes dans la voiture pendant qu'ils nous emmenaient dans leur confortable maison des Midlands. Ils nous couvrirent d'affection et d'amour et nous passâmes notre premier vrai Noël avec eux. Il y avait un sapin immense avec des cadeaux à son pied, des chocolats, des friandises et des décorations – tout cela était merveilleux, car Mo n'approuvait pas les cadeaux et les friandises à Noël.

J'adorais mon nouveau grand-père ! Je me glissais sur ses genoux et il me lisait des histoires. J'aimais tout particulièrement un livre d'images qui montrait comment fonctionnent les bateaux et les avions. Comme mon papi était ingénieur civil, il était capable de m'expliquer chaque machine dans les moindres détails. J'aimais qu'il me raconte comment marchent les moteurs, les voiles et les épaisses carlingues en métal.

Joshua avait près de 30 ans, une tignasse blond foncé et une moustache pendante. Il me raconta, plus tard, qu'il était un héroïnomane paumé en Inde, quand il rencontra les Enfants de Dieu. Cette nuit-là, il avait jeté dans les toilettes sa drogue et ses cigarettes pour rejoindre le groupe. Alors qu'il pouvait se montrer plein d'esprit et charmant envers les autres, David et moi faisions constamment les frais de son manque de patience, de son comportement autoritaire et de ses accès de violence. J'étais une enfant affectueuse mais, avec lui, mon instinct me dictait de rester sur mes gardes. Je ne l'aimais pas, je ne lui faisais pas de câlins et ne m'asseyais jamais sur ses genoux. Mon père me manquait et, dans un premier temps, je refusai d'appeler Joshua « Papa », ce qui ne manqua jamais de l'énerver.

Quand il était de bonne humeur, il nous racontait des histoires drôles : « J'ai été élevé à la campagne, dans les montagnes. C'était un endroit si isolé que je vendais de l'air de Blue Mountain dans des pots à confiture aux gens de la ville. » Nous riions, mais c'était toujours difficile à doser – jusqu'à quel point ? Trop ou pas assez, et c'était la gifle. Je savais que si je ne lui faisais pas plaisir, j'aurais droit à une fessée, ou à une autre forme de punition. Il n'avait qu'à me jeter un coup d'œil ou à mettre ses mains sur sa ceinture pour que je me taise et que je fasse tout ce qu'il voulait, comme un chien.

Nos grands-parents n'arrivaient pas à comprendre pourquoi Joshua nous battait : à leurs yeux, nous étions de petits anges. Ils sentaient néanmoins qu'ils n'avaient pas à intervenir – mais je suis sûre qu'ils en parlaient entre eux. Mamie désapprouvait la sévérité de Joshua et s'interposait souvent entre lui et nous. Un jour, en passant devant elle, je marmonnai : « Je déteste cet homme. » Elle ne dit rien, mais je sentis qu'elle me soutenait en silence et, après cela, elle se montra encore plus gentille envers moi.

J'adorais vivre chez mes grands-parents. Quand Joshua leur annonça que nous allions partir en Pologne pour y être missionnaires, ils se montrèrent horrifiés :

« Pourquoi vous n'ouvririez pas un magasin de nourriture bio à la place ? », demanda Papi.

Je trouvais que c'était une très bonne idée – nous aurions une maison et resterions au même endroit. Mais Maman se contenta de faire non de la tête. Évidemment, elle ne dit pas à son père que c'était un péché pour les membres de la Famille de travailler dans le Système pour gagner de l'argent. De toute façon, il n'aurait certainement pas compris.

Joshua ne supportait pas la surveillance de mes grands-parents et faisait pression sur Maman : « Je déteste cet endroit. Ils ne m'aiment pas. Allez viens, on s'en va », insistait-il jusqu'à épuisement. Bien trop rapidement, ce merveilleux séjour prit donc fin. En janvier, nous nous rendîmes à Blackpool pour vivre avec un couple qui venait tout juste de rejoindre la Famille. En tout, nous vécûmes dans quarante endroits différents lors des dix années qui suivirent. Cela signifiait, évidemment, que je n'avais aucun endroit que je pouvais appeler ma maison.

Dans le dos de Joshua, Maman écrivit secrètement à Papa pour lui demander si elle pouvait revenir vivre avec lui. Je lui demandais sans cesse : « Est-ce qu'on a reçu une lettre ? Est-ce que Papa a répondu ? » Elle faisait toujours non de la tête. Le temps passait lentement : on ne recevait pas de lettre. C'était une attente tendue et interminable.

Lorsque Maman annonça à Joshua qu'elle voulait retourner auprès de mon vrai père, celui-là changea brusquement. Il se mit à la critiquer sans arrêt, trouvant toujours quelque chose à redire : les reproches s'intensifièrent jusqu'à ce qu'il en vienne à la frapper. J'étais tellement jeune et je ne pouvais rien faire, si ce n'est écouter ses pleurs. Après chaque scène de violence, je me blottissais contre elle, à l'abri du regard de Joshua et murmurais à son oreille : « Ça va aller, Maman… on aura bientôt des nouvelles de Papa. » Elle acquiesçait, mais je pouvais lire le désespoir dans ses yeux. Peu à peu, elle commença à s'éteindre de plus en plus, jusqu'à n'être plus qu'une présence fantomatique, qui vivait avec nous mais n'était pas vraiment là. De Blackpool, nous partîmes pour Londres : la municipalité nous installa dans un *Bed and Breakfast* à Paddington, près de la gare, en attendant que nous trouvions un logement. Il faisait un froid glacial et David et moi attrapâmes la coqueluche. Maman nous emmena chez le médecin, mais elle refusa de nous donner des médicaments, Mo affirmant que nous devions guérir à travers notre seule foi. La toux convulsive de la coqueluche est un réflexe et ne peut pas vraiment être empêchée – mais comme nous n'étions pas « malades », nous n'avions pas le droit de montrer de symptômes.

Juste avant une visite de nos grands-parents, Joshua nous lança un regard furieux et nous menaça, agitant le doigt dans notre direction : « Ne pensez même pas à tousser devant eux, ou vous aurez droit à une fessée. »

Je manquai de m'étouffer et devins toute bleue à force de retenir ma toux. Dès que mes grands-parents partirent, je me mis à tousser tant et si bien que j'en suffoquai.

Nous avions très peu d'argent et Maman devait sortir le soir faire du *Flirty Fishing* pour en gagner un peu et pour sauver des âmes, comme nous expliquait Joshua. Je savais où elle allait : je lui brossais les cheveux et l'aidais à se faire belle. Je restais souvent seule avec David quand Joshua allait rendre visite à d'autres membres de la Famille, ou allait en douce au pub. Tous les jours, il insistait pour que j'apprenne par cœur un certain nombre de versets et que je finisse mon cahier d'exercices avant d'aller au lit : je me mettais docilement au travail.

Un soir, après que Maman fut partie faire du *Flirty Fishing*, il se dirigea vers la porte : « Mets David au lit et assure-toi que la vaisselle est faite, m'ordonna-t-il. Et prie avant d'aller au lit », ajouta-t-il avant de partir.

Après avoir mis David au lit et fait mes devoirs, j'étais si fatiguée que j'en oubliai la vaisselle et me glissai dans mon lit. Je me réveillai sous la douleur cuisante d'une ceinture venant frapper mon corps, accompagnée des cris de Joshua : « Lève-toi… maintenant ! »

Je serrai mes petits poings et tentai de descendre tant bien que mal de mon lit superposé, ce qui me faisait toujours mal aux pieds. Je me dépêchai de rejoindre l'évier, me hissai sur une chaise pour me mettre à faire la vaisselle alors qu'il restait derrière moi, menaçant, à hurler, son haleine empestant la bière. Les plats étaient glissants et j'avais peur d'en échapper un. Il ne me vint jamais à l'esprit que Joshua dilapidait l'argent que Maman peinait à gagner.

Après cinq mois déprimants, entassés dans le *Bed and Breakfast*, on nous alloua un HLM à Deptford, un secteur morne et délabré situé au sud de Londres, près de la Tamise. L'Armée du salut nous fit don de quelques meubles et nous nous installâmes. Nous avions pour voisine une gentille Écossaise ; j'étais parfois autorisée à jouer avec sa fille, qui avait le même âge que moi, ainsi qu'avec certains enfants du quartier. Notre appartement était petit, avec un balcon minuscule et pas de cour. David et moi dormions sur des lits superposés – j'avais celui du dessus.

Souvent, le soir, après avoir prié ensemble, Joshua nous lisait une histoire. Je n'avais désormais plus droit à

Winnie l'ourson ni aux autres histoires du même genre, qui avaient toujours été mes préférées. On me disait que ces histoires étaient de la propagande du Système, une perte de notre précieux temps. À la place, Joshua nous lisait des histoires sur Davidito, le fils de Marie : ces dernières furent plus tard rassemblées dans le *Livre de Davidito*. C'est sa nounou, Sarah, qui l'avait écrit : cela ressemblait à un journal intime qui suivait la vie quotidienne du « petit Prince » et servait de manuel à suivre pour l'éducation des enfants de la Famille. Le chapitre « Mon petit poisson » comportait des photos pornographiques de Davidito et de Davida, la fille de Sarah : ils y étaient nus, dans diverses positions sexuelles. Il y avait même une photo de Sarah en train de sucer le pénis de Davidito, 2 ans, et de la secrétaire de Marie, Sue, allongée nue sur lui.

Joshua m'avait appris que le sexe et la nudité étaient naturels : de fait, quand il commença à abuser de moi, je ne compris pas qu'il était en train de faire quelque chose de mal. La première fois eut lieu un soir, à Deptford, et reste gravée en moi comme un polaroïd. Je vois toujours les rideaux orange, couverts de grosses fleurs blanches, et la lumière centrale diffusée à travers l'abat-jour, projetant des ombres sur les murs. J'étais allongée sur mon lit, en haut, à écouter une histoire : David s'était endormi, en bas. Maman entra, déposa du linge propre et sortit de la pièce. Quand Joshua eut fini de lire, il posa le livre et se leva pour se mettre au niveau de mon lit. Il mit mes jambes autour de son cou et commença à me caresser. Il plaqua sa bouche contre la mienne et y mit sa langue de force. C'était mouillé et baveux et j'eus des haut-le-cœur. J'avais 3 ans.

Puis, il se mit à me lécher le vagin. Sa barbe était piquante et j'essayais tant bien que mal de rester immobile, même quand c'était désagréable et que cela me faisait mal. Ce n'était que le début. Il me força à le toucher et se frotta contre moi. J'étais terrifiée à l'idée de le mettre en colère et faisais toujours ce qu'il me disait.

« Jouis ! insistait-il, se mettant en colère alors que j'étais bouleversée. Mais, bon sang, tu ne peux pas avoir d'orgasme, ou quoi ? » Mo croyait que même les très jeunes enfants pouvaient jouir, mais comment aurais-je pu savoir ce qu'était un orgasme ? La seule émotion que je ressentais était de la terreur, et souvent de la douleur.

Ce n'était pas seulement ce que je subissais qui me blessait et me déchirait le cœur, mais j'assistais également aux abus infligés à mon petit frère et à ma mère. Joshua citait des versets de la Bible et vociférait pendant des heures : nous devions rester assis et écouter en silence. Il déblatérait et délirait, énumérant à Maman la liste de ses fautes, jusqu'à ce que cela dégénère et qu'il finisse par la frapper ou lui jeter des choses au visage. J'étais embarrassée et j'avais honte de Joshua quand il nous hurlait dessus ou nous frappait devant d'autres personnes. Je pensais souvent que c'était plutôt lui qui méritait une correction. Je ne voulais surtout pas être, ni agir comme lui. David échappait rarement à sa colère. Plus il grandissait, et plus les corrections devenaient violentes. Les tentatives naïves de mon frère pour améliorer les choses agaçaient Joshua, qui attendait de nous que nous agissions comme des adultes à part entière.

« Arrête de te comporter comme un enfant ! », criait-il. Et moi, je pensais : *Mais nous sommes des enfants !* Pour rendre les choses encore plus perturbantes, cette haine et cette colère étaient souvent suivies de phrases comme : « Je fais cela car je vous aime. »

Nous n'étions pas autorisés à être de simples enfants et à jouer ; nous étions des esclaves au service de Joshua et devions constamment être sur le qui-vive au cas où il nous demanderait subitement de faire quelque chose. Nous devions répondre à ses ordres avec un « amen » ou un « oui, Monsieur ». J'étais toujours à cran et j'essayais d'anticiper ses règles, qui changeaient constamment. Peu importe ce que je faisais, ce n'était jamais assez bien à ses yeux. Je vivais en mode survie, ne sachant jamais vraiment quand mon frère et moi serions soumis à sa violence.

Il explosait à la moindre petite erreur : « Nina ! Pourquoi n'as-tu pas vu que David pouvait mettre ça à sa bouche ? » Gifle.

« Nina ! Qui t'as dit de venir prendre David ? Je parle à ta mère.

— Mmmais, il... il pleur... » Gifle !

Il était donc très difficile pour moi de rester gentille envers lui. Et pourtant, je le voulais : non pas parce que je l'aimais – je le détestais – mais parce que je voulais désespérément que nous nous entendions tous bien et que nous soyons heureux. En outre, je pensais qu'en m'entendant bien avec Joshua je pourrais rendre la vie de Maman un peu plus facile.

C'est à cette époque-là que les parents de Joshua arrivèrent d'Australie pour faire notre connaissance. Ils réservèrent une chambre d'hôtel à côté de chez nous pour pouvoir nous emmener promener tous les jours. Ces Australiens aimables et pétulants semblaient si gentils qu'il me paraissait incroyable que Joshua soit leur fils. Ils nous demandèrent de les appeler Papi et Mamie et nous considérèrent immédiatement comme leurs petits-enfants. Je les aimais car ils se comportaient de façon très naturelle avec nous, au contraire de Maman.

Elle avait la capacité de se retirer dans son propre monde, comme si elle s'éteignait mentalement – peut-être était-ce le seul moyen qu'elle avait de s'échapper.

Maman finit par recevoir la réponse tant attendue de Papa. Lorsque Joshua sortit pour la soirée, je me glissai dans son lit et nous lûmes la lettre à la hâte. *Il voulait que l'on revienne !* Mon cœur bondissait de joie et Maman souriait en me caressant les cheveux. « Nous allons bientôt à nouveau être une famille, me dit-elle. Je meurs d'impatience de voir Celeste – ça fait si longtemps. » J'acquiesçai en silence.

Se servir de moyens de contraception était considéré comme une rébellion envers Dieu. Maman croyait sincèrement que Dieu ne l'autoriserait à tomber enceinte que si telle était sa volonté. Quand elle tomba enceinte de son quatrième enfant à la suite du *Flirty Fishing*, tous nos rêves d'évasion partirent en fumée. Comme d'habitude, la grossesse la rendit malade, et elle fut clouée au lit la plupart du temps. De fait, nous ne fîmes jamais d'autres plans pour rejoindre Papa.

Un frère célibataire qui vivait dans notre maison était témoin des abus de Joshua envers Maman et écrivit à Papa à ce sujet. Ce dernier répondit, visiblement préoccupé, disant qu'il avait bien reçu l'information. Mais c'est tout ce qu'il fit et nous n'entendîmes plus parler de lui pendant un moment. Je demandais constamment à Maman quand Papa viendrait nous chercher ; je le pleurais la nuit – mais cela ne fit jamais aucune différence. J'étais coincée au beau milieu d'un cauchemar sans fin.

Après s'être rétablie de ses nausées matinales, Maman écrivit à nouveau à Papa, lui disant qu'elle voulait désespérément revenir, mais il lui répondit qu'il était avec une nouvelle sœur, Crystal. « La porte est maintenant fermée », écrivit-il dans sa lettre. Lorsque Maman me lut ces mots, je fus tellement sous le choc que je ne pus même pas pleurer.

Quand j'eus 4 ans, Mo publia l'initiative *En caravane*. Il avait décidé que si les membres de la Famille vivaient trop longtemps au même endroit, ils seraient non seulement liés au Système, mais également faciles à pister. Vivre dans des caravanes semblait être la solution. Juste après mon anniversaire, nous avions récolté suffisamment d'argent dans la rue pour acheter une vieille caravane et une voiture pour la remorquer, et quittâmes Londres pour la campagne.

Nous nous installâmes dans quatre campings différents du sud de l'Angleterre, toujours avec d'autres membres de notre groupe. Mon camping préféré était situé près de terres cultivées où je pouvais voir les animaux de la ferme. Pour la première fois, j'avais un peu de liberté et je jouais dehors aussi souvent que j'y étais autorisée. Mais, parfois, Joshua m'appelait dans la caravane pour faire des photos de nu derrière les rideaux fermés. Il me disait comment poser et où mettre mes mains.

« Souris, aie l'air heureux ! », m'ordonnait-il. J'affichais alors un grand sourire fabriqué de façon à aller retrouver mes amis le plus vite possible.

Parfois, quand j'allais aux toilettes au principal bloc sanitaire, un homme me suivait et me faisait sucer son pénis alors que j'essayais de faire pipi. La première fois, je tombai en arrière sur la cuvette des toilettes et restai figée pendant ce qui me sembla des heures avant de trouver la force de me dégager. Je n'étais pas choquée de ce qu'il avait fait : je croyais que c'était ce que faisaient tous les hommes. Au lieu de cela, j'étais affolée à l'idée qu'on remarque mon absence : j'avais peur de recevoir une fessée parce que j'étais en retard. Joshua me reprochait toujours de ne pas assumer la responsabilité de mes actions. De fait, je ne dis rien et me contentai de m'exécuter quand cela se reproduisit. Je n'étais pas du genre à me plaindre : on m'avait appris que le moindre froncement de sourcils, que la moindre messe basse envoyaient une odeur putride dans les narines de Jésus.

Bien que je n'aie toujours que 4 ans, Joshua déclara que j'étais désormais en âge de dormir avec lui dans leur lit. Il mettait une vieille cassette du *Boléro* de Ravel, qui sifflait comme un nid de serpents quand il abusait de moi. Cela semblait être son morceau de musique préféré pour avoir des rapports sexuels : il le passait à chaque fois qu'il « partageait » avec quelqu'un. Ce rythme trépidant me tapait sur les nerfs et me rendait encore plus tendue que je ne l'étais déjà. J'en vins même à redouter d'entendre les premières notes de cette musique, sachant ce qu'elle me réservait.

Mon frère Jonathan vint au monde en octobre 1980, à Hambledon, dans le Hampshire. C'était un bébé calme et agréable, très facile ; il avait le plus beau des sourires, et des yeux noirs pleins de sagesse. Quand Maman revint de l'hôpital, j'étais heureuse. Elle m'apprit à le nourrir, à le bercer pour qu'il s'endorme et à changer ses couches : j'adorais faire tout cela. Jonathan devint une vraie petite poupée pour moi.

Joshua avait un comportement très irresponsable vis-à-vis de l'argent, mais ne semblait jamais s'en préoccuper. Il disait toujours : « Ne vous inquiétez pas, le Seigneur y remédiera ! » Lorsque les gens se montraient généreux, qu'ils nous invitaient à manger ou nous faisaient des dons, c'était la confirmation que Dieu prenait bien soin de nous. Mais il était difficile de se procurer de l'argent dans le pays et les personnes qui acceptaient de nous aider, convaincues par notre mode de vie, étaient rares : nous étions donc toujours dans la misère et avions souvent faim. Joshua n'envisagea jamais de trouver un emploi pour subvenir aux besoins de sa famille grandissante. Travailler pour le Système revenait à travailler pour le Diable, disait-il. À la place, il ordonna à Maman de s'inscrire à la Sécurité sociale en tant que mère célibataire avec quatre enfants. Un jour, une fonctionnaire se présenta à notre caravane, pour s'entretenir avec Maman. Joshua lui dit qu'il n'était là que pour aider avec les enfants, mais elle ne fut pas convaincue et se tourna vers moi :

« Alors, tu dors où ? », me demanda-t-elle.

Je savais que, comme elle faisait partie du Système, elle n'était pas censée approuver notre liberté sexuelle et que je dormais dans le grand lit avec Joshua. Je lui répondis donc en lui disant la seule vérité que je connaissais et laissai échapper : « Ma maman dort avec mon papa ! »

Lorsqu'elle fut partie, Joshua me hurla dessus :

« Tu es stupide, Nina, stupide ! Qu'est-ce que tu es, Nina ?

— Stupide », répondis-je avant de le supplier en vain de ne pas me battre avec la ceinture.

Maman l'implorait souvent de nous donner une autre chance, de se montrer plus raisonnable, mais cela ne faisait que nous attirer des ennuis. Elle n'obtint pas ses avantages sociaux et, pour gagner de l'argent, nous fûmes contraints d'arpenter les rues, témoignant et chantant de plus belle.

Nous finîmes par vendre la caravane et retournâmes à Londres. Cela me manquait de pouvoir jouer dans les champs, de faire des colliers de pâquerettes et d'emmener promener mes frères. Au lieu de cela, je passais mes journées à vendre des tracts et à témoigner dans Hyde Park et dans Kensington Gardens. J'aimais faire équipe avec Maman, quand nous allions ensemble dans Oxford Street. Elle me laissait regarder l'intérieur des vitrines, ce que Joshua, lui, ne tolérait jamais.

À cette époque-là, Joshua était à cran. Une femme venait de remporter un procès au cours duquel ses petits-enfants avaient été déclarés pupilles sous tutelle judiciaire et devaient être retirés à leurs parents, sauf s'ils quittaient la Famille. Joshua avait remarqué les regards lourds de sous-entendus que lui adressaient mon grand-père et ma grand-mère et il savait qu'ils le méprisaient. Même s'il leur avait caché les pires abus qu'il nous faisait subir, il n'était pas certain qu'ils n'aient rien vu. Il craignait donc d'éventuelles plaintes, voire un procès. C'est cette paranoïa qui précipita notre retour en Inde.

L'émission de radio de mon père, « Music with Meaning », était devenue très populaire et des milliers de recrues potentielles lui écrivaient. Il fut décidé que nous nous occuperions du suivi du courrier. J'étais si fière de mon père : j'écoutais avidement ses cassettes, sur lesquelles j'entendais sa voix et même Celeste chanter. Je priais pour les voir au Sri Lanka, où ils étaient basés. Et puis Maman tomba enceinte pour la cinquième fois. Elle n'avait que 25 ans. Les bergers la condamnaient pour avoir des grossesses difficiles, mais elle n'avait toujours pas le droit d'utiliser de moyen de contraception. Malgré mon très jeune âge, Maman me parlait de tout cela et cette injustice me révoltait : je l'aidais donc à changer son seau de bile, à lui faire à manger et à prendre soin des autres enfants.

J'avais désespérément envie de voir mon père et de lui dire tout ce que Joshua faisait. J'essayais de réconforter ma mère. « Ça va aller, Maman : on va prier encore plus fort pour toi, pour que tu te sentes mieux bientôt », lui promettais-je, alors que je lui lavais le visage avec un linge mouillé. Lors de ce quatrième et dernier Noël chez mes grands-parents dans les Midlands, Maman fut si malade qu'on l'envoya à l'hôpital, où elle reçut un traitement pour garder la nourriture qu'elle avalait.

Après les vacances, nous retournâmes à Londres, où nous séjournâmes dans divers hôtels, bon marché et peu fréquentables. Maman était très faible et, sans médicament, elle rechuta : elle retourna à l'hôpital pendant un mois. Pour la première fois, elle découvrit quel était son problème de santé. Elle souffrait de vomissements incoercibles, ce qui signifiait qu'elle ne pouvait pas garder la nourriture et l'eau qu'elle avalait, et qu'elle vomissait fréquemment du sang et de la bile pendant les six premières semaines de chaque grossesse.

Juste avant notre départ pour l'Inde, mes grands-parents vinrent à Londres et nous emmenèrent au zoo. J'aimais surtout les éléphants, les singes et les girafes. Joshua se montra particulièrement de bonne composition : il était de très bonne humeur et était heureux de retourner enfin en Inde. Nous étions persuadés que c'était la dernière fois que nous voyions Papi et Mamie. Cela nous rendait tristes, David et moi, mais nous pensions que la fin des Temps arriverait bientôt : alors, Jésus reviendrait et nous serions à nouveau réunis au Paradis. Papi et Mamie donnèrent de l'argent à David pour son quatrième anniversaire et ce dernier insista pour l'utiliser et nous offrir à tous des *fish and chips*. À la fin de la journée, nous prîmes congé en promettant de nous écrire.

12

Retour en Inde

L'Inde était le pays de ma naissance. J'avais l'impression de retourner chez moi. Mais, plus encore, c'était l'endroit où j'avais vu mon père et Celeste pour la dernière fois. J'étais très excitée à l'idée de peut-être enfin les revoir. Papa nous sauverait certainement des griffes de mon beau-père. Il verrait immédiatement combien nous avions souffert.

Dans l'avion, alors que Joshua dormait, je murmurai à l'oreille de Maman : « Est-ce qu'on peut voir Papa ? » Je gardais un œil sur Joshua. Il était comme un chien méchant, toujours attentif, prêt à mordre. Mais, cette fois, épuisé par tous ces changements d'avion, il dormait profondément.

Sachant combien je me languissais de mon père, ma mère tenta de me calmer en me répondant : « On verra. »

Après un long vol, nous atterrîmes à Bombay et prîmes un taxi pour un hôtel voisin. Je fus immédiatement frappée par la chaleur lourde et humide, presque suffocante, emplie d'odeurs aromatiques. Partout où je regardais, je voyais des choses incroyables : des multitudes de gens qui se pressaient dans les rues, des femmes avec des paniers sur la tête, des étals proposant de la nourriture étrange, des épices et des fruits que j'avais certainement connus un jour mais dont je ne me souvenais plus – des mangues, des pastèques et de mystérieuses sphères noires avec des piquants à l'extérieur.

Nous allions passer les six prochaines années à parcourir l'Inde, essayant de sauver des âmes avant les Derniers jours : la fin des Temps. Réduits au nomadisme, nous ne connaissions pas le repos et n'avions pas de chez-nous, ce qui était déroutant. Pour cette raison, et malgré le fait que je détestais Joshua, notre famille dysfonctionnelle était le seul repère que j'avais et je m'y raccrochais désespérément.

Après quelques jours passés à Bombay, nous rejoignîmes Poona, où de nombreuses autres familles qui arrivaient tout juste d'Occident se rassemblaient à la Demeure d'accueil. Je luttai pour m'habituer au climat, mais je développai une grave irritation due à la chaleur.

Après quelques semaines passées dans cette demeure, notre famille fut envoyée à Calcutta, à plus de 2000 kilomètres de là. Le voyage en train dura deux jours. Nous étions captivés par le paysage qui défilait devant nos yeux alors que nous regardions à travers les fenêtres du train munies de barreaux, le visage au vent. Nous traversions des collines, puis le désert, puis des rizières et encore des rizières. Partout, des enfants jouaient au cricket ; ils nous faisaient des signes de la main, auxquels nous répondions.

Nous finîmes par arriver à Calcutta, sur la côte nord-est de l'Inde, une ville historique qui avait un jour été la capitale de l'Empire britannique des Indes, avant New Delhi. C'était également l'une des villes les plus peuplées au monde. En sortant de la gare, nous fûmes assaillis par le bruit de la circulation et de la musique indienne et nous restâmes près de Maman et de Joshua pour ne pas nous perdre dans le tohu-bohu de la ville. Joshua loua pour nous un spacieux appartement au rez-de-chaussée avec trois chambres, ainsi que quelques meubles essentiels. Il engagea une femme de chambre pour laver nos vêtements et, lorsqu'il découvrit que cela coûtait très peu d'argent, il fit appel à un cuisinier, et trouva un jeune homme pour remplir cette fonction. Je savais que Maman appréciait vraiment tout cela : sa grossesse était désormais très avancée et elle devait se reposer le plus possible. Elle ne pouvait pas non plus beaucoup sortir à cause de la chaleur intense qui régnait à Calcutta.

Lors de notre Jour libre, une fois par semaine, nous nous rendions souvent au country club voisin, où le gérant nous laissait nous baigner gratuitement et nous apportait du thé avec du pain grillé et de la confiture. Les garçons et moi y apprîmes à nager. Malheureusement, Joshua avait des méthodes extrêmes : la première fois, il avait jeté David dans le grand bain, ce qui l'avait traumatisé, et moi aussi. Folle d'inquiétude, j'avais vu mon frère manquer se noyer.

Même quand nous sortions – comme quand nous allions au zoo –, Joshua nous faisait distribuer des prospectus, au lieu de nous laisser profiter d'un moment normal en famille. Néanmoins, nous n'osions pas remettre en question son raisonnement puisque tout ce qu'il disait avait valeur de loi. Nos vies étaient contrôlées par les lubies d'un homme impulsif et lunatique – de plus, nous étions désormais à des milliers de kilomètres de Papi et Mamie, chez qui nous aurions pu fuir en cas d'urgence.

Par une soirée d'août, Maman était sur le point d'accoucher et Joshua se précipita dans la rue pour héler un pousse-pousse. Le chauffeur était remarquable : il n'avait qu'une jambe. Joshua voulait le remplacer car nous pesions lourd, mais ce fut hors de question. Le temps d'arriver à l'hôpital, Maman se tordait de douleur et haletait désespérément. Elle fut emmenée dans une chambre blanche et vide, avec seulement une table au milieu. Joshua nous fit entrer dans la chambre, les garçons et moi, et nous assistâmes tous à la naissance. C'était terrible d'entendre Maman appeler Jésus pendant les heures douloureuses où elle poussa. C'est très intimidés que nous vîmes enfin apparaître la tête du bébé : nous remerciâmes alors le Seigneur d'avoir gardé Maman en bonne santé et de nous avoir donné un nouveau petit frère.

On appela le nouveau venu Kiron, ce qui signifie « rayon de lumière » en bengali, mais nous l'appelions simplement « Bubs ». Nous réalisâmes une cassette vidéo pour partager la bonne nouvelle avec nos grands-parents : notre nouveau petit frère pleurait à l'arrière-plan. Même si Kiron pleurait énormément, nous l'adoptâmes immédiatement dans notre cœur. Il y avait sans cesse des couches et des biberons à laver. Il faisait une chaleur insupportable et je m'asseyais souvent pour éventer le bébé, afin qu'il n'ait pas trop chaud.

Il me fallait toujours m'occuper de quelqu'un, être énergique et me montrer un brillant exemple pour mes frères, ou toute personne que je rencontrais. J'allais être vendeuse plus tard et, avec autant de pratique dans le contact, je devins très bonne : je faisais toujours mon quota. Toutefois, afficher un grand sourire et devoir réprimer mes sentiments et mes émotions me faisaient ressentir un stress tel que je recommençai vite à faire pipi au lit – en partie car je trouvais difficile de me rendre aux toilettes dans l'obscurité complète. Je croyais avoir trouvé mon chemin jusqu'aux toilettes pour découvrir que ce n'était qu'un rêve. Quand Joshua s'en rendait compte, il m'humiliait et menaçait de me remettre des couches.

Même quand nous n'étions que de jeunes enfants, on nous assurait que nous serions persécutés pour notre foi. Cette prédiction sembla se confirmer le jour où le préfet de police vint frapper à notre porte et demanda à entrer. Mes frères et moi étions terrifiés à l'idée que les forces de l'Antéchrist viennent pour nous tuer. Maman nous dit de rester sagement dans notre chambre. Lorsque Joshua rentra à la maison, il autorisa le préfet de police à entrer. Ce dernier nous annonça que le gouvernement avait déclaré que l'émission de Papa, « Music with Meaning », était « subversive, une façade pour la CIA ». Nous avions vingt-quatre heures pour quitter la région. Les habitants des six demeures que possédait la Famille à Calcutta firent leurs bagages et partirent. Nous prîmes le train en direction du sud pour rejoindre une demeure à Bhubaneswar.

Maman était désormais très stressée à cause de la cruauté constante dont Joshua faisait preuve à son égard : je me faisais beaucoup de souci pour elle et pour ce qui allait nous arriver. Elle avait déjà quitté Joshua deux fois quand nous étions en Angleterre, mais il avait réussi à la faire revenir à chaque fois. Elle réitéra en Inde et, un beau jour, elle nous emmena, Kiron et moi, dans un hôtel miteux pour passer la nuit.

« Maman… et David et Jonathan ? », lui demandai-je, inquiète qu'ils soient restés avec Joshua. J'avais peur qu'il se défoule sur eux.

Je ne crois pas que Maman m'ait entendue. Elle avait le visage figé, semblait épuisée et avait l'air d'une somnambule.

Le jour suivant, nous prîmes un train pour Bombay – je savais qu'elle avait dans l'idée de prendre un avion pour rentrer à la maison, même si je n'avais aucune idée de comment elle allait faire pour y arriver. Le train restait en gare et nous ruisselions sous l'étouffante chaleur. Quand – quand allait-il enfin partir ? Une partie de moi voulait à tout prix que le train parte ; l'autre partie était terrifiée à l'idée que Joshua arrive soudain et se déchaîne sur nous. Et j'étais folle d'inquiétude pour mes frères, que nous avions abandonnés.

« Ne t'inquiète pas, Maman », essayai-je de la réconforter. Mais elle était perdue dans ses pensées.

Nous restâmes assis à attendre, mais le train ne bougeait pas. Soudain, Maman se leva et me demanda d'attraper la poussette. Elle tenait fermement Kiron et nous descendîmes du train, alors que le moteur s'allumait. Mes yeux s'emplirent de larmes quand j'entendis le sifflement du train et que je le vis démarrer. Au lieu de fuir, Maman nous emmena dans la communauté du berger de la région pour discuter avec les dirigeants, Urie et Katrina.

À notre arrivée, Katrina n'était pas là et nous dormîmes donc dans la chambre d'Urie : Kiron et moi par terre, et Urie et Maman dans le lit. Le lendemain matin, à mon réveil, Maman et Kiron n'étaient pas là.

« Bonjour, ma chérie. Viens ici », me dit Urie en tapotant sur le lit à côté de lui. Je me glissai docilement dans le lit.

Il m'attira vers lui et je pouvais sentir sa mauvaise haleine du matin alors qu'il dirigeait ma main sur son pénis et commençait à m'embrasser. J'étais nue et il venait de me mettre sur lui quand j'entendis frapper à la porte. Je me figeai.

« Entrez ! », dit Urie avec désinvolture et, à mon grand embarras, un homme passa la tête par la porte.

« Bonjour, que Dieu te bénisse mon frère ! dit-il jovialement. Désires-tu du café ?

— Oui, bien sûr, répondit Urie. Entre-temps, je m'étais honteusement jetée à côté de lui et avais caché mon visage sous son aisselle. Tu veux quelque chose, Nina ? me demanda-t-il.

— De l'eau, s'il vous plaît », murmurai-je.

Quand l'homme ressortit de la pièce, Urie me remit sur lui et continua à m'embrasser avec passion, si bien que j'avais du mal à respirer. Je dus le masturber avec mes deux mains puis, tenant ma tête, il la dirigea vers le bas et me colla son pénis dans la bouche. Je ne pensais plus à rien et poursuivais cette performance physique de façon mécanique alors qu'il me disait que j'étais une bonne amante. J'avais mal au cou et j'eus un haut-le-cœur quand il jouit.

Urie fit en sorte que Maman, Kiron et moi séjournions dans une autre communauté pendant un moment. Peu après, nous assistâmes à une réunion régionale, qui se tenait durant trois jours dans un hôtel. C'est là que Maman accepta de retourner avec Joshua : elle pensait qu'elle n'avait d'autre choix que de conserver sa famille unie. Quelques mois plus tard, Urie me donna une petite carte sur laquelle était écrit : « Pour Nina, si gentille, aimante et sexy. » Je la cachai, mais Maman la trouva.

« Nina, pourquoi t'envoie-t-il cela ? », me demanda-t-elle, surprise.

Je baissai la tête, embarrassée, pour regarder mes pieds.

Je m'étais habituée à être abusée – parfois, cela arrivait même pendant les « dévotions ». Un oncle me mettait sur ses genoux et je remarquais les signes révélateurs d'une érection quand il me secouait légèrement de haut en bas au rythme de la musique.

J'avais conscience que Maman subissait beaucoup de pression pour « partager » et que Joshua courait constamment après les autres femmes de la « Famille ». Émotionnellement, le partage était un terrain miné et je savais que Maman luttait contre de forts sentiments de jalousie, comme c'était parfois le cas pour Joshua.

Alors qu'elle nourrissait toujours Kiron au sein, elle tomba à nouveau enceinte, de son sixième enfant, et, comme à son habitude, ce fut très difficile. De plus Kiron hurlait dès qu'elle essayait de l'enlever de son sein. Pour le calmer, elle continua à l'allaiter, ce qui la rendit plus faible encore. Elle passait des heures au lit. À cette époque-là, Joshua ne cachait plus qu'il était amoureux de Tante Crystal. Cette dernière formait depuis longtemps un couple à trois avec deux membres de la Famille qui étaient mariés. Les dirigeants avaient remarqué les brusques changements d'humeur de Joshua : ils déclarèrent qu'il était trop instable pour l'autoriser à rejoindre Crystal et sa famille, lesquels allaient d'ailleurs être envoyés créer une Demeure pour les nouveaux adeptes, qu'on appelait les « bébés » à Mysore. Ils lui dirent que Maman et nous pouvions rester – mais cela, Joshua ne nous le dit jamais. Il était tellement déterminé à être auprès de Crystal qu'il nous emmena vivre dans un hôtel de Mysore. Nous étions séparés de nos amis, isolés, alors qu'il allait voir Crystal tous les jours.

C'était très difficile pour Maman. Elle était désormais sur le point d'accoucher et ne pouvait pas s'occuper de nous. Nous passions donc nos journées coincés dans une chambre minuscule où il faisait chaud, à nous ennuyer à mourir. Au bout d'un moment, les dirigeants de la Famille se rendirent compte de notre situation et commencèrent à s'inquiéter. Après quelques semaines, ils nous envoyèrent loin de Crystal, à Goa, dans le Sud. Le voyage en train fut fantastique et nous regardâmes par la fenêtre pendant quasiment tout le voyage. Alors que nous cheminions dans un paysage montagneux, au détour d'un virage, la vue d'une immense cascade plongeant dans une végétation luxuriante s'offrit à nous. Dans chaque gare, quand le train s'attardait, des groupes de femmes portant des saris colorés se rassemblaient autour des fenêtres pour vendre du *chai* – un thé doux et épicé –, des chapatis, des bananes et toutes sortes de friandises indiennes savoureuses.

Ma sœur Rosemarie arriva en novembre 1985 : j'étais extrêmement excitée. Avec son teint pâle et ses boucles d'un blond vénitien, elle ressemblait à une petite poupée de porcelaine. Tout le monde l'aimait et nous l'appelions « poupée » avec tendresse. Après sa naissance, les rapports entre Maman et Joshua se dégradèrent encore plus. Maman était jalouse car il avait une aventure avec l'une des sœurs de la Demeure. Joshua la détestait encore plus à cause de sa jalousie.

Les dirigeants envoyèrent Maman sur les routes, malgré le fait que Rosemarie ne fût encore qu'un bébé. Lors d'une journée épouvantable, j'entrai dans notre chambre pour trouver Joshua penché sur le bébé sur la table à langer. Ce qu'il faisait était évident et mon cœur se figea.

Je l'entendis gazouiller à Rosemarie : « Quand tu seras assez grande, tu feras l'amour, comme ta sœur Nina. »

Malgré mon endoctrinement et les croyances radicales que l'on m'avait inculquées en matière de sexe, j'étais dégoûtée. Je ne voulais pas que ma petite sœur subisse le même sort que moi. Je m'approchai lentement pour marmonner que je prenais le relais et la gardai près de moi jusqu'au retour de Maman. Cette dernière manquait à Kiron, qui avait 2 ans et recevait régulièrement des fessées parce qu'il se montrait trop « collant ». Cette atmosphère contribuait à me rendre nerveuse et, à tout moment de la journée, je voulais savoir où se trouvaient mes frères et ma sœur. J'étais une fillette de 9 ans au bord de la dépression.

Maintenant que Joshua avait des enfants à lui – Kiron et Rosemarie –, il devint encore plus cruel et méchant envers David, Jonathan et moi. Il se moquait constamment de David à cause de l'écart entre ses dents et l'appelait le « Castor ». Malheureusement pour moi, j'avais besoin de lunettes et je plissais souvent les yeux. À chaque fois qu'il me voyait le faire, Joshua me giflait en disant : « Tu ressembles à un rat quand tu fais ça. » Il m'appelait souvent « face de rat ». Je pouvais le supporter, mais ce que je ne supportais pas, c'était quand il se moquait sans pitié du teint mat de Jonathan, sachant parfaitement que Jonathan était l'un des « Bébés de Jésus » de Mo, né du *Flirty Fishing* de Maman.

À chaque fois que Joshua entendait passer le vendeur de fruits, qui criait « Mangues, mangues ! », il se moquait cruellement de Jonathan : « Hé, tête de mangue… ton père t'appelle ! »

Je finis par dire à Maman que j'avais besoin de lunettes pour faire au moins cesser les moqueries incessantes de Joshua. Ils m'emmenèrent chez l'ophtalmologue à Madras : c'était un long voyage. Je fus soulagée quand je portai enfin mes lunettes : je ne plissais plus les yeux. Mais les moqueries et les brutalités prirent simplement une tournure différente.

Joshua nous trouva une maison spacieuse à Margao, ville du district de Goa, à un peu plus d'un kilomètre de la mer. C'était un paradis naturel. Maman veillait à ce que nous nous rendions à pied tous les jours à la plage pour nous baigner dans l'océan. Je marchais sur le sable, réconfortée par le bruit des immenses vagues qui venaient s'échouer, ramenant avec elles toutes sortes de crabes et autres éléments de la faune et de la flore aquatiques.

Une fois, je me reposais à l'ombre d'un cocotier sur la côte, regardant la mer, lorsqu'un aimable couple d'étrangers vint nous parler. Nous parlions de leur maison au Canada quand je remarquai la personne chargée de nous surveiller qui se dirigeait à grandes enjambées vers nous en criant « Selah ! ». C'était le mot de code que signifiait que notre sécurité était en danger et que nous devions filer. Je dus prendre congé du couple à la hâte. Avant de partir, la femme me donna leur adresse et leur numéro de téléphone, avec une invitation à leur rendre visite si jamais je me trouvais au Canada. On nous raccompagna à la maison en passant par des chemins détournés afin de s'assurer que personne ne nous suivait. Les adultes se méfiaient de tout le monde et les mesures de sécurité étaient extrêmes, à la limite de la paranoïa.

Un jour, pendant les dévotions, un éléphant remonta notre allée pour se poster devant la fenêtre de notre salon. Cette magnifique créature se mit à vider sa vessie sur le sol sableux tout en nous regardant par la fenêtre. Un vrai éléphant dans notre jardin ! Nous étions tout excités. Maman fit une pause dans les dévotions et nous nous entassâmes tous dehors, bouche bée devant cet événement inhabituel. Nous étions si petits que, de si près, l'éléphant semblait gigantesque. Mais nous n'avions pas peur – il avait des yeux doux et sages. Cela lui prit encore quinze minutes pour finir ses petites affaires.

« Regardez, on a une mare maintenant, dis-je pour plaisanter, en pointant du doigt l'énorme flaque.

— On peut le garder ? On peut le garder ? demanda Kiron, qui avait alors 2 ans, les yeux brillants d'excitation, dansant d'un pied sur l'autre.

— Ne sois pas stupide », répondit Jonathan, 4 ans, plus raisonnable.

Le dresseur sortit des palmiers pour courir vers nous, agitant avec frénésie un bâton coloré qui émettait une sorte de cliquetis. Il gronda sévèrement notre nouvel ami, l'implorant de ne plus se sauver et de ne plus aller uriner dans le jardin des gens. Il s'excusa auprès de nous et partit sur son dos.

L'éléphant était annonciateur d'une surprise merveilleuse quand, plus tard ce jour-là, Maman nous appela dans sa chambre. Nous nous rassemblâmes autour d'elle sur le lit alors qu'elle levait les yeux sur nous, souriante, le visage rayonnant de bonheur.

« J'ai un colis de Celeste », annonça-t-elle.

Mon cœur bondit à la vue du petit paquet. Il avait déjà été ouvert – toutes nos lettres étaient censurées – mais j'étais tout de même folle de joie. Cela rapprochait Papa et ma grande sœur Celeste de nous.

« Qu'est-ce qu'il y a dedans ? On peut voir ? Ouvre-le vite ! », insistai-je. Je remarquai que l'enveloppe ne portait pas les timbres britanniques habituels. (Nos lettres arrivaient en général *via* le Royaume-Uni : j'avais maintenant une grande collection de timbres – c'était tout ce que j'avais de Celeste, outre le vague souvenir qui me restait de lui avoir parlé au téléphone, ainsi qu'à Papa, quand j'étais en Angleterre.)

Les plus jeunes se glissèrent plus près de Maman sur le lit alors qu'elle ouvrait la lettre en faisant tout un tas de manières. Celeste avait envoyé une culotte qu'elle avait confectionnée dans sa classe de couture et une lettre avec un dessin étonnant, représentant deux montagnes : Celeste se tenait au sommet d'une des deux montagnes, seule, et Maman, David et moi nous tenions sur l'autre. Dans la bulle, Celeste criait : « Maman ! » ; et nous, nous appelions : « Celeste ! » Nous remarquâmes que Papa n'était pas sur le dessin. Elle avait également fabriqué un abécédaire avec des dessins découpés dans des affiches et des *Lettres de Mo* pour aider Kiron à apprendre à lire.

À mon tour, quand j'eus le temps, je me mis à écrire des lettres à Celeste et à Papa. Parfois, ils répondaient et quand je recevais une lettre qui n'était destinée qu'à moi, c'était une journée magnifique, à marquer d'une pierre blanche : j'allais et venais, le cœur en joie.

Papa écrivait : « Nina, tu es un exemple brillant au service du Seigneur. Nous serons bientôt réunis lors du Millénium, après le retour de Jésus. Ce ne sera plus long maintenant ! »

Je m'endormais heureuse et rêvais que je courais dans les bras de mon père : il m'attrapait, m'embrassait, et tout était parfait.

Mais nous allions au-devant de jours sombres. Un jour, la bergère régionale vint nous visiter et, accompagnée de la bergère de notre Demeure, eut un entretien avec Maman. Les deux femmes accusèrent à tort ma mère de ne pas travailler assez dur pour la Demeure, et lui apprirent qu'elle avait été rétrogradée au statut de « Bébé » – comme on appelait les nouveaux adeptes. Maman n'avait pas été un Bébé depuis qu'elle avait rejoint la Famille : elle en fut mortifiée.

La punition et la honte étaient pires encore. Toute notre famille devait retourner au Royaume-Uni – qui, avec d'autres pays d'Occident, était considéré comme « l'enfer », un endroit qui convenait seulement aux membres de la Famille ayant régressé et à ceux qui étaient peu enthousiastes et manquaient de spiritualité.

« Nina, c'est terrible. Je n'arrive pas à croire que l'on me couvre de honte de la sorte », me dit Maman en pleurant.

Je lui tapotai la main : « Ça va, Maman, ça va », répondis-je mais, à l'intérieur, j'étais pleine d'espoir. *Je rentrais à la maison !* J'allais revoir mes gentils grands-parents.

Nous prîmes le train pour Bombay, où nous vécûmes au jour le jour en attendant que Papi et Mamie nous envoient l'argent nécessaire pour les billets d'avion. Lorsque l'argent arriva, Joshua pensa qu'il pouvait économiser un peu d'argent au lieu d'acheter des billets normaux : un couple de la Famille qui venait tout juste d'arriver en Inde avec leurs cinq enfants nous proposa de nous revendre leurs tickets retour à un bon prix.

Le soir du réveillon de Noël, nous nous levâmes à 3 heures du matin pour nous rendre à l'aéroport. Bientôt, j'allais revoir Papi et Mamie, ainsi que la sœur cadette de Maman, Tante Caryn ! Mais je m'évertuais à contenir mon excitation car Joshua était furieux de devoir quitter le terrain de mission – et, d'une certaine manière, c'était notre faute. Tout était toujours de notre faute, jamais de la sienne.

Quand nous finîmes par arriver à l'enregistrement, la femme regarda nos billets. Elle appela son supérieur, qui appela l'un des agents du service d'immigration. On nous expliqua sévèrement que les noms inscrits sur les billets n'étaient pas les mêmes que ceux sur nos passeports.

Joshua implora l'homme de changer d'avis mais, bien qu'il fût compatissant, il ne pouvait rien faire. S'ils nous laissaient monter dans l'avion, nous serions arrêtés et mis en prison quand l'avion atterrirait à Bahreïn. Nous patientâmes dans la salle d'attente de l'aéroport, priant désespérément, pendant que Joshua essayait de résoudre le problème. De plus en plus anxieux, nous vîmes les bagages être mis dans l'avion par la fenêtre. Puis l'avion commença à rouler sur la piste. En pleurs, nous le regardâmes décoller, alors que le soleil se levait juste.

Je courus aux toilettes pour pleurer. J'avais tant attendu de passer à nouveau Noël avec mes grands-parents. Tout était fichu. Nous étions tous sous le choc et nous prîmes un taxi pour nous rendre dans un hôtel bon marché. Nous étions complètement à sec : Joshua avait dépensé l'argent économisé pour s'acheter des vêtements et une nouvelle paire de chaussures. Il nous emmena, nous les enfants, au foyer de l'Armée du salut pour un déjeuner traditionnel de Noël – puis nous nous retrouvâmes rapidement à vivre dans le foyer lui-même. Ma pauvre maman dut quant à elle retourner faire du *Flirty Fishing* pour payer les factures. Elle détestait cela, mais elle n'avait pas le choix.

Lors de notre arrivée à Bombay, elle avait écrit une lettre pour demander aux dirigeants de nous laisser vivre en Inde. Plusieurs semaines après notre départ avorté, nous reçûmes enfin une réponse qui nous accordait la permission de rester. En mars 1986, on nous envoya au sud, à Madras, dans une grande communauté qui accueillait de nombreuses familles.

Plus tard, cette année-là, en septembre, Maman se rendit compte qu'elle était enceinte pour la septième fois. Elle ne s'était jamais plainte, mais elle avait toujours dû redouter cela. Elle fut de nouveau clouée au lit, incapable de garder la moindre nourriture, ni l'eau qu'elle avalait.

Peu de temps après, les bergers de la Demeure informèrent Maman qu'elle allait être renvoyée en Angleterre sans ses enfants. Selon eux, son manque de jovialité exprimait que quelque chose n'allait pas dans sa spiritualité. Ils ne semblaient pas comprendre qu'après six semaines sans manger Maman était toujours très faible et n'était pas redevenue elle-même. Ils lui dirent qu'elle n'avait aucun droit sur nous car nous appartenions à la Famille et à Dieu. Néanmoins, elle les supplia de la laisser emmener les deux plus jeunes, Kiron et Rosie. Pendant quinze ans, ma mère avait donné sa vie aux Enfants de Dieu et, maintenant, ils jugeaient qu'elle était une brebis galeuse ? Je ne comprenais pas. Elle était la personne la plus gentille que je connaissais. *Pourquoi ce n'était pas Joshua ?* Mon monde était sens dessus dessous. On donna le choix à Joshua de l'accompagner, mais il préféra rester. Je n'arrivais pas à le croire.

Un après-midi, on me donna quelques minutes pour dire au revoir à ma mère, qui était enceinte de sept mois, ainsi qu'à Kiron et à Rosemarie, puis ils partirent. J'avais déjà perdu mon papa et ma grande sœur. Et maintenant je perdais ma maman, un frère et ma petite sœur. J'étais muette de douleur et n'arrivais même pas à pleurer. J'étais en colère contre Joshua et lui reprochais la désunion de notre famille. Je lui avais déjà pardonné maintes et maintes fois mais, là, c'était la goutte d'eau qui faisait déborder le vase. À partir de ce jour-là, je lui fermai totalement mon cœur.

13

Amour abusif

J'avais été une enfant sûre de moi et extravertie. Après le départ de Maman, je devins discrète et me renfermai sur moi-même. Je n'avais pas imaginé que les choses pouvaient empirer, mais ce fut pourtant le cas. Parfois, j'avais l'impression d'étouffer sous le poids des sentiments que je refoulais. Ma mère me manquait désespérément et je lui parlais à longueur de temps dans ma tête, me demandant comment elle allait et ce qu'elle faisait. Était-elle triste sans mes frères et moi ? La nuit, ces derniers pleuraient mais, moi, je n'y arrivais pas. C'était comme si mon cœur s'était changé en pierre : pleurer aurait impliqué que j'acceptais cette situation effrayante.

J'avais désormais 10 ans et je n'arrêtais pas de me demander quelles étaient les raisons derrière tout cela. Il me semblait invraisemblable que Dieu approuve la cruauté physique et émotionnelle que l'on infligeait aux jeunes enfants partout autour de moi – Joshua et les bergers de la Demeure étaient particulièrement sadiques. Peu importe que nous soyons sages et obéissants, leur violence semblait ne jamais prendre fin. Au lieu de se comporter comme une famille aimante – le visage heureux et souriant qu'ils montraient au reste du monde –, une fois les portes refermées, les membres de la Famille créaient une atmosphère de cruauté et d'hostilité, alimentée par la suspicion et la paranoïa. Chaque parole nous venant de Mo était une remontrance, une diatribe pour que nous fassions mieux. Joshua était pareil : peu importe le mal que je me donnais, tout ce que je faisais n'était jamais assez bien pour lui.

Lorsque je commençai à faire la classe à un groupe d'enfants âgés de 4 à 7 ans, je me rendis compte que ma façon d'agir avec eux était très différente de celle des adultes. L'interprétation que faisaient les adultes des règles était incohérente et variait constamment en fonction des personnes et des Demeures. Par exemple, on nous avait toujours dit de peler les pommes car leur peau contenait des germes. Puis, une nouvelle Lettre de Mo déclara que ce n'était plus nécessaire si on faisait correctement tremper la pomme dans de l'eau salée. Un jour, mon frère de 6 ans, Jonathan, mangeait une pomme pour son goûter quand un oncle l'attrapa soudain par la peau du cou.

« Comment oses-tu manger une pomme sans l'avoir épluchée ? hurla-t-il. Petit désobéissant ! Je vais te donner une leçon que tu n'oublieras jamais ! » Il traîna mon frère terrifié dans la salle de bains pour le battre avec une tapette à mouches. Il n'avait pas encore lu la nouvelle Lettre et pensait que Jonathan avait défié la loi.

Même si nous savions que nous pouvions également récolter une punition, David et moi tapâmes à la porte : « Oncle… ce n'est pas ce que tu crois ! Il n'a pas désobéi à la règle. S'il te plaît ! » Mais le bruit des claquements et les cris de Jonathan continuèrent. Lorsque mon frère sortit en gémissant, il courut vers Joshua, qui fut incapable de faire quoi que ce soit. Les adultes n'étaient pas censés se mêler des corrections que les autres donnaient aux enfants.

Haletante et frustrée, je lançai un regard furieux à Joshua – quel genre d'homme était-il ? Quel genre de père était-il ? Mais j'étais néanmoins incapable de dire quoi que ce soit.

Quand ce fut mon tour de partir « sur la route », je fus heureuse de m'en aller. Je commençais à trouver que la communauté ressemblait à une prison. Les voyages sur la route, qui pouvaient durer des semaines, étaient destinés à témoigner dans des régions qui n'avaient pas de communauté. Je partis avec un adolescent, Steven, et deux adultes – Tante Esther, une Italo-Américaine, et Oncle Pierre, un Indien. Nos sacs étaient bourrés de milliers de posters à distribuer et de cassettes de *La Magie du Paradis* à vendre.

Après une journée longue et éreintante passée à faire du porte-à-porte, nous retournâmes à notre chambre d'hôtel. Il y avait un lit double et un matelas par terre. C'est Tante Esther qui attribua les lits.

« La première nuit, je vais partager avec Steven, déclara-t-elle. Nina, tu peux dormir sur le lit avec Oncle Pierre. Demain soir, on changera. »

J'étais inquiète : je ne supportais pas Oncle Pierre ! Il disait toujours des choses stupides et faisait peur aux plus jeunes enfants. Il m'accostait dans la cuisine alors que je préparais le repas, ou dans les coins sombres de la cage d'escalier, soulevait mon haut et pelotait mes seins naissants. J'avais toujours réussi à me sauver en prétextant quelques devoirs. Là, je ne pouvais aller nulle part.

Aidez-moi, pensais-je.

J'entendis Tante Esther et Steven prier avant de faire l'amour. Cela dura des heures : je serrai les dents et essayai de dormir. À côté de moi, Oncle Pierre commençait à être de plus en plus excité et se rapprochait peu à peu de moi. Tout à coup, ses mains se retrouvèrent sur mon corps, son sexe en érection se frottant à mes fesses. Chaque muscle de mon corps était tendu et j'essayais de faire semblant de dormir. Il me retourna sur le dos et prit ma bouche d'assaut. Il s'obstinait à essayer de me pénétrer et, plus je lui résistais, plus il était en demande.

« Je suis fatiguée », protestai-je en marmonnant.

Oncle Pierre fit des bruits bizarres, puis s'effondra sur moi et s'endormit. Il était trop lourd pour que je puisse me dégager et j'eus du mal à dormir.

Après cette première nuit, je réussis à le garder à distance pendant quelques jours. Puis, un après-midi, après avoir témoigné, nous rentrâmes plus tôt que d'habitude à l'hôtel. J'étais fière de mes résultats ce jour-là. J'étais une bonne vendeuse et je m'étais débarrassée de toutes les affiches et cassettes que j'avais dans mon sac. J'étais heureuse et détendue, mais ses mots me glacèrent jusqu'à la moelle.

Oncle Pierre me dit : « Nina, tu as si bien travaillé aujourd'hui que nous allons prendre notre après-midi ! »

Je reconnus son regard et, quand nous montâmes dans notre chambre, je compris que je n'allais par faire de sieste. Mes peurs se confirmèrent quand je sortis de la douche et qu'il s'approcha de moi. Je fis un mouvement de côté alors qu'il tendait le bras pour m'attraper et je laissai échapper un léger cri. Je n'avais jamais crié de ma vie et je ne trouvais pas ma voix. Il m'empoigna alors pour me jeter sur le lit, ses mains sur ma bouche, en disant : « Chut ! »

« Pourquoi es-tu si égoïste ? [Son souffle chaud m'effleurait le visage.] Les autres n'ont pas arrêté de partager et toi, tu ne fais que te refuser à moi. Je suis désespéré et toi, tu refuses de partager avec moi ! » Ensuite, il m'implora plus gentiment : « Allez ! »

J'avais du mal à respirer et il me faisait mal. Je tentai de me dégager de sous lui, mais il me cloua les mains au-dessus de la tête.

« Non, non, non, criai-je.

— Espèce de petite allumeuse ! », dit-il agressivement, prenant mes deux poignets dans une main et plaçant l'autre sur ma bouche.

Cela ne lui prit pas longtemps pour jouir. Tremblotante, je me laissai rouler sur le côté et sanglotai en silence sous le drap jusqu'à ce que je m'endorme. Ce soir-là, quand je me réveillai, je filai sous la douche. Je dus en prendre plusieurs pour me débarrasser de son odeur.

Les nuits suivantes ne furent pas différentes et je trouvais difficile de cacher mon dégoût. Je trouvais Oncle Pierre repoussant et cela me posait un problème : j'avais l'impression que c'était ma faute car je n'avais pas assez d'amour. Je me moquais de dormir avec certains des garçons de mon âge, mais j'étais malade et j'avais mal quand j'avais des rapports avec des garçons plus âgés que moi ou des hommes adultes.

Ma meilleure amie, Soleil, était elle aussi malheureuse et, à mon retour de voyage, nous fîmes le projet de nous enfuir ensemble.

« Où irions-nous ? murmura-t-elle.

— En Angleterre, répondis-je avec assurance. Nous pouvons suivre le ruisseau jusqu'à la mer et trouver un bateau qui va en Angleterre. Ensuite, on trouvera ma mère – elle prendra soin de nous.

— Mais on n'a pas d'argent pour les tickets, rétorqua-t-elle.

— On peut embarquer clandestinement, répondis-je en lui prenant les mains. Oh, Soleil, ça va être la grande aventure ! Commençons dès maintenant à cacher de la nourriture : il faut qu'on en ait assez le temps du voyage ! »

Nous élaborâmes soigneusement notre fuite et fîmes de petites réserves de nourriture. Nous étions sûres de pouvoir survivre grâce aux poissons du ruisseau et aux sandwichs au beurre de cacahuètes. L'excitation que l'on ressentait à élaborer notre plan nous faisait supporter la corvée quotidienne que représentait notre vie à la Demeure.

Le soir fatidique arriva enfin. Tout habillées, nous nous mîmes sous les couvertures et attendîmes. Nous étions nerveuses, mais prêtes. Lorsque nous fûmes sûres que tous les adultes de la maison étaient au lit, nous nous levâmes, attrapâmes nos « sacs de fuite » et nous mîmes en route lentement, descendant à pas de loup les escaliers dans l'obscurité la plus complète. Je pensais aux animaux sauvages qui se cachaient dehors – serpents et tigres – et me mis à trembler. Nous atteignîmes la porte d'entrée et ouvrîmes la première serrure. Le bruit nous fit sursauter et nous restâmes figées pendant dix bonnes minutes : chacune attendait de l'autre qu'elle fasse quelque chose. Soudain, un léger bruit dans la maison nous fit paniquer et, nous tenant par la main, nous remontâmes furtivement nous remettre au lit, nos rêves de fuite et de liberté réduits à néant.

Peu après, pour la première fois depuis des années, j'eus une très bonne nouvelle : les parents de Joshua, Papi et Mamie, venaient en Inde !

Nous fîmes le voyage jusqu'à l'aéroport pour aller les chercher. Nous reconnûmes tout d'abord Papi, puis remarquâmes que Mamie était dans un fauteuil roulant. Elle était épuisée, et se mit à pleurer quand nous l'accueillîmes avec des câlins et des bisous. Mes grands-parents venaient de passer quatre mois en Angleterre avec notre mère et étaient restés pour la naissance de leur nouveau petit-fils, Christopher, en juin 1987.

Lorsque Joshua entendit le nom de mon nouveau frère, il devint furieux. « Christopher ! Elle l'a appelé Christopher ? dit-il avec colère.

— Oui, mon chéri. C'est un très joli bébé, un véritable amour », répondit Mamie, souriante.

Je savais, sans qu'il ait à le dire, qu'il était en colère car Maman avait appelé son fils en hommage à Papa. Cela lui avait fait l'effet d'une gifle.

Un soir, Papi entra dans notre chambre alors que nous lisions *La Vie avec Grand-père*. Nous l'avions dissimulé sous la couverture de façon à ce qu'on ne l'identifie pas comme provenant de la Famille : j'avais tout à fait conscience qu'il fallait le cacher aux étrangers. Lorsque Papi entra dans la pièce, je cessai de lire :

« Qu'est-ce que tu lis ? », me demanda-t-il, prenant le livre pour le feuilleter. Il contenait quelques histoires avec des dessins sexuels et des scénarios explicites : il tourna les pages, sous le choc, releva les yeux et me regarda ; je le regardais aussi, avec candeur, même si je tremblais à l'intérieur. Pour moi, ces images n'étaient pas « mal » – elles étaient les mots, de grande valeur, du prophète de Dieu. Néanmoins, je voyais au visage de Papi qu'il était choqué et je sentis la honte me gagner.

Papi rejoignit Joshua dans la pièce voisine et j'entendis qu'ils élevaient la voix en se disputant. Après quoi, l'atmosphère fut plus que tendue et il me semblait que Papi et Mamie allaient partir. Mamie resta dans sa chambre, à pleurer, pendant trois jours : nous avions peur de l'avoir vexée. J'entrais discrètement dans sa chambre, je lui tenais la main et lui amenais des boissons fraîches, mais elle semblait à bout et pouvait à peine me parler. Néanmoins, le troisième jour, elle se leva, déterminée à nous faire passer les meilleures vacances qui soient. Ils nous emmenèrent au zoo et visiter les différentes attractions de la ville. C'était nos premières vraies vacances et nous en profitions au maximum. Je me demandais pourquoi nos vies ne pouvaient pas toujours être comme cela – pleines de bonheur, de gentillesse et de bons moments, sans les sermons et les critiques constantes que ressassaient les adultes.

Mais Joshua n'avait hélas pas changé pour autant. Plus ses parents étaient gentils, plus il devenait morose et hostile. Il nous interdisait pendant des heures d'aller aux toilettes. Un jour, David se retint si longtemps qu'il finit, à son grand embarras, par se faire pipi dessus. Mamie l'emmena dans une allée pour le nettoyer. Plus tard, elle finit par exploser devant Joshua : « Pour l'amour de Dieu, fous-leur la paix ! Ce ne sont que des enfants ! Tu es constamment sur leur dos ! »

Il lui lança un regard noir et dit d'un ton brusque : « Il est assez vieux pour ne pas mouiller son pantalon. »

Pour leur dernière soirée, Papi et Mamie nous emmenèrent manger dans le plus grand hôtel de Bombay, le Taj Mahal. Nous prîmes un repas très agréable au son d'un quatuor d'instruments à cordes. Nous discutions, ignorant Joshua, qui resta assis tout le repas à bouder. Comme nous nous y attendions, il fit un signe de la main pour indiquer qu'il ne voulait pas la carte des desserts.

« Eh bien, moi, je vais prendre un dessert », insista Papi en commandant un énorme banana-split.

Quand Joshua partit aux toilettes, Papi poussa vers nous l'énorme montagne de glace, de cerises et d'amandes et nous dit de nous servir. C'était un acte de défi rare : nous nous bourrâmes de glace pendant que Mamie surveillait. Le temps que Joshua revienne, le dessert était fini. Le matin du départ, nous étions tous en larmes et nous nous fîmes des câlins pour nous dire au revoir. Voir mes grands-parents partir me brisait le cœur. Dans le train qui nous ramenait à Bangalore, je restai silencieuse. Il était difficile de redescendre sur terre après le bonheur que m'avait procuré cette visite.

Après Noël, nous reçûmes un communiqué nous apprenant que Grand-père Mo était à nouveau malade et que Marie avait de sérieux problèmes aux yeux. Un programme mondial de vigiles fut établi de façon à ce que ne cessent jamais, de jour comme de nuit, les prières pour leur santé. Quand j'avais attrapé la grippe et qu'on m'avait mise en quarantaine, on m'avait assuré que la maladie était de ma faute et qu'elle avait été engendrée par mes péchés spirituels. En revanche, quand Grand-père et Grand-mère tombaient malades, c'était la faute des membres de la Famille, qui n'avaient pas suffisamment prié. Je me rappelle toutes les heures que je passai à genoux à prier pour eux et je savais que ce n'était pas à cause d'un quelconque manque de ferveur et de sincérité en moi. Je commençais à me demander s'ils n'avaient pas, eux aussi, quelques péchés en eux.

Mes doutes semblèrent se confirmer quand je lus quelque chose à propos de Mene, la petite-fille de Mo, dans une Lettre intitulée *L'Ultime État*, qui l'accusait d'être possédée par les démons car elle avait osé remettre Mo en question. Mene avait perdu ses illusions concernant son grand-père, après avoir constaté que les critères qu'il se fixait étaient différents de ceux qu'il imposait à la Famille. Les raisons pour lesquelles Mene le critiquait me semblaient évidentes.

Les membres devaient se restreindre à une ration hebdomadaire de vin de 220 millilitres, alors que nous lisions que Mo était constamment saoul ; nous étions punis si nous proférions des gros mots mais, dans ses Lettres, Grand-père jurait à longueur de temps ; nous n'avions pas le droit de nous mettre en colère, devions toujours montrer de l'amour alors que nous lisions les Lettres haineuses de Mo, dans lesquelles il tempêtait, rabaissant et insultant les gens. Quand des membres de la Famille étaient malades, Dieu les punissait pour leurs péchés et, pourtant, Grand-père était toujours malade. Comment pouvait-il accuser Mene d'être possédée par les démons ? Elle avait simplement eu quelques mauvaises pensées, alors que lui décrivait de manière très réaliste dans ses Lettres qu'il avait été hanté par une oppression démoniaque, par des visions cauchemardesques de monstres venant des enfers.

Comme Mene, on me demandait de prier contre l'influence néfaste qu'avait ma mère sur moi : ce que je ressentais pour elle ne comptait pas. Je savais que ce n'était pas naturel de se retourner contre sa propre mère simplement parce que quelqu'un qui ne la connaissait même pas avait déclaré qu'elle n'avait pas suffisamment la foi. Après ma prière de « délivrance », je dus choisir un nouveau nom pour mon nouveau moi. Tous les ans, on célébrait la nouvelle année par une cérémonie éclairée à la bougie. Chaque membre allumait sa bougie et énonçait ses résolutions pour l'année à venir. Quand ce fut mon tour, je prononçai mon discours d'une voix hésitante et annonçai que j'avais pris le nom d'« Ange de poussière ». Je ne le disais que pour la forme car, au fond de moi, j'étais toujours en colère d'avoir eu à accuser ma mère de régression. Plus rien n'avait de sens à mes yeux.

J'avais peur de l'avenir et consignais toutes mes craintes dans un journal. J'inventai un code indéchiffrable sans le mot-clé, que je gardais caché à l'arrière de mon journal. L'écriture devint un moyen de me libérer, un jardin secret qui n'était réellement rien qu'à moi. Je devais partager mon corps avec des hommes – dont beaucoup étaient de parfaits inconnus. Mon journal, lui, était quelque chose que je n'avais à partager avec personne.

De nombreuses jeunes filles tombaient enceintes, ce qui engendra un changement dans les règles. Lorsqu'une fille commençait à avoir ses règles, elle ne pouvait plus avoir de rapports avec un mâle « ensemenceur » ; quant aux hommes, ils ne pouvaient avoir des rapports qu'avec des filles de plus de 16 ans ou de moins de 12 ans. Avoir mes règles fut par conséquent un heureux événement, puisque cela me mettait plus ou moins à l'abri pendant quelques années. Mais j'avais peur de ce qui allait se passer plus tard. Mon amie Phoebe allait bientôt avoir 16 ans et elle me confia qu'elle vivait dans la terreur car les hommes de la communauté, excités, commençaient déjà à lui tourner autour. Je compatis en silence. J'avais désespérément envie de fuir ces communautés où régnait la folie, avec ces adultes irrationnels et obsédés par le sexe. J'avais entendu parler d'un centre de formation pour ados appelé le Jumbo qui ouvrait aux Philippines : je pris mon courage à deux mains pour demander à Tante Rose si je pouvais y aller.

« Ma maman me manque et je ne m'entends pas bien avec Joshua. » Je lui confiai ensuite mon plus grand désir : « Ma sœur Celeste me manque et j'ai entendu dire qu'elle était aux Philippines, au Jumbo. Je me demandais s'il n'y avait pas un moyen que j'aille au Jumbo pour être avec elle et d'autres jeunes de mon âge.

— Je vais voir ce que je peux faire », répondit Tante Rose.

J'attendis, encore et encore. Un jour, alors que je croyais ne plus pouvoir attendre une minute de plus, Joshua nous annonça que nous retournions en Angleterre. Nous étions follement heureux, mais cachions nos sentiments, car Joshua était furieux de devoir quitter le terrain de mission ! Tout excités, mes frères et moi nous réjouîmes en secret de cette bonne nouvelle.

L'Angleterre était comme la Terre promise. L'idée de revoir ma mère était presque plus que je ne pouvais supporter : j'étais tendue et terrifiée, convaincue que quelque chose empêcherait que cela se produise – comme cela avait déjà été le cas. « Jésus, laisse-moi aller en Angleterre », priais-je la nuit. « S'il te plaît, s'il te plaît, fais en sorte que cela arrive. »

14

Évasion

Le 27 mars 1988, à l'âge de 11 ans, je rentrai enfin en Angleterre. Je n'étais pas préparée au climat : j'avais les jambes nues et ne portais que des sandales et une jupe rouge à pois avec un chemisier blanc. C'était l'Angleterre qui représentait maintenant un choc culturel, tout comme l'Inde en 1982. Des ciels gris, pas de soleil, ni de parfum de l'Orient.

Mes frères et moi quittâmes Joshua pour récupérer nos bagages et passer le contrôle des passeports, impatients de retrouver Maman. Elle nous attendait à la porte d'arrivée avec notre petit frère, Christopher, dans les bras. Elle était si belle – la même, avec ses longs cheveux et son large sourire. Je me jetai dans ses bras et nous nous fîmes un câlin avec ma sœur et mes deux petits frères, riant et pleurant de joie. Ces deux années et toute ma peine s'envolèrent au moment même où je posai mes yeux sur elle. Nous étions à nouveau réunis et je ne pouvais m'empêcher d'avoir les larmes aux yeux. Je l'aimais toujours – c'était ma mère. Toutefois, quand je sentis Joshua approcher et que je vis disparaître le sourire de Maman, je refoulai mes larmes. Je savais qu'il me giflerait dès que nous serions seuls.

Nous nous entassâmes dans le van qui nous attendait dehors et je demandai à Maman dans quelle communauté nous nous rendions. « Nous allons dans un appartement », me répondit-elle. Dès qu'elle avait su que nous étions en chemin, elle nous avait trouvé un appartement. Il n'y avait pas suffisamment de place pour nous tous chez ses parents, chez qui elle avait vécu pendant tout ce temps. On lui avait également dit que toutes les communautés étaient pleines : personne ne voulait d'une femme enceinte avec deux enfants en bas âge.

Dès notre arrivée dans le deux pièces de Twickenham, un quartier vert de l'Ouest londonien, nous nous douchâmes et nous reposâmes de ce long voyage. L'atmosphère était tendue et je savais que Joshua avait quelque chose en tête.

« Je veux qu'on se sépare », annonça-t-il pour commencer.

Maman fit un signe de la tête :

« Oui, je sais. Eh bien, je ne vois pas pourquoi je ne serais pas d'accord… »

Les mots qu'il prononça ensuite coupèrent l'herbe sous le pied de Maman :

« Je veux Jonathan, Rosemarie et Kiron. Je les emmène avec moi.

— Quoi ? », souffla Maman, interdite.

Je faillis me rasseoir droite comme un piquet, mais réussis à rester calme le temps de la conversation.

« Ce sont mes enfants. Et, au fait, Nina va aller au Jumbo, aux Philippines. Tu dois signer une procuration pour être en règle. »

Maman ne sembla pas réaliser : « Aux Philippines », répéta-t-elle.

Joshua poursuivit, lui expliquant que tous les enfants de la Famille devaient être formés pour les Derniers jours. Les directives disaient qu'ils devaient être envoyés de façon permanente dans différents camps de formation et que les parents ne seraient autorisés à leur rendre visite que le dimanche, pendant deux heures. Comme d'habitude, il était indifférent à la douleur que causait cette séparation non naturelle. En réalité, il tenait à s'assurer que les liens familiaux ne pouvaient pas mettre en danger la plus haute loyauté qu'exigeait le groupe et ne cessait d'agiter la procuration qui décidait de mon futur sous le nez de Maman pour qu'elle la signe.

Perdre Celeste avait profondément blessé Maman et elle avait prié Dieu tous les jours pour qu'il lui rende ses enfants. Maintenant qu'elle avait enfin six d'entre nous réunis sous le même toit pour la première fois depuis des années, cet homme brutal était là pour lui dire « non, la moitié d'entre eux sont à moi et je les veux – et ta fille Kristina appartient à la Famille ». On attendait d'elle qu'elle abandonne ses enfants en signant un bout de papier.

« Je suis fatiguée, je signerai les papiers plus tard », lui dit-elle. Elle savait que le groupe avait pour philosophie d'enlever les enfants de parents ayant « régressé » pour les rendre à la Famille. Certains enfants, séparés de leurs parents pendant des années, ne revirent jamais leurs géniteurs, ces derniers n'ayant aucune idée de l'endroit où ils se trouvaient puisqu'on avait changé leur nom.

Le troisième jour, alors que Joshua dormait, Maman entra dans notre chambre et nous murmura : « Sortons. Laissons Papa se reposer. » Puis, elle nous fit sortir en silence par la porte de devant.

Elle n'avait pas de plan précis et il faisait trop froid, il y avait trop de vent pour aller au parc. Elle nous emmena donc à la bibliothèque du quartier où nous

nous blottîmes les uns contre les autres autour d'une table. Les mots qu'elle prononça alors furent comme électriques. J'arrivais à peine à croire ce que j'entendais.

Elle nous regarda tous alors qu'elle murmurait, regardant par-dessus son épaule, comme si les livres avaient des oreilles et allaient sortir des étagères pour nous frapper : « J'ai changé d'avis à propos de Grand-père. Je ne crois pas qu'il soit vraiment un prophète de Dieu. »

Je m'enfonçai dans ma chaise, le souffle coupé. Quelque chose commençait à grandir en moi, comme un plant prêt à fleurir d'espoir. J'osais à peine comprendre la portée de ses mots.

Maman parlait précipitamment, essayant de dire tout ce qu'elle avait à dire avant que son courage ne l'abandonne ou que Joshua ou un espion de la Famille nous trouve. « Il y a quelque mois de cela, je suis allée à la librairie chrétienne du quartier. J'ai ouvert un livre traitant des cultes religieux : j'ai repéré un fait inexact et j'ai immédiatement refermé le livre. J'avais subi un tel lavage de cerveau que je pensais que c'était démoniaque. Le magasin avait également en stock un livre de la fille de Mo, Deborah Davis. Il s'appelait *Les Enfants de Dieu.* »

Je fis un signe de la tête, me souvenant de la Lettre de Mo qui en parlait.

Maman poursuivit :

« J'avais peur. Je pouvais presque sentir les démons qui l'habitaient clandestinement. J'ai hésité, l'ai ouvert, puis l'ai reposé. Je savais que Mo avait déclaré ce livre tabou, ayant été écrit par sa fille aînée qui s'était retournée contre lui.

— Qu'as-tu fait ensuite ? demandai-je.

— Ma curiosité a eu raison de moi et, quelques jours plus tard, je suis retournée au magasin. J'avais si peur que j'en tremblais. Je regardais autour de moi avec anxiété, me demandant si j'allais être foudroyée sur place. Je suis restée là-bas pendant des heures, j'ai refait le tour du magasin, mais ce livre m'attirait comme un aimant. Il fallait que je l'aie. J'ai fini par l'attraper et me suis précipitée au comptoir avant de changer d'avis. C'était le fruit interdit – mais je devais y goûter. Au comptoir, je tremblais toujours si fort que j'ai eu du mal à compter ma monnaie. J'ai payé et suis sortie en hâte. »

Maman avait commencé à lire le livre la nuit même : elle avait lu jusqu'au petit matin, fascinée, choquée, dégoûtée et, enfin, convaincue. « J'avais du mal à croire à ce que je lisais mais, au fond de moi, je savais que c'était vrai. Ce fut extrêmement douloureux de me rendre compte que j'avais été dupée pendant toutes ces années. La Bible dit : "La vérité vous libérera" et, pour moi, c'est exactement ce qu'a fait ce livre. » Elle nous regarda en disant : « J'ai entendu comment parlent les prophètes qui prophétisent en mon nom le mensonge en disant : "J'ai un songe ! J'ai eu un songe !"… ces gens qui prophétisent le mensonge et annoncent l'imposture de leur cœur. »

J'acquiesçai. Je connaissais la Bible et cette citation. « Et voici Mo, un prophète qui prophétie le mensonge, un faux prophète », déclarai-je. Après des années passées à me voiler la face, mes œillères tombaient enfin.

Comme Maman, je me rendais compte, moi, que nous avions été dupés, contrôlés et manipulés. Lorsqu'elle nous annonça qu'elle voulait quitter Joshua et la Famille, je fus libérée d'un tel poids que j'en eus les larmes aux yeux. Je ne discutai pas. Tout comme elle, je voulais une vie où nous n'aurions pas à répondre à des bergers sévères, ni à subir notre beau-père irrationnel et dominateur. J'étais en pleine euphorie, mais en même temps j'avais peur – peur pour nous et pour Maman, qui tremblait comme une feuille.

J'admirerai toujours l'acte héroïque que ma mère accomplit ce jour-là. Je sais à quel point il était difficile pour elle d'entendre sa voix, qui avait été réprimée pendant si longtemps, et de trouver le courage de se libérer toute seule. Mais l'impulsion dont elle avait besoin avait été la peur de nous perdre. Elle me dit qu'elle devait se rendre quelque part et me laissa m'occuper de mes frères et de ma sœur.

C'était étrange de se retrouver assis au milieu de tous ces livres d'enfants et de repenser à tout ce qu'avait dit Maman. Je regardais nerveusement l'horloge. Plus d'une heure s'était écoulée depuis son départ.

Je pensais : *Je suis toute seule avec cinq enfants, j'espère qu'il ne lui est rien arrivé.*

Je regardais sans cesse en direction de la porte. Des gens entraient, choisissaient des livres, les réglaient et sortaient, mais toujours aucun signe de Maman.

Le temps s'écoulait lentement. J'étais de plus en plus nerveuse.

Après ce qui me sembla durer des heures, elle finit par rentrer précipitamment. Je pouvais voir à son visage qu'elle avait de bonnes nouvelles. Elle nous expliqua qu'elle avait contacté un foyer pour femmes dont elle avait entendu parler. Une camionnette blanche nous attendait à l'extérieur pour nous emmener dans le centre de Londres. Nous reposâmes nos livres, sortîmes subrepticement, comme des espions, et sautâmes dans la camionnette. Je n'arrivais toujours pas à croire ce qui était en train de se produire.

Quand nous arrivâmes au foyer, nous nous rendîmes compte, consternés, qu'il n'y avait aucun confort et que personne ne semblait vouloir nous aider. On nous demanda d'attendre dans une pièce nue, dans laquelle il n'y avait que deux chaises et quelques jouets cassés. Il n'y avait pas de place pour nous pour la nuit. Je sentais mon courage me quitter. *S'il vous plaît, s'il vous plaît, ne nous laissez pas repartir chez Joshua, à l'appartement*, priais-je en silence.

La seule option qui restait à Maman était d'appeler ses parents et elle revint du téléphone l'air tendu, mais soulagé. « Ils veulent bien de nous », nous dit-elle simplement.

Le foyer pour femmes s'arrangea pour qu'on nous emmène à mi-chemin des Midlands, où nous attendaient nos grands-parents et Tante Caryn. Mamie pleura en nous revoyant. Elle nous prit tous dans ses bras, en disant : « Merci mon Dieu, merci mon Dieu. » Nous n'avions rien avalé de la journée : ils nous achetèrent donc quelque chose à manger. Épuisés, nous nous endormîmes aussitôt arrivés chez eux.

Dès que nous fûmes en sécurité chez nos grands-parents, Maman prit le train pour Londres. Elle retourna à l'appartement, accompagnée de deux volontaires du foyer pour femmes. Ils montèrent les escaliers jusqu'à l'appartement, mirent doucement la clé dans la serrure et entrèrent. Heureusement, Joshua n'était pas là et Maman rassembla quelques affaires en hâte. Le lendemain, elle envoya une lettre à Joshua pour lui expliquer ce qu'elle avait fait.

Elle avait désormais une seule idée en tête : retrouver par n'importe quel moyen sa fille perdue, Celeste. Cela faisait maintenant plus de dix ans qu'elles étaient séparées, mais il ne s'était pas passé une journée sans qu'elle ne pense à elle.

Maman me demanda de ne pas trop évoquer le culte à l'école ou devant notre famille. Cela ne me demanda pas trop d'efforts, puisque j'avais passé toute mon existence à vivre une double vie. En outre, mes grands-parents ne posèrent jamais de questions sur notre passé, tant nous étions occupés à nous bâtir un futur incertain. Maman était inquiète à l'idée que Joshua apprenne où nous nous trouvions et que la Famille fasse une descente pour nous enlever. De fait, deux semaines après notre arrivée, Papi et Mamie s'arrangèrent pour que nous nous rendions au camp de vacances Butlins à Skegness, sur la côte est de l'Angleterre. Ils louèrent un chalet pour nous et un autre pour eux. Joshua ne penserait jamais à aller nous chercher là-bas. Par le passé, nous étions paranoïaques vis-à-vis des gens du Système ; les rôles étaient désormais renversés et nous étions paranoïaques à l'idée que Joshua nous retrouve. (Mo avait toujours été clair sur le fait qu'il était nécessaire de kidnapper les enfants d'un partenaire ou d'une épouse qui avait régressé et ce, pour le bien des enfants.) J'emmenais tous les jours les garçons se baigner à la piscine – mais, à part cela, il n'y avait pas grand-chose à faire, et le temps passait lentement.

Deux semaines auparavant, nous nous trouvions en plein été, en Inde. À présent, le vent de la mer du Nord était mordant et me cinglait le visage ; le froid était vif et j'étais gelée jusqu'aux os alors que je marchais le long de la plage déserte, regardant une mer qui semblait ne former qu'un avec le gris sombre du ciel. Je n'avais pas de vêtements d'hiver : Tante Caryn me donna donc des vieux pulls et de vieilles jupes qui lui avaient appartenu. À cette époque-là, je portais les cheveux longs avec une raie au milieu : le style de la Famille. J'ai demandé si je pouvais me les faire couper. J'avais désespérément envie de changer d'apparence, de façon à ne pas être reconnue puis fourrée à l'arrière d'un van du culte. En outre, aller chez le coiffeur pour la toute première fois était très excitant. J'aimais ma nouvelle coupe de cheveux, coupés à la garçonne, avec une frange.

Au bout de deux semaines, nous quittâmes Skegness pour rejoindre un foyer pour femmes situé à Matlock, dans le Peak District. À notre arrivée, Maman me donna le livre de Deborah Davis – celui qu'elle avait acheté à la librairie en tremblant de peur. Je le dévorai d'une traite. Pendant des mois, il fut notre principal sujet de conversation. Je fus horrifiée d'apprendre que David Berg – l'homme que je ne considérais désormais plus comme Grand-père Mo – avait essayé de coucher avec Deborah, sa fille aînée, après l'avoir couronnée reine. Je me souvenais de la Lettre de Mo dans laquelle Berg pinçait les fesses de sa fille cadette, Croyante, sous la table.

« Tu as lu ça ? [Maman était choquée.]

— Bien sûr. J'ai tout lu, à plusieurs reprises, dans les *Lettres de Mo* qui se trouvaient dans la malle », lui répondis-je.

Inquiète, elle me demanda s'il m'était jamais arrivé quoi que ce soit de sexuel. Je lui racontai de quelle façon j'avais été abusée, sexuellement et physiquement : bouleversée, elle éclata en sanglots. Anéantie, elle décrocha le téléphone pour appeler Joshua, furieuse de ce qu'il m'avait fait subir.

« Comment as-tu pu faire cela à notre fille ? ragea-t-elle.

— Eh bien, elle a toujours eu des orgasmes ! », répondit-il d'un ton dégagé.

Maman eut le souffle coupé devant tant de désinvolture et je voyais bien qu'elle était profondément écœurée. « Quel être infâme et détestable ! Comment ai-je pu ne rien voir… je suis désolée.

— Ça va, Maman, la rassurai-je, ne voulant pas qu'elle se flagelle pour ce qui était désormais du passé. Nous sommes libres maintenant.

— Oui, c'est vrai, nous sommes enfin libres, souffla-t-elle. J'étais si jeune, si aveugle… tant d'années gâchées. »

On nous informa que cela pourrait prendre des mois, voire des années, pour obtenir un appartement HLM. Papi et Mamie – qu'ils soient bénis ! – décidèrent de vendre leur maison pour en acheter deux plus petites : une pour eux, et une pour nous. J'étais très excitée car nous n'avions jamais eu de maison à nous.

On m'inscrivit à l'école, mais les défis auxquels je dus faire face étaient totalement différents de tout ce à quoi le culte m'avait préparée. Je fus mise en classe de cinquième et mes frères furent respectivement inscrits à l'école maternelle et à l'école primaire. Il y avait beaucoup de choses à apprendre et, en tant qu'enfant née dans un culte, je n'avais aucune référence. Maman m'aida à rattraper les connaissances qui me manquaient et je fis de mon mieux pour m'adapter.

Je parlais anglais avec un accent américain et mon vocabulaire était très différent de celui de mes camarades de classe : je connaissais des mots qu'ils ne connaissaient pas et je pouvais citer la Bible, mais eux disaient des tas de choses qui n'avaient aucun sens pour moi. Parfois, j'avais l'impression d'être stupide et eux me trouvaient bizarre. Mais j'aimais apprendre. Je passais la plupart de mes samedis à dévorer des livres à la bibliothèque du quartier.

Un jour que je rentrais à pied avec l'une de mes camarades, je lui demandai pourquoi elle avait l'air triste. Elle m'apprit que c'était son anniversaire.

« Tu vas faire une fête alors ? demandai-je.

— Non. Mes parents sont témoins de Jéhovah et nous ne fêtons ni nos anniversaires, ni Noël », soupira-t-elle.

Cela me surprit. Je sortais tout juste d'un culte et je me rendais compte pour la première fois qu'il y avait d'autres personnes dans le même cas. Je lui dis que je comprenais car, moi aussi, j'avais grandi dans un groupe religieux comme elle et que ma mère m'en avait sortie l'année dernière. Elle n'eut plus jamais le droit de me parler.

Maman devint une sorte d'activiste. Elle fut mise en contact avec un homme, Ian Howarth, qui avait créé une organisation appelée CIC (Centre d'information sur le culte) ; à son tour, il la mit en contact avec d'anciens membres, ainsi qu'avec Graham Baldwin de Catalyst, un service d'assistance qui s'occupait de survivants des cultes. Nous allions également aux réunions et aux séminaires de l'association Fair (Family Action Information and Resource). Fair avait été créé en 1976 et procurait des informations récentes sur les cultes, ainsi que de l'aide aux familles et à leurs amis. Nous commençâmes à nous documenter sur le phénomène des cultes. Bien que Maman ait très peu d'argent, elle commanda quarante exemplaires du livre de Deborah Davis pour les envoyer à ses anciens amis du groupe.

Dès que nous quittâmes la Famille, nous fûmes évidemment bannis. Maman avait peur : si nous parlions, il serait encore plus difficile de rentrer en contact avec Celeste. Plusieurs fois, nous écrivîmes à Papa et à Celeste. Je leur expliquais de quelle manière j'avais été abusée et à quel point la Loi d'Amour m'avait fait du mal. Papa ne répondit jamais et je ne sais même pas si mes lettres lui parvinrent, puisque tous les courriers provenant de l'extérieur étaient lus, et les « doutes de l'ennemi », raturés.

Celeste n'avait que 14 ans et elle était toujours prisonnière du culte, vulnérable. Maman engagea des poursuites pour obtenir sa garde, mais cela n'avançait pas à grand-chose puisque ni les autorités ni nous ne savions où elle se trouvait. Le juge fit néanmoins de Celeste une pupille sous tutelle judiciaire. Sam Ajeiman, qui avait quitté le culte en 1978 – dix ans avant nous – travailla avec Maman pour réaliser une brochure, *À la recherche de Celeste*. Nous passâmes dans plusieurs émissions de radio et de télé et accordâmes diverses interviews. Notre but était de demander de l'aide pour retrouver la trace de ma sœur. Grâce au ministère de l'Intérieur, la police et Interpol obtinrent sa description, mais ne réussirent pas à la localiser.

J'étais bouleversée que Papa n'ait pas répondu à mes lettres. Au lieu de cela, il publia des lettres ouvertes et fit des déclarations à la presse. Il y accusait Maman d'avoir vendu son âme au Diable : comment osait-elle persécuter la Famille de Dieu ? Il y déclarait également qu'il n'y avait jamais eu de contacts sexuels déplacés entre enfants et adultes dans le groupe et qu'il vivait dans la famille la plus aimante qu'il connaissait.

Comment pouvait-il encore croire cela ?

En colère, indignée, je lui répondis dans une lettre ouverte publiée dans la presse britannique, lui demandant comment Joshua, la Famille et lui pouvaient nier ce que nous avions vécu et répandre des mensonges aussi éhontés.

Dans ma lettre, j'écrivais :

J'ai lu ta lettre ouverte. Je suis désolée que cela ait dû être révélé comme cela, particulièrement en public… Ce que mon beau-père et toi avez déclaré est faux. Tu dois te souvenir que je faisais partie des Enfants de Dieu il n'y a pas si longtemps de cela et que je sais comment l'organisation fonctionne. Je veux que tu saches que je suis extrêmement blessée que mon propre père ne croie pas que j'ai été abusée sexuellement... Quand j'étais plus jeune, j'espérais que tu viendrais nous sauver. J'étais fière de dire à mes amis que tu étais mon père. Mais ta lettre m'a fait fondre en larmes – il est tellement difficile de croire que mon propre père puisse dire de telles choses... Tu dois aussi comprendre que si ma mère a parlé, c'était pour mettre les autres en garde, car elle ne veut pas qu'ils tombent dans le même piège que nous. S'il te plaît, dis à Celeste que je l'aime. J'espère que tu ne l'as pas montée contre Maman et moi. S'il te plaît, demande-lui de nous écrire car nous n'avons pas de nouvelles depuis des années. Je t'aime Papa, mais je n'aime pas ce que tu fais.

C'était tout ce que je pouvais faire. Maintenant, il ne nous restait plus qu'à attendre que Celeste finisse par entendre, d'une manière ou d'une autre, les messages que nous lui envoyions par tous les moyens possibles, et qu'elle y réponde.

Quatrième partie

En route pour la liberté

15

Partie de cache-cache

Juliana

« Tu ne chantes pas de tout ton cœur ! » Il posa sa main sur la guitare si violemment que mon cœur sursauta. Qu'allait-il faire cette fois-ci ? Je ne savais jamais avec Oncle Volonté. Il était totalement imprévisible : les plus petites choses le mettaient en colère et, en général, quand on s'y attendait le moins. Il était impossible de prévoir ses humeurs. J'avais peur d'Oncle Volonté plus que des autres. À cause de ses yeux. Ils avaient l'air hagard. Lorsqu'il parlait, il avait toujours de la salive au coin des lèvres ; son nez avait été cassé tant de fois qu'il ressemblait à un bec de faucon. Mais, plus que tout, ses yeux noirs, semblables à ceux d'une fouine, et son regard de fou me tétanisaient.

Oncle Volonté aimait marteler à la guitare toutes les vieilles chansons de la Famille : nous chantions à pleins poumons en suivant son tapotement, qui était loin d'être en rythme. Cela faisait un tapage assourdissant. Il avait une habitude des plus étranges : il saupoudrait de talc le manche de la guitare et ses mains pendant nos « inspirations », lorsque nous devions chanter le plus fort possible. Chanter trop bas montrait que nous ne « mettions pas assez de cœur » et pouvait justifier une punition.

Ce soir-là, Oncle Volonté avait décidé que nous allions avoir une « inspiration » avant d'aller au lit. Nous étions donc en pyjamas, assis par terre en tailleur, à chanter sans arrêt : nous tombions tous de fatigue.

« La prochaine personne que je n'entends pas chanter bien fort va recevoir une fessée ! », nous menaça-t-il. Avant la fin de la nuit, il aurait choisi trois garçons, qui recevraient des coups de planche sur les fesses.

Oncle Volonté aimait donner des fessées. Son visage se déformait en une moue colérique : ses fines lèvres se retroussaient, révélant des dents de travers, et ses narines s'ouvraient grand. Il avait le même visage quand il avait des rapports sexuels : je me demandais donc s'il appréciait le fait de taper nos fesses nues. C'était fort probable.

« Vous pouvez être certains d'avoir trois choses ici, disait-il sentencieusement, riant et tapotant la planche dans sa paume. Logés, nourris, corrigés ! »

Une semaine seulement après que mon père nous eut déposées, Celeste et moi, à l'immense centre de formation de Bangkok, Oncle Volonté m'administra ma première fessée avec la planche, pour cause de rébellion. Ma rébellion n'avait plus fait aucun doute pour lui quand j'avais refusé d'appeler mes nouveaux parents adoptifs, Joseph et Talitha, « Papa » et « Maman ». Bien que je sois contente d'avoir été placée dans une famille que je connaissais depuis que j'étais enfant, j'étais lasse d'avoir encore un nouveau couple de « parents », avec lesquels je ne passais du temps qu'une fois par semaine et envers lesquels j'étais censée manifester un genre de dévotion filiale. Mon papa allait bientôt revenir me chercher : il l'avait promis. Pourquoi devais-je avoir alors de nouveaux parents ? Cela n'avait que peu de sens à mes yeux. Je les appelais donc Oncle et Tante, comme les autres adultes.

Mon refus fut aussitôt rapporté : j'eus droit à un sermon sévère et à une fessée. Après quoi, je les appelai donc comme il leur plaisait, de façon à m'éviter d'autres corrections. Bien que j'aie du mal à appeler « Papa » et « Maman » Joseph et Talitha, je n'eus aucun mal à accepter leur fille, Vera, comme ma sœur. Elle avait été ma camarade de jeux quand nous étions enfants et j'étais très heureuse d'être dans le même groupe qu'elle.

Quand Papa me conduisit pour la première fois dans ma nouvelle classe, tout le monde montra beaucoup d'attention à mon égard. Devant mon père, on m'attribua le statut de « sonnailler ». Le sonnailler de notre groupe devait surveiller les autres enfants et rapporter tout mauvais comportement.

Le lendemain du départ de mon père, on m'ôta immédiatement mon titre, qui revint à la fille d'Oncle Volonté. On informa toute la classe que j'avais « trop de fierté » pour un tel honneur. Oncle Volonté me fit clairement comprendre que, tant que je serais dans cette école et dans *sa classe*, il s'assurerait que je recevrais les corrections appropriées. Il tint sa promesse et fit de ma vie un véritable enfer.

Le matin, après les deux heures habituelles consacrées au Moment de la Parole et à la mémorisation, nous avions école. L'après-midi était consacré à l'économie domestique, où nous étions formés à l'un des « ministères » de la Demeure. Un bon disciple de la Famille devait être un touche-à-tout. La « formation au ministère » n'était rien de plus qu'une appellation pompeuse pour désigner le fait que nous étions les domestiques attitrés à la Demeure : nous ne faisions que nettoyer, polir, laver et récurer.

J'avais besoin de m'échapper de cette vie de corvées – et l'écriture me le permettait. Je transformai l'un de mes cahiers en livre de contes, que je remplissais d'histoires d'ours qui parlent, de sirènes et autres fées. Mes histoires prenaient toujours un caractère plus ou moins moraliste. La personne qui surveillait les adolescents et Celeste, en particulier, m'encourageaient dans cette voie et lisaient souvent mes histoires au reste du groupe au moment du coucher. Je gardais ce livre sous mon oreiller et j'écrivais quand je n'arrivais pas à dormir. Certains des enfants suivirent mon exemple, ce qui suscita quelques problèmes. L'un des garçons décida d'écrire un conte sombre parlant d'une sorcière.

Lorsque Oncle Volonté découvrit cette histoire, il piqua une crise. Bizarrement, mon camarade m'accusa, expliquant qu'il avait été encouragé à écrire son conte en entendant mes histoires. Un jour que j'étais en classe, Oncle Volonté fit une descente dans ma chambre et trouva mon livre sous mon oreiller. Je fus convoquée devant nos trois professeurs – Oncle Josias, Oncle Volonté et Tante Hoseannah. Ils me lancèrent des regards furieux, leurs yeux me promettant les tourments de l'enfer. Mon livre était posé sur la table devant eux.

Ils ouvrirent une Lettre de Mo que je n'avais jamais vue. Elle s'appelait *Le Castor paresseux* : Mo y attaquait violemment une femme qui avait dessiné un petit album à colorier pour enfants où elle racontait l'histoire d'un castor qui arpente la forêt à la recherche de son nom. Mo était furieux que quiconque ait eu l'audace de créer quoi que ce soit ne sortant pas de sa bouche.

Il fallut plus d'une heure pour lire la Lettre et, quand elle fut terminée, mes professeurs me dévisagèrent.

« Qu'est-ce qui t'a inspirée pour écrire ces histoires, d'après toi ? me demanda Oncle Josias en pointant mon livre du doigt avec dégoût. C'est le Diable qui t'a poussée à les écrire ! »

J'étais stupéfaite.

« Mais je ne comprends pas. Tout le monde est gentil et aimant dans mes histoires ; le Diable, lui, n'est ni gentil, ni aimant : comment m'aurait-il inspirée pour écrire de bonnes histoires ?

— Ce ne sont pas de bonnes histoires ! affirma Oncle Volonté.

— Sont-elles l'œuvre de Dieu ? demanda Oncle Josias.

— Euh, non.

— Tout ce qui n'est pas l'œuvre de Dieu est mal et vient du Diable. L'Ennemi aime venir sous une fausse identité, comme un loup déguisé en agneau, de façon à ce que vous le pensiez innocent et inoffensif. Mais regarde comme tes histoires détournent déjà les autres du droit chemin. Regarde comme l'histoire de ce garçon est devenue diabolique, lui qui ne faisait que suivre ton exemple. Le Diable cherche toujours à entrer et tu l'as laissé entrer avec tes histoires. »

Jusqu'alors, tout le monde m'avait toujours encouragée à écrire. Voilà que, tout à coup, on déclarait mes histoires diaboliques, inspirées par le Diable. Comme je n'étais pas le prophète de Dieu, je n'aurais jamais le droit d'écrire. Je ne pouvais pas accepter cela. J'étais fière d'être l'auteur de ces histoires – honneur que je ne voulais partager avec qui que ce soit, qu'il porte des cornes ou non.

« Il semblerait que tu aies eu bien trop de temps à toi pour écouter Satan, continua Oncle Josias. Après avoir prié pour savoir quoi faire, le Seigneur nous a montré que tu aurais besoin d'un certain nombre de punitions pour te rappeler de ne pas laisser ton esprit devenir le terrain de jeux de Satan. »

Oncle Volonté se frotta les mains avec jubilation. C'était la partie qu'il préférait.

« Tu vas recevoir une bonne fessée avec la planche. Tu seras restreinte au silence pendant une semaine : ça te permettra de transformer tes pensées en prières adressées au Seigneur. Tu pourras apprendre par cœur tous les versets de la section du *Livre de la Mémoire* traitant du rêve éveillé. En outre, tu ne participeras pas aux activités du groupe, ni à l'éducation physique : tu passeras ces moments à lire la Parole pour laver ton esprit.

— Remplacer les mots de Grand-père, le porte-parole de Dieu et Son prophète, est un grave péché mais, comme tu l'as fait sans le savoir, nous te laissons partir avec une punition clémente », rajouta Tante Hoseannah pour clarifier les choses.

Comme la punition était si « clémente », je n'allais pas essayer de plaider ma cause : si je leur répondais, cela leur donnerait une excuse pour me punir plus sévèrement. Je ne protestai donc pas et leur jurai de ne plus jamais écrire, jusqu'à ma mort.

Le jour suivant, Celeste dut s'excuser pour le mauvais exemple qu'elle nous avait donné en nous encourageant à écrire des histoires inspirées par le Diable.

Après cela, ma grande sœur et moi fûmes encore plus souvent séparées. Elle ne fut plus autorisée à donner un coup de main à notre groupe et, à partir de ce moment-là, je ne la vis plus que rarement.

Une fois par an, Celeste et moi allions nous faire prendre en photo. Je revêtais une belle tenue, en général le même chemisier à motifs, représentant des fraises, et la jupe que je portais pour aller témoigner. Nous posions, exécutant nos plus beaux sourires pour ces photos, que nous envoyions ensuite à Papa. Ensuite, je lui écrivais une lettre pour lui raconter tout ce que j'avais appris, toutes les choses que j'aimais et à quel point j'étais heureuse. Après le passage à la censure, on envoyait mon courrier, ainsi qu'une lettre de Celeste et nos photos.

Papa en déduisit que nous étions heureuses et qu'on prenait soin de nous. Une fois par an, il nous envoyait une petite cassette dans laquelle il nous parlait, priait pour nous et nous assurait que nous serions bientôt réunis. Si ce n'était pas sur cette terre, ce serait alors au Paradis. Je pleurais toujours en écoutant Papa. Il me manquait et j'attendais avec impatience le jour où il reviendrait nous chercher. J'étais sûre que nous le reverrions bientôt.

La plupart des gens qui vivaient au centre de formation n'avaient pas de permis de travail et devaient faire un voyage visa tous les trois mois. Ils devaient alors prendre un train de nuit pour traverser la frontière vers la Malaisie ou la Birmanie, y rester deux ou trois jours et revenir avec un nouveau visa de tourisme de trois mois.

J'attendais impatiemment ces voyages et y allais en général avec Celeste : ils me permettaient de m'échapper de cette école, que je considérais comme une prison. Lors d'un de ces voyages, la question oppressante, qui me rongeait depuis sept ans, finit par sortir.

« Pourquoi Maman ne voulait pas de moi ? », lâchai-je subitement alors que nous rentrions à la maison, assises à l'arrière d'une jeep.

Celeste fut décontenancée par la soudaineté de cette question.

« Quoi ? Qui t'as dit ça ?

— Personne ne m'a jamais rien dit. Je ne sais pas pourquoi elle m'a quittée.

— Elle voulait t'emmener. [Celeste me regarda un instant.] Elle t'aimait beaucoup.

— Alors pourquoi elle m'a quittée ?

— On lui a dit de le faire. Elle ne pouvait pas te garder… mais elle le voulait. »

Je pleurai de soulagement. Ma mère avait voulu m'emmener… Elle m'avait aimée.

« Qui lui a dit ?

— Eh bien, elle était malade et ne pouvait pas tous vous emmener avec elle. Et puis Papa voulait garder l'un d'entre vous. »

Celeste mit son bras autour de moi.

« S'il voulait me garder, alors pourquoi il m'a laissée aussi ? »

Celeste resta silencieuse une minute, cherchant une réponse appropriée. Mais il n'y en avait pas, tout simplement. « On le lui a dit, à lui aussi. »

Je compris alors que les adultes avaient tout aussi peu de choix que nous, les enfants. Nous devions renoncer à nos parents, comme ils devaient renoncer à leurs enfants. Un sentiment d'impuissance m'envahit. Chaque minute de ma journée était organisée, programmée ; on ne m'avait jamais laissé décider quoi faire de mon temps, pas plus que ce que je pouvais porter, manger ou dire. En fin de compte, grandir ne me ferait pas plus de bien : cela ne me protégerait de rien.

Un jour, environ un an après notre arrivée à l'école, Celeste réussit à me faire rater le cours d'éducation physique pour m'emmener faire une promenade.

« Julie, tu te souviens quand Papa a dit qu'il reviendrait nous chercher ?

— Oui. Il vient bientôt ? Je veux partir d'ici.

— Eh bien, c'est de ça que je veux te parler. » Celeste s'interrompit un moment.

« Julie, je crois qu'il est temps pour nous d'arrêter de l'attendre.

— Quoi ? Pourquoi ?

— Parce qu'il ne reviendra pas. »

Ces mots m'anéantirent : c'était comme si je venais de recevoir une tonne de briques sur la tête. Elle aurait tout aussi bien pu m'annoncer qu'il était mort.

« Comment tu le sais ? Est-ce qu'il l'a dit ?

— J'ai demandé aux bergers et ils m'ont répondu qu'il ne reviendrait pas. Si tu continues à l'attendre, tu te sentiras plus mal encore.

— Tu n'en sais rien ! Il va revenir : il l'a promis ! Je ne veux pas rester ici ! »

Je fondis en larmes, hystérique. « Non, non, non ! » Mon monde s'effondrait : les corrections, l'humiliation, la solitude… je pensais que tout cela allait rentrer dans l'ordre quand Papa reviendrait.

« Julie, ma chérie, s'il te plaît, ne pleure pas. Ils vont te voir et tu vas avoir des problèmes.

— Je m'en fiche, lâchai-je sous le coup de la colère. Et ne m'appelle pas ma chérie, tu n'es pas ma maman ! Je n'ai pas de maman ! » *Je n'ai personne.* Mais je ne finis pas ma phrase, car ce n'était pas totalement vrai. J'avais Celeste. Mais je ne la voyais jamais. Et elle ne pouvait rien faire pour me protéger. Je la laissai m'attirer contre elle pour me réconforter. Mais je ne pensais qu'à une chose : j'étais coincée en Thaïlande pour toujours, avec la promesse effrayante d'une éternité de corrections, d'école, de dévotions et de marches.

Le seul moment de l'année où tout semblait s'arranger était Noël. Il nous fallait presqu'un mois pour décorer toute l'école. Nous passions la semaine avec nos familles ou, dans mon cas, avec ma famille adoptive, et nous organisions de grandes fêtes, des activités et des danses.

Mais c'était également l'époque de l'année où je me sentais la plus seule. Tout le monde se réunissait en famille et, moi, je pensais à Papa. Maman avait depuis longtemps disparu de ma vie. Je ne me souvenais plus de son visage et je ne possédais même pas de photo d'elle, puisque l'on m'avait ordonné de découper mes parents sur chaque photo que j'avais en ma possession. Bien que mes parents adoptifs aient fait le maximum pour que Vera et moi soyons comme des sœurs, il était douloureusement évident que j'étais la seule enfant sans parents. Je m'asseyais en face du sapin de Noël et le regardais pendant des heures, tandis qu'autour de moi tous prenaient part aux chants de Noël. Mes larmes transformaient les lumières de Noël en boules de couleurs floues et je trouvais qu'elles étaient plus jolies comme cela : je laissais donc couler mes larmes sur mon visage.

Mon besoin d'attention me donnait des idées très étranges. Un des professeurs était un genre de botaniste amateur et aimait décrire les particularités de chaque plante et fleur exotique qui grandissait dans le parc de notre école.

« Cela ressemble à une haie ordinaire, mais cassez une feuille pour voir, dit-il en arrachant une des feuilles, d'un vert clair. La sève blanche à l'intérieur est toxique. » De la sève d'un blanc laiteux suintait de la tige coupée. « Si vous touchez cette sève et qu'après vous vous frottez les yeux, vous pouvez devenir aveugles. »

Devenir aveugle ! L'idée m'horrifia. On pouvait être attaqué et ne rien pouvoir faire pour se défendre. N'être plus capable de faire quoi que ce soit sans aide et avoir constamment besoin de gens autour de soi…

Mais, l'instant d'après, la cécité ne me sembla plus être un destin si terrible. Après tout, pourquoi pas : au moins, les gens me remarqueraient. J'arrachai donc une feuille et fixai la sève blanche et épaisse, comme hypnotisée. Je touchai rapidement la sève, hésitai un instant, levai mon doigt et me frottai les yeux. Je clignai plusieurs fois des yeux, m'attendant à un black-out spectaculaire.

Puis, prenant conscience de ce que je venais de faire, je compris qu'en fin de compte je ne voulais surtout pas devenir aveugle. Je m'attendais au pire mais… rien ne se passa. Je me mis alors à pleurer, sous le coup d'émotions mêlées. Une partie de moi pleurait car je pouvais devenir aveugle, et l'autre partie car mon expérience ne semblait pas fonctionner. Je courus rejoindre le groupe, soulagée que ma décision irréfléchie n'ait pas engendré de catastrophe. Le *statu quo* valait mieux que l'inconnu.

J'aimais attraper des sauterelles et des scarabées et les ramener à la maison avec moi. J'avais désespérément besoin d'avoir quelque chose qui m'appartenait. Je lisais une histoire à mon insecte domestique avant d'aller au lit et de me laisser gagner par le sommeil en le couvrant d'une main protectrice. Immanquablement, quand je me réveillais le lendemain matin, la malheureuse créature était morte ou s'était échappée, et je pleurais sa perte jusqu'à ce que je la remplace par une autre.

Peu après mon dixième anniversaire, la série « Techi » des *Lettres de Mo* fut publiée. La fille de Marie, Techi, avait maintenant près de 10 ans et commençait à expérimenter les hauts et les bas de l'adolescence. Elle avait une personnalité fougueuse : cela était évident dans toutes les *Lettres de Mo*, qui rapportaient les conversations animées qu'elle avait avec Grand-père.

Marie décida qu'elle se chargerait de briser sa fille. Dans la série Techi, cette dernière était considérée comme pouvant être la prochaine Mene. Son esprit critique était vu comme la voix de l'Ennemi, qui essayait de la piéger en propageant le doute en elle. Si elle cédait au Diable, il pourrait la posséder. Les séances de corrections et de prières de Techi étaient enregistrées.

La série Techi marqua le début d'un changement dans la politique et les méthodes de formation des adolescents de la Famille. On appelait cette nouvelle politique la RFD – la Révolution dans la formation des disciples. Tout devint nettement plus strict. Tous les soirs, nous devions écrire un Rapport à cœur ouvert, dans lequel nous consignions les plus petits détails de notre journée, jusqu'au nombre de fois où nous nous étions rendus aux toilettes, ou de verres d'eau que nous avions bus. Chaque pensée négative, chaque chose que nous avions apprise, chaque conversation échangée avec nos camarades, ainsi qu'une réaction écrite à toutes les *Lettres de Mo* que nous lisions devaient être retranscrites. On nous encouragea également à rapporter ce que faisaient nos camarades.

Les bergers utilisaient ces informations pour mettre à jour le moindre défaut potentiel chez nous, qu'ils pourraient utiliser contre nous par la suite. Écrire trop peu était un grave péché, mais il était concrètement impossible d'écrire quotidiennement une nouvelle leçon que nous aurions apprise. Je devins ainsi un écrivain très créatif, inventant des histoires qui m'avaient fait « apprendre ».

Chaque semaine, nous devions converser avec un adulte : il nous faisait parler et nous étions censés lui ouvrir notre cœur et mettre notre âme à nu. On pensait que nous serions plus aptes à parler librement avec un adulte autre que notre professeur. Évidemment, tout ce que nous disions était ensuite rapporté aux bergers.

Après deux ans passés en Thaïlande, Celeste et moi fûmes subitement envoyées aux Services centraux, une

« selah » – ou demeure secrète – où était basée la majorité des dirigeants thaïlandais. Je ne savais absolument pas pourquoi nous étions déplacées, et tout se passa assez rapidement.

Un jour, on nous fit monter, Celeste et moi, dans une jeep et nous fûmes conduites sur le parking d'un centre commercial, où nous attendait un Oncle de la demeure des Services centraux. Avant que nous soyons transférées dans un autre véhicule, il nous fit asseoir sur un muret dans le parking pour parler.

« Est-ce que cela vous plairait de choisir un nouveau nom ? nous demanda-t-il.

— Hum, non, merci, répondis-je poliment. Mon nom me plaît.

— Eh bien, dans ce cas, vous n'avez pas vraiment le choix, mes chéries car, maintenant, vous allez vivre dans une demeure selah. Ici, tout le monde prend un nouveau nom par mesure de sécurité. »

Cela n'était pas totalement vrai car seules Celeste et moi dûmes en changer. Celeste avait déjà pris un autre nom, en étant devenue Jeanne, et je ne comprenais pas pourquoi elle devait à nouveau en changer.

« Alors, quels noms vous plairaient ?

— Eh bien, j'ai toujours aimé le prénom Claire, proposa Celeste.

— Cela me paraît bien. Ça te va bien. Tu seras donc Claire, désormais. Et pour toi, Julie ?

— Je ne sais pas. » Je ne voulais pas changer de prénom. J'avais toujours été Julie et j'avais l'impression qu'on m'enlevait une partie de mon identité.

— Eh bien, si tu ne trouves pas de nom, nous allons devoir t'en donner un nous-mêmes. Que penses-tu d'Anna ? »

C'était le nom le plus banal et le plus laid que j'avais jamais entendu :

« Euh, je n'aime pas trop...

— Mais, ma chérie, c'est que nous n'avons pas beaucoup de temps. Si tu ne te trouves pas de nom toi-même, ce sera Anna. »

Claire et Anna, Anna et Claire. Je ne m'habituerais jamais à nos nouveaux prénoms. Je pleurai en silence, assise à l'arrière de la jeep. Je ne contrôlais plus rien : où j'allais, ce que je portais, qui j'étais...

Alors que nous étions en route, on nous dit subitement qu'on devait nous bander les yeux. L'endroit où nous nous rendions était secret.

La jeep finit par s'arrêter et on nous ôta nos bandeaux. « Que Dieu vous bénisse, Claire et Anna ! Soyez les bienvenues dans votre nouvelle demeure. »

Je fus malheureuse et seule tout le temps que je passai là-bas. Là encore, je nettoyais, cuisinais et faisais la vaisselle du petit-déjeuner, du déjeuner et du dîner. Je passais le reste de ma journée à faire mes devoirs et à participer au Moment de la Parole. Comme j'avais 10 ans et que l'enfant le plus proche de moi avait 6 ans, je devais passer le temps qui me restait dans le groupe des enfants.

Il devait être évident que j'étais malheureuse car, quatre mois plus tard, je fus autorisée à retourner au Centre de formation. Celeste ne m'accompagna pas. Elle représentait un trop grand risque pour notre sécurité et elle n'était pas autorisée à déménager. Je découvris bien plus tard la raison pour laquelle nous avions dû déménager si subitement : sa mère avait commencé à la rechercher.

Beaucoup de choses avaient changé en mon absence. L'école était en état d'alerte maximale. La police avait fait des descentes dans des communautés en Australie, en Argentine et en France ; des enfants avaient été enlevés par les services sociaux ; beaucoup d'adultes avaient été arrêtés pour maltraitance d'enfants et abus sexuels. Un procès contre les Enfants de Dieu avait débuté en Angleterre à propos de la garde d'un enfant. L'École de la Ville céleste au Japon faisait l'objet d'une enquête et, partout, les médias parlaient de la Famille. Le centre de formation de Bangkok semblait être la prochaine cible. L'école fit peau neuve : toutes les pièces et les salles de classe furent redécorées et nous reçûmes de nouveaux uniformes, ainsi que de nouveaux livres et équipements scolaires.

Mo nous inonda de Lettres et de bandes dessinées ayant pour thème la persécution religieuse. Une série pour enfants, intitulée *Imposteurs, mais sincères*, donnait des exemples de personnages bibliques ou historiques célèbres, qui avaient menti pour protéger ceux qu'ils aimaient. On nous expliqua que, parfois, il était nécessaire de mentir pour préserver la vérité. Comme le Système était l'œuvre du Diable et non celle de Dieu, les étrangers ne nous comprendraient jamais. Les gens du Système considéraient le sexe comme quelque chose de mal, de diabolique, alors que nous savions tous que c'était quelque chose de beau et de bien. Pour finir, ce que le Système appelait « abus » n'en était pas vraiment puisque c'était fait dans l'amour.

Les mois qui suivirent, nous lûmes, étudiâmes, mangeâmes et respirâmes la Préparation à la persécution. Le Service mondial publia des déclarations concernant toutes les croyances et doctrines de la Famille, que nous devions apprendre par cœur. Nos professeurs organisèrent de faux procès et nous cuisinèrent, nous préparant aux questions que l'Ennemi serait susceptible de nous poser concernant les abus sexuels, la vie de la Famille et nos doctrines controversées. Nous mémorisâmes les réponses à donner aux autorités.

De par le monde, une immense purge de toutes les publications de la Famille fut ordonnée. Toutes les *Lettres de Mo* qui prônaient le sexe avec des mineurs, ou celles qui décrivaient des pratiques sexuelles extrêmes comme le *Flirty Fishing*, furent déchirées et brûlées. Toutes les allusions sexuelles dans nos *True Komix*, dans les livres et les publications comme *La Vie avec Grand-père* furent effacées. Toute personne ayant un tant soit peu de talent devait dessiner des soutiens-gorge, des slips et des négligés pour recouvrir les parties intimes. Le livre *La Fille du Paradis* fut brûlé, et toutes les preuves de son existence furent effacées. L'histoire était réécrite.

Et puis, soudain, je fus rappelée aux Services centraux. Je venais juste d'avoir 11 ans et n'appréciais pas de me retrouver à nouveau coincée là-bas. À ma grande surprise, trois autres filles de mon âge avaient rejoint le groupe pendant mon absence. Celeste nous enseignait les mathématiques et l'anglais. Elle m'encouragea à développer mes talents artistiques. Je découvris que je savais dessiner et devins assez douée pour exécuter des dessins au pastel.

À cette époque-là, j'avais accepté le fait que Papa ne reviendrait pas. Je l'éloignais autant que possible de mes pensées. Il n'était plus désormais qu'une idole adorée dans le temple de mes souvenirs.

Un jour, Celeste trouva un de ses slips, roulé en boule dans une poche de sa valise. Papa l'avait laissé là trois ans auparavant et l'avait oublié. Tous ses vieux vêtements étaient de précieux souvenirs à nos yeux.

Celeste avait déjà en sa possession un autre trésor : une paire de chaussettes toutes trouées.

« Hé, regarde ce que j'ai trouvé ! » Elle le tint en l'air pour que je le voie.

C'était un objet aussi précieux que le suaire de Turin et j'arrachai de ses mains le vieux slip rouge.

« Le slip de Papa ! », criai-je, jubilant. Adroitement, Celeste s'en empara à nouveau.

« Il est à moi ! Il était dans ma valise.

— Je le veux ! S'il te plaît, je suis la plus jeune et toi, tu as déjà ses chaussettes ! Ce n'est pas juste ! »

J'attrapai un bout du slip et s'ensuivit une lutte sans merci. Celeste finit par remporter le slip et je dus me contenter des chaussettes trouées.

Peu après mon retour aux Services centraux, toute la Demeure plia bagage pour s'installer ailleurs. Les dirigeants étaient inquiets à l'idée que quelqu'un puisse découvrir où ils se trouvaient et, selon la bonne vieille tradition de la Famille, ils décidèrent de disparaître. La nouvelle Demeure était bien plus petite et n'avait pas de jardin. Celeste et moi n'avions désormais plus le droit de sortir et je trouvais cet emprisonnement insupportable.

Pour faire de l'exercice, nous montions et descendions les escaliers en courant, cent fois, ou faisions de la gym en regardant une cassette vidéo de Jane Fonda. Celeste essayait de nous divertir, nous les filles, en nous apprenant des danses, mais nous nous ennuyions à mourir.

Quelques mois plus tard, l'engouement médiatique autour du culte semblait s'être calmé et les dirigeants estimèrent que je pouvais retourner au centre de formation en toute sécurité.

La nuit où je devais partir, mon départ fut subitement retardé. Les bergers de la Demeure couraient çà et là avec frénésie. À 22 heures, on m'appela en bas et mon sac fut jeté dans la jeep avec d'autres valises et des matelas. À mon grand étonnement, Celeste monta avec moi à l'arrière de la voiture.

« Tu viens avec moi au Centre de formation ? », lui demandai-je.

Celeste, nerveuse, regarda tante Ami qui était assise dans la voiture avec nous, comme si elle n'était pas sûre de ce qu'elle devait répondre.

Tante Ami prit la parole :

« Anna, il y a eu un changement de programme. Quelque chose de très grave s'est produit. Tu ne vas pas aller au Centre de formation pour le moment. Tu vas d'abord aller ailleurs, pendant quelque temps.

— Ah bon ! Où ça ? », demandai-je.

Je n'avais aucune idée de ce qui se passait.

« Eh bien, tu n'as pas vraiment besoin de le savoir pour le moment. Pourquoi ne pas simplement faire confiance au Seigneur ? D'accord ? Maintenant, je sais que les vitres sont teintées mais, par mesure de sécurité, je vais devoir vous demander, à toi et à Claire, de vous allonger sur les matelas, par terre. »

Les matelas étaient moites et sentaient l'humidité.

« Qu'est-ce qui se passe ? murmurai-je à Celeste.

— Je ne sais pas vraiment », me répondit-elle.

Mes os me faisaient mal en heurtant le sol en métal, dur, alors que la jeep – qui n'avait pas d'amortisseurs – roulait sur d'innombrables nids-de-poule. Nous dûmes sortir de la ville. Il était maintenant 2 heures du matin et nous avions tourné en rond pendant les quatre dernières heures. À regarder les ombres fugitives jetées sur le toit par les lumières qu'on croisait, il me semblait que nous roulions depuis toujours et que nous continuerions à rouler… pour toujours.

J'entendais Celeste, Jeanne, Claire – ma sœur – respirer à côté de moi. J'oubliais souvent comment j'étais censée l'appeler. Au bout d'un certain temps, on finit par nous expliquer que des gens mal intentionnés essayaient de nous trouver pour enlever Celeste. Moi, on ne me recherchait pas, mais ils m'avaient tout de même emmenée, pensant que si quelqu'un me reconnaissait, les méchants devineraient que Celeste était dans les parages. Je me demandais quel rôle j'avais : étais-je vraiment une menace pour sa sécurité, ou plutôt quelqu'un qui lui tenait compagnie ? La jeep finit par s'arrêter. Je fus soulagée : j'avais un besoin plus qu'urgent de faire pipi. Les cahots de la voiture avaient rendu l'attente d'autant plus inconfortable, mais je dus me retenir encore une demi-heure puisque nous restâmes allongées là, à attendre la permission de nous rasseoir, à essayer de deviner ce qui se passait autour de nous.

La porte de derrière finit par s'ouvrir violemment. La silhouette corpulente d'Oncle Philip, un Allemand imposant, se dressait au-dessus de nous, se détachant dans le halo nocturne empli de nuages de pollution que venaient éclairer les lumières de Bangkok. Oncle Paul, un Philippin râblé, le rejoignit, ainsi que Tante Ami et l'un des principaux bergers de la région, Tante Christina.

« Alors les filles, tout ça n'est-il pas excitant ? Cela ressemble à ce que sera la Détresse, quand nous devrons nous cacher des forces de l'Antéchrist », déclara Tante Christina.

D'aussi loin que je me souvienne, nous avions vécu dans l'idée de la fin des Temps, avec la Grande Détresse qui approchait. Il était parfois fatigant de vivre constamment avec cette menace. Je souhaitais que cela prenne fin, simplement, d'une manière ou d'une autre, tout comme les fessées. Après une série de prières, on nous informa du plan. Nous allions entrer dans le motel qui se trouvait à environ 50 mètres de là, d'un pas rapide mais avec insouciance. Nous étions six : nous nous séparâmes en groupes de deux et entrâmes furtivement dans le hall. Oncle Philip et Oncle Paul allaient rester avec nous pour nous servir de gardes du corps. Comme Oncle Paul était asiatique, il était le seul à être autorisé à sortir de la chambre pour nous acheter à manger et faire passer des messages à des coursiers.

Il n'y avait qu'un seul lit double dans la chambre, que nous partagions avec Tante Christina et Tante Ami. Les deux matelas qui étaient dans la voiture furent introduits en cachette dans la chambre : nos gardes du corps dormaient par terre, un devant la porte, l'autre au pied du lit. La nouveauté que représentait ce jeu de cache-cache s'estompa rapidement. Avec six personnes terrées dans une chambre de quatre mètres sur cinq pendant six semaines, à ne jamais voir la lumière du jour, l'énergie de l'enfant de 11 ans que j'étais ne demanda très vite qu'à être libérée.

Je déchargeais ma frustration grandissante sur ma sœur, lors de notre douche quotidienne. Elle le supportait avec calme, étant une personne pondérée. Je me fichais désormais que les « méchants » nous trouvent : au contraire, je souhaitais que cela arrive. Je me mis à m'imaginer courir sur le balcon dans l'espoir que quelqu'un me remarque et, peut-être, commence à se poser des questions. Un jour, alors que tout le monde faisait la sieste, je sortis à toute allure sur le balcon qui surplombait une cour entourée d'appartements : tout était vide, comme une ville fantôme. Je retournai lentement à l'intérieur, ressassant ma déception.

Au fil du temps, nous essayâmes de trouver des moyens de nous divertir. Celeste roulait une chaussette en boule et nous jouions à « Lancer la chaussette ». Je découpais nos briques de lait et je fabriquais une crèche en relief. Six semaines s'écoulèrent de la sorte avant que Tante Ami ne nous informe que nous allions déménager dans un endroit légèrement plus grand. La nuit de notre déménagement donna lieu à des scènes comiques. Ce matin-là, Tante Ami avait tressé mes cheveux en plusieurs petites nattes serrées : de fait, quand nous sortîmes le soir, mes cheveux, naturellement fins et clairsemés, se transformèrent en coupe afro crépue. Je portais un tee-shirt Mickey Mouse orange fluo à rayures blanches et des tennis, elles aussi orange fluo. Ma sœur était pareillement attifée. Il était 22 heures mais, malgré tout, d'énormes lunettes noires, qui nous recouvraient totalement le visage, venaient compléter nos déguisements d'enfants du Système. Nous sortîmes du hall de l'hôtel en nous pavanant, ignorant les gens qui se retournaient sur notre passage, avec la confiance que seul un tel déguisement peut inspirer.

Après trois heures de route, qui aurait dû normalement ne prendre qu'une demi-heure, nous arrivâmes au minuscule appartement où nous allions vivre pendant les six prochaines semaines. Nous apprîmes que les coordonnées de quasiment toutes les demeures de la Famille en Thaïlande avaient été découvertes, ce qui expliquait pourquoi les Services centraux ne constituaient plus un endroit sûr. Deux anciens membres avaient réussi à infiltrer une Demeure de la Famille aux Philippines. Ils avaient obtenu le droit d'y entrer en imitant la voix de Mo au téléphone. Une fois à l'intérieur, ils avaient persuadé les bergers de la Demeure de partir pour de prétendus meetings de la plus haute importance aux États-Unis. Après le départ des bergers, ces deux hommes, qui avaient occupé de très hauts postes au Service mondial, se lancèrent dans une tentative audacieuse pour « conseiller la sortie » aux membres de la Demeure en démythifiant Mo. Seize malles contenant des archives de « Music with Meaning », ainsi que des publications qui n'étaient pas passées à la purge, étaient stockées à Manille. Les deux hommes embarquèrent l'ensemble comme éléments de preuve pour accuser la Famille, lesquelles preuves apparurent juste à temps pour le procès à propos de la garde d'un enfant britanniquc, qui était toujours d'actualité au Royaume-Uni.

La nuit où nous disparûmes comme par enchantement, un de ces hommes appela les Services centraux à Bangkok, imitant à nouveau la voix de Mo, comme il l'avait fait aux Philippines. Comme l'opération précédente s'était très bien passée, ils avaient pensé infiltrer la Thaïlande. Mais, cette fois-ci, le berger de la Demeure se montra méfiant. Les deux imposteurs avaient pris la fuite, mais en emmenant avec eux des malles contenant des éléments compromettants, dont une séquence vidéo que la Famille avait omis de détruire, et qui prouvait clairement les abus qu'elle commettait.

Au début du mois de décembre, nous reçûmes une bonne nouvelle : une maison avait été sécurisée. Nous avions pour tâche de la nettoyer et de l'installer avant que tous les membres des Services centraux ne viennent s'y installer. Je n'étais pas préparée à l'état effroyable dans lequel se trouvait la propriété. De la saleté, des dépôts gluants, des crottes de rats et de lézards, des toiles d'araignées et des plumes d'oiseaux s'étaient mélangés pour former une croûte qui recouvrait chaque centimètre carré des murs, du plafond et du sol. L'odeur était épouvantable. Nous nous mîmes à quatre pattes et récurâmes jusqu'au petit matin pour nettoyer un petit espace où passer la nuit.

Les semaines suivantes, Celeste et moi travaillâmes tant que nous eûmes les doigts ridés et rouges. Nous récurions méthodiquement, nettoyant une pièce après l'autre. Elles étaient si crasseuses qu'il nous fallait plus de deux jours pour venir à bout d'une seule à nous deux. Nous voulions que la maison soit prête pour que les Services centraux emménagent vers Noël. Nous emménageâmes le 23 décembre et passâmes Noël entourées d'une multitude de gens pour la première fois depuis quatre mois.

Le nouvel an de 1993 passa, et on m'informa que j'allais partir avec deux autres filles pour une Demeure qui venait d'ouvrir pour les AJFT, ou Adolescents juniors de la fin des Temps. Notre berger était un Afro-Américain immense, ancien membre des forces spéciales, qui s'appelait Oncle Steven. Il portait un sifflet autour du cou et nous faisait faire des exercices militaires. J'attrapai la coqueluche et on me mit en quarantaine. C'est à cette époque-là que je reçus un coup de téléphone. À mon grand étonnement, c'était Celeste, qui m'appelait pour me dire au revoir. Maintenant qu'elle avait 18 ans, elle devait se rendre en Angleterre pour être confrontée à sa mère, qui avait régressé. Elle avait demandé aux bergers l'autorisation de passer une journée avec moi avant son départ. Sa requête lui avait été refusée car il me restait deux jours à passer en quarantaine. Elle avait donc insisté pour, à la place, me téléphoner.

J'étais trop assommée pour parler. C'était si soudain, si inattendu. Rien n'avait laissé présager son départ ; rien ne m'y avait préparée.

« Est-ce… est-ce que tu vas revenir ? réussis-je enfin à lui demander.

— Je n'en sais rien », répondit-elle honnêtement.

Je restais assise, silencieuse, sous le choc.

« Eh oh ? Tu es toujours là ?

— Oui. »

Je commençais à avoir une boule dans la gorge. Il m'était impossible d'articuler.

Elle essaya de parler de tout et de rien, mais j'avais la langue clouée au palais et le cerveau réduit en bouillie. Je ne savais pas quoi dire, mais je ne voulais pas qu'elle raccroche puisque, pour cc que j'en savais, une fois qu'elle l'aurait fait, elle partirait pour toujours.

« Julie ? Julie ? Parle-moi. » Je voulais lui dire de ne pas partir, que je ne voulais pas rester toute seule, mais rien ne sortait, excepté les larmes chaudes qui roulaient le long de mes joues.

« OK, si tu n'as rien d'autre à me dire, je vais devoir raccrocher, d'accord ? Au revoir… Je t'aime… Au revoir. »

Quand la ligne fut coupée, je gardai le téléphone près de mon oreille, écoutant la tonalité aiguë. Quelque part, au loin, j'entendis quelqu'un me dire de remettre le téléphone en place.

Je me traînai jusqu'à mon lit et, pour la toute première fois, je priai pour ne pas me réveiller.

16

À la recherche de Celeste

Kristina

En décembre 1990, les services sociaux contactèrent Maman. Un Suisse de 14 ans du nom de Sammy Markos, avait été attrapé à Ramsgate alors qu'il essayait d'embarquer clandestinement sur un ferry pour la France afin de retourner auprès de sa mère. Il n'avait pas de passeport, mais il avait sur lui le *Manuel de survie en cas d'urgence*, publication de la Famille. Les agents d'immigration le retenaient et l'avaient placé en détention provisoire afin de le protéger. Sammy était terrifié à l'idée d'attirer des ennuis à la Famille et à sa mère, et refusait de répondre aux questions, faisant comme si les agents n'existaient pas. Il niait faire partie du groupe.

Les services sociaux pensèrent que Maman aurait plus de chance de le pousser à parler. Le jour dit, elle m'emmena avec elle, puisque j'avais le même âge que Sammy. Dès que nous nous présentâmes comme d'anciens membres des Enfants de Dieu, il courut se réfugier dans le salon en claquant la porte.

Maman me demanda d'aller lui parler : je le suivis dans la salle de jeux, attrapai une queue de billard et lui proposai : « Allez ! Laisse les adultes parler : faisons une partie ! » En jouant, je vis qu'il se détendait et qu'un lien se créait entre nous. Je lui racontai l'histoire de ma tentative d'évasion avortée lorsque j'avais 10 ans et lui montrai l'article que j'avais écrit pour *No Longer Children*, un magazine destiné aux anciens membres de cultes. Je voyais à ses yeux qu'il me comprenait : je parlais le jargon du culte et cela le surprenait.

Mais dès que sa mère arriva, elle nous traita de « démons ». Elle était hystérique : Sammy prit peur. Il se renferma à nouveau, refusa de me parler et nous partîmes. Maman laissa plusieurs articles que nous avions écrits, ainsi que le livre de Deborah Davis, au cas où il aurait une chance de les lire. Le temps que la police trouve le centre de formation où il avait vécu, tout le monde avait déjà pris la fuite.

Épuisées, Maman et moi nous assoupîmes dans le taxi qui nous ramenait chez nous tard cette nuit-là. Nous fûmes réveillées en sursaut par un grand boum. Les yeux écarquillés, sous le choc, je me rendis compte que notre voiture avait percuté une borne et avait filé, hors de contrôle, dans le fossé, ce qui avait fait voler le pare-brise en éclats. Le chauffeur s'était endormi au volant : il se répandit en excuses. J'étais soulagée que personne n'ait été blessé, mais les rumeurs alarmistes qu'on me racontait enfant me trottaient toujours dans la tête. *Est-ce Dieu qui nous punit de persécuter la Famille ? Ou est-ce le Diable qui nous attaque pour les avoir dénoncés ?* En me posant ces questions, je commençais à comprendre ce que la liberté et le libre arbitre signifiaient vraiment.

C'était très bien pour moi de pouvoir tirer un trait sur mon passé, mais je trouvais également important de mettre un terme aux abus perpétrés par la Famille.

Les tyrans n'avaient de pouvoir que grâce à la peur et, en les dénonçant, en parlant, ils perdraient leur emprise sur les membres. Le culte dans lequel j'avais été élevée existait toujours, avec les mêmes enseignements et le même environnement qui avaient fait souffrir des milliers de familles et avaient déchiré la mienne. Cela me perturbait de savoir que les abus sexuels et affectifs étaient toujours commis, quotidiennement, sur mes amis, ma sœur et ma famille qui faisaient encore partie du groupe. Le mal ne peut triompher que tant que les gens « bien » ne font rien.

Je croyais sincèrement que les adeptes du culte, comme les parents ou les ex-membres, ne pouvaient pas briser seuls la loi du silence. Cela devait venir de moi et d'autres comme moi qui, faisant partie de la seconde génération, savaient ce qui se passait de l'intérieur.

Se souvenir de la peine qu'elle avait éprouvée à être séparée de Celeste poussa Maman à contacter des familles dont les enfants avaient disparu. Une femme, Mme Willis, nous invita à lui rendre visite en Suisse. À notre arrivée, elle nous expliqua : « Ma fille, qui n'a que 19 ans, a récemment rejoint la Famille. »

Maman opina de la tête, manifestant sa compréhension : « Est-ce qu'elle a totalement changé de personnalité ? »

Mme Willis sembla soulagée que nous comprenions : « Oui, tout à fait… mais ce qui est encore plus alarmant, c'est qu'elle est devenue secrète et distante. Je suis tellement inquiète… » Elle hésita, semblait tendue. « Je crois qu'elle est enceinte. Je ne sais vraiment pas quoi faire. »

Le seul moyen de savoir, pensais-je, *c'est d'aller à l'intérieur.*

Je le dis à Mme Willis, qui sembla avoir des doutes : « Comment allez-vous faire ? Ce sera dangereux ? »

Je fis non de la tête : « Ils ne suspecteront rien. »

Des amis de Mme Willis vivaient à quelques rues de la grande communauté, qui se trouvait juste à côté de Berne. Elle m'accompagna chez eux. En regardant à travers la haie d'enceinte, j'y relevai les signes révélateurs d'une Demeure de la Famille. Une quantité démesurée de linge pendait au fil et d'interminables rangées de tricycles pour enfants emplissaient l'allée. J'élaborai un plan et retournai à l'endroit où Maman et Mme Willis m'attendaient.

« Je vais aller dans la Demeure, annonçai-je.

— Quoi ? Comment ?

— Je vais les pousser à m'y inviter », répliquai-je, leur demandant de me montrer où se trouvait le parc le plus proche.

Le premier parc dans lequel je me rendis était magnifique : un ruisseau courait dans une pelouse luxuriante, bordée d'allées d'arbres. Quelque chose me disait qu'ils seraient là…

Pour atteindre l'aire de jeux, je devais traverser un pont. J'attendis en regardant mon reflet dans l'eau. Lorsque je relevai les yeux, je vis dix jeunes enfants qui marchaient deux par deux, encadrés par deux femmes.

En plein dans le mille.

Alors qu'ils me dépassaient, je me retournai aussi nonchalamment que possible. « Excusez-moi, dis-je à la femme qui marchait devant. *Quelle heure est-il, s'il vous plaît*[1] ?

— Cinq heures », répondit-elle avec un accent allemand. Elle semblait sympathique.

1. En français dans le texte (*N.d.T.*).

« Oh, vous êtes anglaise ! Moi aussi », répliquai-je.

Elles auraient bien passé leur chemin, mais je fis en sorte de continuer la conversation en commentant le nombre d'enfants qu'elles avaient.

« Eh bien, nous sommes une école chrétienne, répliquèrent-elles. Qu'est-ce qui vous amène ici ?

— Je voyage pendant mon année sabbatique. »

Je souris, faisant de mon mieux pour ressembler à un « mouton » – le nom que la Famille donnait aux recrues potentielles.

Elles m'invitèrent à me joindre à eux sur l'aire de jeux. Une fois assises, après avoir parlé de tout et de rien, elles me demandèrent :

« Avez-vous déjà entendu parler de Jésus et de la façon dont il était mort pour vous sauver de vos péchés ?

— Oui, j'ai entendu parler de religion et tout ça, mais je ne sais pas. C'est si déroutant, dis-je en souriant faiblement.

— Nous sommes des missionnaires chrétiens au service du Seigneur. [Évidemment, je connaissais ce baratin par cœur.] Nous vous aurions bien donné des prospectus, mais nous n'en avons pas apporté avec nous », annonça l'une des femmes.

Elles me demandèrent si j'aimerais être sauvée et recevoir Jésus dans mon cœur. Je récitai donc la prière du salut – une fois de plus. *C'est comme ça que nous avons dû paraître aux yeux des étrangers*, pensais-je.

Lorsqu'une des deux femmes, aux cheveux bruns, appela « Victor ! Lily ! », je me rendis compte que c'était Serena, la mère de Juliana, que j'avais vue sur des vidéos de la Famille ! Je rencontrai donc enfin mon demi-frère et ma demi-sœur, que je n'avais vus que sur des photos lorsqu'ils étaient bébés. Malgré le choc que cela me causait, je devais garder mes émotions sous contrôle. J'avais un travail à accomplir.

Je prétendis vouloir en savoir plus sur les bonnes œuvres de la Famille de façon à ce qu'elles m'invitent à revenir les voir chez eux. Bien entendu, elles n'allaient pas ramener directement une étrangère à leur communauté « selah » – secrète.

Je les regardai s'éloigner, puis m'assis au bord du lac et me mis à pleurer. J'avais été tendue, mais j'étais également très émue d'avoir rencontré Victor et Lily pour la première fois.

Une fois remise de mcs émotions, je retournai en courant raconter à Maman que j'avais vu Serena et qu'il se pouvait qu'elle sache où était Celeste. Maman fut tout d'abord sous le choc, puis s'inquiéta alors que je lui révélai mon nouveau plan : je réussis cependant à la convaincre que je ne courais aucun risque.

Je voulais revoir Victor et Lily, et peut-être même découvrir où se trouvait Celeste : le lendemain, je me rendis donc à leur porte et frappai. Au bout de cinq minutes, une petite fenêtre s'ouvrit et une paire d'yeux me fixa.

« Bonjour ! Qui êtes-vous ? me demanda-t-on.

— Oh, j'ai rencontré Serena et Ruth hier, au parc, et elles m'ont dit qu'elles avaient de la documentation pour moi, répondis-je, avec une confiance enjouée.

— Ah ! » répondit la voix. La fenêtre se referma et j'attendis là.

Je finis par entendre quelqu'un tripoter tout un tas de serrures. Serena ouvrit la porte et m'accueillit. Sa première question, où pointait de la suspicion, fut de me demander comment j'avais trouvé l'endroit.

« Oh, j'ai demandé à quelqu'un, répliquai-je avec désinvolture. Tout le monde semblait savoir où se trouvait l'école. »

Elle se détendit, me sourit et fit un pas en arrière pour me laisser entrer. Une fois à l'intérieur, j'eus l'impression d'avoir fait un bond dans le passé. Je n'arrivais pas à y croire : j'étais rentrée !

Comme le voulait la tradition, les enfants chantèrent pour moi. Ils exécutèrent leur prestation routinière que je connaissais évidemment par cœur. Cela me demanda un effort considérable pour ne pas me joindre à leur chant.

Quand le spectacle fut terminé, j'applaudis avec enthousiasme et me dirigeai tout droit vers Victor et Lily. Je discutai avec eux et finis par les faire sauter sur mes genoux. Ils m'invitèrent à rester dîner. Alors que je mangeais et écoutais, m'efforçant de rester naturelle, je regardais autour de moi et remarquai une jeune femme qui ressemblait aux photos que m'avait montrées Mme Willis de sa fille. Il était évident qu'elle était enceinte. J'observai également la carte du monde épinglée au mur. Serena m'avait dit que son mari était loin, sur le « terrain de mission ».

« Le terrain de mission ? demandai-je, espérant qu'elle me donne plus d'informations.

— Oh, oui, en Asie », répondit-elle avec méfiance avant de changer de sujet.

Une fois la porte de la communauté refermée sur moi, je courus vers la maison où m'attendaient avec impatience Maman et Mme Willis. J'appris à cette dernière que j'avais vu sa fille, et qu'elle était effectivement enceinte. Ce n'était peut-être pas l'issue qu'elle avait espérée – mais, au moins, elle savait où se trouvait sa fille.

De retour en Angleterre, nous apprîmes à mieux connaître Ian Howarth et sa femme, Marie-Christine.

Dans le passé, Marie-Christine avait fait partie des Enfants de Dieu. Elle avait rencontré David Berg et me raconta que les murs de sa chambre étaient entièrement recouverts de photos de femmes et d'enfants nues. Elle avait quitté le groupe en 1978 et était devenue, avec son mari, extrêmement et ouvertement critique envers le culte. Bien que je n'aie que 14 ans, je pus moi aussi m'exprimer à propos de la Famille et de ses pratiques. Je fus l'un des premiers enfants du groupe à parler, et produisit un certain nombre de témoignages auprès de la police.

Maman avait peur que, si elle envenimait trop la situation avec la Famille, les adeptes ne la laissent jamais revoir Celeste : elle faisait donc peu d'apparitions en public. En outre, après avoir passé quinze ans au sein du culte, elle essayait de se réadapter à la vie normale et, avec six jeunes enfants à charge, ce n'était pas facile. Ce n'était pas facile pour moi non plus. Maman s'aperçut que, étant désormais adolescente, j'avais besoin d'intimité. Elle m'attribua le débarras comme chambre – la première que j'aie jamais eue rien qu'à moi. Je m'inscrivis au club de théâtre de mon école et passai de longues heures à la bibliothèque du quartier – je faisais n'importe quoi pour ne plus penser à la douleur écrasante que j'éprouvais parfois. Je commençais à comprendre la véritable portée de mon passé et des conséquences qu'il avait sur ma vie. On nous avait dit que le noir, c'était le blanc et vice versa : j'avais donc beaucoup de choses à désapprendre.

Je commençai à sortir avec un garçon nommé Bryan. Il avait trois ans de plus que moi, il était rassurant et pétillant. Il m'attira immédiatement. Il avait de beaux yeux verts et j'étais ravie à chaque fois qu'il demandait à sortir avec moi. Maman pensait que j'étais trop jeune pour avoir un petit ami, mais je ne voulais rien savoir. Bryan faisait tout pour me prouver son amour. Il était très attentif et parcourait dix kilomètres à vélo après le travail pour venir me voir. Lorsque nous sortions tous les deux, nous nous amusions bien. Être avec lui me sortait tous mes problèmes de la tête. Nous tombâmes amoureux.

C'est à peu près à cette époque-là que Papa – mon vrai père – écrivit une lettre à Maman dans laquelle il l'accusait de « diffamer et d'avilir le travail des autres, les Enfants de Dieu, et de causer beaucoup d'ennuis à des gens bien pour rien du tout ».

Tout cela bouleversa Maman : elle était indignée – et sans doute un peu triste.

Quant à moi, la lettre de Papa me révolta : je me sentis obligée de parler à nouveau pour défendre Maman, que l'on calomniait. Bien que la lettre m'ait profondément blessée, je connaissais désormais les techniques qu'utilisait le culte sur ses membres pour contrôler leurs esprits. Nous avions vécu dans le même environnement que Papa et il était difficile pour nous de lui reprocher ses réactions.

Quelques semaines plus tard, nous rencontrâmes Gillian Duckworth, qui vivait dans l'un des quartiers les plus chic de Londres. Sa fille venait de rejoindre la Famille. Elle était enceinte et Gillian s'inquiétait du futur de l'enfant à naître au sein d'un culte où régnaient les abus. Elle espérait que nous pourrions montrer la vérité à sa fille et l'aider à changer d'avis à propos de la Famille. Gillian se montra très accueillante, mais elle était nerveuse. Alors que nous déjeunions avec elle et sa fille, Maman commença à raconter son histoire, mais la fille n'écoutait pas. Maman pensa que je serais peut-être moins effrayante. J'expliquai donc ce qu'avait été mon enfance, les parents qui n'avaient aucun droit sur leurs enfants et les bergers qui contrôlaient tout.

La fille de Gillian m'écouta, mais ne dit rien.

Nous avions apporté des écrits du culte, dont des exemplaires de *La Fille du Paradis* et des *Enfants du Paradis*. Je lui expliquai la façon dont les filles de Berg et sa petite-fille, Mene, l'avaient accusé d'avoir eu des relations sexuelles avec elles, et lui montrai un dessin de Berg nu au lit avec Marie et Techi. Je lui exposai son comportement pervers et incestueux et lui fis part des écrits dans lesquels il parlait de son fantasme de coucher avec sa mère. Au bout de deux heures, la fille de Gillian partit, agitée et en colère. Sa mère nous fit savoir par la suite qu'elle allait demander légalement la garde de l'enfant à naître et nous demanda si nous accepterions de l'aider en fournissant des preuves. Nous acceptâmes immédiatement.

Gillian présenta une requête en justice, expliquant que les enfants au sein du culte étaient battus, privés de nourriture, humiliés, forcés au silence et brutalisés par les adultes et leurs camarades. Je devins un témoin clé dans le procès, qui fut l'un des procès de garde d'enfant les plus longs de l'histoire judiciaire anglaise.

Alors que le procès n'en était qu'à ses balbutiements, la résidence des Davidiens à Waco, au Texas, fut détruite par le feu après une descente ratée du FBI[1] : quatre-vingt-six personnes trouvèrent la mort, dont le chef et prophète, David Koresh. Cette mauvaise

1. Tragédie connue sous le nom du siège de Waco, qui se déroula du 28 février au 19 avril 1993 dans la résidence du groupe religieux des Davidiens, près de la ville de Waco. Les forces de police assiégèrent leur résidence pendant 51 jours, et le siège prit fin par un terrible incendie dans lequel périrent de nombreux membres, dont le prophète et de nombreux enfants (*N.d.T.*).

publicité inquiéta la Famille, et ses dirigeants décidèrent de se défendre. Néanmoins, ces derniers refusèrent de témoigner en personne et de subir un contre-interrogatoire.

Un matin, en me rendant à l'école, je fus prise de vomissements. Je sus immédiatement que j'étais enceinte, mais je le niai, cachant cela dans un coin de ma tête. Bryan et moi étions séparés et j'avais l'habitude de traîner avec l'un de mes meilleurs amis, Jason. Je lui demandai de téléphoner à Maman car je ne voulais pas entendre la déception dans sa voix. Il lui apprit la nouvelle et elle promit de ne pas se mettre en colère, lui demandant de me ramener à la maison. Les tests de grossesse étaient tous positifs. J'allai faire un bilan de santé et le médecin m'avertit qu'il me restait environ deux semaines pour décider si je voulais me faire avorter. Je savais que les chrétiens considéraient cela comme un meurtre. Mais, moi, qu'en pensais-je réellement ? Je n'avais pas l'habitude de prendre des décisions et cela fut l'une des plus difficiles de ma vie.

Certains matins, je me réveillais et pensais : *Peut-être que je devrais avorter, pour avoir une carrière.* L'instant d'après, je pensais : *Je veux cet enfant.* Une nuit, je rêvai d'un petit garçon et, à mon réveil, je n'étais plus indécise. Je m'étais liée à mon bébé : il n'était plus un simple fœtus. J'annonçai à Maman : « Je le garde. »

J'appelai Bryan pour lui dire que j'avais quelque chose d'important à lui annoncer. Nous décidâmes de nous voir au parc.

« Je suis enceinte », lui déclarai-je.

Une fois qu'il eût réalisé la nouvelle, Bryan sembla content.

« Je vais être le meilleur père du monde », me promit-il en souriant jusqu'aux oreilles. Il me supplia de le reprendre. J'étais impressionnée. *Au moins, quelqu'un qui m'aime et qui est heureux de la nouvelle.*

Avant cela, je ne lui avais pas beaucoup parlé de mon passé. Quand je lui racontai ce qui m'était arrivé, il pleura, mais dit : « Je ne veux plus jamais parler de ça. » C'était trop difficile pour lui de savoir cela de moi. Je le comprenais, mais trouvais malgré tout sa réaction inquiétante.

En dépit de ses promesses, Bryan ne nous trouva pas de logement. Je vivais donc toujours à la maison. Des rumeurs prétendaient qu'il voyait d'autres filles, mais je décidai de lui laisser une autre chance. Je voulais que mon enfant ait un père.

Un jour, de façon complètement inattendue, Debbie, l'une des filles que je connaissais du temps de l'Inde, me téléphona. Sa famille venait tout juste de quitter le culte et nous discutâmes pendant des heures. Nous avions tant en commun ; nous parlions le même « langage ». Je me sentais moins seule. Je ne fus pas surprise de découvrir que le culte traitait toujours les enfants de façon cruelle. Le frère cadet de Debbie, Eman, me raconta ce dont il avait fait l'expérience dans l'un des camps de formation pour adolescents au Royaume-Uni. Je fus horrifiée par les méthodes extrêmes qu'ils utilisaient dans ces nouveaux camps. On avait demandé à quatre-vingts adolescents d'inscrire le nom des quatre personnes qu'ils considéraient comme les moins spirituelles et les plus matérialistes. Un matin, on les avait fait entrer dans la salle de réunion où l'on avait disposé les chaises en un grand cercle. On avait fait asseoir quatre des adolescents sur quatre chaises placées au centre de la pièce. Le berger de la Demeure avait hurlé : « Nous avons lu vos rapports et quatre noms reviennent sans arrêt. » Il avait fait une pause pour marquer son effet. « Ils ont été condamnés, pas par nous, les bergers » – il avait balayé la pièce du regard et avait pointé du doigt les adolescents terrifiés – « c'est *vous* qui les avez condamnés ! »

Ensuite, il avait énuméré les péchés commis par ces quatre adolescents, parmi lesquels le fait d'avoir lu une encyclopédie, de vouloir être scientifique, de porter des jeans et de trop coiffer leurs cheveux – signe d'attachement aux biens de ce monde. On avait rasé la tête du garçon qui se coiffait trop. Les quatre jeunes avaient été mis à l'écart pendant des semaines : on leur avait donné des corvées à effectuer et ils avaient été fréquemment battus. Une semaine plus tard, Eman avait remarqué l'un des garçons dans la douche, ensanglanté et couvert de bleus.

Eman avait d'autres histoires de ce genre à raconter. Un des garçons avait vu son frère se noyer et son chagrin avait été interprété comme un signe de possession par les démons ; on l'avait bâillonné pendant des mois, n'ôtant le scotch de sa bouche que pour le laisser manger. La mère d'Eman n'avait pas le droit de savoir où se trouvaient ses enfants et ne pouvait communiquer avec eux que de manière très restreinte. Tout cela avait contribué à sa décision de quitter le culte rapidement.

Ces histoires ne firent que renforcer ma détermination : je voulais essayer de réparer, d'une manière ou d'une autre, le mal infligé aux enfants de la Famille. Debbie et Eman rejoignirent eux aussi cette bataille pour la justice et témoignèrent pendant le procès. Le premier jour, quand j'entrai dans la salle d'audience et vis cette foule de visages, je fus à deux doigts de faire demi-tour pour m'enfuir en courant. Je n'avais pas encore beaucoup confiance en moi dans la vie de tous les jours. Mais, une fois à la barre des témoins, je fus totalement sûre de moi. J'avais l'impression d'être un soldat se battant pour la vérité et la justice.

Après trois jours intenses de contre-interrogatoires, l'avocat de la défense devenait de plus en plus inquiet car il n'arrivait pas à trouver de brèches dans mon témoignage. Alors que le dernier jour arrivait, je sentis que son ton devenait plus humiliant et qu'il dépréciait le traumatisme que j'avais subi. Il suggéra avec désinvolture que je ne croyais sûrement pas que la Famille adhérait toujours à de telles pratiques. À vif et épuisée, enceinte de sept mois, je finis par éclater en sanglots et crier, désespérée et indignée :

« Tout a commencé avec David Berg ! C'est lui qui a décidé de tout ça ! Tout vient de sa prophétie : comment pourrait-il soudainement tout changer ? Dit-il que tout est faux, dit-il qu'il a commis une erreur ? Où est l'assistance psychologique pour ses victimes ? A-t-il fait quoi que ce soit pour aider à faire cesser la souffrance qui a existé et qui continue d'exister ? »

Le juge attrapa des mouchoirs, qu'il fit passer à l'un des fonctionnaires pour qu'il me les tende. Je regardai Gillian Duckworth, qui m'adressa un regard d'encouragement, contrairement à sa fille, qui restait assise à regarder par terre, le visage impassible. J'essuyai mes yeux et poursuivis :

« Comment cela aurait-il pu changer ? Cela a changé en apparence de façon à ce que nous ne les persécutions pas. David Berg n'a pas changé au fond. Il n'a pas changé d'avis. Les choses se font en cachette, elles sont plus secrètes : c'est tout. Il ne s'est jamais excusé pour toutes les choses qu'il a engendrées. Des gens souffrent encore de ce qu'il nous a fait subir. Cela va m'accompagner jusqu'à la fin de ma vie, je le sais. Si vous faites du mal à quelqu'un, ou à des milliers de gens, vous devez les aider si vous croyez réellement au fond de vous-même que vous avez commis une erreur, et je ne crois pas que cela soit son cas. »

Je fus le témoin qui resta le plus longtemps à la barre : je subis des contre-interrogatoires pendant quatre longues journées. Le juge était gentil et rassurant ; il faisait des pauses lorsque je devenais émotive, ou quand je me mettais à pleurer. Il me décrivit dans son jugement comme « un témoin très important ». Plus tard, il déclara à mon sujet :

À plusieurs reprises, j'ai été impressionné par la richesse des détails qui ont été fournis – détails racontés d'une façon qui ne peut suggérer qu'ils aient été inventés, ni qu'ils aient été la narration d'expériences vécues par d'autres. Il y a eu trop d'occasions où elle aurait pu embellir les faits au désavantage de la Famille, mais elle s'en est abstenue. Elle s'est montrée extrêmement juste. (Juge Ward, 1995.)

Deux mois plus tard, un week-end, nous mangions en famille chez mes grands-parents quand je me mis à avoir de légères contractions. J'en avais toutes les quinze minutes et, comme je n'arrivais pas à joindre Bryan, Tante Caryn m'emmena à l'hôpital. On me poussa en fauteuil jusqu'à la maternité. Je voulais ma mère à mes côtés, mais elle avait dû rester avec les enfants. À 1 heure du matin, Bryan arriva. On rompit la poche des eaux et me fit une péridurale : les deux furent très douloureux. Épuisée, je m'endormis. On me réveilla à 7 heures du matin.

« Mademoiselle Jones, me dit une sage-femme. Vos contractions sont très rapprochées à présent. Le bébé est prêt à sortir. »

Tout ce que je voulais, c'était rouler sur le côté pour me rendormir. La sage-femme rit et reconnut qu'il était très inhabituel de voir une femme s'endormir profondément pendant le travail. Je me retournai et regardai les yeux de Bryan, qui rayonnaient de joie, et je sentis que c'était le plus beau moment de ma vie, mais aussi le plus intimidant.

À 8 h 25 du matin, je donnai naissance à un petit garçon aux cheveux sombres et bouclés. Son père et moi fûmes émus aux larmes quand on le posa sur mon ventre. Jordan est né le 13 septembre 1992. Je l'ai immédiatement aimé. Il était absolument adorable – et l'est toujours.

J'étais heureuse, plus heureuse que je ne le croyais possible, après tant d'années passées au sein d'un culte sinistre et manipulateur ; mais, toujours, dans un coin de ma tête, je pensais : *Nous devons trouver Celeste. Elle doit connaître cette liberté dont je jouis aujourd'hui – liberté que je ne tiendrai jamais pour certaine.*

17

Dans des camps ennemis

Celeste

Après la visite de Papa à l'ambassade britannique du Japon, qui faillit tourner à la catastrophe, nous prîmes conscience du fait que tous les consulats britanniques avaient pour instruction de me rechercher. Pour Papa, il n'était pas question de retourner en Angleterre pour se battre devant un tribunal. Il détestait l'Angleterre et, pour lui, quitter le terrain de mission était pire que la mort.

« Maintenant que ton passeport est renouvelé, nous n'avons plus à nous inquiéter : nous pouvons faire profil bas jusqu'à ce que tu aies l'âge légal », dit-il, soulagé.

Papa avait toujours parlé de retourner en Inde s'il en avait le choix. Maintenant qu'il était libéré du Service mondial, il nous annonça, en plein repas, à Julie et à moi :

« J'ai décidé de retourner en mission en Inde. Vous savez que j'ai toujours aimé l'Inde.

— Eh bien, moi, je ne retourne pas en Inde, répliquai-je. Je ne connais personne là-bas.

— Ma chérie, tu dois venir : tu es ma fille. »

Cette affirmation soudaine de son autorité parentale, après tant d'années de séparation, m'agaça et fit empirer les choses : « Tous mes amis sont partis au Brésil. Je ne vais pas en Inde. »

Malgré mes protestations, Papa avait raison : je n'avais pas d'autre choix que de céder et, quelques semaines plus tard, nous nous envolâmes pour Bombay. Je me demandais néanmoins combien de temps cela allait durer. J'étais sûre que Papa allait être missionné sur un autre projet du Service mondial et qu'il nous laisserait à nouveau tomber. Cela semblait trop beau qu'après toutes ces années on le « laisse » retourner à une vie de membre normal de la Famille.

Mes soupçons se confirmèrent lorsque, quatre mois plus tard, Papa nous annonça la nouvelle :

« Chérie, on m'a demandé de retourner au Japon. Ils ont besoin que je les aide à écrire une nouvelle série vidéo pour enfants appelée *Le Grenier au trésor*.

— Et Julie et moi ? », demandai-je.

Je savais que nous ne pourrions pas retourner au Japon à cause de ce qui s'était passé avec l'ambassade. Cela serait trop risqué puisque les autorités savaient que l'École de la Ville céleste appartenait à la Famille.

« Il y a un Centre de formation à Bangkok. Joseph et Talitha y sont – vous vous souvenez d'eux, à la Demeure de Dan et Tina, aux Philippines ? Ils seront de bons parents adoptifs pour Julie, et Silas et Endurance sont les OCR. » OCR signifiait Officiers centraux aux rapports : Silas et Endurance surveillaient la région de l'Asie du Sud-Est et faisaient leur rapport directement à Pierre Amsterdam et Marie.

« Ne vous inquiétez pas : ce n'est que pour six mois. »

L'assurance qu'il ne s'agissait pas d'une séparation définitive m'empêcha d'en faire toute une histoire. Je voulais croire mon père, partager sa certitude qu'il reviendrait nous chercher dès que le projet serait achevé. Pourtant, les six mois se transformèrent en cinq longues années.

Pendant la première année et demie, Julie et moi allions faire renouveler notre visa tous les trois mois : nous prenions le train, accompagnées de nos gardiens légaux, passions la frontière malaise et revenions deux jours plus tard. Néanmoins, à la suite des descentes de police dans des communautés à Sydney, en Australie, en mai 1992, et au procès intenté par Mme Turle pour la garde de son petit-fils en Angleterre, les dirigeants considérèrent qu'il était trop risqué que je traverse à nouveau la frontière.

Un sentiment de paranoïa régnait constamment. Lorsqu'on découvrit que ma mère et ma sœur Kristina étaient citées comme témoins dans le procès en Angleterre, leurs noms apparurent sur la Liste mondiale de prières afin que l'on prie contre elles. J'étais très perturbée, car Jésus disait d'aimer ses ennemis et de prier pour eux, et non contre eux : je ne pus jamais m'y résigner.

J'avais pendant longtemps réprimé mes émotions et mes sentiments, ou bien je les avais simplement ignorés. Mais, au matin de mon dix-septième anniversaire, tout rejaillit à la surface et je passai la plus grande partie de ma journée à pleurer. Cela m'était soudainement venu à l'esprit : je n'avais plus qu'un an avant d'avoir l'âge légal – avant de devenir adulte – et aucune idée de ce que je voulais faire. J'étais complètement perdue. Toute ma vie, j'avais été envoyée de place en place : les dirigeants décidaient de la date et de l'endroit. J'avais toujours voulu grandir vite, devenir adulte, de façon à ce que personne ne puisse plus me mener à la baguette ou me traiter comme un chien. Maintenant qu'il était presque temps, j'étais effrayée à l'idée de devoir trouver mon propre chemin. Je n'avais personne à qui parler. Cette idée me fit à nouveau éclater en sanglots et je me sentis terriblement mal pendant toute la journée. J'avais juste envie de me rouler en boule et rentrer sous terre.

Un soir, Ami nous annonça : « Nous avons reçu des instructions : nous devons éliminer de nos effets personnels tout ce qui pourrait permettre d'identifier quiconque en dehors de vous et de votre famille proche. Si la police fait une descente dans notre Demeure, nous ne voulons pas qu'ils trouvent des informations dont ils pourraient se servir pour entraver l'œuvre du Seigneur. »

Ce soir-là, je m'assis avec une paire de ciseaux dans une main et mes photos dans l'autre et me mis à les découper. Les lettres personnelles furent mises dans une grande poubelle noire au centre de la pièce pour être brûlées plus tard. Cela me brisait le cœur d'avoir à détruire tout ce qui avait trait à mon passé. On me volait ce qui m'était cher, chaque souvenir qui me rappelait qui j'étais.

À toute heure, la police pouvait venir frapper à notre porte : nous devions donc nous tenir prêts, sur nos gardes. Tout le monde prenait cela très au sérieux. Au cours d'un de nos rassemblements nocturnes, au cours desquels nous priions, on sonna à la porte. Tout le monde se tut. Qui cela pouvait-il être, si tard ? La sonnerie retentit à nouveau. Christina ordonna à tout le monde d'attendre pendant qu'elle allait ouvrir. « Qui est-ce ? » demanda-t-elle à l'interphone.

Une voix bourrue s'exprima en thaï :

« C'est la police. Ouvrez.

— Qui ? répéta-t-elle.

— La police. »

Hystérique, elle revint dans la pièce et tout le monde passa à l'action. La bibliothèque des *Lettres de Mo* fut mise sous clé et cachée. Tout le monde passa les endroits communs au peigne fin, cherchant tout ce qui pourrait nous trahir comme faisant partie de la Famille. Nous rejoignîmes tous nos chambres, retînmes notre souffle et attendîmes. Au bout de dix minutes d'anxiété, Ami nous rassembla dans la salle commune pour nous avouer : « Ce n'était pas vraiment la police à la porte. C'était Jean et moi. » Jean était thaïlandais. « Je voulais voir comment vous étiez préparés et comment vous alliez réagir. »

Personne ne savait s'il devait rire ou pleurer. Ami ne s'attendait pas à ce que son test provoque une telle panique et tenta de calmer tout le monde. Un frère devint tout pâle : il se tenait le ventre.

« Qu'est-ce qu'il y a ? lui demanda Ami.

— Je suis allé dans ma chambre et j'ai vu que j'avais oublié de faire brûler mes ordures selah dans la poubelle. Je ne savais pas quoi faire, alors j'ai mangé le papier », expliqua-t-il.

Les ordures « selah » étaient tous les papiers qui pouvaient fournir des informations aux étrangers.

« Mais comment ? demanda une personne incrédule.

— Je les ai avalées, avec de l'eau… »

Nous éclatâmes tous de rire. Son dévouement, pensai-je, allait bien plus loin que celui de la plupart d'entre nous.

Pendant les six mois qui suivirent, je ne fus pas autorisée à sortir dans le jardin, au cas où des policiers en civil surveilleraient la demeure. Puis, trois mois avant mon dix-huitième anniversaire, on nous fourra,

Juliana et moi, dans un van et on nous emmena dans un appartement en ville, au beau milieu de la nuit. C'est à ce moment-là que les bergers me prirent à part pour me dire que ma mère avait envoyé une lettre exigeant mon retour immédiat.

« Veux-tu retourner auprès de ta mère ? C'est ton choix. Mais si tu décides que tu veux rester, alors nous te protégerons », m'assura Ami ce jour-là.

Je ne savais plus où j'en étais. *N'avais-je pas été tenue cachée toutes ces années « pour ma protection » ? Et pourquoi ne m'avait-on pas donné ce choix plus tôt ? Pourquoi maintenant ?*

Ces quatre dernières années, je n'avais pas été autorisée à être prise en photo, excepté les rares qu'on envoyait à Papa, et on m'avait demandé de brûler toutes les photos de mes amis et de ma famille. J'avais dû changer mon nom, devenir Claire, et n'avais pas le droit de correspondre avec quiconque. Toutes ces mesures de sécurité ne me semblaient pas nécessaires. Maintenant, juste avant mon dix-huitième anniversaire, et après tout ce que j'avais subi pour éviter que ma mère me retrouve, on me donnait le choix !

J'avais l'impression d'être une chose que l'on se disputait. J'étais un être humain et j'avais le droit de prendre mes propres décisions. Non, je ne serais pas renvoyée auprès de ma mère maintenant. Elle était une étrangère pour moi.

« Il ne reste plus beaucoup de temps avant mon anniversaire, répliquai-je. Je reste. »

La seule image que j'avais du monde extérieur était celle que me donnait la Famille. J'avais lu la série des *Témoignages traumatisants*, qui racontaient des histoires épouvantables de viol, de femmes battues, de violence et de drogue au sein du Système. Si nous quittions la merveilleuse Famille d'Amour de Dieu, nous pouvions nous attendre à bien pire. Le premier jeune homme qui avait essayé de partir du culte avait été battu et jeté en cellule de confinement : il avait dû s'enfuir au milieu de la nuit avec rien d'autre que son tee-shirt sur le dos. Désormais, à cause des procès médiatiques, on avait abandonné de telles pratiques. Le « choix » qu'on nous donnait, aux jeunes, était quelque chose du genre :

« Évidemment, vous pouvez partir quand vous voulez. On ne vous force pas à rester. Vous pouvez franchir cette porte à n'importe quel moment. Mais... si vous partez, vous allez régresser et vous tomberez en disgrâce auprès de Dieu. »

Je voulais faire plaisir au Seigneur, le servir. Je ne voulais pas être la prochaine sur la Liste des prières, ni que tout le monde prie pour que je meure parce que j'étais un ennemi de la Famille.

Un jour, après mon dix-huitième anniversaire, je reçus la visite des OCR, Silas et Endurance. Le fait qu'ils se déplacent personnellement pour me voir signifiait qu'ils avaient quelque chose d'important à m'apprendre.

Silas m'annonça : « Ta mère et ta sœur Kristina sont apparues à la télévision et dans des articles de journaux : il y a une véritable tempête médiatique en Angleterre. Nous pourrions avoir besoin que tu t'y rendes afin de rencontrer ta mère et désamorcer la situation. »

Je n'étais pas sûre de ce que voulait dire exactement « désamorcer » la situation. De toute façon, je devais d'abord subir une Formation aux médias. « Oh », répondis-je nonchalamment. Mais, au fond de moi, mon cœur se mit à battre très vite. Rencontrer ma mère était une chose, mais affronter les médias en était une autre : je n'étais pas trop sûre d'être prête. Que dirais-je en les voyant ? Serais-je assez convaincante ? Mais la machine était en marche et j'étais prise au piège – je n'étais qu'un petit pion sur le grand échiquier.

Le fait que je rencontre ou non ma mère dépendait de la façon dont j'allais me débrouiller lors de la Formation aux médias. Trois autres jeunes furent choisis pour suivre cette formation avec moi. Nous dûmes passer des heures en classe à lire des *Lettres de Mo* sujettes à controverse – dont la plupart, à l'époque, avaient été brûlées. Les quelques exemplaires qu'il en restait étaient conservés sous clé. On nous expliqua que ces lettres avaient dû être purgées, certainement pas parce qu'on ne croyait plus au message qu'elles délivraient, mais parce que nous devions faire semblant de nous être pliés au Système afin de survivre. Ce que nous devions dire fut scrupuleusement préparé. Nous ne devions pas dénoncer le message, mais juste les Lettres, astucieuse stratégie élaborée par Marie.

On nous montra également des vidéos pour savoir comment parler aux médias et on nous exerça à des sessions de questions-réponses. Malgré la peur que j'avais d'être kidnappée, je voulais voir ma mère et j'espérais être autorisée à aller en Angleterre. Je dus réussir mon test de loyauté. Au bout d'un mois d'entraînement, Silas et Endurance me préparèrent un déjeuner pour me souhaiter bon voyage et tout le monde se rassembla pour la prière et les prophéties. Ils avaient vu en visions que je possédais un esprit de guerrière, comme Jeanne d'Arc, et que j'allais me battre pour la foi. Ces prophéties me furent révélées en guise de cadeau de départ.

Néanmoins, je n'avais pas la conviction profonde d'être en train de faire une chose juste. J'avais l'impression d'être un imposteur, de jouer un rôle qui n'était pas vraiment le mien. J'espérais que, d'une manière ou d'une autre, lorsque j'arriverais en Angleterre, j'aurais miraculeusement la conviction d'avoir fait le bon choix et que je me sentirais comme « l'oint de Dieu », évoqué par les prophéties.

Je n'ai aucune idée du prix de mon billet car j'avais excédé la durée fixée par mon visa depuis plus d'un an, mais Silas, Endurance et mes gardiens légaux s'en occupèrent. Un jour, on me conduisit à l'aéroport et je montai à toute hâte dans l'avion, à la dernière minute. J'arrivai à Londres accompagnée de Galilée et d'Aurore, les OCR d'Europe.

La première chose qui me frappa fut que les maisons n'étaient pas entourées de murs. En Thaïlande et aux Philippines, la plupart des maisons cossues étaient enfermées derrière de hauts murs et des grilles.

Nous prîmes un taxi pour une maison à trois étages, mitoyenne d'un côté, sur Finchley Road, un quartier nanti du nord de Londres. Un grand Américain, bien bâti, du nom de Matthieu, ouvrit la porte. Il avait une barbe et une moustache bien taillées, et beaucoup de charisme ; son travail était de coordonner la défense de la Famille dans le procès de Mme Duckworth pour la garde de son futur petit-fils. Matthieu m'annonça qu'une rencontre avec ma mère avait été arrangée sur un territoire « neutre » – à la maison du professeur Eileen Barker. Cette dernière était professeur émérite de sociologie à la London School of Economics et montrait un intérêt particulier pour l'étude des religions : elle était l'auteure de nombreux livres consacrés aux cultes, dont un traitant des moonistes. Elle agissait comme médiateur entre ma mère et moi car elle était à la tête d'Inform – une organisation non gouvernementale créée en 1988, qui fournissait des informations sur les religions alternatives et les cultes. Ses références étaient impressionnantes et c'est curieuse que, quelques jours avant la rencontre capitale avec ma mère, je me rendis chez elle, accompagnée de Matthieu.

Le professeur Barker m'accueillit à la porte et m'invita à entrer. Sa maison était remplie d'étagères, et des livres traînaient partout. Elle semblait gentille, pourtant j'étais extrêmement nerveuse. Elle nous fit entrer dans le salon. Je ne me souviens pas avoir beaucoup parlé : Matthieu fit la conversation. Le professeur Barker passa la vidéo dans laquelle je dansais nue, à 6 ans, en Grèce.

« Que penses-tu de cela ? », me demanda-t-elle.

Le fait de me voir danser me mit très mal à l'aise, bien que ce soit de loin la danse la moins explicite que l'on m'ait demandé de faire. Mais je m'en tins à ce que j'avais appris par cœur : « Je ne m'en souviens pas vraiment. Ce n'était pas si grave. »

Le professeur Barker fit un signe de tête, mais n'alla pas plus loin. Elle avait peut-être peur de me faire fuir, ou de mettre Matthieu en colère. J'ai toujours été surprise que personne – ni le professeur Barker, ni aucun des journalistes avec lesquels je me suis entretenue – n'ait jamais demandé si j'avais déjà exécuté des danses plus explicites. Évidemment, cela avait été le cas, et ces danses-là avaient été bien plus préjudiciables pour moi.

Matthieu m'annonça que la rencontre avec ma mère était prévue le dimanche suivant et qu'elle durerait deux heures. Le battage qui entourait cette « réunion » était incroyable. La veille, il m'emmena dans une cabine téléphonique. Mon père voulait me parler. Il était toujours au Japon, à l'École de la Ville céleste, et je ne lui avais pas parlé depuis le jour où il était parti, trois ans auparavant.

La joie que j'éprouvais à l'idée de pouvoir enfin parler à mon père se transforma vite en trouble. L'appel dura plus d'une heure ; il me parla de ma mère encore et encore, me racontant toutes les horreurs possibles à son sujet. On m'avait déjà donné un dossier à lire, qui contenait les mêmes informations visant à la discréditer – une tactique empruntée à la scientologie pour porter atteinte à la réputation. Le dossier déterrait la moindre bribe d'information négative à son sujet, prétendument fournie par ceux qui avaient vécu avec elle en Inde. Ils n'y allaient pas de main morte : apparemment, elle était sale, négligée, paresseuse et, en réalité, elle aimait le *Flirty Fishing*. Un soir, lors d'une violente dispute avec Joshua, elle s'était même emparée d'un couteau. (Je découvris plus tard que c'était lui qui avait brandi ledit couteau.)

Je n'acceptais pas les tactiques de traître qu'utilisait mon père, même si ma mère était une « ennemie ». Lorsque la conversation téléphonique prit fin, j'éprouvai un grand soulagement. Ce conflit, qui me partageait, me rendait malade. Je dormais mal et j'avais un nœud dans la gorge, qui m'empêchait d'avaler correctement. J'avais toujours été fine mais, à cette époque-là, je ne pesais plus que quarante-huit kilos.

Le lendemain, nous retournâmes chez le professeur Barker. Matthieu se mit immédiatement en colère lorsqu'il vit que ma mère n'était pas venue seule, mais accompagnée de Kristina, David, mes grands-parents, tante Caryn – et un ami pasteur. « Ta mère a amené un "déprogrammeur" avec elle ! », fulmina Matthieu avant de sortir en coup de vent de la maison. « La réunion n'aura lieu que s'il s'en va », exigea-t-il. J'appréhendais encore plus ce rendez-vous. Après le départ du pasteur, Matthieu fit attendre tout le monde dans le jardin et invita ma mère à entrer pour le déjeuner.

Quand Maman entra dans la pièce, la première chose que je remarquai fut ses vêtements. Elle portait une jupe à fleurs d'une couleur vive, qui lui arrivait aux chevilles, et une veste de costume d'un vert vif, sous laquelle elle avait un chemisier boutonné. Je n'aimais pas tout ce qui rappelait les hippies, et sa jupe colorée annonçait clairement : « baba cool ». Elle avait pris du poids par rapport aux descriptions que m'avait faites Papa et à la seule photographie que j'avais vue d'elle, des années auparavant. Ses sept grossesses difficiles avaient laissé des traces. L'image d'enfant de ma mère que j'avais en tête contrastait de façon frappante avec la femme qui se tenait devant moi.

Je ne savais pas quoi lui dire, si ce n'était : « Salut, Maman. » Il était tellement étrange de dire ce mot à une inconnue.

Maman semblait elle aussi nerveuse, mais elle me dit bonjour en me faisant un bisou sur la joue. « Tu as grandi », me dit-elle en souriant. Le professeur Barker nous fit entrer dans le salon. Maman me demanda : « Quelle taille fais-tu ? »

Je bégayai : « Je ne suis pas vraiment sûre. » Je n'en avais aucune idée.

Puis elle fit remarquer : « Tu es si fine. » Elle me regardait, l'air un peu inquiet.

Je n'étais pas sûre de ce qu'il fallait que je réponde. Parler de tout et de rien semblait peu naturel et la conversation était entrecoupée d'étranges silences. Le professeur Barker nous invita à passer à table, dans la cuisine, où était dressé un festin de sandwichs au thon et aux concombres, de *coleslaw*[1] et de viande froide. Pendant tout le temps que dura l'entrevue, j'eus l'impression d'être dans le brouillard ; je n'avais aucune idée de la façon dont je devais réagir face à une mère submergée par l'émotion car elle venait enfin de revoir sa petite fille dont elle avait été séparée pendant presque quinze ans.

« Je veux que tu saches que je n'ai jamais voulu te quitter », m'assura Maman avant d'éclater en sanglots. Je ne savais pas comment réagir. J'aurais dû aller la prendre dans mes bras mais, au lieu de cela, je restais assise, l'air gêné.

Le professeur Barker lui demanda : « Ça va, Rebecca ? Il me semble que vous êtes en souffrance. Vous voulez peut-être une assistance psychologique ? »

Je regardai Maman essuyer ses larmes avec une serviette qu'elle avait prise sur la table et essayer de reprendre contenance. Elle semblait être le centre de l'attention et, quelque part, elle était mise au banc des accusés. Je trouvais que c'était un peu dur. Bien que je paraisse calme en apparence – comme j'avais si bien appris à le faire –, c'était moi qui avais besoin d'aide : j'avais besoin qu'on m'aide à établir un lien avec ma mère, qui était une étrangère pour moi.

Après le déjeuner, Maman dit :

« Kristina et David sont ici, et tes grands-parents aussi, dehors, dans le jardin. Ils aimeraient beaucoup te voir.

— Tu n'es pas obligée Celeste. C'est à toi de choisir, intervint le professeur Barker.

— C'est bon, répliquai-je. Je veux bien les rencontrer. »

1. Salade de chou cru (*N.d.T.*).

J'étais curieuse de voir Kristina et David en particulier. Maman et moi sortîmes ensemble dans le jardin de derrière. Tous m'accueillirent en me prenant dans leurs bras, en m'embrassant et en me posant des questions.

« Celeste ! » Kristina me sourit et me prit dans ses bras. Je remarquai qu'elle portait un petit garçon sur sa hanche.

« Voici mon fils, Jordan. Tu es tata.

— Il est si mignon avec ses boucles, répondis-je.

— Où étais-tu ? Tu nous as manqué ! déclara Tante Caryn en me prenant dans ses bras.

— As-tu reçu les cadeaux que nous t'avons envoyés ? », me demanda Mamie en me prenant les mains.

Toute cette attention était écrasante et je n'étais pas sûre que Mamie m'ait envoyé des cadeaux car elle n'avait jamais eu mon adresse. J'étais soupçonneuse quant à leurs motivations, à cause du lavage de cerveau qu'on m'avait fait subir contre eux toutes ces années. M'aimaient-ils vraiment, juste pour moi, sans motivation pernicieuse ?

Matthieu m'avait prévenue qu'ils pourraient essayer de me kidnapper mais, malgré ce qu'on m'avait dit, ma vraie famille, ma chair et mon sang, qui se tenait là, devant moi, ne semblait pas être le genre de personnes à avoir des complices au coin de la rue prêts à me sauter dessus. Je désirais faire plus ample connaissance avec eux et acceptai de les revoir.

18

Retrouvailles aigres-douces

Kristina

Au moment où nous nous garâmes devant la maison du professeur Barker, une voiture s'arrêta de l'autre côté de la rue et Celeste en sortit, accompagnée de son chaperon, Matthieu. Nous la regardâmes entrer dans la maison : elle avait les traits tirés et était très fine.

Quelques minutes après, nous sortîmes de la voiture. Maman, David et moi étions tout excités, nerveux de la revoir enfin après toutes ces années. Je frappai à la porte. Elle s'ouvrit brusquement.

Le professeur Barker sembla surpris de voir que Maman n'était pas seule et qu'elle était accompagnée par un pasteur pour la soutenir moralement. Matthieu, le porte-parole de la Famille, qui avait attendu à l'intérieur avec le professeur, s'emporta – il vociférait, accusant le pasteur de vouloir kidnapper Celeste. Pour apaiser la situation, notre ami s'éclipsa. Mon bébé s'était mis à pleurer et, pendant un moment, l'atmosphère fut tendue. Le professeur nous informa que seule Maman pouvait rester à l'intérieur. On nous invita donc à attendre dans le jardin. N'ayant pas le choix, nous sortîmes et attendîmes avec impatience, nous demandant comment le courant passait entre Celeste et notre mère, après tout ce temps. Maman avait été si nerveuse ce matin-là qu'elle avait à peine pu parler. Durant toutes ces années, j'avais imaginé ces retrouvailles, mais cela ne se passait pas comme je l'avais espéré. Je pensais que nous nous retrouverions comme une famille – que nous parlerions, que nous pleurerions et que nous rattraperions le temps perdu. J'aurais dû savoir d'expérience que les membres du culte étaient tellement conditionnés à se méfier des étrangers qu'il était difficile d'ébranler leurs défenses.

Pendant qu'elles déjeunaient à l'intérieur, nous attendions : cela dura plus d'une heure. Lorsque le professeur Barker finit par sortir pour nous annoncer que nous pouvions rencontrer Celeste, elle nous avertit :

« Ne lui parlez pas de la Famille. Parlez de choses légères.

— Je n'ai pas vu ma sœur depuis quatorze ans et je lui parlerai de ce que je veux », répondis-je, irritée.

Celeste sortit avec Maman : elle esquissait un faible sourire alors que, les uns après les autres, nous la prenions dans nos bras et l'embrassions. Elle commença à se détendre un peu. Je passai un petit moment seule avec elle dans le jardin. Malgré le fait que nous souhaitions toutes les deux éviter le sujet, il était néanmoins inévitable.

« Je ne mens pas, lui assurai-je. Tout ce dont j'ai parlé est vrai. »

Elle acquiesça :

« Joshua a été excommunié, tu sais.

— Mais ce n'était pas que lui… », commençai-je à dire, me rendant compte qu'on lui avait donné l'impression que Joshua seul était responsable de tout ce qui nous était arrivé, à notre mère et à nous – et pas la politique du culte. « Tu dois te souvenir de ce que Berg a fait à Mene. »

Celeste commença à être mal à l'aise :

« Mene ? Mais elle est folle !

— Mais c'était ton amie ! »

Je fus attristée du fait qu'elle puisse ignorer avec tant de désinvolture la douleur de son amie. « Et pourquoi crois-tu qu'elle est devenue comme ça ? », lui demandai-je.

Nous regardâmes toutes les deux par terre. Il y avait tant à dire, et pas assez de temps pour le faire. Je poussai un soupir : tout ceci semblait insurmontable. Nous avions enfin Celeste, mais elle avait l'air d'un fantôme. Je détournai les yeux pour regarder mon fils Jordan qui se reposait sur ma hanche et souris. Lui était réel.

Suivant mon exemple, Celeste se détendit. « Je ne t'ai pas félicitée, Nina », dit-elle en m'appelant par mon vieux prénom, familier. « Il est adorable... vraiment mignon. »

Lorsque Matthieu et le professeur Barker annoncèrent que notre temps ensemble était écoulé, je dis à la hâte à ma sœur que je l'aimais et qu'elle m'avait toujours manqué. J'avais tant d'autres choses à lui dire, mais je voulais qu'elle sache au moins cela. Alors que nous nous séparions, nous pensions tous désespérément à la même chose : quand pourrions-nous la revoir ?

Peu après cette première rencontre, Maman téléphona à Celeste pour convenir d'un autre rendez-vous, demandant si Jonathan pouvait également venir. Nous prîmes le train pour Londres et nous présentâmes à la porte de la Demeure des médias sur Finchley Road. Une « gentille Tante » ouvrit la porte, avec son plus beau sourire, du genre « Bonjour, que Dieu vous bénisse ». Celeste finit par descendre, mais ils refusèrent de la laisser seule avec nous. Cette fois-ci, elle semblait bien plus détendue et bien plus heureuse de nous voir. Elle parla avec David et Jonathan et joua avec le petit Jordan. Maman et moi nous contentions de les regarder, heureuses d'être là avec elle.

Alors que nous attendions le déjeuner, Celeste nous passa plusieurs vidéos des relations publiques de la Famille et nous lui donnâmes les cadeaux que nous lui avions apportés. Je lui offris un carnet relié contenant les noms, numéros de téléphone, adresses et dates d'anniversaire de toute sa famille. Maman avait un plan et, avant de quitter la maison, elle avait fait de moi sa complice : je devais occuper Matthieu de façon à ce que Maman passe un peu de temps seule avec Celeste. Elle voulait lui lire un verset significatif de la Bible pour qu'elle voie les choses sous un autre angle.

Berg avait toujours dit que l'on devait juger quelqu'un par ses « fruits », et interprétait les « fruits » comme étant le nombre d'âmes qu'il avait sauvées. Maman voulait expliquer à Celeste que la bonne interprétation de « Vous les connaîtrez à leurs fruits » était très différente. Jésus voulait dire les fruits de l'esprit : l'amour, la joie, la paix, la patience et la modération. De l'autre côté, les œuvres de la chair étaient l'adultère, l'ivresse, la colère et la haine (Galatiens 5: 19-23).

Elle voulait lui en dire plus, mais les bergers nous firent clairement comprendre que notre temps avec elle était écoulé. Nous dûmes prendre congé malgré le fait qu'il était très dur de laisser Celeste là-bas.

« Je vous écrirai ou vous téléphonerai », nous promit Celeste à la hâte alors que nous partions. Comme nous

nous y attendions plus ou moins, elle ne fit aucun des deux.

Je voulais désespérément revoir ma sœur. Un jour que nous jouions aux échecs, Eman et moi nous mîmes d'accord pour aller ensemble à Finchley Road. Le lendemain, nous nous rendîmes sans y être invités à la Demeure des médias. Eman frappa à la porte ; je restai derrière lui, nerveuse. Les rideaux remuèrent, et la porte finit par s'ouvrir. À contrecœur, on nous laissa entrer. Alors que nous étions assis dans une pièce à l'entrée de la maison, nous remarquâmes un babyphone allumé, posé sur la table basse. Ce n'était pas la partie que les parents utilisent pour entendre leur enfant – c'était la moitié qui se trouve habituellement à côté du bébé. Cela ne nous surprenait pas que les dirigeants essaient d'épier notre conversation avec Celeste.

Après une longue attente, Celeste descendit, l'air déconcerté. Je la pris dans mes bras, l'embrassai et la présentai à Eman. Des gens rôdaient autour de nous et je reconnus avec surprise Salomon, mon ancien petit ami du temps de l'Inde. Nous demandâmes à Celeste si Salomon et elle voulaient nous accompagner jusqu'à l'épicerie du coin, trois portes plus loin, pour acheter des friandises.

Les membres firent tout ce qu'ils purent pour éviter de nous laisser seuls avec Celeste. En fin de compte, Salomon fut autorisé à partir avec Eman tandis que je restais avec ma sœur. Nous finîmes par rester dîner là-bas, mais ce fut pénible et difficile. Avant de partir, Matthieu, le porte-parole de la Famille, fit une requête inouïe : il me demanda d'écrire une déclaration sous serment, pour affirmer que tout s'était bien déroulé lors de nos rencontres avec Celeste et qu'aucun accès ne nous avait été refusé.

La mâchoire m'en tomba. Je répondis rapidement : « Je vais contacter l'avocat de Gillian Duckworth. »

Je finis par accepter de faire une déclaration et donnai mon opinion, en toute honnêteté, dans mon serment par écrit. J'y rapportai que nos conversations étaient enregistrées et que Celeste n'avait pas été autorisée à sortir sans surveillance, pas même pour une minute au magasin du coin. Après cela, nous n'eûmes plus de nouvelles de Celeste et découvrîmes bientôt qu'elle ne résidait plus à Finchley Road.

Je commençais à apparaître dans des talk-shows, à être interviewée dans les journaux et les magazines. Je fus également interviewée pour BBC news. J'appris que Celeste avait déménagé à Dunton Bassette et je me rendis à cette Demeure accompagnée d'un reporter de la BBC, d'un cameraman et d'un preneur de son. Matthieu sortit comme un ouragan, vociférant :

« Toi, espèce de traîtresse ! Nous te faisions confiance ; nous t'avons accueillie dans notre Demeure ! Tu n'entreras sous aucun prétexte ! Tu ne ferais que dire des mensonges supplémentaires sous serment.

— C'est vous qui m'avez demandé d'écrire une déclaration, répondis-je calmement. Et je ne vais pas mentir ! »

Ma réponse le plongea dans un délire frénétique : il pouvait à peine aligner deux phrases cohérentes. Il était tout près de mon visage ; le reporter s'interposa :

« Ho, du calme ! Elle veut juste parler à sa sœur. »

Malgré sa colère, Matthieu se rendit compte qu'il ne pouvait pas se permettre d'avoir l'air d'un fou à la télé et finit par accepter d'aller chercher Celeste. Les larmes aux yeux, je m'assis sur le mur, tremblante, essayant de me ressaisir. Nous attendîmes, attendîmes, attendîmes. Au bout d'une heure ou plus, Celeste finit par sortir : elle semblait fatiguée, à cran. Elle me fit un pâle sourire et nous fîmes un petit tour dans la cour, bras dessus bras dessous. L'équipe de la BBC se mit entre nous, ainsi que Matthieu qui sautait partout, tel un criquet.

Je mis mon âme à nu devant ma sœur, et lui expliquai pourquoi je devais parler. Je lui avouai que je ne la croyais pas quand elle affirmait ne pas avoir été abusée sexuellement. Je finis en lui disant à quel point ce serait merveilleux si nous pouvions nous retrouver de temps à autre pour voir un film ou manger ensemble : tous nos numéros étaient dans le carnet que je lui avais donné.

Elle acquiesça. « Je garderai le contact », me promit-elle. Je savais qu'elle ne le ferait pas : elle n'était pas prête. Sur le chemin du retour, je sentis que cette visite avait valu la peine, que le culte savait que nous les « surveillions » – j'espérais que cela ferait une différence. Mais, alors que je tournai les talons pour partir, je compris également que c'était devenu ma hantise.

19

« Imposteur, mais sincère »

Celeste

Matthieu s'arrangea pour qu'un juriste m'aide à écrire ma déclaration sous serment, dans laquelle j'affirmais ne jamais avoir été abusée sexuellement. Néanmoins, je n'étais pas sur la liste des témoins appelés à la barre pour le procès concernant la garde du petit-fils de Gillian Duckworth. Les dirigeants étaient tout à fait conscients de ce qui se passait avec « Music with Meaning », et il aurait été trop risqué de m'appeler à la barre. Je n'étais pas prête à mentir effrontément à propos de mon passé. Signer un document écrit en mon nom était une chose, mais je n'aurais jamais pu, ni voulu, affirmer sous serment au cours du procès que je n'avais jamais subi d'abus.

Un jour, Matthieu m'emmena déjeuner pour me présenter au juriste. Au cours du repas, ce dernier me regarda droit dans les yeux pour me demander : « As-tu déjà été abusée sexuellement ? »

Mal à l'aise, je gigotai sur mon siège et regardai mon assiette :

« Non, jamais, répliquai-je.

— Tu sais, plaisanta-t-il à moitié, on dit que lorsqu'on détourne le regard en répondant à une question, c'est qu'on est en train de mentir. »

Je regardai Matthieu, puis le juriste, et nous éclatâmes tous les trois de rire. Matthieu expliqua que j'étais nerveuse et timide, et nous continuâmes à discuter. Le juriste ne me reposa jamais de questions à ce sujet. J'aurais pourtant aimé qu'on me pousse un peu plus : j'étais prête à craquer.

Ce qui était important dans ma déclaration sous serment n'était pas ce que j'y disais – que j'avais eu une enfance heureuse, amusante, et que je n'avais jamais été abusée – mais ce que je n'y disais pas. Je ne déclarais jamais expressément qu'aucun homme ne m'avait jamais touchée. Cette ambiguïté autour de la définition du mot « abus » était une tactique fructueuse qu'utilisaient les dirigeants pour nous convaincre que nier les abus ne signifiait pas « mentir ». Depuis des années, on me faisait subir un véritable lavage de cerveau afin que j'accepte que les pires expériences sexuelles étaient « pleines d'amour », comparées aux vrais abus que subissaient les enfants au sein du Système.

Un jour, en entrant dans la chambre de Matthieu, je jetai un coup d'œil à la déclaration de Kristina. Matthieu l'avait laissée traîner sur son bureau avec une déclaration de Mene, la petite-fille de Mo. Lire ce que Joshua avait fait subir à ma sœur me rendit malade : je savais qu'elle ne mentait pas. J'avais vécu les mêmes choses. Mais Matthieu m'avait appris que Joshua avait été excommunié. J'avais envie de croire que la Famille avait changé. C'était le seul monde que je connaissais et j'étais terrifiée à l'idée que, si je parlais, mes amis et mon père se retournent contre moi, que je puisse être exclue, comme l'avaient été ma mère et ma sœur. Papa m'avait affirmé au téléphone : « Je suis si fier de toi, ma chérie, si fier que tu défendes la foi. » N'était-ce pas ce que j'avais toujours voulu ? Son amour et son approbation ? Je les avais obtenus, mais ma conscience me travaillait.

Je lus également des parties de la déclaration sous serment de Mene – ce qu'elle avait enduré était effrayant. Mais Marie avait écrit, dans une Lettre adressée à toute la Famille, que Mene était devenue folle et qu'elle parlait aux démons. Par conséquent, on ne devait pas croire ce qu'elle disait. Après ma dernière rencontre avec Mene à Macao, elle avait fait une grave dépression et avait finalement été renvoyée chez sa grand-mère, Jane Berg, aux États-Unis, pour y être soignée. Néanmoins, Marie n'avait pas raconté toute l'histoire à la Famille – elle n'avait pas dit que la dépression de Mene était due à des années d'isolement et de torture physique aussi bien que mentale. Une partie de moi était en colère devant la façon dont sa vie avait été détruite et, secrètement, j'espérais que son témoignage devant la cour ferait changer les choses. En reniant en public le fait que des abus avaient lieu, j'avais l'impression de trahir ma sœur et mes amis d'enfance, qui avaient terriblement souffert : je luttais intérieurement, sans relâche.

Au cours de l'année et demie qui suivit, j'apparus dans un certain nombre d'émissions télévisées, dont une sur Sky News et une sur la BBC, dans le but de démentir les propos de ma mère et de Kristina. Des descentes de police avaient eu lieu dans des communautés en Argentine et en France, et la Famille faisait la une des journaux : une Demeure fut donc spécialement créée pour être en relation avec les médias et gérer les enquêtes publiques. On me demanda de rester pour aider Rachel et Gédéon, les porte-parole de la Famille pour l'Europe : je faisais du travail de secrétariat pour eux. Chaque fois qu'on me demandait d'apparaître à la télévision, je trouvais cela très éprouvant. Je redoutais d'avoir à donner des explications douteuses dans le but d'expliquer ce que je ressentais en dansant nue à 6 ans.

Ce que j'avais appris à réciter par cœur était : « C'était un genre de communauté hippie en Grèce, au bord de la mer. Tout le monde se promenait nu : ce n'était pas très grave. » Évidemment, c'était des foutaises, et je n'étais pas très convaincante.

Ensuite, le juge Ward, le juge de la Haute Cour, fit une déclaration essentielle : il n'autoriserait le petit-fils de Gillian Duckworth à rester auprès de sa mère que si la Famille dénonçait les enseignements de Mo qui encourageaient les pratiques sexuelles avec les enfants, ainsi que l'inceste. Quand il devint clair que le sort du jeune garçon dépendait de la réaction de la Famille, Pierre Amsterdam et Marie écrivirent une lettre au juge, en en choisissant les termes avec le plus grand soin.

En tant que porte-parole, nous organisâmes une conférence de presse pour lire cette lettre aux médias. Néanmoins, Matthieu avait bien insisté : « Nous ne renions pas réellement les enseignements de la Loi d'Amour : ce n'est qu'un autre exemple d'"Imposteur, mais sincère". » La Famille ne pouvait pas se permettre de perdre ce procès, mais ses dirigeants ne pouvaient pas non plus autoriser ses membres à penser que le prophète pouvait avoir eu tort. Je suis certaine qu'il n'y aurait jamais eu de répudiation sans cette pression du juge. Pour la première fois, je compris que nos dirigeants ne devaient pas répondre de leurs actes devant Dieu seul.

Puis, un jour, je craquai. On avait détruit mon corps, on avait détruit mon esprit. Je ne pouvais plus mentir. Je me sentais si mal que j'envisageai même le suicide. Depuis cinq ans, je luttais contre une grave dépression – parfois, je ne parlais pas, plusieurs jours d'affilée – mais, là, j'atteignais le point de rupture. Néanmoins, il était trop difficile d'affronter la réalité et, à la place, je décidai de fuir.

J'allai trouver Jeanne, la compagne de Matthieu, qui était elle aussi de la seconde génération et avait seulement quelques années de plus que moi. Je pouvais lui parler : je savais qu'elle me comprendrait. J'éclatai : « Je dois m'en aller d'ici, ou je vais exploser. Je dois partir *maintenant*... aujourd'hui ! »

Elle comprit à quel point j'étais désespérée et s'arrangea pour que je sois accueillie dans une communauté de Liverpool qui n'avait rien à voir avec les médias et le procès.

C'est à la fin du mois de novembre que nous apprîmes la nouvelle : Moïse David, notre prophète et leader, était mort.

Marie nous expliqua dans une série de Lettres qu'il était allé au Paradis. Mais nous ne devions pas nous sentir abandonnés car il nous guiderait depuis le Monde des esprits à travers la voix de la prophétie. Je n'étais pas triste ; au contraire, j'espérais que la Famille, enfin libérée des fantasmes et des lubies de son leader, changerait, s'améliorerait. J'étais sûre que désormais, la Reine Marie – comme Jésus l'avait couronnée en prophétie – serait différente et plus raisonnable.

Le drame du procès avait éclipsé le fait que l'année 1993 était passée et que Jésus n'était pas encore revenu. Aucune des prophéties avec lesquelles on nous avait endoctrinés ne s'était accomplie. La Reine Marie nous enseigna que Dieu avait accordé plus de temps à la Famille pour conquérir le monde, avant la fin des Temps. Beaucoup d'entre nous se mirent à penser que Jésus apparaîtrait dans les cieux pour nous sauver en l'an 2000.

Tandis que la confusion régnait dans mon esprit et que je me tourmentais pour savoir ce que je croyais vraiment et ce que je voulais faire de ma vie, je reçus des nouvelles de Papa. Il allait venir en Angleterre pendant deux mois pour régler ses problèmes de passeport. Après cinq longues années, j'avais désespérément envie de le voir.

À Londres, je me rendis dans une Demeure pour jeunes dirigée par Ricky et Elaine, mes anciens bergers pour adolescents lorsque j'étais au Japon. Papa et ma sœur Juliana étaient arrivés la veille de l'École de la Ville céleste. J'étais si heureuse de les revoir.

« Papa, ça fait si longtemps ! Je me demandais si j'allais te revoir un jour, lui dis-je en le prenant dans mes bras.

— Je suis désolée, ma chérie, s'excusa-t-il en me faisant un bisou sur le front. J'ai dû dépasser la durée légale de mon visa : je me cachais donc à l'école. C'était trop risqué pour moi de partir et on avait besoin de moi sur certains projets. »

Papa était maintenant sur liste noire et devait changer de nom et de passeport s'il voulait avoir une chance de retourner au Japon.

« Regarde-toi, lui dis-je en lui touchant les cheveux. Tu es devenu tout gris depuis la dernière fois que je t'ai vu.

— Je sais, répondit-il avec un petit rire. C'est ça de vieillir… mais je me sens toujours jeune au fond de moi.

— Et toi, Julie, regarde comme tu es grande ! Tu es plus grande que moi maintenant. »

Julie mesurait au moins 1,80 m et avait les cheveux plus longs que lors de notre dernière rencontre.

J'étais tout excitée d'entendre Papa me parler des projets sur lesquels il travaillait. Il avait écrit les scénarios des émissions pour enfants, *Family Fun* et *Le Grenier aux trésors*. Mes yeux s'illuminèrent. « C'est exactement le genre de choses que j'aimerais faire, lui annonçai-je. J'adorerais retourner avec toi au Japon. »

Papa trouva cette idée formidable, mais il n'avait pas l'autorité nécessaire pour m'en donner la permission. Je dus écrire directement aux dirigeants : c'était à moi de trouver l'argent nécessaire pour acheter mon billet d'avion. Papa me promit qu'il ferait tout ce qui était en son possible pour appuyer ma demande et cela me donna de l'espoir.

Avant son départ, Papa décida qu'il voulait voir Kristina et Maman.

« Tu es sûr ? lui demandai-je. J'espère que tu ne vas pas te disputer avec elle. Sa version des faits concernant votre séparation est très différente de la tienne. Je crois que tout ce qu'elle veut, c'est comprendre et que tu lui présentes des excuses. »

Mais il refusa de s'excuser : « Je n'ai aucune raison de le faire. C'est elle qui a décidé de partir avec Joshua et moi, je l'ai attendue pendant deux ans. Je n'ai rien fait de mal », insista-t-il.

Je me devais de l'accompagner au rendez-vous. J'avais envie de rentrer sous terre, persuadée que cela allait tourner à la catastrophe. Mes peurs n'étaient pas infondées. Alors que nous étions assis dans un McDonald's, Papa se montra agressif et condescendant.

« Comment peux-tu persécuter la Famille ?

— Celeste a été abusée : sa sécurité me préoccupait, se défendit Maman.

— Abusée ? C'est ridicule. Elle est vierge », rétorqua Papa.

Je me demandais pourquoi aucun d'entre eux ne me posait directement la question alors qu'ils débattaient du sujet.

« Non, elle ne l'est pas. Elle a été forcée à avoir des rapports sexuels avec des hommes : c'était la croyance de David Berg. Il a abusé de sa propre petite-fille, Mene.

— C'est ridicule. »

Cette discussion me mettait mal à l'aise : je m'excusai donc pour aller aux toilettes et revins au bout de vingt minutes, pour les trouver en pleine dispute. Mais il était déjà l'heure pour Maman de rentrer chez elle. Elle tendit une lettre à Papa dans laquelle elle détaillait ses pensées et ses sentiments.

Maman me prit dans ses bras et me tendit un sac qui contenait des livres sur les cultes et les Enfants de Dieu. « J'ai surligné certains passages que je trouvais intéressants. S'il te plaît, lis-les si tu en as l'occasion. » Je le lui promis. Évidemment, je ne le fis pas – j'avais trop peur que les doutes du Diable m'empoisonnent.

Alors que Maman s'éloignait, je pris Papa à part. « Je n'arrive pas à croire que tu penses vraiment que je suis encore vierge, lui dis-je.

— Eh bien, tu ne l'es pas ?

— Eh bien, non, en réalité, je ne le suis plus. Tu aurais dû me le demander avant de l'affirmer. Des choses se sont passées.

— Vraiment ? Je… je ne savais pas », bégaya Papa.

Il n'approfondit pas le sujet et je ne lui donnai pas d'informations supplémentaires. En réalité, je me rendis compte que la seule fois où nous avions parlé tous les deux de sexe avait été le jour de mon quinzième anniversaire, en Inde. Il m'avait dit qu'il pensait que 15 ans était un peu jeune pour avoir des enfants. Il y avait plusieurs adolescentes de 15 ou 16 ans dans la Famille qui étaient tombées enceintes et il ne voulait pas que cela m'arrive. J'avais acquiescé.

Plus tard ce soir-là, Papa appela ses parents, Glen et Penny. Cela faisait quinze ans que ces derniers ne l'avaient pas vu, la dernière fois remontant à leur visite à Loveville, en Grèce. Glen nous invita à passer la semaine de Noël chez eux et Juliana et moi rencontrâmes notre famille étendue pour la première fois. Ma sœur Kristina ne vivait pas très loin : Papa et moi allâmes donc passer une soirée avec elle et mon frère David dans sa maison, petite mais chaleureuse. Son fils Jordan avait maintenant 3 ans. « Il n'a plus ses boucles », constatai-je en me souvenant de ses adorables frisettes. Kristina nous cuisina des lasagnes et cette soirée fut la première fois où j'appréciai vraiment de parler avec ma sœur : je lus ses poèmes, regardai des photos de famille et appris à la connaître. À notre départ, je lui promis que nous resterions en contact.

Une semaine plus tard, je dus prendre congé de Papa et Juliana, qui repartaient au Japon. En attendant l'autorisation de les rejoindre là-bas, je décidai de commencer à récolter de l'argent pour mon billet. J'en avais assez de chanter dans la rue et de faire du porte-à-porte comme vendeuse pour la Famille : je fis donc quelque chose d'osé. Je persuadai Ricky et Elaine de me laisser rejoindre une agence d'intérim du nom d'Office Angels. Avant, sous le règne de Mo, il n'en aurait pas été question mais, aujourd'hui, le groupe était plus souple. Ils acceptèrent que j'essaie. Le lendemain, on m'appelait pour un poste de secrétaire particulière au siège de la société électronique JVC.

Jusqu'alors, je n'avais jamais vraiment su à quoi ressemblait le fait d'interagir normalement avec des gens extérieurs au groupe. Au lieu d'avoir affaire à des personnes méchantes, diaboliques et traîtres, comme celles dépeintes dans les *Témoignages traumatisants* pour décrire les gens du Système, je découvris que j'appréciais mes discussions avec mes collègues, qui étaient prévenants, honnêtes et travailleurs.

Pour la première fois, je goûtai à la liberté : je gagnais mon propre argent et j'étais *vraiment* appréciée pour mon travail. Je me rendis compte que j'avais des capacités ; je pris confiance en moi.

Mais il y eut aussi autre chose. Depuis six ans, j'étais seule. J'avais eu la chance de pouvoir éviter aussi longtemps des rendez-vous dont je ne voulais pas. Quelques jours avant mon vol pour Tokyo, je me retrouvai à parler tard dans la nuit avec le fils d'Elaine, Richard. Nous nous étions rencontrés pour la première fois au Japon quand j'avais 13 ans. Nous nous étions toujours bien entendus : je le trouvais mignon et charmant. Il se trouvait également qu'il dormait tout seul dans le salon cette nuit-là. Une chose en entraîna une autre et nous finîmes par faire passionnément l'amour jusqu'à 5 heures du matin. Au point du jour, nous étions affamés et sortîmes discrètement pour aller manger un morceau dans la cuisine.

C'était le genre de sexe que je voulais – une attirance réciproque et un désir réel, spontané et agréable, et non une corvée physique planifiée. À mon arrivée au Japon en avril 1995, je voyais la vie différemment et j'avais des perspectives d'avenir. Je fis de mon mieux pour rester fidèle à moi-même et à mes sentiments, et pour ne pas me contenter de me soumettre aux ordres des autres. Néanmoins, savoir me défendre mobilisait toutes mes forces et je ne réussis pas toujours. Parfois, j'avais trop de pression et je cédais.

Retourner à l'École de la Ville céleste au bout de huit ans me fit éprouver un sentiment surréaliste. Tout était exactement comme dans mon souvenir.

Au cours des deux années qui suivirent, je me plongeai dans le travail : j'écrivais des scénarios pour *Family Fun* et en planifiais les tournages. Néanmoins, beaucoup de choses me perturbaient. Je rencontrai des hommes qui me rappelèrent des souvenirs d'enfance douloureux : Michael, le mari de Patience, Jérémie Spencer, Manuel le Péruvien et Paul Peloquin. Le fait qu'ils flirtent toujours aussi effrontément avec moi me troublait profondément. Je les évitais autant que possible, mais une partie de moi voulait désespérément leur faire face pour les confronter à ce qu'ils m'avaient fait. Je fis plusieurs dépressions et pensai même à mettre fin à mes jours.

J'avais désespérément besoin de parler à quelqu'un et trouvai un ami inattendu en la personne de Francis. Il avait 50 ans et élevait seul son fils de 10 ans. Il était comme un gros ours en peluche et je me sentais en sécurité à ses côtés. Cette amitié était importante car, jusqu'à ce jour-là, j'avais toujours ressenti de la méfiance à l'égard des hommes. Je pensais que tous les hommes « plus âgés » étaient louches, pervers et nourrissaient des arrière-pensées. Mais, avec Francis, je pouvais être moi-même, sans avoir peur qu'il profite de moi. Pendant les périodes les plus difficiles, il fut une épaule sur laquelle je pouvais pleurer. C'était ce qui m'avait toujours manqué, une présence paternelle. Pendant toutes ces années, mon père m'avait terriblement manqué et j'avais rêvé d'être à ses côtés. Mais il était trop tard pour rattraper le temps perdu. Bien que nous vivions tous les deux à l'École, nous ne nous voyions que rarement. Il était occupé avec sa nouvelle famille et, moi, j'avais ma vie et mon travail.

Les seules fois où je lui parlais, c'était à table. Un soir, il m'apprit qu'il avait reçu une lettre de Davida, notre demi-sœur d'Athènes. Sa lettre était blessante et exprimait sa colère. Elle se sentait abandonnée par son père. Je lui demandai ce qui s'était passé.

« Eh bien, ma chérie, elle m'a écrit il y a quelques mois. Elle voulait savoir pourquoi je ne lui envoyais jamais de carte d'anniversaire, ni de lettre, m'expliqua Papa. Je lui ai répondu que, désormais, j'avais une nouvelle famille.

— Tu lui as écrit ça ? »

J'étais choquée de son insensibilité.

« Tu aurais dû me laisser t'aider à écrire cette lettre, Papa, lui répondis-je. Pas étonnant qu'elle ait été blessée ! Tu aurais dû t'excuser et comprendre pourquoi elle ressentait ça.

— Eh bien… »

Il ne savait pas quoi répondre.

« Tu dois lui écrire à nouveau, poursuivis-je. Elle a besoin de savoir que tu t'intéresses à elle. » Papa m'assura qu'il allait le faire.

Deux ans plus tard, je découvris qu'il n'avait pas tenu sa promesse et que Davida avait fait une grave dépression et se droguait. Je pouvais à peine regarder mon père dans les yeux. J'étais révoltée qu'il ait négligé ses enfants et qu'il refuse d'admettre qu'il était responsable de ceux qu'il avait engendrés. Il n'arrêtait pas de se trouver des excuses.

« Si c'est ce qui a résulté de la Loi d'Amour, alors c'était mal », lui dis-je. Mais il ne me prit jamais au sérieux. Papa ne pouvait pas envisager la possibilité que ce qu'avait dit notre prophète ait pu être faux.

En réalité, je trouvais que je n'avais plus grand-chose en commun avec lui. Je n'étais plus la petite fille à son papa.

20

L'histoire de deux pères

Kristina

Je continuais ma campagne. Avec Ian Howarth, qui avait créé le Centre d'information du culte, je fus invitée au « Richard and Judy Show[1] ». Quand la caméra se tourna vers moi, mon cœur se mit à battre si fort que j'eus peur que le micro capte ses battements mais, dès que nous commençâmes à parler, je me sentis plus détendue, sachant que Ian était là pour me soutenir. Durant l'émission, Richard me demanda pourquoi les auteurs des abus n'avaient pas été mis en prison.

« Il est très difficile de les faire venir au tribunal, répondis-je, car, dans le culte, ils changent sans arrêt de noms. Ils se cachent du monde extérieur et vont de communauté en communauté.

— A-t-il été difficile de vous adapter à la vie en dehors du culte ? me demanda Judy.

---

1. Célèbre émission britannique présentée par un couple, Richard Madeley et Judy Finnigan, qui passait sur Channel 4. La dernière a eu lieu en août 2008 (*N.d.T.*).

— Je ne savais pas distinguer le bien du mal. On vous enlève subitement tout ce que vous savez de la vie et vous ne savez plus à quoi croire. »

À la minute même où j'avais commencé à parler, ma nervosité s'était envolée.

Richard conclut l'émission en me demandant :

« Diriez-vous de vous que vous êtes maintenant bien adaptée, que vous êtes une personne normale ?

— Je suis une survivante », répondis-je en souriant.

Après l'émission, Ian me dit que j'avais parlé avec conviction, et de façon claire. Ces compliments me donnèrent confiance pour affronter seule les porte-parole de la Famille, Gédéon et Rachel Scott, sur GMTV.

À mon grand étonnement, Papa me téléphona quelques jours avant l'émission. Il était en Angleterre ! J'étais contente d'avoir de ses nouvelles et le mis au courant des dernières choses qui m'étaient arrivées. Puis, la conversation prit un tour inévitable – pourquoi persécutais-je la Famille, sa famille ?

« Tu n'as pas lu mes lettres ? », lui demandai-je.

Il esquiva la question : je lui demandai donc des nouvelles de Celeste et de ses autres enfants. Je fus ravie d'entendre que Celeste était avec lui. Je lui dis que j'allais me rendre à Londres pour une émission télé et lui suggérai de dîner avec lui au restaurant de mon hôtel.

Je raccrochai le téléphone, très excitée.

Le grand jour, que j'avais attendu toute ma vie, arriva enfin. Avant de partir pour Londres, je m'habillai avec soin et me regardai dans le miroir. Je voulais qu'il soit fier de moi, je le désirais tant. J'arrivai à l'hôtel et attendis Papa, anxieuse, dans le restaurant. Je reçus un message me prévenant qu'il était en retard et mangeai donc seule. J'espérais qu'il n'allait pas se dégonfler – cela faisait si longtemps que j'attendais ce moment.

En me promenant dans le hall, je le remarquai près de l'ascenseur. Je le reconnus immédiatement. Il s'excusa de son retard et nous nous prîmes dans les bras l'un de l'autre, d'un air gêné. Nous nous assîmes : j'avais tant à dire que j'allais droit au but. Je lui expliquai – tout comme je l'avais fait dans mes lettres – mon enfance traumatisante. Il parut réellement bouleversé quand je lui décrivis ce que Joshua et bien d'autres hommes m'avaient fait subir.

« C'est terrible, je suis désolé. » Il tremblait et me dit : « Je pourrais les frapper. » Cette réaction était celle que j'avais espérée.

« Mais c'est David Berg qui a permis tout ça, Papa ! Il l'a écrit noir sur blanc, dans les *Lettres de Mo* ! »

Papa sembla acculé et se mit à secouer la tête en signe de déni. Sa réaction d'adepte du culte ne se fit pas attendre : au moment même où j'accusai David Berg et critiquai la Loi d'Amour, je vis subitement s'opérer en lui un changement radical. Sa loyauté envers son leader était totale et illogique. Il n'accepterait jamais le fait que son père spirituel puisse être un pervers et insista sur le fait que ce dernier n'était motivé que par l'amour.

« L'amour ? crachai-je presque. Ce n'était pas de l'amour. C'était une perversion. Tu n'as vraiment pas idée, n'est-ce pas Papa, parce que tu es dans le déni le plus complet, de ce que ce genre *d'amour* m'a fait… à quel point il m'a fait du mal ? » J'éclatai en sanglots et me rendis aux toilettes afin de me ressaisir.

À mon retour, Papa était allé nous chercher un verre. Je restai cachée un instant pour le regarder. Il avait les épaules tombantes, la tête en avant – il semblait si triste, si seul. Je compris alors qu'il serait presque impossible pour lui de renier ce qu'il avait passé sa vie à défendre.

Je m'assis, pris mon verre et en bus une gorgée. À certains moments, sa vraie personnalité transparaissait : un homme drôle, charmant, de bonne compagnie. Mais dès que j'évoquais quelque chose de négatif à propos du culte, il se refermait et débitait la ligne du culte, si profondément ancrée en lui.

Je lui avouai avec une sincérité qui venait du fond du cœur à quel point il m'avait manqué ; comment, enfant, j'avais précieusement conservé ses lettres et combien j'étais fière quand j'écoutais « Music with Meaning ». J'avais toujours un exemplaire de la pièce *Enfant de l'Amour*, dont il était le narrateur : je la passais à mon fils à Noël.

Il sourit, parut heureux. « C'est merveilleux d'être grand-père ! J'aimerais rencontrer mon petit-fils », me confia-t-il avec enthousiasme.

Je sentis qu'il était vulnérable. Il avait consacré sa vie entière au groupe. Une partie de moi avait de la peine pour lui. L'autre partie était en colère et avait besoin de réponses. Cela me blessait de savoir qu'en tant qu'« ennemie », il aurait toujours une attitude ambivalente à mon égard, qu'il ne serait jamais complètement lui-même, et je souhaitais qu'il soit aussi honnête avec moi que j'essayais de l'être avec lui.

Je remarquai qu'il ne me posait pas beaucoup de questions. Ce que je pensais ou ressentais ne semblait pas compter et il me fit clairement comprendre que je ne le ferais pas changer d'avis.

À un moment donné, il finit par me demander :

« Pouvons-nous accepter que chacun reste sur ses positions ?

— D'accord, si c'est ce que tu veux », acquiesçai-je.

Nous nous montrâmes nos photos de familles. Je lui demandai s'il avait des photos de moi ou de David quand nous étions enfants. Il plongea sa main dans sa poche avec enthousiasme – et cela me remplit de joie qu'il les ait gardées sur lui.

Comme je regardais des clichés de Celeste, je lui dis : « Tu sais Papa, ça a vraiment été triste d'être séparée d'elle pendant si longtemps. On ne nous a pas laissé être des sœurs – et il est difficile d'oublier le passé. On ne rattrapera jamais toutes ces années perdues.

— Je suis désolé, se contenta-t-il de répondre.

— Et tu ne peux avoir idée de combien cela m'a blessée de savoir que tu n'as pas protesté quand j'ai été mise sur la liste pour que l'on prie contre moi. Voulais-tu vraiment que je meure ou que l'on me fasse du mal d'une quelconque façon ? »

Il ne put répondre et se contenta de regarder fixement ses pieds. Je me demandais quelles pensées étranges pouvaient lui traverser l'esprit – ou peut-être ne pensait-il à rien. Ou peut-être même qu'il priait contre ce que je venais de dire.

Nous perdîmes la notion du temps. Le bar de l'hôtel fermait.

« Oh non, j'ai manqué mon métro, se rendit-il compte.

— Tu es le bienvenu dans ma chambre », proposai-je.

Il accepta : je n'arrivais pas à le croire. Dans l'ascenseur, je lui dis :

« Je vais dormir par terre ; tu prendras le lit.

— Oh, non, ça ne me dérange pas de dormir par terre, répliqua-t-il. J'ai été hippie. J'ai l'habitude de vivre à la dure. »

Nous éclatâmes de rire. Il avait pris mon bras. J'étais si heureuse de passer du temps avec Papa que j'en avais la tête qui tournait. Puis, il se souvint : « Je ferais mieux d'appeler Celeste, ou elle va s'inquiéter. »

Il resta au téléphone avec elle pendant près d'une heure. Il me laissa lui parler et, quand il raccrocha le téléphone, il gloussa : « Elle est un peu inquiète et peut-être même un peu jalouse que je sois là avec toi. »

Il me donna l'impression qu'ils étaient très proches et il me dit que Juliana et elle lui faisaient faire tout ce qu'elles voulaient.

Nous rîmes à nouveau. Pendant que nous nous brossions les dents, il déclara :

« Tu es quelqu'un de bien.

— Donc, tu ne crois pas que je suis une sorcière ou un démon ? demandai-je, étonné.

— Je… je n'ai jamais pensé que tu étais une sorcière… Je ne… je ne le croyais pas, marmonna-t-il.

— Ne les crois pas s'ils te le redisent, Papa », le menaçai-je du doigt.

Il me promit qu'il ne le ferait pas, me prit dans ses bras et me souhaita bonne nuit.

Le lendemain, il était debout à 5 heures du matin. Le garçon d'étage m'apporta mon petit-déjeuner – du café et des croissants. Papa me demanda si je voulais prier avec lui : j'acceptai. Les yeux fermés, pendant une demi-heure, il récita des passages entiers de la Bible et de *Lettres de Mo*. Je grignotais un croissant en silence et proférais de temps à autre un « amen », en chœur. Lorsqu'il eut fini, je le complimentai pour son impressionnante mémoire.

« Un jour, lors de la fin des Temps, tout ce qui restera de la Bible sera ce que nous garderons caché au fond de notre cœur », me répondit-il.

La voiture arrivait à 7 h 30 pour m'emmener au studio : nous décidâmes donc de prendre rapidement un café à Covent Garden. J'étais fatiguée et nerveuse. Alors que nous traversions le Strand, il prit instinctivement ma main. Je souris. À 18 ans, je tenais enfin la main de mon père.

Nous nous dîmes au revoir et je sautai dans la voiture qui m'attendait pour m'emmener au studio. Je méditais sur les cultes, sur la façon dont ils réclamaient un amour inconditionnel pour le groupe et son leader, qui se substituaient peu à peu à la famille, et cela me rendit incroyablement triste. Mais le fait d'avoir vu mon père m'avait redonné espoir. Avant d'aller au maquillage, je racontai, tout excitée, à Ian Howarth ses dernières vingt-quatre heures passées avec mon père.

Il savait à quel point cela comptait pour moi.

« Cela signifie-t-il que tu as changé d'avis ? me demanda-t-il en me taquinant à moitié.

— Je ne crois pas », répondis-je.

J'étais heureuse d'avoir vu mon père, mais je n'avais pas changé d'avis sur la Famille. *Je suis prête pour le combat*, pensais-je.

Cette année-là, pour les abus que j'avais subis dans le culte quand j'étais enfant au Royaume-Uni, je reçus 5 000 livres du Criminal Injuries Compensation Board[1]. L'argent ne m'importait pas autant que le précédent que cela créa. Cet argent devait faire partie des sujets abordés au cours de l'émission. Les présentateurs de GMTV, Eamonn Holmes et Anthea Turner, commencèrent l'émission en montrant une photo de moi en couverture du *Daily Mail* et du *Guardian*.

« La couverture du *Daily Mail* d'hier met en avant l'histoire de Kristina Jones, 18 ans. Kristina est là, avec nous, dans le studio ce matin, annonça Eamonn Holmes en introduction. Les dirigeants du groupe, Gédéon et Rachel Scott, sont également avec nous. »

Il se tourna vers moi pour me demander :

1. Commission d'indemnisation des victimes d'actes criminels (*N.d.T.*).

« Est-ce que l'argent que vous avez reçu va d'une quelconque façon apaiser votre douleur ?

— Je crois qu'aucune somme d'argent ne pourra compenser les douze années que j'ai perdues », répondis-je.

J'étais nerveuse car Gédéon et Rachel étaient assis tout près de moi.

Lorsqu'on demanda à Gédéon ce qu'il en pensait, il répondit : « Il est difficile pour nous de commenter les allégations de Kristina car, bien qu'elle ait reçu ces 5 000 livres, ses dires n'ont jamais été prouvés dans un tribunal. »

Eamonn Holmes trouva cette déclaration étrange, étant donné que c'était un tribunal qui m'avait alloué cette compensation.

« Le juge devait sûrement avoir quelque légitimité pour accorder ces dommages et intérêts, fit-il remarquer.

— Je présume que quelqu'un a dû croire à son histoire, répliqua Gédéon, content de lui. Et je doute… je ne peux pas commenter cette histoire puisque je n'en connais pas les détails. Mais ce que je sais, c'est que je suis dans notre groupe depuis vingt-trois ans et que je n'ai jamais assisté à de quelconques abus sexuels. Et une preuve vient corroborer mes dires : autour du monde, plus de 500 de nos enfants ont été examinés par des officiels nommés par la cour. Ils n'ont pas trouvé un seul cas d'abus. En fait, les preuves montrent le contraire – que nos enfants sont heureux, adaptés, bien élevés et éduqués. »

En entendant Gédéon parler, je secouais la tête, dégoûtée. Je sentais la colère monter et j'avais l'impression d'avoir le visage en feu.

« Kristina…, le coupa Eamonn pour se tourner vers moi. Ils affirment que les membres sont libres de quitter le groupe. Est-ce vrai ?

— Non, absolument pas ! m'exclamai-je. Toute leur vie, David Berg a fait naître chez eux la peur de partir, la peur du Système, la peur de ce qui va leur arriver en dehors de leur groupe, de leur élite.

— Allez-vous continuer à faire campagne ? »

Je regardai Rachel et Gédéon dans les yeux pour répondre : « Oui. »

J'étais déterminée à continuer ma lutte contre la Famille, mais je venais juste de rompre avec Bryan. J'avais besoin de me détendre et de reprendre mes esprits après cette rupture difficile. J'avais également besoin de repos, de calme, et de me détacher de tout le stress émotionnel qui m'entourait : je m'arrangeai donc pour aller en Australie avec mon fils rendre visite à Mamie et Papi pendant quelques mois.

À l'aéroport de Sydney, je reconnus mes grands-parents sur-le-champ. Nous fondîmes en larmes en nous tombant dans les bras. Ils m'appelaient toujours Nina, mais je n'en avais cure : cela me rappelait les moments heureux de mon enfance. Jordan s'enticha immédiatement de Mamie. Être à nouveau avec eux me faisait sentir en sécurité, aimée.

J'étais attristée de voir toutes les photos de nous accrochées au mur. Je mesurai à quel point ils avaient dû être blessés que leur fils unique les abandonne, et combien ils avaient dû se sentir seuls, leurs petits-enfants vivant de l'autre côté du monde. Je passai de longues heures à leur parler de mes frères et de ma sœur en Angleterre.

Nous allâmes régulièrement tous les quatre au zoo et au parc, ainsi que visiter les incroyables Blue Mountains – je me souvins de l'air dans le pot de confiture, une des histoires drôles que Joshua avait l'habitude de nous raconter. Mes grands-parents nous présentèrent à leurs amis et parents, tous très accueillants. Cela me rassurait de savoir qu'ils étaient entourés par leur famille et tout un tas d'amis merveilleux. Ils participaient activement à la paroisse de leur église et Mamie faisait partie de la chorale. Au cours de mon séjour, ils me demandèrent si j'acceptais que Joshua et sa femme grecque nous rendent visite. Ils vivaient à Sydney depuis quelques mois : Joshua était chauffeur de taxi pour gagner de l'argent, de façon à pouvoir retourner sur le « terrain de mission ». J'imaginais qu'on lui avait pardonné son « excommunication » – et me demandais si c'était vraiment arrivé.

Il me salua comme si rien ne s'était jamais passé, en m'ébouriffant les cheveux. « Tu as grandi », me dit-il.

Je tressaillis. Subitement, j'eus l'impression d'être à nouveau une petite fille. Nous bûmes le thé et eûmes une conversation polie, mais bizarre. Pendant le déjeuner, Joshua me complimenta à propos de mon bébé et, à un moment, il admit devant tout le monde qu'il avait été très strict avec nous, les enfants. C'était difficile à entendre pour moi, et difficile de ne rien rétorquer ; j'étais mal à l'aise lorsqu'il était près de mon fils.

Après le déjeuner, alors que Mamie et la femme de Joshua étaient dans la cuisine en train de faire la vaisselle, Joshua sortit et s'assit près de moi sous la véranda. Nous nous lançâmes dans un débat passionné au sujet de Maman. Il la critiquait pour avoir régressé et s'être enfuie avec ses enfants. Je lui expliquai qu'elle avait fait ce qu'elle avait à faire et que je pensais au contraire qu'elle était très courageuse.

« C'est toi qui avais tort. Tu as été hypocrite car c'est toi qui avais demandé la séparation, lui fis-je remarquer.

— J'imagine que je n'aurais pas dû pousser ta mère à quitter ton père. Je suis désolé pour ça », fut tout ce qu'il admit.

Notre conversation dériva sur les sujets de la « Loi d'Amour » et d'« Une épouse ». Je lui exposai que ces enseignements avaient conduit à des abus indescriptibles et lui rappelai mes souvenirs d'enfance.

« Tu te souviens de ça ? me demanda-t-il, surpris.

— Évidemment que je m'en souviens. »

Il se mit à déblatérer le baratin habituel, les réponses toutes faites concernant la Famille et à quel point elle était libérée de l'asservissement au Système, qui considérait cela, à tort, comme de l'abus. « Tu comprends, ce n'est pas vraiment de l'abus… », commença-t-il à dire pour se défendre. Nous entendîmes soudain un hurlement venant de l'intérieur de la maison. Papi sortit en trombe par la porte de derrière, qui donnait sur la véranda, essayant de se maintenir avec une canne. Il nous avait entendus depuis sa chambre, où il se reposait d'une récente opération d'une hernie.

« Comment as-tu pu ? J'ai tout entendu ! », hurla-t-il.

Il leva sa canne et frappa son fils à l'épaule avec le peu de force qui lui restait. Mamie se précipita dehors et Papi lui raconta ce qu'il avait entendu. Elle parut choquée : cela me rappela l'époque où elle était restée au lit pendant trois jours, en Inde. À l'époque, cela avait dû être très douloureux pour elle d'avoir soupçonné ce qui se passait, mais de ne pas avoir pu dire ou faire quoi que ce soit.

Je me levai d'un bond, surprise et inquiète pour Papi. Je ne l'avais jamais vu en colère auparavant, encore moins entendu élever la voix.

Il était livide. « N'ose surtout pas critiquer sa mère ! Je te préviens ! Sors d'ici ! Tu es chez moi, et je ne veux pas entendre un mot contre elle ! »

Un tumulte général s'ensuivit, et Papi et Mamie ordonnèrent à Joshua et à sa femme de quitter les lieux.

Cette nuit-là, pour la première fois, je leur présentai en détail ma version des faits. Ce fut douloureux pour nous tous et nous n'évoquâmes plus jamais le sujet.

Cette même semaine, Joshua m'envoya de l'argent pour que j'achète une nouvelle poussette à Jordan, mais je n'avais pas envie de revoir cet homme. Il m'écrivit une lettre : il espérait arranger les choses entre nous et voulait continuer à jouer son rôle de père. Il m'écrivit que cela lui avait brisé le cœur de nous avoir tous perdus ce jour-là, à Londres, quand Maman avait fui avec nous. Je ne lui rappelai pas qu'il l'avait menacée de lui enlever ses enfants pour les envoyer au sein du culte. Une partie de mon cœur le plaignait mais, bien que je lui aie pardonné, il était trop tard. On ne pouvait pas revenir en arrière.

21

Réhabilitation

Juliana

Au début des années 1990, le vent du changement souffla sur la Famille : tout commença par l'annonce de la mort de Mo. Toute l'école de Bangkok se rassembla dans la grande salle de réunion et on nous lut la Lettre racontant « l'élévation » de notre leader au Paradis. Il était mort dans son sommeil après des années de maladie, entouré de membres de la Famille, tout comme il l'avait voulu. Il n'y avait pas un œil sec dans la salle : tous autour de moi pleuraient, parlaient en langues et priaient. Je savais que j'aurais dû prendre un peu plus part à l'événement, mais je n'étais pas triste du tout. Mo n'était qu'un nom sans visage pour moi, un fantôme dont les écrits avaient dicté ma vie dans ses moindres détails et, pourtant, en tant qu'homme, prophète ou saint, il ne signifiait rien à mes yeux. La réunion s'éternisa pendant des heures : des chants, des anecdotes concernant feu notre prophète, des prières et des promesses d'amour et de dévouement se succédaient. Je m'ennuyais à mourir.

L'atmosphère fut morose pendant toute la semaine qui suivit. Personne n'était sûr du destin de la Famille ; personne ne savait si Marie, l'héritière choisie par Mo, se lèverait pour « prendre le manteau d'hermine ». Nous apprîmes qu'un nouveau livre de lois était en cours d'écriture pour la Famille. Il régnait un sentiment d'espoir, espoir que les choses s'améliorent et que Marie modernise les règles et le mode de vie de la Famille.

C'est durant cette période de troubles – j'avais presque 13 ans – qu'on m'annonça une nouvelle que je n'attendais pas. On m'envoyait au Japon, pour vivre avec Papa ! J'avais depuis longtemps perdu tout espoir de revoir mon père : je n'arrivais pas à le croire. Au même moment, on me donna une lettre de Maman, accompagnée d'une photo de Mariana, Victor et Lily. La lettre était courte et je la parcourus rapidement. C'était la photo qui m'intéressait le plus : je les regardais fixement – mon frère et mes sœurs – pendant des heures. Mariana faisait une tête de plus que Victor et Lily. Ils posaient dans un joli bois, en Suisse, et j'étais sûre que leurs sourires m'étaient adressés. Je dus montrer cette photo à toute l'école. Mon cœur se remplissait de joie devant la tournure inattendue que prenaient les événements : c'était déjà Noël !

L'École de la Ville céleste accueillait toutes les stars de la Famille des années 1990. Mo et Marie leur avaient donné pour mission de produire de nouvelles musiques et vidéos, plus modernes, que la Famille pourrait utiliser pour témoigner dans le monde entier, en les vendant ou en les passant à la télévision. Pour plaire aux gens du Système, et particulièrement aux jeunes, les adolescents de la Famille se mirent à soigner leur apparence, comme le faisaient les gens du monde extérieur. C'était vu comme un mal nécessaire pour gagner des âmes perdues. *La Vidéo des petits, Le Grenier au trésor*, ainsi que d'autres productions de la Famille avaient fait naître de nouvelles célébrités, plus jeunes, au sein du groupe. Ces émissions avaient également permis d'obtenir de l'influence en dehors du groupe, et dans le monde entier, influence qui n'existait pas auparavant. L'École de la Ville céleste était l'endroit « cool » où il fallait se rendre, l'endroit où tous les gens cool se rassemblaient pour rivaliser de « coolitude ». Il me fallut des mois pour m'adapter.

Ce n'est qu'après mon arrivée à l'École que j'appris qu'en réalité Papa n'y vivait pas. Il vivait dans une petite Demeure du Service mondial, à Tokyo, avec sa nouvelle femme japonaise, Soleil, et son bébé, Royaume.

En 1995, Marie se couronna reine, la Reine Marie, dans une série de Lettres qui expliquaient de quelle façon le « manteau d'hermine » de Mo lui était revenu. S'ensuivit le couronnement de son nouvel époux, le Roi Pierre, alias Pierre Amsterdam, ancien bras droit de Mo et Marie. Les loyalistes de Mo acceptèrent difficilement le règne d'une femme, qui avait un style très différent de leur ancien leader. Mais bon nombre d'entre nous, les jeunes, espérions qu'avec ce changement de direction, les choses s'amélioreraient pour la seconde génération. À l'époque, les règles semblaient se relâcher de façon spectaculaire et nous bénéficiions d'une bien plus grande liberté d'expression. C'était cet espoir, celui d'un futur différent, qui faisait tenir beaucoup d'entre nous. Sous ce nouveau régime, j'étais heureuse car j'avais une certaine liberté de choix dans ma vie quotidienne. Je pouvais porter ce que je voulais, dans les limites du raisonnable ; je n'étais pas surveillée vingt-quatre heures sur vingt-quatre et ne passais pas mon temps à marcher au pas, en groupe. J'avais plus de responsabilités et plus de temps à moi.

L'espoir peut se révéler un instrument puissant entre les mains de celui qui le détient, car il peut le donner ou le supprimer à sa guise. Celle qui avait ce pouvoir était la Reine Marie.

Au bout d'environ un an, Papa quitta la Demeure du Service mondial pour s'installer avec Soleil et Royaume à l'École de la Ville céleste. Papa m'annonça que Soleil était à nouveau enceinte et qu'il était très occupé, entre sa nouvelle famille et son travail de scénariste pour les productions vidéo. Je ne le voyais que rarement, lors des repas. Même si en apparence je semblais gaie, au fond de moi, j'étais totalement perdue : j'avais l'impression de n'avoir aucune valeur. Je ne savais plus quelle place j'occupais dans le grand ordre de l'univers. Je détestais mon père. Pour avoir abandonné ma mère ; pour m'avoir abandonnée ; mais surtout parce qu'il faisait comme si tout allait bien.

Cette illusion lui convenait. Mais elle ne me convint jamais à moi.

J'avais grandi seule et, maintenant que j'avais enfin un parent, j'étais toujours seule, sans ami, en guerre contre le monde, et en guerre contre moi-même. Un jour, je décidai qu'il était temps de mettre un terme à ce sentiment écrasant, qui m'avait poursuivi toute ma vie. Convaincue que j'avais été une erreur, j'écrivis une lettre dans laquelle je donnais tout ce qui m'appartenait à l'une de mes amies. Je montai ensuite au second étage, sur le rebord de fenêtre de Papa, et me persuadai de sauter. Le sol en bas m'attirait. Soudain, il me sembla très proche. Mais, à cet instant-là, une pensée incohérente me frappa – peut-être que je n'allais pas mourir, peut-être que j'allais survivre, paraplégique, comme un légume. Cette pensée me figea, si bien que Papa eut le temps d'entrer dans la pièce.

Il avait à peine levé les yeux que je sautai rapidement à l'intérieur, me demandant ce qu'il allait penser. Mais il ne pensa rien. Il n'eut aucune réaction.

Du moins, jusqu'à ce que je lui annonce : « Je veux quitter la Famille. » Ce n'est qu'à ce moment-là qu'il se mit à paniquer. J'avais vraiment dit cela pour attirer l'attention, et ce fut bien le cas, mais pas de la façon que j'avais imaginée. Lorsqu'il me demanda pourquoi je voulais partir, je lui répondis que je n'étais pas heureuse. Sa solution était de m'envoyer en Inde – être sur le « terrain de mission » me guérirait. Pour Papa, c'était loin des yeux, loin du cœur. J'étais une adolescente déboussolée. Me voir dans cet état le perturbait sans doute trop : c'était la preuve de son incapacité à être un bon parent. Je n'avais plus du tout de respect pour lui en tant que père.

Pour le reste de la Famille, toute personne venant du Japon était matérialiste et manquait de spiritualité. À cette époque-là, j'avais appris à m'habiller de façon à m'intégrer. Je portais des jeans coupés au-dessus du genou et des débardeurs. Les bergers d'Inde adressèrent une lettre cinglante à mon père pour lui dire que j'étais descendue de l'avion habillée comme une prostituée. Ils m'octroyèrent de longues jupes à fleurs et m'avertirent que je ne devais porter que des vêtements féminins, dans l'esprit d'une vraie femme de la Bible.

Peu importe où j'étais, je ne faisais jamais rien de bien. J'avais fait tout mon possible pour m'adapter à l'École de la Ville céleste, et j'avais réussi. Maintenant, on me condamnait pour cela.

Au bout de quelques jours seulement passés en Inde, je souffris d'une grave diarrhée et ma température monta anormalement. Pendant une semaine, j'eus des accès de délire. Les seuls moments où mon ventre me faisait moins mal étaient quand je posais une bouillotte d'eau brûlante dessus. Par conséquent, il fut bientôt recouvert de marques de brûlures. Je n'arrivais même pas à garder l'eau que j'avalais. Au moment où je commençai à me remettre, j'étais un véritable squelette. Et, à la minute même où je pus me rasseoir et manger, j'eus droit au sermon habituel. Pourquoi Dieu me punissait-il ? Qu'en retirais-je ? Je dus ingurgiter une série de *Lettres de Mo* et écrire mes réactions pour déterminer quelles faiblesses spirituelles avaient pu déclencher une manifestation physique aussi violente.

Les quelques mois que je passai là-bas furent un véritable cauchemar. Je travaillais du matin au soir : je récurais, cuisinais, m'occupais des enfants, ou arpentais les rues pour vendre des cassettes et autres vidéos. Nous n'avions qu'un seul jour libre par semaine. Il y avait d'autres jeunes, mais les bergers n'aimaient pas que je leur parle : ils avaient peur que je contamine leurs esprits purs.

Régulièrement, les bergers m'emmenaient dans une pièce privée pour me corriger – des péchés habituels comme la rébellion, l'attachement aux biens de ce monde ou bien pour ne pas avoir suffisamment soif de la Parole de Dieu. J'avais l'impression qu'en fait ils avaient simplement une dent contre moi. J'avais peur du berger de la Demeure, un Indien du nom de Matthieu. Il me criait dessus jusqu'à ce que je pleure, puis il me souriait.

« Maintenant, dis-moi que tu m'aimes. Est-ce que tu m'aimes ?

— Non. »

Je le regardais avec haine.

Ses yeux s'embrasaient, il m'attrapait la tête avec les deux mains et la portait à deux centimètres de son visage. « Dis-moi que tu m'aimes, ou tu ne quitteras pas cette pièce. »

Il jouait à ce petit jeu jusqu'à ce qu'il ait réussi à faire sortir ces mots de ma bouche. Puis il m'embrassait tout le visage et me tenait dans ses bras pendant ce qui me semblait durer des heures avant de me laisser enfin partir. Il sentait le curry ; il en avait le goût. Après, je m'enfermais dans la salle de bains, mettais la tête en arrière et pleurais en silence. Cela me soulageait un peu.

Après trois mois comme cela, je ne souhaitais qu'une chose : partir. En comparaison, le Japon ressemblait au Paradis. Chaque jour, je suppliais qu'on me laisse retourner auprès de mon père. Leur « rééducation » n'ayant aucune prise sur moi, ils finirent par écrire à mon père pour lui dire de venir me chercher : ils ne voulaient plus m'avoir sur les bras et ne pouvaient plus rien faire pour sa petite horreur.

Papa vint me chercher rapidement. J'essayai de lui dire la vérité, mais il ne voulait rien entendre. C'était toujours une grande vedette en Inde et j'avais déshonoré son nom. Il me dit sans ambages qu'il avait honte de moi, et que je l'avais déçu. Sur ce, nous nous envolâmes pour le Japon de façon à arriver à temps pour Noël. J'attendais cela avec impatience.

Au service de l'immigration, les agents examinèrent nos papiers de près. Ils croyaient que Papa avait travaillé clandestinement au Japon et nous refusèrent l'entrée. Tous les vols au départ de Tokyo étaient complets pendant des jours : nous fûmes donc conduits en prison.

Nous passâmes Noël derrière les barreaux. La journée, la prison était relativement vide et nous jouions à la bataille avec les gardes, assis dans le réfectoire. C'était amusant de les regarder, guindés et sérieux alors qu'ils fixaient la pile de cartes, et si alertes au moment de pousser un brusque « bataille ! » quand deux cartes faisaient la paire. Papa et moi devînmes très populaires auprès d'eux. Ils se montraient compatissants, sachant que Papa avait une femme japonaise et deux enfants et que nous aurions aimé passer Noël avec eux.

Après quatre jours, on nous mit dans un avion pour la Thaïlande. Mon cœur se serra quand j'appris notre destination. Je passais du gril à l'enfer : nous retournions au Centre de formation de Bangkok. Une fois de plus, Papa me laissa dans le groupe d'adolescents. Il semblait soulagé de ne plus m'avoir sur les bras et ne se donna pas la peine de s'assurer que j'allais bien. Ici, je retrouvai ma sœur adoptive, Vera, et nous redevînmes bonnes amies.

Mais les bergers d'Inde m'avaient mise sur une liste noire, me considérant comme une « pomme pourrie » potentielle, et les Officiers centraux aux rapports mirent rapidement le Centre de formation au courant du « sérieux » de mon état. Ils décidèrent donc de reprendre ma rééducation là où on l'avait laissée en Inde. Je fus restreinte au silence et je travaillais comme une esclave. Je dus passer l'aspirateur et la serpillière dans toute l'école, la polir en son entier – elle faisait près de 400 mètres d'un bout à l'autre. C'était un travail monumental : quand j'eus terminé, j'arrivais à peine à me tenir droite après m'être penchée pendant de si longues heures.

Ensuite, je dus faire toutes les vitres, et il y en avait des centaines. Je devais maintenir propres, à tout instant, l'office, la cuisine, la salle à manger et les endroits où l'on recevait les visiteurs. Je travaillais sept jours par semaine, sans jour libre, sans école, ni jeux. C'était la seule forme de discipline qu'ils pouvaient m'infliger et ils mirent le paquet. Tout ce que j'aimais m'était interdit. Les rares fois où je voyais Papa, je lui demandais quand nous allions partir. Nous n'étions censés rester que quelques semaines, mais les semaines se transformèrent en mois et une peur atroce m'envahit : j'étais peut-être coincée là pour toujours.

En février vint le moment du jeûne annuel de la Famille, qui durait trois jours. Habituellement, c'était à ce moment-là que les dernières « révélations » venant du Paradis nous étaient communiquées. Cette année-là, nous eûmes droit à une surprise : la « Révélation Aimer Jésus » nous fut dévoilée. Il y avait des centaines de pages à lire et il nous fallut les trois jours de jeûne pour en venir à bout. Il nous fut révélé, à nous, les épouses choisies par Dieu pour la fin des Temps, que Jésus se sentait seul et qu'il avait besoin de notre amour. La Bible disait clairement dans des livres comme le *Chant de Salomon* que nous, appartenant à la dernière église de Dieu, étions toutes l'Épouse du Christ. Il ne voulait pas que l'on se contente de l'aimer comme un père, ou même comme un grand frère. Il nous voulait comme amantes. Cette Révélation expliquait avec des détails très crus que, dans « l'esprit », nous étions tous des femmes, indépendamment de nos attributs physiques. Même les hommes, au sein de l'Esprit, pouvaient faire l'amour à Jésus.

Dans l'Esprit, dans l'Esprit,
Vous pouvez pousser notre dernière chansonnette
Dans l'Esprit, dans l'Esprit,
Vous n'avez pas besoin de quéquette !
Car dans l'Esprit, dans l'Esprit,

Vous pouvez être qui vous voulez !
Dans l'Esprit, dans l'Esprit,
Vous pouvez même avoir un con !

Dans ces Lettres, nous trouvions de nombreux exemples nous expliquant comment nous devions aimer Jésus. La manifestation ultime de notre amour était d'avoir des rapports sexuels avec un partenaire. Nous devions toutes prétendre que notre partenaire était Jésus et crier combien nous étions chaudes et excitées par le sexe de Dieu. Bien évidemment, Jésus serait là, pour posséder l'autre dans la chair.

Je trouvais que c'était la doctrine la plus étrange que j'aie jamais entendue. J'avais envie de rire devant tant d'absurdité, mais, bien sûr, je n'osai pas. Cette nouvelle « révélation » n'était pas immédiatement obligatoire, mais plutôt quelque chose à quoi les gens pouvaient s'habituer à leur rythme. J'étais soulagée. En tant que mineurs, nous ne devions aimer Jésus que par la masturbation. Néanmoins, on nous précisa bien qu'aimer Jésus ensemble, en tant que Demeure, comme une seule et même Épouse, renforcerait notre harmonie.

Lors des prières, alors que de nombreux adultes criaient combien Jésus était sexy et combien ils désiraient sa semence, je me contentais de rester silencieuse. C'était plus que non orthodoxe à mes yeux : cela me semblait même sacrilège. Nous sortions tout juste de graves procès et j'aurais pensé que nous agirions enfin de façon plus normale, que nous ferions de bonnes actions et parlerions aux gens de Jésus.

Mais, avec une croyance aussi étrange que celle-ci, qui allait bien pouvoir nous prendre au sérieux en tant qu'organisation religieuse ?

Afin de régler nos problèmes de visa, Papa et moi nous envolâmes pour le Royaume-Uni. Papa devait changer de passeport pour pouvoir à nouveau entrer au Japon, avec un nouveau nom et un casier judiciaire vierge. Comme j'étais mineure, je ne pouvais pas changer de nom : Papa m'informa donc que je ne pourrais pas retourner avec lui au Japon. Ce jour-là, alors que mon père remplissait des papiers, je sortis de l'ambassade d'Angleterre et m'assis sur le trottoir. Je me sentais comme une pauvre orpheline. Je fixais les pieds qui passaient à côté de moi, pensant que je n'étais qu'une paire de pieds parmi les milliards qui arpentaient la planète. Une paire de moins ne manquerait pas. Je devais vraiment avoir l'air très triste car trois personnes différentes s'arrêtèrent pour me dire un mot gentil. Mais je voulais juste être seule.

Papa décida de me renvoyer auprès de ma mère, qui vivait dans le sud de la France. Elle m'aiderait à changer de passeport et je pourrais alors essayer d'entrer à nouveau au Japon. Maman, Victor, Lily et Mariana, cette famille que je ne connaissais pas, vinrent à ma rencontre à la sortie de l'avion. En sortant du terminal, je reconnus immédiatement ma mère, bien que je ne l'aie pas vue depuis dix ans. Elle souriait jusqu'aux oreilles et elle me prit dans ses bras. Le temps l'avait épargnée et, contrairement à Papa, elle avait toujours l'air jeune, sans un seul cheveu gris. « Regarde-toi ! Tu es si belle ! », s'exclama-t-elle avec fierté. J'étais nerveuse, mais mon frère et mes sœurs me mirent immédiatement à l'aise. Ils vivaient dans un gîte au cœur d'une belle campagne française. Maman s'était remariée à un Français du nom de Luc et ils avaient eu une fille ensemble, Corina. Mais un plus grand choc m'attendait : leur mariage comptait une troisième personne. Elle s'appelait Crystal. Elle était follement amoureuse de Luc, et Luc était follement amoureux de Maman : les trois formaient donc un triangle amoureux, un couple à trois.

Crystal avait rencontré mes parents à Loveville, en Grèce. Elle avait dirigé le programme de Détention des Adolescents à Macao, là où Mene avait été torturée. Un autre des enfants ayant été retenu là-bas était Ben Farmon, qui s'était suicidé peu après. Crystal avait aujourd'hui abandonné ses fonctions dirigeantes. Cela la rendait anxieuse et elle occupait le rôle de berger dans notre petite famille, nous rassemblant tous les jours pour le Moment de la Parole et les sermons. Nous acceptions à contrecœur cette intrusion dans nos vies, dans notre famille. Elle rabaissait constamment Maman, rappelant que Papa avait d'abord été à elle, insistant sur le fait que si elle n'avait pas été renvoyée de Grèce, aucun de nous ne serait en vie aujourd'hui.

Je restais dehors aussi souvent que possible avec Lily, Victor et mes demi-frères et demi-sœurs. C'était la première fois que j'étais autorisée à me promener plus ou moins librement et nous faisions de longues randonnées en remontant la rivière qui courait derrière la maison, explorant de vieilles maisons vides, ou bâtissant des cabanes en pin dans les bois. Pour la première fois, j'appris à connaître mon petit frère et ma petite sœur.

Avec Maman, le courant ne passait pas bien. Elle avait attendu avec impatience le jour où je lui reviendrais, mais les choses ne se déroulaient pas comme elle l'avait imaginé. Elle ne s'était pas rendu compte qu'en me laissant si jeune elle avait rompu le lien qui, dans d'autres conditions, se serait tissé entre nous. Ce n'est pas que je ne l'aimais pas ; je l'aimais, très fort. Je ne lui montrais tout simplement pas mon attachement, ce qui la blessait profondément.

Elle finit par s'éloigner de moi, osant à peine me prendre dans ses bras, de peur que je la repousse. Elle se sentait coupable de m'avoir laissée et s'imaginait que je la détestais pour cela. En réalité, je ne savais pas comment réagir face à cette mère que je ne connaissais pas et à laquelle je ne savais pas comment parler. Je sentais la barrière invisible dressée entre nous, mais ne savais pas comment la faire tomber. Je n'étais plus l'enfant câline qui pouvait aller se blottir contre elle, mais une adolescente en colère et perturbée qui ne se sentait jamais à sa place – pas même dans ma propre famille. Je ne parlais pas de mes souvenirs avec mes frères et sœurs, qui me laissaient également en dehors de beaucoup de leurs conversations. J'étais l'éternelle étrangère.

Un jour, je trouvai une solution : je pouvais me rayer complètement de la carte. J'étais déjà montée en équilibre sur le rebord de fenêtre de Papa mais, cette fois, je me sentais prête à sauter. Un jour, alors que tout le monde faisait la sieste, je m'emparai du couteau de cuisine et m'enfermai dans la salle de bains.

Je m'assis par terre et me mis à me taillader les poignets avec la lame. À mon grand agacement, le couteau était peu tranchant. Je sciai mon poignet avec frénésie, mais le couteau me transperçait à peine la peau. Je finis par réussir à me couper un lambeau de chair, mais n'allai pas suffisamment en profondeur pour couper la veine. Je sentais que je serais facilement dégoûtée à la vue du sang et j'avais peur de la douleur.

J'abandonnai donc, m'allongeai sur le sol de la salle de bains et pleurai jusqu'à ce que je m'endorme. J'avais honte : j'étais trop lâche pour vivre et trop lâche pour mourir. Je me réveillai dans une flaque de sueur. Il régnait dans cette petite pièce une chaleur étouffante. Je remontai furtivement les escaliers et me bandai le poignet. Je portais toujours des manches longues : personne ne remarqua donc jamais rien.

Une fois que mon passeport fut changé, je retournai à l'École de la Ville céleste, au Japon. Au bout de quelques mois, Maman m'écrivit que Philip, mon demi-frère, était mort d'une tumeur au cerveau. Il n'avait que 14 ans, et sa mort me bouleversa. J'étais submergée par la culpabilité. Je n'avais pas eu l'occasion de le connaître autant que je l'aurais souhaité et, maintenant, je n'aurais plus jamais cette chance. Peut-être n'était-il pas mon frère de sang, mais il faisait tout de même partie de ma famille, et j'aurais dû me soucier davantage de lui. Mais, plus que tout, j'étais en colère contre moi-même car je n'arrivais pas à pleurer. Peu de temps après la mort de Philip, Windy, une fille que j'avais connue au Japon, se suicida. Ces deux morts m'affectèrent beaucoup. Depuis que j'étais enfant, j'avais toujours pensé que le monde prendrait fin avant que j'aie le temps de vieillir. Désormais, je pensais différemment : si nos vies devaient se terminer inexorablement, que ce soit par une mort inattendue, ou lors de la fin du monde, alors à quoi bon ?

Après mon départ de Thaïlande, je continuai à correspondre régulièrement avec ma sœur adoptive, Vera. Un jour, dans un courrier, je lui racontai ma vie, lui conseillant de « laisser faire » car tout ce que nous avions à attendre, c'était la mort. J'avais exprimé dans cette lettre toute la peine que je ressentais. Si j'avais su que ma correspondance était censurée, je n'aurais jamais écrit tout cela.

Deux semaines plus tard, je reçus une lettre de mes anciens parents adoptifs, Joseph et Talitha : ils ne voulaient plus que je leur écrive, ni à eux, ni à Vera. J'avais une mauvaise influence sur Vera et ils me firent clairement comprendre qu'ils ne me considéraient plus comme leur fille.

Cette lettre me blessa profondément. Lorsque j'avais perdu tout espoir de revoir Papa, je m'étais accrochée à eux comme à ma famille. Je reçus ce rejet froid et soudain comme une gifle.

Après cela, quelque chose s'éteignit dans mon cœur. Je ne voulais plus que quiconque soit proche de moi, pour m'éviter la peine que les gens que j'aimais me causaient inévitablement. Je devins très agressive et j'étais parfois en proie à de violents accès de colère. Si les gens ne semblaient pas m'aimer, je ne voyais plus l'intérêt de faire en sorte de me rendre agréable. Je négligeais mon hygiène personnelle : j'avais les cheveux courts, une coupe peu seyante, de façon à ne pas avoir à les brosser. Je cherchais toujours la bagarre : un jour, je poussai même mon professeur avec violence sur la table de la salle à manger, qui se cassa en deux.

Peu à peu, je perdis tous mes amis. On m'ignorait royalement, sauf s'il s'agissait de m'encourager à l'occasion d'une bagarre. J'étais trop grande, trop chahuteuse : ma bouche était comme un revolver sans cran de sécurité. Mon esprit sarcastique devint un moyen de me protéger, de masquer le peu d'estime que j'avais de moi-même. Ce ne fut donc pas une surprise quand on me classa, sur la liste de l'école, parmi les « 10 dernières personnes au monde à fréquenter ».

Je voyais rarement Celeste. Même Papa cessa de s'intéresser au fait de savoir si j'allais descendre dîner ou non, les repas étant les seuls moments où j'avais une chance de le voir. Je devais m'en aller. Un jour, une annonce sur le tableau d'affichage de l'école retint mon attention. Un couple de la Famille à Tokyo avait besoin de quelqu'un pour s'occuper de ses enfants. Je posai ma candidature et fus acceptée pour le poste, pendant trois mois.

À la gare de Shinjiku, je fus accueillie par un jeune homme qui s'appelait Marcus : il vivait dans ma nouvelle Demeure. J'étais contente de ne pas être la seule jeune à vivre là-bas. Très vite, Marcus commença à s'intéresser de près à moi mais, moi, il ne m'intéressait pas du tout. Personne ne m'avait jamais aimée de cette façon : n'ayant aucune expérience, je ne déchiffrais pas les signes révélateurs de son attirance pour moi.

Un jour, le fils aîné du couple, Miguel, vint en visite. Il avait quitté la Famille peu de temps auparavant et travaillait désormais dans un bar de Tokyo. Il était beau et j'étais flattée par la façon qu'il avait de me fixer ouvertement. C'était un sentiment nouveau pour moi et, bien que je ne le comprenne pas, je savais que cette attention me plaisait et peut-être même que je l'encourageais inconsciemment. Néanmoins, ce fut bel et bien une surprise de me réveiller au beau milieu de la nuit et de trouver Miguel dans mon lit. Il tirait sur ma culotte, son souffle chaud empestant la cigarette.

« Non, murmurai-je rapidement.

— Non ? Il se frottait contre moi avec frénésie.

— Non.

— Allez, tu as envie de moi. Je sais que je t'excite. »

J'étais toujours dans un demi-sommeil et une partie de moi me disait : *tout ceci n'est qu'un drôle de rêve.*

« Arrête… les enfants », marmonnai-je en signe de protestation. Ses frères et sœurs dormaient dans la même pièce et j'espérais que cela l'arrêterait.

« Alors tu ferais mieux d'être discrète. »

J'avais trop peur pour faire autre chose que rester allongée là, en silence, et le rêve continua comme un cauchemar pendant les deux heures qui suivirent. Quand il s'écarta enfin, j'étais très irritée, j'avais mal.

Tôt le lendemain matin, je sortis honteusement de la maison, pris mon vélo et restai dehors toute la journée, jusqu'à ce que je sois sûre qu'il était bien parti. Avoir des rapports sexuels avec un étranger était un péché qui pouvait vous valoir au pire l'excommunication ou, au mieux, une excommunication partielle. L'idée de me faire excommunier, particulièrement pour quelque chose qu'on m'avait forcé à faire, était terrifiante. Après tout, je n'avais que 15 ans.

Je décidai de garder ce cauchemar dans ma boîte à secrets, que je gardais sous clé, dans un coin de ma tête. Seulement, les secrets savent se révéler eux-mêmes, tôt ou tard.

Dans mon cas, ce fut tôt plutôt que tard. Le lendemain, pour être précise. Marcus rentra à la maison après le travail et me barra le passage en haut des escaliers de son bras costaud.

« Quoi de neuf, Marcus ? [J'essayai de paraître désinvolte, mais ma voix trahissait mon inquiétude.]

— Espèce de petite traînée ! me cracha-t-il. Tu ne le connais même pas et tu couches avec lui dès le premier soir !

— Je ne sais pas de quoi tu parles. Nous n'avons rien fait.

— Ah oui ? Il dit que tu haletais comme une petite chienne en chaleur. Il dit que tu l'as épuisé, que tu n'en avais jamais assez, comme une pute insatiable. » Ce mensonge me fit encore plus mal que le viol en lui-même.

« Quoi ! Il dit ça juste pour te rendre jaloux ! »

J'avais les yeux qui piquaient ; la pièce tournait tout autour de moi.

« Je vais te dénoncer, et tu sais ce qui va t'arriver. Tu es dans la merde maintenant.

— Marcus, ça ne s'est pas passé comme ça. Il m'a forcée, essayai-je de lui expliquer.

— C'est des conneries. Je ne te crois pas. Il ne voulait pas me croire car il avait déjà ses plans.

— Écoute, crois-moi ou pas, mais c'est vrai. S'il te plaît, je ferai tout ce que tu voudras. Ne me dénonce pas : ce n'était pas ma faute.

— Bien sûr que c'était ta faute et tu as raison sur un point : tu vas faire tout ce que je te demande, ou je te dénonce. »

Il vint dans mon lit le soir même, puis tous ceux qui suivirent. Parfois, je faisais semblant de dormir, d'avoir mes règles ou d'être malade. Il finit pas arrêter de croire à mes excuses. Ma vie là-bas devint un enfer : je sautai donc dans un train pour retourner à l'École de la Ville céleste.

À mon arrivée, l'un des bergers pour adolescents s'approcha de moi.

« Que fais-tu là ? »

Je fus choquée par sa question. J'avais toujours pensé que l'école était ma maison.

« Tu n'as pas demandé la permission de revenir. Nous n'avons même pas de lit pour toi.

— Je peux dormir par terre. »

Ils me trouvèrent rapidement du travail. Mais j'arrivais à peine à prendre soin de moi, d'autant moins avec onze enfants chahuteurs dans les pattes de 9 heures du matin à 7 heures du soir. Après quelques mois, j'étais au bord de la dépression nerveuse et demandai un break.

On m'envoya travailler dans une nursery. Là-bas, j'étais souvent seule avec quatre bébés, ce qui était loin d'être facile. Un jour, les deux bergers qui dirigeaient les professeurs me convoquèrent.

« Nous avons eu des problèmes avec certains des enfants qui disent des gros mots, m'annoncèrent-ils.

— Ah ? »

Je ne voyais pas où ils voulaient en venir.

« Nous pensons que tu es peut-être la responsable : nous allons donc devoir te demander de quitter ton ministère à la nursery. »

Leur logique me choquait.

« Je travaille à la crèche toute la journée. Comment diable pourrais-je être responsable du fait que des enfants que je ne voie même pas disent des gros mots ? répondis-je.

— Nous avons prié à ce sujet et le Seigneur nous a montré que tu étais responsable. »

Je trouvais cela ridicule. Pourquoi avaient-ils toujours recours au Seigneur quand ils avaient besoin d'une excuse pour faire quelque chose ?

« Il semble juste que tu aies encore beaucoup de leçons à tirer de tes expériences : tu y arriveras mieux ailleurs, là où tu ne pourras pas avoir une mauvaise influence sur les enfants. »

Je me contentai de rester silencieuse. Si j'étais honnête avec moi-même, je me fichais de quitter la nursery. J'étais fatiguée. Ce qui me blessait, c'était d'être renvoyée après avoir travaillé dur et sans avoir été aidée.

« À la place des enfants, on va te mettre avec le petit personnel. Peut-être qu'un peu de travail physique te fera du bien. »

« Un peu de travail physique » signifiait rejoindre les hommes pour réhabiliter le parc en traînant des blocs de ciment pour libérer une zone de construction.

Je courus dans les champs, où personne ne pouvait m'entendre, et pleurai amèrement. « Pourquoi, mon Dieu, criai-je en m'adressant aux cieux, me détestes-tu ? Pourquoi tout le monde me hait-il ? Qu'ai-je fait ? » Cette fois, je m'expliquai avec le grand Créateur. « Pourquoi est-il si difficile de vivre ? Est-ce que tu aimes voir ma peine ? Est-ce que tu aimes me voir souffrir ? Parle-moi ! Es-tu seulement là ? Pourquoi ne réponds-tu jamais ? Dieu, je suis ton enfant, parle-moi ! »

Mais aucune réponse ne me parvint. Peut-être après tout que Dieu m'avait aussi tourné le dos.

Ce que notre groupe comptait de chanteurs et de musiciens se rassembla au Japon, à l'École de la Ville céleste, pour un sommet d'artistes. Tout le monde mit du sien pour mettre en place l'enregistrement d'*Aimez la musique de Jésus* – des chansons d'amour destinées à Jésus. À l'époque, le Roi Pierre rendait visite aux plus grandes communautés du monde pour marquer son territoire et celui de la Reine Marie : il allait être présent lors de cette manifestation.

J'étais en train de travailler sur un projet artistique quand le Roi Pierre arriva avec son entourage. Je fus d'abord frappée par sa taille imposante. Il avait une queue-de-cheval et essayait d'être à la page en portant un jean. Je savais qu'on essayait de donner une nouvelle image de la Famille avec des dirigeants modernes engageants. Le Roi Pierre nous montra des photos de la Reine Marie. C'était la première fois pour beaucoup d'entre nous que nous voyions à quoi elle ressemblait et je fus choquée de la voir poser nue, ou en tout petit déshabillé. C'était soi-disant pour montrer son esprit révolutionnaire.

Tous les dirigeants se mirent à imiter le nouveau look de Pierre. S'ensuivit une grande pression pour unir les générations, la première génération étant encouragée à épouser la seconde. Tous les plus hauts dirigeants à queue-de-cheval prirent de jeunes épouses – maintenant qu'elles étaient majeures. Rebecca, sa secrétaire issue de la seconde génération, suivait le Roi Pierre comme un fidèle petit chiot. Elle avait l'âge de Celeste : ce n'était un secret pour personne qu'elle prenait soin de lui, de toutes les façons imaginables.

C'est au cours de cette visite que Celeste fut recrutée pour travailler au Service mondial. Je savais qu'elle avait des problèmes et voyais qu'elle n'était pas heureuse. Je savais qu'elle avait eu une histoire d'amour avec un jeune homme qui ne se servait d'elle que pour le sexe. Je le voyais rôder autour de toutes les femmes de l'école et savais qu'il ne nous apporterait que des ennuis. Il avait déjà mis enceintes trois femmes différentes et avait froidement joué avec les sentiments de ma sœur. Celeste en avait été profondément blessée. Il n'y avait aucun doute, elle voulait s'échapper tout autant que moi.

Papa exulta de joie en apprenant la promotion de Celeste. Seuls les meilleurs finissaient au Service mondial et sa fille chérie avait réussi. Mais moi, je lui en voulais. Elle allait passer de l'autre côté du miroir : qui pouvait dire quand elle reviendrait. Certaines personnes restaient au Service mondial jusqu'à la fin de leur vie. Je ne saurais jamais où elle se trouverait, ni ce qu'elle ferait.

« Si c'est ce que tu veux, alors vas-y ! Nous ne sommes pas une famille de toute façon : ça ne fera donc aucune différence. » Je ne voulais pas paraître méchante, mais ce furent mes mots. Une fois de plus, on me laissait derrière. Mais cette fois-ci je ne pleurai pas. C'était comme si j'avais épuisé toutes les larmes de mon corps.

Après le départ de Celeste, Papa eut une inspiration soudaine : puisque j'étais sa fille, je devais auditionner pour devenir chanteuse dans son émission. Avant que je ne comprenne ce qui m'arrivait, je me retrouvai avec un script entre les mains et un casque sur les oreilles. Mais, au moment crucial, je perdis ma voix.

Je ressentais une pression immense à cause des espoirs que Papa plaçait en moi : je restai donc figée. Le studio l'informa que j'avais raté mon audition. Après le dîner, il me retrouva dehors.

« Que s'est-il passé ma chérie ? » C'était plus une accusation qu'une question.

« Que veux-tu dire ?

— J'ai organisé cette super opportunité pour toi et tu as tout fichu par terre !

— Je suis désolée Papa, murmurai-je. Je me suis figée.

— Ma chérie, je suis très déçu. Je me suis mouillé pour toi et j'en attendais un peu plus de ta part. Cette fois, tu n'auras pas de deuxième chance. »

Ces mots me fendirent le cœur et je répondis avec colère : « C'est parfait Papa ! Sois donc déçu. De toute façon, je ne fais jamais rien de bien avec toi ! » Je partis en courant. Il ne pourrait jamais m'aimer simplement comme sa fille.

22

La maison des cuisses offertes

Celeste

Alors que je poussais mon chariot à bagages dans le hall de l'aéroport, je regardais nerveusement autour de moi, à la recherche d'un visage souriant, d'un signe d'accueil. Dix-huit heures plus tôt, à l'aéroport international de Tokyo, on m'avait donné une enveloppe contenant mon billet d'avion et 300 dollars et dit : « Ton avion décolle dans quarante-cinq minutes : tu ferais mieux d'y aller. »

Dès que j'avais passé le contrôle des passeports, j'avais regardé avec impatience le billet que je tenais dans ma main. Mes yeux étaient tombés sur le nom « Porto ». *Mais où cela peut-il bien être ?* avais-je pensé en me précipitant vers la porte d'embarquement. Ce n'est qu'après le décollage, quand j'avais entendu le pilote mentionner le Portugal, que j'avais enfin su où je me rendais. Je n'avais jamais été au Portugal et ne savais pas à quoi m'attendre : je ne savais même pas où j'allais dormir cette nuit-là. Mon estomac resta noué durant tout le vol ; je ressentais un mélange d'appréhension, d'excitation et de peur. J'avais l'impression d'être l'héroïne d'un roman d'espionnage. J'avais 22 ans et j'étais plus curieuse qu'effrayée. C'était excitant et terrifiant tout à la fois.

J'entrai dans le petit hall de l'aéroport de Porto en début de soirée. Je les remarquai immédiatement – un homme et une femme, debout l'un à côté de l'autre, la quarantaine bien sonnée.

« Bienvenue, ma chérie », dit la femme pour m'accueillir, avant de me prendre dans ses bras. Je n'avais aucune idée de son identité, mais son apparence trahissait son appartenance à la Famille – elle ressemblait particulièrement à un membre de l'âge de mes parents : un trop grand sourire, une frange droite, de longs cheveux et peu de maquillage.

« As-tu fait bon voyage ? me demanda-t-elle.

— Oui.

— Je m'appelle Vicky. Et voici Terry, précisa-t-elle en souriant.

— Alors, est-ce que tu sais où nous sommes ? », me demanda Terry.

Il avait les cheveux gris et il avait dû être beau dans sa jeunesse.

« Eh bien, je n'étais pas sûre de savoir où se trouvait Porto, mais on est au Portugal, n'est-ce pas ? lui demandai-je, pour en avoir la confirmation.

— Oui… Nous sommes bien au Portugal… Mais sais-tu dans quelle Demeure tu te rends ?

— Eh bien, je suis quasiment sûre que c'est la Demeure de Maman Marie, répondis-je.

— Comment l'as-tu su ? me demanda Terry, un peu surpris.

— Eh bien, j'ai eu un pressentiment, répliquai-je.

— N'est-ce pas excitant ? dit Vicky. Tu te rends à la Demeure de la Reine. Tu ne rencontreras probablement pas Marie avant quelques semaines, mais Terry et moi sommes les bergers de la Demeure et nous nous occupons de tout. »

On appelait affectueusement la Reine Marie « Maman ». L'endroit où elle se trouvait était toujours gardé secret. Toute ma vie, j'avais lu des choses concernant Maman ; ses préceptes avaient régenté chaque partie de ma vie et maintenant, enfin, j'allais la rencontrer en personne. Être choisi pour vivre dans sa Demeure était considéré comme le plus grand des honneurs : c'était presque aussi important que d'être avec Dieu, puisqu'elle était Sa voix et sa représentante sur Terre depuis la mort de Mo. Néanmoins, même dans sa propre Demeure, Marie ne rencontrait que rarement ceux qui travaillaient pour elle. Terry et Vicky étaient ses yeux et ses oreilles ; ils mettaient ses instructions en pratique et s'occupaient des affaires courantes. Leur travail consistait à s'assurer que tout le monde respectait bien les règles et avait sa vie personnelle « en ordre » du point de vue spirituel.

« Nous habitons un petit village près de la plage, à environ une demi-heure d'ici. Quand nous arriverons, nous te ferons visiter la maison », m'informa Vicky. Cette dernière était une personne pétillante, un peu forte, trouvai-je, mais bien habillée et, au vu de sa peau tannée, elle avait dû beaucoup prendre le soleil dans sa vie. Nous fîmes la route entre l'aéroport et la maison dans le noir, de façon à ce que je ne puisse pas voir où se situait la Demeure.

J'étais très impatiente de voir qui vivait dans la Demeure de la Reine Marie. J'avais l'impression de pénétrer dans l'inconnu et de découvrir ce qui se cachait derrière le rideau. *Comment cela se déroulait-il vraiment au sommet – au cœur de la Famille ?* J'étais sur le point de le découvrir.

« Tu vas devoir te choisir un nouveau nom, par mesure de sécurité. As-tu pensé à des prénoms que tu aimerais bien porter ? me demanda Vicky. Si tu te décides avant que nous arrivions, nous pourrons te présenter par ton nouveau nom. »

Pas encore, pensai-je. J'avais été Celeste, Rebecca, puis Jeanne, puis Joanna, puis Claire, puis à nouveau Joanna. Tout cela était tellement confus que cela ne m'importait plus désormais.

« Eh bien… j'aime bien le nom Michelle », répliquai-je.

Au Service mondial, encore plus qu'au sein de la Famille normale, nous n'étions pas censés connaître le prénom, ni le nom de famille officiel de quiconque. La sécurité était primordiale.

« Michelle… oui, c'est un joli prénom, reconnut Vicky. OK, va pour Michelle…

— Nous sommes arrivés ! », annonça Terry, tandis que nous parvenions devant plusieurs grandes grilles.

Une fois à l'intérieur, Terry attrapa mon unique valise et Vicky me conduisit à l'entrée de la cuisine. La maison était en réalité une grande villa que l'on avait agrandie d'un côté. Je fus décontenancée par la taille du salon, qui ressemblait plus à un hall d'hôtel. À son extrémité, il y avait un ensemble de canapés non assortis et un poste de télévision installé dans un coin. À gauche, il y avait une grande table en bois, où pouvaient dîner environ vingt-cinq convives.

« Nous déménageons si souvent, m'expliqua Vicky, qu'en général nous n'investissons pas dans des meubles : comme ça, nous n'avons pas à les laisser derrière nous. Nous avons acheté ceux-là dans un magasin d'occasions. »

Un magnifique escalier menait à l'étage. Au premier étage, un couloir qui partait sur la gauche était fermé par un rideau. Il menait au saint des saints – les quartiers de la Reine Marie qui, bien sûr, nous étaient interdits. Un autre escalier, en colimaçon, conduisait au deuxième étage, mais on m'emmena d'abord visiter l'agrandissement de la maison, à droite, où se trouvaient quatre chambres supplémentaires. Au bout se trouvait la chambre des visiteurs, ou chambre des « rendez-vous ». Il y avait un bol de fruits posé sur une table dans un coin, avec une pancarte portant l'inscription « bienvenu », et un grand lit avec à côté une petite table et une lampe. Terry m'expliqua la procédure d'intégration habituelle destinée aux nouveaux venus. Avant de commencer le travail, j'allais avoir trois jours libres afin de lire et de me familiariser avec les règles de la Demeure de la Reine. J'étais fatiguée et il était tard : je m'endormis donc rapidement.

Le lendemain matin, je me réveillai au bruit des vagues qui clapotaient contre le rivage. Je sentais aussi l'odeur caractéristique de la mer. Par la fenêtre, je vis que la propriété donnait directement sur la plage. La vue était à couper le souffle. Et pourtant un sentiment de tristesse m'envahit : je fus enveloppée d'une impression d'isolement. Je compris que j'étais loin de mes amis et de ma famille ; ces derniers ne savaient même pas où je me trouvais, ni comment me contacter. Et moi non plus, je n'avais plus le droit de les contacter.

Je passai la majeure partie de cette première journée à lire la grande pile d'informations que l'on avait mise à ma disposition. Ensuite, vers le milieu de l'après-midi, on frappa à ma porte. Une femme d'une quarantaine d'années se présenta – elle s'appelait Brume – pour me proposer d'aller me promener avec elle. Je la reconnus immédiatement : je l'avais brièvement rencontrée quelques années auparavant, au Japon – elle n'avait pas changé, mis à part le fait que ses longs cheveux, qui lui descendaient jusqu'à la taille, étaient devenus presque entièrement gris. C'était la mère de mon premier petit ami. Un beau jour, elle avait disparu – tout comme moi – et personne n'avait su ce qui lui était arrivé. Alors que nous nous promenions dans le jardin, Brume m'expliqua certains de leurs projets. Elle travaillait avec Marie à la production des lettres et publications envoyées à la Famille tous les deux mois.

« Le Seigneur conduit la Famille dans de nouvelles directions très excitantes, s'enthousiasma-t-elle. Notre cher Amant a même récemment donné en prophétie un nom spécial à la Demeure de la Reine. Il l'a nommée la “Maison des cuisses offertes” ! »

Je m'arrêtai de marcher ; ma gorge se serra. Je n'arrivais pas à croire ce que je venais d'entendre, mais réussis à cacher mon dégoût. Brume poursuivit ses explications : Jésus, notre Amant, faisait pleuvoir Sa « semence sacrée » en grande abondance pour Ses Épouses insatiables qui avaient écarté leurs jambes pour la recevoir.

Mon cœur se serra. J'avais espéré que les choses avaient changé et que notre groupe s'était détourné de son obsession pour le sexe. On m'avait invitée ici pour travailler à la publication d'un magazine pour enfants appelé *Bibliothèque du Paradis*. J'étais impatiente de mettre ma créativité à contribution, mais néanmoins pas prête à prendre part à des discussions vulgaires et imagées, ni à avoir des relations sexuelles.

Malgré tout, mes plus grandes peurs se virent bientôt confirmer. L'analogie des « cuisses offertes » n'était pas qu'une simple métaphore spirituelle, puisque tout le monde, marié, fiancé ou célibataire, couchait avec tout le monde. Évidemment, cela créait des jalousies, particulièrement chez les femmes. Je restais déterminée à n'autoriser personne faire pression sur moi pour avoir des rapports sexuels. Marie avait déclaré que Jésus avait voulu que nous pratiquions un « mariage des générations », mais l'idée d'avoir des rapports avec certains des hommes qui m'avaient violée alors que je n'étais qu'une petite fille me répugnait. En écoutant Brume, je me revis enfant en train de devoir pratiquer des fellations à des hommes. On ne me forcerait pas à nouveau à faire cela, on ne me culpabiliserait pas, peu importait le prix à payer. Je m'en fis la promesse solennelle. Dans les faits, je m'étais débarrassée de toutes mes minijupes, de tous mes hauts un peu courts et n'avais emporté avec moi que des vêtements amples et classiques.

Je fus encore plus nerveuse lorsque Brume me montra un anneau en or à son doigt et m'informa que dans quelques jours je participerais à une cérémonie de « mariage » pour symboliser mon union avec le Roi Pierre et la Reine Marie. *Mon Dieu, il vaudrait mieux que cela n'implique pas de relations sexuelles*, pensai-je en me rappelant Armi et sa cérémonie avec Mo et Marie, qui était bel et bien une union physique, et non une simple métaphore.

« Que va-t-il se passer lors de cette cérémonie ? demandai-je avec précaution.

— Cela se passera pendant une communion. Tu vas t'agenouiller et prêter le serment d'allégeance au Roi et à la Reine. Ne t'inquiète pas, nous l'avons tous fait. »

Soulagée qu'elle n'implique pas de rapports sexuels, je participai à la cérémonie le dimanche suivant devant tous les habitants de la Demeure.

Le lendemain soir, Vicky m'informa du fait que le propriétaire de la maison et sa famille venaient dîner.

Je devais donc rester dans ma chambre : quelqu'un m'apporterait mon repas. Nous devions nous cacher pendant qu'il était là. Il possédait un grand casino en ville et était connu dans toute la région.

Il n'y avait que trois jeunes hommes à la Demeure de Maman : l'un d'entre eux, Vince, avait une petite chambre juste en face de la mienne, de l'autre côté du hall. Nous commençâmes à discuter et il proposa de me tenir compagnie. Il apporta notre dîner et deux verres de vin et nous parlâmes pendant deux heures.

Les jours suivants, alors que je me familiarisai avec mon nouveau travail, Vince et moi passâmes plus de temps à discuter. Il était un excellent menuisier et sculpteur : il me montra une belle lampe de chevet qu'il avait réalisée dans un grand coquillage qu'il avait trouvé sur la plage. Un soir, après être resté tard à discuter, il finit par me souhaiter bonne nuit et quitter ma chambre. Quelques minutes plus tard, j'allai frapper à sa porte. Ne portant qu'un tee-shirt, je lui dis « bonne nuit » et l'embrassai sur la joue.

Après quelques minutes, j'entendis frapper à ma porte ; c'était Vince – qui désirait aller plus loin. J'avais dans mon porte-monnaie un préservatif que j'avais rapporté du Japon, mais il se cassa. Nous continuâmes donc à faire l'amour sans protection. J'allais avoir mes règles dans quelques jours et m'imaginais donc que je ne courais aucun risque.

À partir de ce moment-là, les choses devinrent plus sérieuses : Vince venait dans ma chambre tous les soirs. Au bout de deux semaines, je commençai à m'inquiéter du fait qu'il s'attache trop à moi car il parlait déjà de mariage. Moi, je ne recherchais que de l'amitié et du réconfort, et pas quelque chose de sérieux.

Vince se « confessa » très probablement auprès de Terry et Vicky, leur avouant que nous avions des rapports, car je fus convoquée pour une « conversation ».

« On nous a dit que tu avais des rendez-vous avec Vince. Il semble être tombé amoureux de toi et nous nous demandions ce que tu en pensais, m'annonça Vicky.

— Eh bien, oui… Je l'aime bien », répondis-je.

Parler de ma vie personnelle avec des gens que je connaissais à peine m'embarrassait.

« Vince nous a dit que vous aviez des rapports non protégés. Tu te rends compte des conséquences, n'est-ce pas ? »

Vicky fronça les sourcils pour accentuer son effet.

« Oui…, bégayai-je.

— Ce n'est pas vraiment recommandé d'avoir une liaison avec quelqu'un aussi peu de temps après ton arrivée. Tu as besoin de temps pour apprendre à connaître tout le monde et pour te lier au groupe. Vince partage avec Jackie, tu sais. Elle est membre de l'équipe de Maman depuis plus de vingt ans ; elle est très dévouée », m'expliqua-t-elle.

J'appris rapidement qu'il y avait un ordre hiérarchique dans la Demeure. En fait, Marie y avait instauré une politique particulière : après un rendez-vous programmé avec un homme, la femme la plus jeune devait écrire un mot de « remerciements » à la femme la plus âgée qui avait été la partenaire de cet homme. Jackie avait une petite cinquantaine d'années et avait été une des maîtresses de mon père quelque quinze années plus tôt, quand il était au Service mondial. Papa m'avait parlé de Jackie et m'avait même montré un string qu'elle lui avait donné en souvenir. Quant à Jackie, je ne l'avais rencontré que quelques jours auparavant et elle m'avait raconté des histoires sur mon père, dont elle se souvenait avec tendresse.

Je me crispai quand j'appris que Vince avait des rapports avec l'ancienne maîtresse de mon père en même temps qu'avec moi. C'était plus que je ne pouvais accepter.

Vicky interrompit le cours de mes pensées : « Nous ne voulons pas qu'elle soit jalouse ; nous ne voulons pas que cette relation naissante entre vous interfère avec celle de Vince et de Jackie. En outre, tu dois dire à Vince que, toi aussi, tu dois partager avec d'autres hommes. »

Un grognement inintelligible fut la seule réponse que je leur donnai. Je n'avais pas l'intention d'avoir des rapports avec qui que ce soit d'autre, mais je gardai cela pour moi. Je m'éclipsai aussi vite que possible, mais cela me fit réfléchir. Je croyais que Vince me plaisait mais, maintenant, je n'en étais plus si sûre. Étais-je prête à tomber enceinte, à l'épouser et à passer le reste de ma vie à ses côtés au Service mondial ? Cette pensée m'effraya plus que tout. Je m'étais lancée dans cette histoire trop rapidement et, maintenant, je voulais m'en sortir. Je savais qu'en lui parlant je lui briserais le cœur.

La nuit suivante, Vince vint dans ma chambre et, bien que je veuille lui expliquer que j'avais besoin de temps et d'air, je n'y parvins pas. *Je vais attendre ; je lui dirai la semaine prochaine*, pensais-je.

Mais c'était trop tard. J'étais déjà enceinte.

Je vomissais tout ce que j'avalais ; j'étais malade comme un chien. Je ne pouvais pas le cacher plus longtemps : je devais le dire à quelqu'un. Ce fut l'une des choses les plus difficiles que j'aie jamais dû faire. Vince commençait à se demander ce qui se passait, puisque j'étais très distante : je devais donc lui dire.

« Je suis enceinte, Vince, finis-je par lui annoncer. Mais je ne peux pas continuer notre relation. Je veux bien qu'on reste amis, mais je ne peux rien te donner de plus. Ce ne serait pas juste de te mentir. Je ne vois pas de futur pour nous deux. »

Ces mots le blessèrent profondément. Je le voyais à son expression, à son langage corporel. Il m'avait dit qu'il avait prié pour avoir une femme et qu'il souhaitait désespérément être père : il pensait que mon arrivée était la réponse à ses prières, une bénédiction et, maintenant, je lui apprenais que cela n'allait pas avoir lieu. Je ne m'étais jamais sentie aussi mal de toute ma vie. Je ne voulais pas le blesser. S'il avait existé un moyen de me pousser à l'aimer, de lui rendre son amour, de vouloir son enfant, je l'aurais fait. Mais je ne pouvais pas. Je ne pouvais même pas faire semblant. Je sus à ce moment-là que je devais partir, que je devais quitter cet endroit. Vince était avant tout dévoué au Service mondial, et je n'allais pas élever un enfant seule, loin de ma famille.

Au bout de sept semaines, je pouvais à peine me traîner jusqu'à la salle de bains. Je ne gardais rien, pas même l'eau, et commençais à être sérieusement déshydratée. Mon poids chuta dangereusement à 47 kilos. Je ne pouvais rien faire d'autre que m'agiter et me tourner dans mon lit. Les nuits étaient longues, solitaires, atroces. Tout ce que je pouvais faire était penser, réfléchir et prier pour avoir la force de tenir un jour de plus.

Je pleurais, suppliant Terry et Vicky de me laisser retourner au Japon. Ma famille me manquait terriblement ; je voulais leur annoncer ce qui m'arrivait, mais je n'en avais pas le droit.

« Nous venons juste de te faire venir ici : il est trop tôt pour que tu repartes. Lorsque tu es arrivée ici, tu savais que ce serait un engagement. Contente-toi de tenir le coup, d'accord ? », m'ordonna Vicky.

Je n'avais pas le droit d'écrire à qui que ce soit pour dire que j'étais enceinte : mes gardiens assuraient que cela nuirait à la réputation de la Demeure. Je me sentais totalement isolée. À certains moments, j'avais envie de mourir – les nuits au cours desquelles je passais d'interminables heures à pleurer et à souhaiter que tout cela ne soit qu'un mauvais rêve. À neuf semaines de grossesse, j'étais proche de la mort : je fus hospitalisée, et sous perfusion pendant trois jours. Je me rétablis suffisamment pour que Terry et Vicky me ramènent à la maison, mais je fis rapidement une rechute et restai alitée pendant six mois. Je faisais de l'hypotension, souffrais d'atroces brûlures d'estomac et étais anémique. Le médecin m'avertit qu'il y avait un grand risque que je perde beaucoup de sang pendant l'accouchement.

Finalement, le 9 août 1998, Chérie vint au monde. Après dix-huit heures de travail, j'étais épuisée, mais heureuse que cela soit fini. Quand je la pris dans mes bras, elle gazouillait doucement. Chérie était mon « petit miracle ». Malgré la grossesse, c'était un bébé en bonne santé, de 4,1 kilos, avec les joues les plus potelées que j'aie jamais vues. Le personnel hospitalier la surnomma « Gordo », ce qui veut dire « gros » en portugais.

J'aimais sincèrement le fait d'être mère, mais ma grossesse difficile m'avait traumatisée. Je ne savais pas à l'époque que je souffrais moi aussi de vomissements incoercibles et que ma mère et ma tante Caryn avaient été dans le même état pendant leurs grossesses. Je ne pouvais imaginer supporter à nouveau une grossesse, ni une intimité physique avec quelqu'un. Vince partageait avec moi la responsabilité de notre enfant, mais nous ne formions pas un couple. Au début, je n'avais pas souhaité que Vince fasse partie de la vie de Chérie car j'avais peur qu'il attende trop de moi, mais je changeai d'avis en repensant à ma propre enfance et à quel point j'avais eu envie d'avoir à la fois une relation avec mon père et avec ma mère. Je décidai que, quels que soient nos différends, Chérie méritait de connaître son père.

Mais j'avais avant tout rejoint le Service mondial pour travailler. Par conséquent, peu de temps après la naissance de Chérie, je me remis à publier les histoires de la *Bibliothèque du Paradis*, pendant qu'une Brésilienne du nom de Tina la gardait, ou Techi, la fille de Marie, qui avait un fils de 3 ans. Malgré tout, je n'avais pas changé d'avis et étais résolue à quitter le Service mondial. Il y avait là des gens qui me rappelaient de trop mauvais souvenirs. Dan, par exemple – j'avais vécu aux Philippines avec lui et son aujourd'hui ex-femme Tina – travaillait pour *Activation*, le magazine mensuel de la Famille vendu au public. J'avais été directement témoin de sa cruauté lorsqu'il battait violemment ma petite sœur Juliana, ainsi que sa femme et ses enfants. Était-il conscient de m'avoir marquée à jamais ; était-il désolé des dégâts qu'il avait causés ?

Il y avait aussi John, l'homme qui avait mis Kris enceinte alors qu'elle n'avait que 14 ans. Depuis des années, ses penchants pédophiles étaient connus, mais il occupait malgré tout une des places de dirigeant. Il prenait des décisions concernant ceux qui devaient être excommuniés pour avoir brisé les règles de la Charte d'Amour – et dont les abus sexuels faisaient partie. C'était totalement grotesque !

Un autre homme de la Demeure était depuis trois mois en excommunication partielle pour avoir eu des rapports avec une jeune fille mineure. L'excommunication partielle signifiait ni film, ni sexe, ni alcool pendant six mois et la lecture intensive des *Lettres de Mo* – les missives du prophète, lui-même pédophile. Cette ironie me frappait. L'excommunication partielle n'était qu'une tape dénuée de sens sur la main.

Mais il y avait encore plus perturbant : si des parents voulaient dénoncer à la police un abus sexuel commis sur leur enfant, ou porter plainte, la Charte d'Amour stipulait qu'ils devraient « renoncer à » être membre de la Famille. J'avais vu plus d'une fois des « disciples dévoués » choisir de traiter leur enfant de menteur plutôt que de renoncer à leur vie dans la Famille.

Eman Artiste, bien qu'« officiellement excommunié », recevait un « salaire » du Service mondial puisqu'il continuait à dessiner dans les livres pour enfants publiés par Aurora Productions, la maison d'édition qui servait de couverture à la Famille.

À plusieurs reprises, je fis part à Terry et Vicky de mon désir de quitter le Service mondial, mais ils me répondaient toujours de « tenir bon ». À de rares occasions, la Reine Marie m'envoyait une prophétie qui affirmait que je faisais des progrès en esprit et que de grandes choses m'attendaient si je me contentais de « suivre ma reine » et continuais à combattre le Diable.

Nous ne voyions que rarement la Reine Marie en personne. Elle communiquait avec son personnel par le biais d'un système d'interphones. Elle restait confinée dans sa chambre et on lui préparait ses repas selon ses demandes spécifiques – pas de graisse, seulement de la nourriture organique ou aux céréales complètes, ainsi qu'un assortiment de vitamines et de compléments alimentaires, comme de la gelée royale et du calcium. Mis à part les rassemblements occasionnels, seuls quelques-uns la voyaient quotidiennement, comme Brume, Rebecca et son assistante personnelle, Becky. Rebecca me raconta qu'elle lavait les cheveux de Marie et qu'elle lui coupait les ongles des pieds. Ceux que la Reine triait sur le volet pour la servir semblaient ne demander qu'à lui faire plaisir et étaient disposés à payer le prix qu'impliquait leur place de dirigeant.

Nous n'avions que très peu de temps libre et le seul moment de détente que nous avions était une soirée dansante. Un soir en particulier, le salon fut décoré comme une boîte de nuit. Au beau milieu de la pièce trônait une cabine avec des trous dedans, comme dans un peep-show. Les femmes exécutèrent des strip-teases et les gens faisaient l'amour dans la cabine. Je m'excusai rapidement et rejoignis ma chambre où dormait ma fille de 3 mois. « Je ne veux pas la laisser seule », prétextai-je, mais la vérité était que j'avais trop de souvenirs qui me revenaient en tête et que je n'arrivais pas à gérer. Je devais constamment lutter, me battre contre la pression qu'on exerçait sur moi pour que je me plie aux habitudes de la Demeure. J'en avais assez.

J'étais l'excentrique – celle qui ne s'adaptait pas – tout comme l'étaient Davidito et sa petite amie, Elixcia. Dans la Demeure de sa mère, Davidito était appelé Pete et je remarquai immédiatement la tristesse dans ses yeux. Il était déprimé, agité, et vivait dans l'ombre de sa mère. Après son court passage à l'École de la Ville céleste quand il avait 13 ans, il avait « disparu » : nous avions tous découvert quelques mois plus tard ce qui lui était arrivé. Dans une Lettre, nous avions lu la sévère « correction » que Mo lui avait infligée pour avoir traîné avec une « mauvaise clique » et s'être attaché aux biens de ce monde. Mo l'avait menacé de violence physique, et Davidito avait été sévèrement puni. Je m'étais sentie mal pour lui, car il n'était qu'un adolescent comme les autres, et ne cherchait qu'à s'amuser. Nous n'avions plus entendu parler de lui jusqu'à ce qu'il ait 20 ans et que, accompagné d'un adulte du Service mondial, il ait été autorisé à se rendre à nouveau dans des communautés « normales » en Europe de l'Est, où il avait rencontré Elixcia.

Il avait donc fini par être libéré de sa cage. Mais, même loin de l'œil attentif de sa mère, il avait été constamment surveillé de très près. Les bergers avaient pour instruction d'envoyer des rapports réguliers à sa mère, décrivant ses moindres faits et gestes. Inévitablement, il s'était mis à parler de sa vie à la Demeure de Mo et du ressentiment qu'il éprouvait à avoir passé son enfance enfermé comme un prisonnier. Sa mère avait dû réparer les dégâts. Il avait été corrigé en public et forcé à écrire une Lettre de Confession et d'Excuse pour avoir « répandu le doute » et fait des messes basses.

À contrecœur, il était donc retourné à la Demeure de sa mère, sur la demande de cette dernière ; mais il avait emmené Elixcia avec lui. Un soir, Terry et Vicky nous annoncèrent que, dans le but « d'apprendre à mieux nous connaître », nous allions dîner deux par deux. Les filles tirèrent un nom au hasard dans un chapeau, et je tombai sur Davidito. Il installa une petite table dans sa chambre, alluma une bougie et amena nos assiettes. Nous passâmes l'heure et demie qui suivit à discuter. Je me souvenais de lui du temps du Japon comme d'un adolescent fin, de petite carrure, avec de l'acné, mais il était désormais musclé : il était évident qu'il avait travaillé dur pour développer son corps. Il était toujours calme et timide et, comme moi, il détestait la confrontation.

Nous évoquâmes le sujet des dirigeants et Davidito m'avoua qu'il avait délibérément pris la décision de ne pas être un « dirigeant ». Il méprisait la façon dont agissaient Grand-père et sa mère, à dominer leur troupeau, à demander de l'argent, et à exiger loyauté et obéissance inconditionnelle.

« Si c'était ce que je voulais, je pourrais l'avoir, admit-il. Mais je ne pourrais pas vivre avec ça sur la conscience. »

Je reconnus que, moi aussi, j'avais eu de nombreuses occasions de m'élever dans les rangs de la Famille, mais que je ne voulais pas avoir à payer le prix de ma conscience.

« Et tout ce truc "Aimer Jésus", c'est mal. Je ne suis pas d'accord avec toutes ces nouvelles "révélations", plus qu'étranges. La Bible devrait suffire », m'avoua-t-il.

Moi non plus, je n'avais jamais accepté la loi « Aimer Jésus » : je trouvais en lui une âme sœur.

Peu de temps après, la Reine Marie finit par autoriser Davidito et Elixcia à quitter le Portugal – le même mois que moi, en janvier 2000. Terry et Vicky s'étaient en effet rendu compte que je n'allais pas changer d'avis. Comme la Demeure déménageait pour un nouvel endroit, je n'allais plus représenter un « risque pour leur sécurité ».

Quelques jours avant mon départ, je fus invitée à dîner avec la Reine Marie en personne dans sa nouvelle Demeure motorisée – dans laquelle elle voyageait avec Pierre Amsterdam et qui était garée dans notre propriété. Six mois auparavant, nous avions déménagé, quittant Porto pour l'Algarve ensoleillée, dans le sud du Portugal. Outre la villa principale, notre immense propriété comportait trois autres bungalows, une piscine, un sauna, un terrain de basket et, plus bas, une maison de deux étages près d'un terrain de foot sur lequel était garée la Demeure motorisée. Durant les deux années et demie où j'avais travaillé pour la Reine Marie, je n'avais jamais été invitée dans ses quartiers. La seule fois où elle était venue me voir avait été après la naissance de mon bébé – pendant dix minutes. Maintenant que je partais, j'allais être honorée de son attention.

Je fus escortée par Becky, son assistante personnelle, qui frappa à la porte de la Demeure motorisée.

« Entrez », dit une voix.

Marie m'accueillit et m'invita à m'asseoir à la table. Je m'assis, nerveuse, sur un canapé.

« J'ai pensé que je pouvais partager mon dîner avec toi », m'indiqua Marie. Becky avait déjà apporté la nourriture organique spécialement préparée pour nous, et Marie la fit réchauffer au four à micro-ondes dans le petit coin cuisine.

Les portions étaient petites.

« J'espère que cela ne te dérange pas, me demanda Marie. Je ne peux pas beaucoup manger d'un coup : je mange donc plusieurs petits repas par jour, espacés de quelques heures.

— Non, c'est parfait », répondis-je.

Je n'avais pas très faim de toute façon.

Comme nous étions assises à table, je voyais qu'elle faisait un effort pour bien présenter. Mais, pour moi, c'était bizarre et cela manquait de naturel.

« Mon fils, Pete, et Elixcia partent eux aussi, annonça-t-elle. Nous avons reçu des prophéties les concernant. Je vais demander à ma secrétaire de t'en révéler quelques-unes car ce sont des messages très importants du Seigneur et de Grand-père pour vous préparer à toutes les nouvelles choses qui vous attendent après votre départ. »

Je ne savais pas trop quoi dire. J'avais trop de choses sur le cœur. J'étais submergée de questions, mais clouée sur place par la peur et l'incertitude. Que dire à la femme qui avait eu une telle incidence sur ma vie ? J'aurais souhaité pouvoir lui demander pourquoi. *Pourquoi faisaient-ils des expériences sur nous, de simples enfants ? Pourquoi avait-elle autorisé Mo à abuser de sa propre petite-fille, Mene ? Et pourquoi l'avait-elle couvert ? Pourquoi des camps de détention existaient-ils, et pourquoi nous avait-on enlevé notre père alors que nous n'étions que des enfants ? S'en moquait-elle ? S'en souvenait-elle seulement ?* Une partie de moi savait déjà ce qu'elle rétorquerait si je la mettais face à ces sujets douloureux et cela ne ferait que me blesser de l'entendre répéter : « Toutes choses concourent au bien de ceux qui aiment Dieu » – c'était le verset utilisé pour tout excuser. Ne remets pas en question tes dirigeants, contente-toi de supporter les abus, la violence et l'intimidation car, ma foi, Dieu a un projet et, au final, c'est pour ton bien.

« Tu as un esprit pionnier, comme ton père, m'assura Marie, interrompant mes pensées. Il n'était pas fait pour rester dans l'ombre. Contente-toi de t'abandonner à la volonté de Dieu, de te montrer volontaire et enthousiaste, et tout deviendra clair. »

Cette déclaration me contraria énormément : je ne pouvais pas laisser passer cela. Je m'armai de courage pour lui demander quelque chose qui me trottait dans la tête depuis longtemps.

« Mais comment savez-vous quelle est la volonté de Dieu ? » On m'avait toujours ordonné de m'abandonner à la volonté de Dieu, mais que cela signifiait-il ? Je n'avais jamais entendu la voix de Dieu retentir dans les cieux pour me dire : « C'est ma volonté ! »

J'imaginais que si quelqu'un devait le savoir, c'était bien la prophétesse de la fin des Temps. Toutefois, Marie sembla quelque peu déconcertée par ma question.

« Eh bien, ma chérie… » Elle me sourit et s'arrêta un instant. « Le Seigneur nous guide en général par le biais de Ses bergers. Contente-toi de t'abandonner à la volonté de Dieu et tout ira bien. » Elle sourit encore plus.

Elle n'avait pas du tout répondu à ma question, mais la réalité me frappa soudain de plein fouet. Ce n'était pas de la soumission à Dieu qu'elle voulait ; je n'obéissais pas plus « à Dieu », comme on me l'avait imposé toute ma vie : j'obéissais aux lubies d'un chef qui jouait avec ses fidèles adeptes comme avec des pions sur un échiquier. Je vis qu'elle avait totalement perdu prise avec la réalité et qu'elle vivait dans une bulle protectrice – ainsi, elle était à l'abri des conséquences des décisions qu'elle prenait.

Je ne ressentis aucun intérêt réel de sa part pour ma fille et moi. Je sentais que les dirigeants essayaient surtout de me calmer, de me garder de leur côté. Mais c'était superficiel. Comme on m'emmenait en voiture à l'aéroport, une partie de moi avait de la peine : je venais de dire au revoir à Vince, le père de Chérie, et aux quelques amis que je m'étais faits, et je savais que je ne les reverrais peut-être jamais. Une autre partie de moi était heureuse – heureuse d'être enfin libérée. Ce fut le premier pas – de nombreux autres suivraient – vers mon ultime liberté.

Le Bureau central aux rapports pour l'Europe était situé dans le petit village de Flüelen, en Suisse. Galilée était là pour m'accueillir – il occupait le même poste de dirigeant que lorsque je l'avais rencontré à l'âge de 18 ans et qu'il m'avait accompagnée à la Demeure des médias, sur Finchley Road, avec Aurore. Il était parti dès le lendemain en mission en Angleterre. La Demeure qui abritait le Bureau était petite : elle ne comptait que quinze personnes. La jalousie et la rivalité qui y régnaient, puisqu'il y avait deux fois plus de femmes que d'hommes, étaient aggravées par le fait qu'on entendait le moindre bruit dans cette maison en bois de trois étages qui grinçait horriblement. J'y passai de nombreuses nuits sans dormir, à m'agiter et à me tourner dans mon lit.

Je me sentais seule – totalement seule. La beauté des montagnes aux contours déchiquetés qui nous entouraient et le lac paisible de Lucerne ne me faisaient aucun effet. J'étais coupée des amis que je venais de laisser derrière moi au Service mondial et je ne pouvais pas avoir de contacts avec ma famille et mes amis qui vivaient dans les autres Demeures de la Famille. J'aurais tout aussi bien pu m'échouer sur une île au beau milieu de l'océan, totalement coupée du monde extérieur. Ce n'était pas comme cela que j'allais élever mon enfant. Chérie avait un esprit brillant et curieux : l'élever au sein de la Famille allait empiéter sur sa personnalité unique et indépendante. Je n'avais accepté d'aller en Suisse que de façon temporaire – bien que cela n'ait pas vraiment été un choix de ma part. Mais, au bout de six mois, je compris enfin que la Reine Marie semblait tenir à me garder enfermée, mais à sa portée.

J'en avais assez de me montrer polie et « soumise » et je finis par craquer. Galilée venait de rentrer de voyage et j'allai le trouver.

« Il faut que je parte maintenant, lui déclarai-je. Je ne reste pas ici une semaine de plus.

— Où veux-tu aller ? », me demanda-t-il, préoccupé par mon assurance.

J'étais à l'aise pour parler avec Galilée, bien que ce soit un OCR. Il était différent de la plupart des hommes que je connaissais : il était doux et respectueux. S'il ne s'était pas fait happer par le culte, ou s'il n'avait pas occupé une position de dirigeant devant faire respecter les doctrines du culte, il aurait été un homme bien.

« Je ne suis pas sûre de ce que je veux faire, lui répondis-je, mais j'aimerais rendre visite à mon père. J'aviserai une fois là-bas. Tout ce que je sais, c'est que je ne peux pas rester ici une minute de plus sans devenir folle. »

Galilée accepta de me laisser partir en Angleterre, puis en Ouganda pour aller voir mon père et ma sœur Juliana, que je n'avais pas vus depuis près de deux ans. On me donna suffisamment d'argent pour acheter un billet aller-retour Londres-Kampala valable trois mois, et je me mis en route pour le continent africain.

23

Anorexie

Juliana

Une profonde tristesse me gagnait peu à peu et me recouvrait comme un voile noir. Il me fallait ma dose : j'en avais un besoin maladif ; j'étais obsédée. Fermant la porte de façon à ce que ma camarade de chambre ne me surprenne pas, je me déshabillai à la hâte, ne tenant plus, rêvant de me jeter un coup d'œil... le miroir était si proche ; mon corps brûlait d'impatience. J'attrapai la poignée de la porte de la salle de bains, l'ouvrai d'un coup et levai lentement les yeux pour regarder mon reflet dans le miroir.

Mes os faisaient saillie de toutes parts : mon ventre était concave, les os de mes hanches, proéminents. Je les caressai avec amour, laissai mes mains remonter doucement pour caresser mes minuscules seins et fronçai légèrement les sourcils. Si seulement ils n'avaient pas disparu avec mes kilos ! Mais cela n'avait pas vraiment d'importance ; tout le reste était beau – un squelette presque parfait.

Mon désir de nourriture s'était envolé depuis longtemps, et tout ce qui me restait était l'obsession. Je ne pouvais pas le supporter plus longtemps. Je montai avec précaution sur la balance, en sentis la texture bosselée sous mes pieds nus. *Miroir, miroir, qui est la plus maigre ?*

La balance ne me déçut pas ; encore une petite ligne rouge en moins, encore un petit kilo en moins – tombée à 43 kilos. Le voile se retirait ; je pouvais à nouveau respirer. Je m'autorisai même un petit sourire de satisfaction, alors que mon corps, ce contour osseux, frissonnait.

Je retournai dans la chambre et tirai sur mes vêtements amples. Les vêtements n'avaient pas d'importance ; seul ce qui était dessous en avait. Les vêtements n'avaient jamais eu d'importance.

> Je n'avais jamais eu d'importance.
> Plus rien n'avait d'importance aujourd'hui.

J'avais 16 ans lorsque Papa m'envoya à nouveau loin de lui. Mais, cette fois-ci, il me faisait partir pour se protéger. Nos visas au Japon devaient être renouvelés et Papa avait peur que les agents de l'immigration fassent une enquête et découvrent qu'il avait changé de nom pour rentrer à nouveau dans le pays : si c'était le cas, nous serions mis sur liste noire et expulsés. Cela pouvait rouvrir la boîte de Pandore : je fus donc le bouc émissaire. Le fait que Papa se débarrasse de moi aussi rapidement me blessa bien plus profondément que je ne voulais l'admettre. J'avais l'impression d'être une personne inutile et laide : c'était la raison évidente pour laquelle personne n'avait jamais voulu de moi, pour laquelle personne ne m'avait jamais aimée.

Papa voulait me renvoyer auprès de ma mère, qui était maintenant en Inde. Je le suppliai de m'envoyer n'importe où dans le monde, mais pas là-bas ! Je ne voulais jamais y retourner, et je n'étais pas proche de ma mère. Je posai ma candidature pour rejoindre une communauté d'Irlande et je fus acceptée.

J'arrivai dans une grande maison de la banlieue de Limerick. Elle avait une immense pelouse, des terrains de tennis et de basket et était entourée sur trois côtés par les marais irlandais. Il y avait là trois autres jeunes, ainsi que trois familles. Les bergers de la Demeure avaient neuf enfants. Nous ne nous faisions pas d'illusion sur qui était le chef – c'était Oncle Elkanah, qui dirigeait l'endroit comme un « atelier clandestin familial ».

La façon dont il s'y prenait pour payer le loyer d'une telle propriété devint vite évidente. Nous, les jeunes, gagnions de l'argent en vendant des ballons et en peignant les visages des gens dans les centres commerciaux du pays. J'eus ainsi l'occasion de voyager à travers l'Irlande, en tout cas, à travers les centres commerciaux irlandais ! Nous nous rendions partout où nous avions des réservations et passions douze heures par jour à tordre les ballons pour leur donner des formes d'animaux, de personnages de dessins animés – tout et n'importe quoi, en fait.

Et nous amassions de l'argent, tout cela pour le compte d'un berger psychopathe. Un instant, il me prenait dans ses bras et m'embrassait et, la minute d'après, il hurlait et m'insultait. Il avait de longs cheveux fins et un gros nez bulbeux marbré de veines violettes. Son visage s'empourprait à chaque fois qu'il laissait éclater une de ses fureurs imprévisibles. Ses accès de colère chroniques me poussaient à bout, et je commençai à perdre énormément de poids.

Plus de vingt personnes vivaient dans cette maison : il y régnait un bruit constant. Un jour, je me réveillai tôt – c'était mon jour libre – après un long week-end passé à confectionner des ballons. Il était impossible de dormir avec tout ce bruit : je me levai donc et me rendis à la cuisine pour boire un café. Elkanah était de bonne humeur : il m'accueillit avec un câlin joyeux.

« Bonjour Julie ! As-tu passé une bonne nuit ? », me demanda-t-il d'une voix chantante qui trahissait bien trop d'enthousiasme. J'aurais dû me méfier dès ce moment-là.

— Oui, mais je suis quand même un peu fatiguée, lui répondis-je. Je n'ai pas réussi à dormir : il y avait trop de bruit. »

Je ne me doutais absolument pas de ce qui allait suivre. Son visage changea de couleur aussi vite qu'un caméléon.

« Espèce de petite pute ingrate !

— Quoi ? »

J'étais complètement abasourdie. Plaisantait-il ? Ce devait être certainement une plaisanterie. On ne savait jamais avec lui.

« Je te nourris, je te donne un toit, je prends soin de toi et tu oses te plaindre du fait que tu n'arrives pas à dormir ! Espèce de petite terreur, pourriture, faiseuse de messes basses ! » Il m'empoigna subitement et se mit à me secouer. J'étais sûre qu'il allait me frapper : je me libérai donc de son étreinte.

« S'il te plaît, tu me fais mal, marmonnai-je.

— Je te fais mal ? Tu ne sais pas ce que c'est, la douleur ! »

Je sentais ses postillons sur mon visage. J'en avais assez. Je n'avais rien fait pour mériter un tel traitement.

« Selon la Charte, tu n'as pas le droit de me frapper ! », lui dis-je. Je tournai les talons et courus de la cuisine à ma chambre, dans laquelle je m'enfermai.

Elkanah me suivit de près et se mit à tambouriner à la porte. « Ouvre immédiatement cette porte ! hurla-t-il. Ouvre-la ou je l'enfonce à coups de pied ! »

Ma camarade de chambre me regarda, les yeux écarquillés :

« Que se passe-t-il ? me demanda-t-elle.

— Je crois qu'il est devenu fou, murmurai-je.

— Je dois ouvrir la porte. »

Elle me regarda.

« Si je ne le fais pas, il va l'enfoncer à coups de pied. Je le connais : ce sera pire pour toi.

— OK, ouvre-la, cédai-je avant d'entrer discrètement dans la salle de bains en fermant la porte derrière moi.

— Où est-elle ? cria-t-il.

— Elle est aux toilettes, lui expliqua mon amie.

— Sors immédiatement de là ! [Il frappait à la porte à grands coups.] Sinon, Charte ou pas, je vais t'apprendre le respect ! Je suis sérieux ! Ouvre immédiatement ! »

J'entendais sa femme, Tamar, à côté de lui. Elle était gentille, maternelle : c'était la seule personne de la Demeure qu'il écoutait. Le vacarme l'avait alertée et elle était descendue pour en découvrir la cause.

« Chéri, commence par te calmer. Tu pourras lui parler ensuite », l'entendis-je murmurer.

Pendant une minute, il régna un silence absolu. Je sentais les perles de sueur couler le long de mon cou, mais ne fis rien pour les essuyer. Je ne bougeais pas du tout. Puis, sa voix s'éleva, calme menace.

« Je veux te voir dans ma chambre dans les cinq prochaines minutes, et ce n'est pas une proposition. »

La Demeure tout entière retenait son souffle. Je m'effondrai sur les toilettes et restai assise là, essayant de rassembler mon courage, alors que mon cœur se serrait, terrifié. C'était la même peur que je ressentais enfant quand le professeur m'appelait pour recevoir une fessée.

Je redressai les épaules, serrai les poings et montai directement à sa chambre. À mon grand soulagement, je vis que Tamar avait insisté pour rester dans la pièce afin d'éviter qu'Elkanah ne fasse quelque chose qu'il pourrait regretter. À la minute où j'entrai, il reprit sa diatribe là où il l'avait laissée. Il se mit à m'insulter. Il avait les cheveux dressés sur la tête, comme s'il avait été électrocuté ; son visage colérique était livide et, au moment où il me dit que j'étais possédée par les démons, je pensai que si quelqu'un était possédé, c'était bien lui.

Après avoir écouté Elkanah tempêter pendant près d'une demi-heure, Tamar finit par discerner la cause de sa fureur. J'avais mentionné le fait qu'il y avait trop de bruit dans sa Demeure. Il était évident qu'elle pensait qu'il y avait du vrai là-dedans car, entre les vociférations incohérentes de son mari, elle me dit que tout cela était ridicule et que j'étais libre de partir.

Je ne quittai pas seulement leur chambre, mais la maison. Je n'arrivais pas à respirer. J'avais besoin d'air, de lumière, de liberté. J'escaladai la fenêtre de ma chambre et me mis à courir dans les marais, allant là où me portaient mes jambes. Je perdis la notion du temps. Quand je finis par me sentir suffisamment bien pour regagner la Demeure, je rentrai sans me presser à la maison, repassai par la fenêtre et m'allongeai sur mon lit.

Peu de temps après, ma camarade de chambre me trouva là et poussa un petit soupir de soulagement.

« Tu sais, toute la Demeure a paniqué à cause de toi. Tamar a fait le tour de toutes les petites routes de campagne pendant deux heures pour te trouver.

— Quoi ? Pourquoi ? »

Jusqu'alors, personne n'avait jamais vraiment fait attention à moi, sauf quand j'étais en retard au travail.

« Eh bien, après qu'Elkanah a pété un plomb, Tamar s'est inquiétée et est descendue pour voir si tu allais bien. Tu n'étais pas là, ni nulle part dans la maison : nous avons donc paniqué, pensant que tu avais fugué.

— Dis juste à Tamar que je suis revenue, s'il te plaît, pour qu'elle ne s'inquiète pas.

— Elle est toujours à ta recherche. »

Alors je me sentis mal. Tamar était une personne bien. Si j'avais voulu m'enfuir, le simple fait de savoir ce que je lui ferais subir m'en aurait empêché. Elle revint cinq minutes plus tard et se précipita dans ma chambre.

« Julie, tu vas bien ? J'étais si inquiète !

— Je suis désolée. Je suis seulement allée me promener dans les marais.

— Tu nous as fait sacrément peur. Écoute-moi, quoi qu'ait pu te dire Elkanah, il ne le pensait pas. Il a juste passé une mauvaise journée. Il t'aime vraiment, tu sais ?

— Bien sûr. »

Je trouvais cela particulièrement dur à avaler. Elle quitta la pièce et je m'allongeai sur mon lit, épuisée.

Subitement, la porte s'ouvrit et l'impressionnante silhouette d'Elkanah apparut dans l'encadrement. Je m'assis d'un bond, me préparant à un nouvel éclat.

D'un geste théâtral, il tomba à genoux, m'attrapa les pieds et les embrassa tout en pleurant, émettant des grognements bovins : « Julie, je suis tellement désolé. S'il te plaît, pardonne-moi. Je t'aime Julie. Je ne veux pas te faire de mal. Jamais ! Tu es Gémeaux, comme moi. Tu sais que nous avons des humeurs. Tu sais que je t'aime, n'est-ce pas ? »

Il me caressait les jambes et, si je n'en étais pas convaincue auparavant, j'étais maintenant sûre et certaine que cet homme était complètement fou.

« Oui, oui, Elkanah. Ça va, je te pardonne. » Reculant, je faisais en sorte qu'il ôte ses sales pattes de mes jambes. Je voulais juste qu'il parte. Tamar revint dans la pièce et, voyant cette démonstration ridicule de la part de son mari et l'expression peinée sur mon visage, elle l'interrompit.

« Ok, chéri, ça suffit. Elle t'a pardonné. »

Je dus encore le rassurer un peu, puis il se leva et, à mon grand soulagement, sortit de la pièce. Je voulais maintenant désespérément quitter l'Irlande. Mais je n'avais pas d'argent et je dépendais entièrement d'Elkanah, qui n'était pas du tout disposé à me laisser partir. J'étais prise au piège d'un monde dans lequel je ne voulais pas vivre, avec aucun but dans mon existence, que je trouvais insupportable. Tel un oiseau en cage qui fixe avec convoitise la liberté que représentent pour lui les cieux, à chaque fois que j'essayais de me libérer, on me rognait un peu plus les ailes. Ils avaient voulu briser mon esprit et avaient finalement réussi. Je n'avais plus envie de lutter. J'en avais assez de devoir me relever à chaque fois qu'on me mettait à terre, assez d'avoir peur, assez de ne pas savoir d'où viendrait le prochain coup, assez de caresser des rêves que je ne pourrais pas réaliser, assez de devoir me remettre d'innombrables désillusions.

J'en avais assez de vivre – et je n'avais que 17 ans.

Il n'y avait plus rien à faire qu'attendre, alors que je dépérissais un peu plus chaque jour. Je mangeais moins, parlais moins, riais moins, jusqu'à ce que je ne devienne que l'ombre de moi-même, une coquille vide. Et quand cela aussi serait fini, l'erreur qu'était ma vie prendrait enfin fin.

Je ne pouvais qu'écrire à quel point je me sentais mal :

Penser que je vais rester ici me rend dingue ;
C'est votre folie qui en est la cause, vous savez.
À l'intérieur, je ne suis que blessure suppurante
Et vous me demandez pourquoi je suis aussi pâle.
Vous êtes complètement bornés,
[ne vous en rendez-vous pas compte ?
Et vous appelez ça la liberté !
Je veux partir !
Pourquoi ne me laissez-vous pas partir ?
Me garder va me tuer.
[Je suis trop jeune pour mourir.
Ils disent que je perds du poids ;
[qu'est-ce que la faim comparée à la douleur ?
Pourquoi ne me laissez-vous pas exister,
[tout simplement ?
Je ne comprends pas, je n'arrive pas à comprendre
Comment fonctionnent vos esprits tordus.
La liberté et le bonheur ne sont qu'illusions ;
Une chimère, ou un conte de fées
Pour ceux qui n'ont jamais vécu.
Un jour, je m'enfuirai...
Mais vous reviendrez me hanter
Les cauchemars ne vous laissent jamais oublier,
[vous savez.
Ne nous laisseront jamais oublier.

Heureusement pour moi, Maman retourna en Europe avec sa famille. Ils en avaient eu assez de l'Inde et des membres de la Famille à l'esprit étriqué qu'ils y avaient rencontrés. Ils étaient de retour, dans le but de récolter de l'argent pour aller en Afrique.

J'écrivis à Maman pour lui dire que je n'allais pas bien et lui demandai si je pouvais lui rendre visite. Je savais que je devais quitter l'Irlande avant que les choses n'empirent. Un beau jour, je m'envolai donc pour la France : ma mère m'accueillit à l'aéroport avec Luc et Crystal. Ma transformation lui causa un choc. J'étais en si mauvais état qu'elle prit place à l'avant du van pendant le voyage de façon à ce que je ne la voie pas pleurer.

Tout le monde fit de son mieux pour m'aider à aller mieux. Ma demi-sœur Mariana venait juste de rentrer et, pour la première fois, notre famille désunie vécut ensemble. Pour la première fois aussi, on me témoignait un amour inconditionnel, et on me montrait que l'on m'acceptait. Nous vivions dans une vieille ferme en pierres à Vigy, dans le sud de la France. Je passais la plupart de mes journées à me promener longuement dans les champs et les bois avec mon frère et mes sœurs. Au cours de cette période, je goûtai à une paix profonde.

Mariana me forçait littéralement à manger pendant les repas. Elle mettait elle-même la nourriture dans mon assiette, malgré mes protestations de colère, et me regardait avaler jusqu'à la dernière bouchée. Parfois, je fondais en larmes et avais envie de vomir, mais elle restait sur sa position. Je trouvais qu'elle était cruelle, mais elle persistait, pour mon bien, avec acharnement. Si cela n'avait pas été elle, je me serais braquée.

Et puis, après deux ans à l'avoir « cachée », le Service mondial autorisa Celeste à nous rendre une courte visite. Elle vint d'Angleterre avec Papa et nous présenta son bébé, Chérie, que nous n'avions jamais vue.

C'était la première fois depuis les Philippines, il y avait quinze ans de cela, que nous passions une journée tous ensemble.

Cette visite aurait dû avoir plus d'importance pour moi, mais je n'avais conscience de rien à l'époque. Je déambulais comme un zombi, incapable d'exprimer la moindre émotion. Je ne ressentais rien. Je ne ressentis aucune joie à leur arrivée, pas plus que de chagrin à leur départ. À cause de cela, je me souviens de cette visite comme d'une sorte de brouillard. Je me rappelle avoir fait une petite promenade avec Celeste et lui avoir raconté ce que j'avais vécu en Irlande.

Je fêtai mon dix-huitième anniversaire en France, entourée de ma famille. Ces quelques mois passés avec eux me permirent de reprendre mes esprits, mais je n'étais toujours pas assez forte pour me risquer à repartir seule. Je manquais de confiance en moi. J'étais aussi fine que du papier à cigarette et me battais toujours contre la dépression.

Ma famille avait désormais récolté suffisamment d'argent pour déménager au Sénégal. Ils m'invitèrent à partir avec eux et j'acceptai leur proposition avec joie. Une citation d'une des histoires de Mo restait gravée dans ma mémoire. Il y parlait de sa mère, qui avait pensé à se suicider : « Si tu t'apprêtes à foutre ta vie en l'air, pourquoi ne pas la sacrifier à une cause ? » Je décidai que c'était ce que j'allais faire. Avant que je m'en rende compte, j'étais dans un avion, en route pour l'Afrique occidentale.

C'est l'attention que me porta ma famille qui me mit sur le chemin de la guérison, mais c'est l'Afrique qui me guérit. Il me fallut voir des gens aller bien plus mal que moi pour relativiser mes problèmes.

Le Sénégal était un pays chaud, poussiéreux et merveilleux ! Il y régnait un mélange exotique de cultures arabe, africaine et française. Les Sénégalais sont grands et surprenants. C'était une terre riche de couleurs, de musique et de vie. Nous commençâmes à travailler pour une Demeure qui s'occupait des enfants des rues : c'était un gros problème à Dakar. Nous faisions des spectacles de clowns pour les amuser et trouvions régulièrement des parrainages pour obtenir de la nourriture et des vêtements à distribuer aux enfants.

L'an 2000 – le bug de l'an 2000 – devait être spectaculaire. Une prophétie annonçait que cela pourrait être le début de la fin du monde – à nouveau. Partout autour du globe, nous devions prier et redédier nos vies à la Famille avec la « Cérémonie du lavage des pieds ». L'un d'entre nous jouait le rôle de Jésus et lavait les pieds des autres ; nous lisions ensuite à nouveau notre serment d'allégeance.

Lorsque minuit sonna, le jour du nouvel an 2000, et qu'aucune lumière ne s'éteignit dans la ville, nous fûmes légèrement surpris.

La Reine Marie nous expliqua cela par le biais d'une prophétie : Jésus retardait l'inévitable fin du monde afin de nous laisser plus de temps pour « répandre l'Évangile ». Le changement de millénaire était vu comme un événement déterminant, puisque nous étions désormais des « guerriers ordonnés », détenant le plus grand pouvoir de l'Univers.

Un jour, de façon plutôt inattendue, je reçus un coup de téléphone de Papa. Il déménageait en Ouganda pour y monter un ministère radiophonique et se demandait si j'aimerais le rejoindre. Il pensait que je pourrais mettre à contribution mon talent pour l'écriture et rédiger les discussions des émissions à l'avance.

Auparavant, j'aurais sauté sur l'occasion mais, aujourd'hui, je préférais décliner sa proposition. Je ne voulais plus vivre avec lui. Depuis qu'il m'avait laissée en Thaïlande, à l'âge de 8 ans, notre relation n'avait cessé de se dégrader. Il n'était pas le père drôle et aimant de mes souvenirs. Plus que jamais, il semblait être un étranger pour moi. Je me sentais en sécurité là où j'étais, avec ma famille, et j'adorais le Sénégal.

Mais Papa insista. Il me dit qu'ils avaient reçu des prophéties affirmant que « l'équipe pour l'Ouganda avait été triée sur le volet par le Seigneur en personne » et que mon nom avait été cité pour les rejoindre. Je ne pouvais pas ignorer ces sommations.

À cette époque-là, les prophéties étaient en train de devenir la nouvelle méthode de dictature de la Famille. Elles pouvaient être utilisées de façon harcelante pour forcer les gens à faire quelque chose dont ils n'avaient pas envie. Personne n'osait désobéir à une prophétie et risquer d'être expulsé de la bulle protectrice de Dieu.

Toute ma famille au Sénégal reçut des prophéties selon lesquelles je devais me rendre en Ouganda : je ne pouvais donc plus dire non à mon père. En outre, ma mère pensait que je vivrais toujours dans l'ombre de Mariana. Je devais à présent faire ma vie seule. *Ils voulaient que je m'en aille.* Ce vieux sentiment de rejet refit surface en moi. J'étais écœurée. Je montai sur le toit de la maison où je restai des heures à pleurer. Au moment même où je pensais avoir trouvé une famille, et un endroit où je me sentais bien, on me jetait dehors. C'était toujours la même question : s'ils m'aimaient, pourquoi m'envoyaient-ils loin d'eux ?

Le cœur brisé, je m'envolai pour l'Ouganda.

J'identifiais chacun des nombreux pays dans lesquels j'avais vécu par leur odeur, caractéristique. L'Ouganda sentait la végétation avant la pluie et la riche terre rouge. Ce pays est connu comme la Perle de l'Afrique. J'aimais les grosses averses subites entre les cieux ensoleillés, quand je pouvais sortir sous la pluie et la sentir battre sur ma peau. Cela me semblait puissant et triste à la fois, et libérait quelque chose en moi. À d'autres moments, je grimpais sur le toit de la maison et restais allongée des heures à regarder les étoiles. Je voulais m'évanouir dans l'obscurité et disparaître, devenir une petite étoile scintillante qui regarderait le monde d'en haut.

La Demeure était composée de Papa et Soleil, une vieille dame nommée Kathleen, qui était la secrétaire de Papa, un jeune homme du nom de Sims, qui était technicien du son, et les enfants. Papa et Soleil avaient maintenant un troisième enfant, un petit garçon qui s'appelait Rory. Il était évident pour moi que Soleil n'avait pas voulu de ce troisième enfant. Elle voulait un ministère, une vie, sans être entravée par tout un tas d'enfants, ce qui était pourtant le rôle que Papa voulait qu'elle tienne. Papa pensait que le rôle d'une femme était d'avoir des enfants et de prendre soin de son homme. En réalité, Papa était fier de son taux record de reproduction : il se vantait d'avoir engendré quatorze enfants, de sept nationalités différentes.

Le jour de mon arrivée, Papa me demanda ce que je pensais du fait de m'occuper de Rory. Cela ressemblait plus à une proposition forcée qu'à une demande. J'étais venue en pensant que j'allais aider à mettre sur pied une émission de radio. Papa m'avait menti pour me faire venir. Je me sentais trahie. J'avais quitté un endroit que j'aimais pour devenir la baby-sitter de la famille grandissante de Papa, cuisiner et faire le ménage pour lui.

Bien que je sois énervée par ce mensonge, je compatissais aux malheurs de mon petit frère. Le grand déménagement du Japon pour l'Afrique, doublé du rejet de sa mère, avaient fait de Rory un enfant difficile et manquant d'assurance. Il s'attacha très vite à moi, au point que je ne pouvais même pas le faire quitter mes bras, pas plus que je ne pouvais sortir d'une pièce sans qu'il se mette à hurler et à trembler de terreur. Il s'accrochait constamment à moi comme un petit singe apeuré. Quand il faisait une de ses crises, cela me prenait toujours beaucoup de temps pour le calmer.

La solution de Papa aux pleurs de Rory était de le fesser. Cette réaction me surprit. Je n'avais jusqu'alors jamais vu mon père fesser un enfant de colère. Il avait l'habitude de se montrer juste et avait rarement recours à la violence.

J'emmenais souvent promener Rory le long des routes de terre rouge dans son petit landau bringuebalant. Nous passions la matinée avec ma mère africaine. Mary était une vieille voisine, toute petite, au physique maigre et nerveux : c'était une dure à cuire et elle m'avait adoptée de façon non officielle. Tous les matins, elle bêchait son potager avec une binette, arrachant le moindre brin d'herbe qui osait pousser sur son petit lopin de terre. Elle essayait toujours de me faire engraisser et m'apprit à cuisiner les sauterelles et les fourmis blanches, mets délicats du pays. Rory était toujours très calme auprès d'elle et elle aimait notre compagnie.

Peu après l'ouverture de la Demeure de la Radio, un ami de Papa quitta le Japon pour nous rejoindre avec sa grande famille, ainsi qu'une fille célibataire, suivie de près par un jeune couple. Nous étions désormais une communauté bruyante et trépidante – situation que je redoutais. Je dus changer de chambre, puisque je refusais de partager : je m'aménageai un espace dans le garage avec quelques nattes de paille attachées à une moustiquaire. Cela ne payait pas de mine, mais j'avais besoin d'intimité et, là, je pouvais être seule.

Parfois, nous nous rendions dans une communauté voisine pour la communion. Au cours d'une soirée, je rencontrai un couple qui venait du Kenya. Lui était un vieil Australien, marié à une jeune Européenne de l'Est. Quand j'entrai dans la pièce, je vis Papa discuter avec lui avec entrain. Papa me fit signe de la main.

« Julie, voici Michael ! C'est un très vieil ami.

— Ah, vraiment ? D'où ça ? J'avais souvent entendu parler des vieux amis de Papa, mais Michael ne me disait rien.

— Eh bien, nous nous sommes connus en Inde ! Tu sais qui c'est ?

— Eh oui, nous avons tous les deux épousé la même femme ! », rajouta Michael avec son accent australien, et les deux éclatèrent ensemble de rire. Je ne comprenais pas.

« Il a épousé la mère de Celeste après moi », précisa Papa pour me mettre au parfum.

Je n'avais aucune idée du fait que ce Michael était anciennement Joshua – le bourreau de ma demi-sœur Kristina. Si je l'avais su, je l'aurais frappé, ou aurais attendu de Papa qu'il le fasse. Au lieu de cela, ils se comportaient comme s'ils étaient les meilleurs amis du monde. Pour Papa, tout membre de la Famille était un frère.

Vers le Noël de l'année 2000, nous eûmes des nouvelles de Celeste. Elle avait quitté le Service mondial et voulait nous rendre visite en Ouganda. Papa était aux anges. C'était son rêve qu'elle travaille pour lui. Elle arriva bien plus mince que la dernière fois que je l'avais vue, en France. Je savais qu'elle avait vécu dans la Demeure de la Reine Marie et je brûlais d'impatience de lui soutirer des informations, qu'elle me dise à quoi cela ressemblait. Elle ne me raconta rien à ce sujet : cela la mettait mal à l'aise, mais elle me décrivit les difficultés qu'elle avait eues pendant sa grossesse et lors de son accouchement. Elle constata que je n'étais pas heureuse et, moi aussi, je sentais qu'elle ne l'était pas, mais nous n'eûmes pas vraiment l'occasion d'en parler toutes les deux. Nous ne réussîmes pas à dépasser l'impalpable barrière qui s'était érigée entre nous, depuis le moment où elle m'avait laissée en Thaïlande. Nos vies avaient pris des directions très différentes.

Trois mois plus tard, à la grande déception de Papa, Celeste décida de quitter l'Ouganda. Bien que je sois triste de la voir partir, je comprenais pourquoi elle avait pris cette décision. Désormais, vivre avec Papa n'était plus « vivre un rêve ». C'était vivre le cauchemar d'un rêve brisé.

24

Un rêve devenu réalité

Kristina

Un jour, Papa m'appela de façon totalement inattendue : il était en ville pour rendre visite à ses parents et souhaitait venir nous voir, Jordan et moi. Il m'apprit que Celeste avait eu une petite fille. J'étais tata depuis plus d'un an et personne ne m'avait rien dit !

« Pourquoi ne me l'a-t-elle pas dit, Papa ? Elle a pourtant mon adresse, râlai-je.

— Ne t'en fais pas ma chérie… Je viens moi aussi tout juste de l'apprendre », répondit-il en gloussant.

Il semblait si heureux que je décidai de ne pas chercher la confrontation au cours de cette visite. Nous passâmes un bon moment : il jouait avec Jordan et nous parlâmes de beaucoup de choses. Je crois que nous avions tous les deux décidé qu'il avait sa façon de vivre, et que j'avais la mienne.

Un an plus tard, Celeste téléphona pour demander si sa fille de 2 ans et demi, Chérie, pouvait venir nous voir et séjourner chez nous une semaine. J'avais de la place chez moi et lui assurai qu'elle était la bienvenue. Cela faisait quatre ans qu'on ne l'avait pas vue et j'étais partagée à ce sujet. D'un côté, j'étais enchantée ; de l'autre, j'étais inquiète : je me demandais comment nous allions nous entendre.

Je n'avais pas besoin de m'inquiéter en réalité. Celeste avait radicalement changé. Elle n'était plus la personne effrayée, sur ses gardes, que j'avais connue. Durant cette semaine-là, elle s'ouvrit et m'en raconta un peu plus sur sa vie et sur le récent voyage qu'elle avait fait en Ouganda pour rendre visite à Papa et Juliana. Pour la première fois, elle critiqua ouvertement Papa et la façon dont il élevait ses nouveaux enfants.

Elle m'apprit également que nous avions une sœur grecque, Davida. Mais ma joie vira au chagrin quand elle me confia que Davida était profondément déprimée, qu'elle était héroïnomane et sous le contrôle d'un petit ami violent. Elle m'apprit que Papa et Julie avaient prévu d'aller lui rendre visite. Je demandai l'adresse de Davida, mais Celeste ne l'avait pas.

La semaine passa très vite. Nous parlions pendant des heures, faisions la cuisine ensemble et appréciions d'être avec nos enfants. Bien que nous ne parlions pas beaucoup du culte, je laissais traîner des livres instructifs sur le sujet à des endroits stratégiques de la maison, dans l'espoir qu'elle y jette un œil.

Le dernier soir de la visite de Celeste, mon frère David et moi l'emmenâmes dans une boîte de nuit pour la « saouler » et nous éclater. Nous bûmes, discutâmes, rîmes et passâmes une excellente soirée. Nous fûmes les trois derniers sur la piste de danse. Quand le DJ passa « We are family » des Sister Sledge, nous chantâmes en cœur, à tue-tête. Nous sautions partout, en rythme, bras dessus bras dessous et, à la fin de la chanson, nous nous effondrâmes par terre, riant aux larmes. Nous ne voulions pas que cette soirée finisse.

Le lendemain, Celeste partit pour la Hongrie, pour travailler comme secrétaire dans une demeure de la Famille. Nous étions tristes de la voir partir, mais elle me donna son adresse e-mail et me promit de rester en contact. Je commençai à lui écrire régulièrement ; elle m'envoyait des photos et des histoires concernant Chérie.

Ce n'est qu'un an plus tard que Celeste nous appela pour nous informer qu'elle quittait la Famille. Maman, David et moi n'arrivions pas à croire à cette nouvelle ! J'attendais cela depuis si longtemps ! J'avais presque cessé d'espérer.

Nous allâmes la chercher à la gare Victoria, à Londres, et l'emmenâmes dans les Midlands. La première nuit que nous passâmes ensemble comme une « famille libre » fut merveilleuse. Nous parlions à cent à l'heure – même si je savais que nous aurions tout le temps pour rattraper ces années perdues. C'était un sentiment fantastique. Celeste décida de rester avec nous et, la première année, je m'occupai de Chérie à plein temps pendant que Celeste travaillait comme secrétaire pour Office Angels. Chérie ressemblait tellement à sa mère au même âge que j'avais presque l'impression que passer du temps avec elle me faisait rattraper les années où Celeste et moi avions été séparées.

Je savais que, naturellement, Papa nous tiendrait responsables, Maman et moi, de la décision qu'avait prise Celeste de quitter le culte. Il était inconcevable pour lui que quiconque veuille partir de lui-même et il nous écrivit que nous « l'avions influencée », ce qui me fit beaucoup de peine. Alors que nous comblions ensemble les parties manquantes de nos vies, je me rendis compte que l'image que j'avais enfant de mon père, ce chevalier en armure étincelante, n'était qu'un fantasme.

Papa était persuadé que Celeste regretterait rapidement sa décision et réintégrerait la Famille en rampant. C'est donc sans surprise que je le vis débarquer, un an après, pour Noël. Il était important qu'il constate de lui-même à quel point Celeste était bien avec sa famille et les liens forts qui s'étaient créés entre nous. Nous avions prévu de l'emmener à un banquet médiéval le dernier soir de sa visite, car nous savions qu'il apprécierait cela. Pour la première fois, je dansai avec mon père et il me dit que j'avais ses yeux.

Quand nous nous quittâmes, il me promit qu'il nous donnerait plus souvent des nouvelles, par e-mail. Et qu'il m'aimait. Je n'arrivais pas à le croire ! Je crus que, peut-être, il commençait à voir les choses sous un jour différent. Je conserverai toujours cet espoir au fond de moi.

25

La justice n'est-elle qu'un rêve ?

Celeste

J'espère que j'ai pris la bonne décision, pensais-je en arrivant à la communauté de Budapest, Chérie dans sa poussette et deux valises à la main. Je ne croyais plus au culte, mais j'avais peur de quitter le seul mode de vie que je connaissais. J'avais peur d'être séparée de mes amis et, plus important encore, je n'étais pas prête à affronter la déception de mon père et à me sentir rejetée.

Je venais tout juste de rendre visite à ma mère, Kristina et David, et une partie de moi aurait voulu rester auprès d'eux pour apprendre à mieux les connaître. J'avais vécu pendant si longtemps avec la peur, mais je commençais à me rendre compte que ce n'était qu'une illusion. Après avoir vécu avec la Reine Marie, j'avais remis en question tout ce qu'on m'avait toujours inculqué – cela me permit de voir les choses sous un autre angle : je n'avais plus peur de repousser mes limites. Je cessai de m'autocensurer et laissai tomber ma garde. Ma mère et ma sœur n'étaient pas mes « ennemies » et ne voulaient pas me faire de mal. Elles étaient ma famille – ma chair et mon sang – et j'appréciais leur compagnie. J'avais noté l'adresse mail de Kristina et promis de rester en contact. Je n'avais aucune idée de ce que je voulais faire de ma vie si je quittais la Famille. Avec une petite fille à charge, je devais avoir un plan.

La vue du balcon de la maison de Budapest était incroyable. Cette dernière surplombait la ville et le Danube qui serpentait en son cœur. La nuit, en contrebas, les lumières dansaient, scintillant comme des petits joyaux dans l'obscurité.

À mon arrivée, c'est Joie qui m'accueillit. C'était l'Officier central aux rapports chargé des enfants en Europe centrale. C'était également une adulte de la seconde génération – une des premières-nées dans la Famille : elle avait la trentaine, des cheveux clairs et d'incroyables yeux bleus.

« Voilà ta chambre. » Elle me montra un petit débarras près de la salle commune. Mon lit était monté sur pilotis, formant comme une mezzanine et, dessous, se tenait un bureau avec un ordinateur où je pouvais travailler. Dans un coin avait été installé un petit canapé-lit pour Chérie.

Le lendemain matin, Joie m'expliqua dans quelles circonstances inhabituelles elle vivait avec son mari, Ben.

« Ben ne fait plus partie de la Famille, m'apprit-elle. Mais nous avons reçu une permission spéciale pour qu'il reste vivre à la Demeure. »

L'année précédente, la fille cadette de Ben et de Joie était morte d'un cancer, et Ben en avait été profondément affecté. Il refusait d'être séparé de ses trois autres enfants. Ils étaient tout pour lui.

Peut-être que la Famille est plus souple, pensai-je, car un tel arrangement aurait été inimaginable auparavant. Je connaissais Ben du temps de l'École de la Ville céleste, au Japon, quand nous étions adolescents. Une fois, lors du réveillon de Noël de l'École, il avait bu tout l'alcool prévu pour la soirée et avait été retrouvé ivre mort dans l'office – évidemment, cela lui avait valu de gros ennuis. Cet incident l'avait gravé dans ma mémoire à tout jamais.

« Eh bien, moi non plus je ne suis plus vraiment sûre de la Famille en ce moment. » Je voulais être franche avec Joie dès le départ. « Je suis là pour aider à améliorer les choses pour les enfants. Je veux qu'ils aient une meilleure éducation, plus de socialisation, et accès à du matériel scolaire. »

Joie était d'accord avec moi. Elle n'avait pas reçu une éducation suffisante, pas même pour la lecture, l'écriture et l'arithmétique, matières élémentaires. Bien qu'elle soit intelligente et qu'elle ait de bonnes capacités d'organisation, elle était incapable d'écrire des phrases structurées : j'étais donc là pour lui servir de secrétaire.

Ben était un excellent père et ses enfants l'adoraient. Malgré ses prises de position, il travaillait dur pour gagner de l'argent, pas seulement pour sa propre famille, mais pour toute la communauté. Il était très altruiste et je l'admirais. C'était la seule personne avec laquelle je pouvais parler en toute liberté, sans avoir peur des représailles. Nous devînmes amis et je pus commencer à exprimer les sentiments que j'avais contenus au fond de moi pendant si longtemps. À cette époque-là, il était évident pour moi que la Reine Marie n'était pas plus une prophétesse que n'importe quel autre gourou qui revendiquait un titre qu'il ne méritait pas.

J'ouvris encore un peu plus les yeux lorsque deux visiteurs passèrent à la Demeure. La première était Amana, qui m'avait connue enfant en Inde et à Dubai.

« Comment va ta mère ? me demanda-t-elle. J'ai vécu avec elle en Inde. Où est-elle maintenant ? » Amana avait vécu sur des terrains de mission très éloignés et n'avait pas su que ma mère avait quitté le groupe depuis longtemps.

« J'ai de si bons souvenirs de ta mère. Elle était tellement malade pendant ses grossesses et je me souviens qu'elle se démenait avec tous ses enfants, mais elle était très gaie. Ton père était si négligent – il ne l'aidait jamais. »

Une semaine plus tard, c'est un Italien qui nous rendit visite : il avait également connu ma mère en Inde. Lui non plus ne savait pas qu'elle ne faisait plus partie du groupe. Il parlait avec enthousiasme de la femme formidable qu'était ma mère. « Mais cet homme épouvantable, Joshua, m'avoua-t-il, il était toujours en colère et si dur avec les enfants. Je ne l'ai jamais aimé. »

C'était la première fois que j'entendais une autre version de l'histoire. Tout au fond de moi, j'avais toujours su que les histoires que l'on racontait sur ma mère n'étaient que des calomnies, mais c'était la confirmation dont j'avais besoin. J'avais par ailleurs découvert que Joshua vivait dans une communauté au Kenya et avait mis une jeune Roumaine enceinte. La meilleure amie de cette fille, une Bulgare, habitait dans notre Demeure – toutes les deux n'étaient dans la Famille que depuis quelques années – et je lui appris que je savais qui était Joshua, le bourreau de ma sœur, Kristina. Au moins, son amie avait le droit de connaître le passé de cet homme.

J'étais livide. Je me sentais trahie. Son excommunication durant le procès n'avait été qu'un leurre. J'écrivis deux lettres à Papa en lui disant que Kristina et David rêvaient d'avoir une relation avec leur père et à quel point cela les blessait qu'il semble se moquer d'eux. « Ce n'est pas juste que tu les aies abandonnés pendant toutes ces années », lui écrivis-je. Papa semblait s'en ficher. J'étais fermement résolue à combler le fossé qui s'était creusé entre nous durant toutes ces années. Nous étions une famille et méritions d'être réunis.

Je reçus un coup final quand le Service mondial reprit la direction de la Demeure pour y faire respecter les règles : ceux qui n'étaient pas membres n'avaient pas le droit de vivre dans les Demeures de la Famille. Ben dut ainsi déménager et trouver un appartement en ville. Il eut le cœur brisé ; ses enfants étaient dévastés. Quant à moi, je ne voulais pas cautionner quelque chose avec quoi je n'étais plus en accord. Je me rendais compte que je ne pourrais jamais totalement m'occuper de ma fille, ni la protéger, ni même prendre les meilleures décisions pour elle tant que je serais obligée d'obéir à une reine autoproclamée et à tout un tas de règles arbitraires qu'on décidait à ma place. Je dis à Joie que je partais et écrivis un mail à Kristina pour lui dire que je voulais quitter la Famille. Ma sœur me donna leur numéro de téléphone et, quelques jours plus tard, j'appelai. C'est Maman qui répondit.

« Je suis si heureuse ! me dit-elle ce jour-là. Puis-je te demander pourquoi tu veux quitter la Famille ?

— Je ne suis plus d'accord avec eux. La Famille n'a rien fait, si ce n'est déchirer des familles. Je suis malheureuse depuis longtemps et ma fille mérite une meilleure vie que moi. »

Cela me prit trois mois pour trouver l'argent nécessaire à mon billet de bus pour l'Angleterre. Joie me donna 300 dollars en douce mais, bien que j'apprécie son geste, cette somme fut à peine suffisante pour me remettre en selle.

Quand j'arrivai à la gare Victoria avec Chérie, les derniers mots que Papa m'avait envoyés dans un e-mail me hantaient toujours : « Je te plains. Que vas-tu faire, mère célibataire avec une petite fille ? Tu finiras dans la rue, avec rien. » Ses mots cruels me faisaient enrager. « Une fois que tu te seras vautrée dans la fange du Système, tu verras combien tu étais bien au sein de la Famille. » Il n'avait pas offert de m'aider, ni de me soutenir ; c'était presque comme s'il espérait me voir échouer. Son attitude condescendante me rendit encore plus déterminée à lui prouver qu'il avait tort. Alors qu'auparavant ces mots m'auraient anéantie, je n'avais plus besoin aujourd'hui de l'approbation de Papa. J'étais désormais un parent responsable de sa propre fille.

Au moment où je vis Kristina, David et Maman qui m'attendaient à la gare, Papa me sortit complètement de l'esprit. Être à nouveau avec eux fit naître un sentiment étrange. Bien que nous ne nous connaissions qu'à peine, nous nous prîmes dans les bras les uns des autres et nous embrassâmes, comme des amis qui se seraient perdus de vue depuis longtemps. La pièce manquante du puzzle qu'était mon cœur venait finalement d'être remise en place. Pour la première fois, je sus que j'allais dans la bonne direction et cela me fit éprouver un sentiment sans pareil. C'était la meilleure décision que j'avais jamais prise.

Maman n'avait pas grand-chose – elle possédait une petite maison avec trois chambres dans les Midlands, mais elle me permit de partager sa chambre avec elle le temps que je me trouve un endroit à moi. Ce n'était peut-être pas la meilleure façon de commencer dans la vie, mais j'avais ma liberté et j'étais aux anges !

Deux ans et demi plus tard, le 11 janvier 2005, je me connectai sur un site Internet (www.movingon.org) où d'anciens enfants de la deuxième génération de la Famille pouvaient partager leurs expériences et leurs souvenirs au sein du groupe. Grâce à ce site, je repris contact avec des amis que je pensais avoir perdus pour toujours. Un jour, je lus un communiqué bouleversant : Davidito avait commis un meurtre avant de se suicider. J'étais abasourdie. Je lui avais parlé au téléphone, pendant plus d'une heure, pas plus tard que le vendredi précédent. Mes mains se mirent à trembler et j'éclatai en sanglots.

La dernière fois que je l'avais vu, c'était au Portugal, à la Demeure de Maman Marie, avec sa petite amie, Elixcia. Mis à part quelques échanges d'e-mails, le coup de téléphone de ce vendredi était notre première conversation depuis cette époque-là.

Nous avions commencé par rattraper le temps perdu. Je lui avais dit que j'étudiais la psychologie et la pédagogie à l'université, matières que je trouvais utiles pour comprendre la dynamique de fonctionnement des cultes.

« Je trouve que le module de psychologie sociale est très intéressant : il permet d'expliquer l'influence puissante de la conformité au groupe, la pression du groupe pour altérer les comportements », lui avais-je expliqué.

Je lui avais annoncé que j'avais mon propre appartement – le premier – avec ma fille, et qu'elle aimait beaucoup l'école. « C'est bizarre de vivre seule, mais j'adore pouvoir aller faire mes courses seule et décider moi-même de comment décorer ma maison. »

Il avait été ravi d'apprendre que j'allais bien et m'avait appris que, depuis qu'il avait quitté le culte, il avait travaillé sur un chalutier de pêche, puis comme électricien. Il voulait aller à l'université, mais cela coûtait trop cher. Il avait beau essayer de s'adapter, il n'arrivait pas à oublier son passé.

« Si je me fais des amis, ils me posent des questions sur ma famille, sur mes parents. Qu'est-ce que je peux bien leur raconter ? »

Je comprenais ce qu'il voulait dire. Je faisais face aux mêmes questions difficiles.

Au cours de notre conversation, il m'était apparu évident que Davidito était angoissé. Il m'avait parlé des abus dont il avait été témoin sur Mene quand il n'avait que 10 ans. « Je descendais à la cave et la voyais là, attachée au lit, bras et jambes écartés. Elle me suppliait de l'aider, mais je ne pouvais rien faire. Berg descendait et abusait d'elle, juste là. » La colère était montée dans sa voix.

« Tu sais, je me sens très mal pour Techi, lui avais-je avoué. Quand j'étais là-bas, à la Demeure de Maman, elle n'avait plus aucun désir, plus aucune ambition. Elle se fichait de son apparence, sa chambre était dans un état épouvantable et elle semblait toujours profondément déprimée. »

Davidito s'était étranglé : « Tu aurais dû la voir avant qu'ils ne la brisent. Elle était pleine de vie : c'était une tout autre personne. »

Il m'avait parlé de la série *Techi* et avait accusé sa mère d'avoir brisé l'esprit de Techi elle-même. Il m'avait également dit quelque chose d'encore plus choquant. On ne savait pas qui était le père de l'enfant de Techi : officiellement, elle avait déclaré que cela pouvait être deux adolescents plus âgés, mais Davidito croyait qu'il s'agissait plus probablement de Frank, un homme proche de la quarantaine. J'avais rencontré Frank à mon arrivée à la Demeure de Maman, mais il était parti peu de temps après.

« Ce qui me met le plus en colère, c'est que c'est notre propre mère qui a essayé de la prendre au piège et de la contrôler. Techi voulait quitter la Demeure car il n'y avait plus d'autres jeunes : notre mère s'est donc arrangée pour que Frank ait des rendez-vous avec elle. Elle avait à peine 16 ans. Et tu sais ce qui est le plus dur ? Frank était mon ami. C'est vraiment un bordel pas possible !

— Eh bien, on poussait les gens à faire des choses qu'ils n'auraient jamais faites autrement », lui avais-je répondu.

Davidito était d'accord. Il voulait aider sa sœur et son fils à échapper au contrôle de leur mère, mais toute communication entre eux avait été interrompue quand il avait quitté la Famille. Il n'était plus un enfant sans défense et pensait qu'il allait de sa responsabilité de réparer le mal et de venger les abus physiques et mentaux que des milliers d'enfants avaient subis à cause de la folie de ses parents.

Je lui avais raconté que j'avais produit des déclarations sous serment, qui avaient été transmises au FBI et à la police du Royaume-Uni. J'y expliquais de façon explicite la violence et les abus auxquels j'avais assisté et que j'avais subis en personne. Je voulais participer à la lutte pour la justice. Davidito était découragé. Les difficultés auxquelles nous devions faire face pour traîner les criminels devant les tribunaux et rassembler des preuves lui semblaient insurmontables.

Les membres du culte utilisaient des noms bibliques, ce qui rendait leur identification difficile. La plupart des crimes avaient été commis dans des pays comme les Philippines, l'Inde et la Thaïlande, où la police avait peu de moyens pour approfondir ses enquêtes dans des cas compliqués d'abus. Nous déménagions souvent et connaissions rarement les adresses des demeures dans lesquelles nous vivions. Dans de nombreux pays, comme les États-Unis, il y a prescription pour les crimes sexuels au bout d'un certain temps, et le culte avait détruit presque toutes les preuves compromettantes

– on nous avait fait brûler toutes nos photos et autres lettres personnelles pendant les procès.

Malgré ces obstacles, lui avais-je assuré, je restais optimiste car, si nous faisions bloc et disions la vérité, nos voix seraient entendues. Davidito n'était pas convaincu.

« Vraiment ? Tu crois ? avait-il soupiré. Je n'ai pas la force. Je ne peux pas continuer un jour de plus. J'ai essayé, j'ai essayé si dur, mais je ne peux pas… je veux juste que cela cesse. »

Je m'étais efforcée de trouver quoi lui dire : je voulais désespérément l'aider à voir les choses de façon plus optimiste, et je ne savais pas s'il avait l'intention de se suicider.

Mais une chose était claire : il cherchait sa mère. Elle était tout aussi coupable que Mo : il l'avait vue emmener des filles dans sa chambre. Elle avait dirigé les programmes de Détention pour ados, dont la torture de Mene. Il voulait lui faire face. Si le système judiciaire ne s'occupait pas d'elle, alors il le ferait.

« Mais cela prendrait du temps et je n'ai pas la force de vivre un jour de plus, avait-il ajouté.

— Mais ton témoignage, ce que tu sais, est primordial pour obtenir justice. Accepterais-tu d'en faire un par écrit ? Je suis sûre que nous allons trouver un moyen pour que les autorités y prêtent attention », lui avais-je demandé.

Il avait hésité : « Je ne sais pas. Et pourquoi pas une vidéo ? Je vais faire une vidéo, d'accord ?

— S'il te plaît, l'avais-je supplié. Tu penseras à aller parler à la police ? S'il te plaît, rappelle-moi. D'accord ?

— OK, j'y penserai. Je te rappellerai. Ça m'a fait du bien de te parler. Au revoir », m'avait-il dit avant de raccrocher.

J'étais sûre que je lui parlerais à nouveau, mais ce ne fut pas le cas. Cette nuit-là, il était tombé sur Angela Smith, alias Sue, qui avait été prise en photo nue avec lui quand il n'était qu'un bébé pour le *Livre de Davidito*. Elle avait été la secrétaire de sa mère pendant de nombreuses années. Avant la fin de la nuit, il l'avait poignardée avant de se tirer une balle dans la tête.

Je pleurai beaucoup – la perte d'un ami, le gâchis inutile d'une vie, le désespoir qu'il avait dû ressentir pour en arriver là, dans le seul but d'exprimer la colère qu'il éprouvait contre cette mère qu'il ne parvenait pas à trouver. Ce ne fut pas le seul cas de suicide. Il y en eut d'autres chez des personnes de notre génération, des amis avec lesquels j'avais vécu, qui n'arrivaient pas à vivre avec cette douleur. Un mois après la mort de Davidito, Juliana m'écrivit pour me dire que notre sœur de Grèce, Davida, était morte. J'eus le cœur brisé. J'avais essayé de trouver son numéro de téléphone pour entrer en contact avec elle et l'inviter à venir en Angleterre pour apprendre à connaître sa famille. Je voulais qu'elle sache que nous l'aimions, mais il était maintenant trop tard.

Ces morts tragiques m'encouragèrent à agir. À la mi-janvier, je me rendis en Californie pour parler de Davidito sur ABC News. Je voulais dire la vérité et raconter ce qui lui était arrivé – à nous, à notre génération. Ce fut un moment difficile, de grande émotion, mais quelque chose à quoi je ne m'étais jamais attendue se produisit. Ce jour-là, alors que j'entrai dans la chambre d'hôtel où se trouvait l'équipe d'ABC News, je fus accueillie par Armi, mon amie d'enfance. Nous nous prîmes dans les bras l'une de l'autre et parlâmes ensemble pour la première fois depuis quinze ans ! Ce soir-là, je vis aussi Elixcia. Elle avait pris l'avion de

Washington à San Diego pour être interviewée par ABC News. Elle était toujours fragile, dévastée par la mort tragique de Davidito et éclatait souvent en sanglots.

Je visionnai la vidéo tournée par Davidito chez lui, la veille de sa mort. Il y déversait toute la colère et l'émotion qu'il avait contenues pendant si longtemps. Je pouvais entendre l'angoisse dans sa voix tandis qu'il évoquait l'absence de justice. Il confiait qu'il voulait se suicider depuis longtemps, depuis la Formation des Ados, et qu'il aurait souhaité ne jamais naître.

« Mon but est de faire tomber ces salopards de malades, Maman et Pierre. Ma propre mère ! Cette salope malfaisante. Bon Dieu ! Comment peut-on faire ça à des enfants ? Comment peut-on faire ça à des enfants et dormir la nuit ? Je n'en ai fichtrement pas la moindre idée ! »

Il était assis à une table dans sa petite cuisine, brandissant tout en parlant le revolver qui allait le tuer.

À la fin de la vidéo, j'étais en pleurs. Cela ne lui ressemblait tellement pas ; ces paroles étaient tellement loin du garçon timide que je connaissais. Je compris mieux sa colère quand Davida, la sœur de Sarah, raconta son histoire à son tour. Elle déclara qu'elle était au lit avec Mo pendant que Marie avait des rapports avec son propre fils. Davidito ne pouvait pas parler de cela lui-même. Cela aurait été trop humiliant, trop douloureux. Sa colère contre sa mère était compréhensible. Elle n'était pas qu'une innocente spectatrice. Elle s'était elle-même rendue coupable d'abus sexuels sur des enfants.

Je parlai à Elixcia de ce que m'avait appris Davidito à propos de Techi et de Frank et elle me confirma être au courant. Je trouvai l'adresse mail de Frank et lui écrivis, lui demandant de tout me raconter afin de répondre à ces accusations. Il ne me répondit jamais. Au lieu de cela, il appela Elixcia pour se plaindre. Il vivait maintenant en Suisse et menait désormais une toute nouvelle vie en dehors du culte, avec un bon travail. Admettre son passé aurait été dévastateur pour lui. Il ne pouvait pas le faire.

Quel lâche, pensais-je.

Il y en avait beaucoup qui essayaient de dissimuler leur passé. Mais les blessures ne peuvent être pansées si elles ne sont pas mises à nu et traitées. Je trouvai le courage d'affronter mon père à propos des sujets qui nous avaient séparés et de lui dire ce que je pensais qu'il avait besoin d'entendre. Dans un e-mail, je lui écrivis :

Je ne t'écris pas pour parler de tes motivations, mais de tes actes et des effets qu'ils ont eus sur tes enfants. Pendant des années, j'ai essayé de te faire partager ce que je ressentais, ce que je savais que les autres enfants ressentaient, mais tu l'as toujours rejeté et traité à la légère. C'est ce qui m'a amenée à prendre un chemin différent du tien. La personne qui a le plus divisé notre famille, c'est toi. Tu as essayé de me monter contre ma mère, David et Kristina, puis Julie contre moi. Maintenant, est-ce que tu vas continuer avec tes autres enfants ?

Mon père avait auparavant déclaré à ma mère *qu'aucun* rapport sexuel fâcheux n'avait eu lieu dans la Famille. Je le provoquai en lui rappelant que je l'avais surpris avec Armi. Je lui écrivis :

Tu étais loin d'être le seul avec Armi, mais tu y as pris part. Tu as pris part à un abus collectif sur une enfant innocente. Ne crois-tu pas qu'elle mérite que tu t'excuses auprès d'elle ? Et peut-être même plus ?

Dans sa réponse, mon père finissait par l'admettre :

Je suis sincèrement désolé que tu aies subi des rencontres choquantes à MWM [« Music with Meaning »*] qui continuent à te hanter. Je n'avais honnêtement pas idée du fait que tu aies été forcée par Paul et par d'autres à faire toutes ces choses. Néanmoins, étant ton père, j'étais responsable de ta protection et devais prendre soin de toi : je suis donc celui à blâmer pour ne pas avoir vu ce qui se passait. Je croyais que les contacts qu'il y avait entre adultes et enfants étaient anodins, que c'était plutôt des câlins, et non ce que tu as décrit, qui est si choquant que je ne veux même pas l'écrire ici. Oui, c'était très mal et, Dieu merci, la Famille a mis en place des règles très strictes, il y a des années de cela, pour y mettre un terme. Ce que je n'avais pas compris, comme sans doute beaucoup d'autres, c'est que ceux qui avaient la malchance d'être des enfants dans une Demeure où de tels excès avaient lieu en souffrent toujours aujourd'hui, bien des années après. Tout ce que je peux donc dire, c'est, oui, je suis sincèrement, profondément, désolé et je te demande de m'excuser, pas pour ce que j'ai fait, mais pour ce que je n'ai pas fait, c'est-à-dire te protéger à l'époque et me rendre compte de ce qui t'arrivait.*

Oui, tu as raison, j'ai eu un rendez-vous avec Armi. Je l'avais oublié jusqu'à récemment. Je ne me souviens pas de l'épisode que tu décris, mais je me souviens d'un autre dans le studio. Je me souviens que nous n'avons pas fait grand-chose et, comme elle l'a dit elle-même, je ne me suis pas imposé à elle. C'était peut-être même son idée, je ne m'en souviens plus. Mais je sais que je n'ai jamais eu aucune envie de faire ce genre de choses. Et cette fois avec Armi a été la seule ; sauf qu'après ça, Mene a voulu avoir un rendez-vous avec moi elle aussi mais, d'après mes souvenirs, nous nous sommes contentés de rester allongés, tout habillés, et de parler, car je n'avais vraiment pas envie de faire quoi que ce soit… Je trouve sincèrement répugnante l'idée d'adultes ayant des rapports sexuels avec des enfants et, par conséquent, je comprends ce que tu ressens et que tes souvenirs d'enfance soient souillés, et je suis sincèrement désolé d'avoir laissé cela se produire.

J'admettais que mon père puisse avoir des remords, mais je ne trouvais pas ses excuses suffisantes. Il n'acceptait toujours pas le fait que David Berg était un pédophile, responsable de la destruction de tant de vies de notre génération. Il suggérait qu'une fillette de onze ans *lui* avait réclamé un rendez-vous – comme si cela justifiait ses actions – quand il était l'adulte responsable qui aurait dû rapporter à la police tout contact sexuel entre adulte et enfant – et non fermer les yeux.

Ce qu'il avait écrit dans cette lettre dépassait tout ce qu'il avait admis par le passé, mais ses excuses arrivaient trente ans trop tard et n'étaient pas suffisantes. Je ne crois pas que mon père soit, ou ait été, un pédophile, mais il soutient toujours financièrement et protège toujours ceux-là mêmes qui sont les instigateurs des abus sexuels que nous avons subis. Il croit à tort que la Famille a mis un terme à ces abus – et nie le courage dont a fait preuve sa propre fille, Kristina, en parlant et en révélant au monde entier l'horreur que nous avons tous vécue, obligeant par ses aveux la Reine Marie et Pierre à devenir plus « conformistes ». Mais la Famille protège toujours les pédophiles, tandis que les victimes – leurs enfants – ont été menacées et calomniées.

26

La perle d'Afrique

Juliana

Je fus réveillée en sursaut par quelqu'un qui frappait à la porte de ma chambre.

« Oui », répondis-je en jetant un coup d'œil à mon réveil, encore à moitié endormie. Il était 3 heures du matin et une violente tempête faisait rage dehors. Entre les coups de tonnerre, j'entendis faiblement mon amie Tina me demander d'ouvrir la porte. J'avais l'habitude de fermer ma porte à clé la nuit, juste au cas où. Je me levai pour lui ouvrir. Que pouvait-elle bien vouloir à une heure si tardive ?

Son visage affichait une expression contrite. Deux hommes masqués se tenaient derrière elle, brandissant un AK-47 et une machette. Dès que j'eus ouvert la porte, ils me pointèrent le revolver au visage.

« Toi, viens ici ! », m'ordonna l'un d'entre eux. Je ne portais qu'un minuscule tee-shirt et un short, mais n'eus pas le temps d'enfiler un peignoir. Les intrus nous conduisirent toutes les deux dans la chambre du maître de maison, où dormaient Papa et les enfants.

Ils demandèrent de l'argent, et Papa leur montra du doigt la valise sous le lit dans laquelle il gardait ses économies, qui s'élevaient à 1 000 dollars. Ils la forcèrent à l'aide de leur machette et trouvèrent l'enveloppe contenant l'argent, mais ils furent encore plus furieux quand ils en sortirent les billets. La valeur de la monnaie locale était en moyenne de 1 800 shillings ougandais pour un dollar américain. Cela voulait dire des tas de billets. Pour eux, quelques malheureux billets ne valaient rien.

« Où est votre argent ? hurlèrent-ils avec fureur.

— Tout est là. Je garde le reste à la banque. Personne ne garde beaucoup d'argent chez soi », essaya de leur expliquer mon père.

Ils ne le crurent pas. Celui qui était visiblement le chef menaça de violer les femmes si on ne leur disait pas où était caché l'argent. Nous fîmes semblant de ne pas comprendre et ils se tournèrent vers Papa. L'un deux le mit à terre pendant que l'autre levait la machette haut dans les airs : ils allaient lui arracher la jambe si on ne leur disait pas où était l'argent.

Alors que le cambrioleur levait son bras pour porter le premier coup, Papa cria de désespoir : « Jésus, aide-moi ! »

De mon côté, je criai : « Arrêtez ! J'ai de l'argent ! » Le mélange de nos deux voix surprit sans doute le cambrioleur car, l'espace d'un instant, il se figea ; puis, il abaissa lentement son bras pour se tourner vers moi.

« Que viens-tu de dire ?

— Vous n'avez pas besoin de faire ça. J'ai des shillings ougandais dans ma chambre. »

La promesse d'avoir de l'argent ougandais lui parlait. Il baragouina rapidement quelques mots à son complice et ils se séparèrent. L'un d'entre eux monta la garde avec le revolver dans la chambre de Papa, pendant que le chef m'emmena dans ma chambre pour trouver l'argent. Je lui donnai mes shillings, qui ne s'élevaient pas à plus de dix dollars, mais le nombre de billets sembla lui faire plaisir. Puis il mit ma chambre sens dessus dessous pour trouver tout ce qui pourrait avoir de la valeur.

Inspirés par ce succès, ils emmenèrent l'une après l'autre les deux autres femmes dans leur chambre pour piller leurs affaires. Cela faisait deux bonnes heures qu'ils étaient dans la maison, et le jour n'allait pas tarder à se lever. Il était temps de partir. Ils nous ordonnèrent à tous de retourner dans nos chambres et de nous allonger sur nos lits. Aucun de nous ne quitta sa chambre pendant la demi-heure qui suivit : nous attendions, écoutions, pas complètement certains qu'ils soient partis pour de bon.

Nous finîmes par nous risquer dehors pour jeter un coup d'œil. Ils avaient embarqué la télévision, les téléphones portables et la chaîne stéréo. Aucun de nous n'arrivait à croire le supplice que nous venions de subir. Cela semblait presque surréaliste. Ils n'avaient pas trouvé notre studio de musique, où se trouvaient les équipements les plus coûteux, pas plus que les deux jeunes hommes qui dormaient dans la maison et qui auraient pu s'avérer dangereux. Mais, le plus étonnant, c'est qu'aucun d'entre nous n'avait été blessé. Nous avions souvent entendu des histoires de personnes de notre connaissance qui avaient été tabassées, violées et même tuées au cours de cambriolages. Nous en étions sortis tremblants, mais indemnes.

Notre histoire fut rapportée dans l'une des publications d'informations de la Famille. Il était certain que les membres de la Famille allaient se demander pourquoi Dieu avait permis que cela se produise. N'était-Il pas supposé protéger Ses missionnaires ? Une prophétie fut alors révélée : nous avions été hors de l'Esprit et désunis, et c'était pour cela que l'Ennemi avait été autorisé à entrer chez nous.

Cet article cinglant me blessa terriblement. Nous prenions de gros risques pour répandre l'Évangile de la Famille et, pourtant, au moment où les choses tournaient mal, on nous laissait tomber, et on nous stigmatisait comme de mauvais exemples flagrants. Nous étions totalement abandonnés sur ce coup-là. Si nous faisions bien, c'était grâce à Jésus, par le biais de la Famille, mais, si quoi que ce soit se passait mal, ou si nous avions des problèmes, nous étions ceux à blâmer.

C'est à peu près à cette époque-là que nous reçûmes un e-mail disant que ma sœur Davida prenait tant d'héroïne qu'elle pouvait mourir d'un jour à l'autre. En désespoir de cause, sa mère, Sotiria, avait tenté d'entrer en contact avec Papa par l'intermédiaire de membres de la Famille en Grèce. Davida avait besoin d'aide, et vite, disaient-ils : Papa décida donc à contrecœur que c'était son devoir d'y aller pour voir s'il pouvait faire quelque chose. J'étais déterminée à partir avec lui. D'une certaine façon, je savais que je serais plus en mesure d'aider ma sœur que mon père. Il serait inutile, selon moi. Jusqu'alors, il n'avait pas été un père pour elle – il ne la connaissait même pas –, alors que pensait-il pouvoir faire ? La secourir, la sortir des griffes de l'héroïne en lui prêchant l'amour salvateur de Jésus ? Faire semblant d'être un père pour elle maintenant qu'il était trop tard ? Il me semblait évident, au vu de l'état dans lequel elle s'était mise, qu'il était bien trop tard pour tout cela. L'argent que j'avais économisé pour mon billet m'avait été volé pendant le cambriolage. Si je voulais y aller, je devais utiliser mon argent d'urgence – l'argent que tous les membres de la Famille devaient avoir au cas où ils devraient « fuir ». Cet argent ne devait être utilisé qu'en cas de dernier recours. J'étais déterminée à aller en Grèce : je promis donc à la Demeure que je travaillerais pour rembourser cet argent.

Davida était la sœur perdue que j'avais toujours rêvé de rencontrer. Je savais instinctivement qu'il existait un lien entre nous et que je devais l'aider. Dès notre rencontre, nous fûmes aussi inséparables que si nous avions été élevées ensemble. La journée, nous parcourrions Athènes toutes les deux et, la nuit, nous partagions un lit, aussi à l'aise que des sœurs siamoises.

Papa aurait tout aussi bien pu être un élément du décor ; il n'avait rien à faire là. Davida et lui se montraient polis l'un envers l'autre, aimables même, mais le lien intime qui unit habituellement un père à sa fille leur faisait cruellement défaut. Cette affection manquante, c'est à moi qu'elle l'accordait. Durant cette courte période, nous fîmes toutes les deux l'expérience de ce à quoi cela aurait ressemblé de grandir avec une sœur d'âge proche.

Sotiria me donnait du liquide quand nous sortions : elle ne faisait pas confiance à Davida et avait peur qu'elle l'utilise pour s'acheter sa dose. Davida avait dépouillé leur petit appartement de tout ce qui avait de la valeur, encouragée par son voyou de petit ami, Stavros. Sotiria devait cacher l'argent qu'elle avait et, pourtant, ces deux-là arrivaient toujours à le trouver. Tout ce que Sotiria ramenait à la maison, après avoir travaillé de longues heures à l'hôpital, était dilapidé à cause de l'héroïne.

Au bout de deux semaines, Papa décida qu'il était prêt à rentrer à la maison. Cette visite n'avait pas servi à grand-chose : il n'avait pas réussi à établir le moindre lien avec sa fille. Mais, moi, je n'étais pas prête à partir, et ma sœur me suppliait de prolonger mon séjour : je restai donc deux mois de plus.

Un jour, nous nous rendîmes dans le centre d'Athènes. J'avais décidé de me faire tatouer, en souvenir de la Grèce et de ma sœur. Elle me laissa, m'annonçant qu'elle allait boire un café et qu'elle reviendrait dans deux heures. Je lui fis distraitement un signe de la tête, plongée dans le livre de dessins de tatouages qui se trouvait devant moi.

Il fallut trois heures à l'artiste pour finir le tatouage d'une ancienne dague ornée, qui semblait gravée dans ma chair, à un endroit du corps qui reste en général caché. La Famille n'approuvait pas les tatouages, mais il n'existait pas de règle officielle les interdisant. C'était mon acte secret de rébellion.

Quand je sortis de chez le tatoueur, ma sœur n'était pas là. Je l'attendis plus d'une heure. La nuit tombait quand elle finit par revenir, complètement défoncée. J'étais furieuse qu'elle m'ait menti et elle vit que j'étais en colère.

« Julie, *agape mor*, je suis désolée. Je n'ai pas pu m'en empêcher. J'ai rencontré des amis et ils ne m'ont pas laissé partir tant que je n'en avais pas pris. » Elle s'accrocha à moi en me suppliant de lui pardonner. « Mais ce n'était pas de l'héroïne, je te le promets. Ce n'était que de la coke. S'il te plaît, ne dis rien à ma mère. »

Dire quelque chose n'aurait servi à rien et ne l'aurait pas aidée. Elle tremblait : j'enlevai mon châle pour le mettre autour d'elle. Tant qu'elle resterait à Athènes, elle baignerait toujours dans cet environnement, entourée de ses amis drogués, et elle n'était pas assez forte pour résister. Je la suppliai de venir avec moi en Afrique. Je l'installerais dans un appartement et je gagnerais de l'argent pour elle le temps qu'elle aille mieux et qu'elle trouve un travail.

Les membres de la Famille n'avaient le droit de rester que trois mois en dehors de leur communauté. Papa m'écrivit donc pour me rappeler que mon temps était presque écoulé. Sotiria et Davida me supplièrent de rester et moi, je suppliai Davida de venir avec moi. Elles voulaient que je quitte le groupe mais, à l'époque, ce n'était pas une option envisageable dans mon esprit. Je voulais rester avec ma sœur mais, à cause des règles, je devais m'en aller. Mon cœur était le théâtre d'une lutte acharnée. Je finis par partir, laissant à Sotiria mes derniers 200 dollars pour le billet d'avion de Davida, si jamais cette dernière se décidait à me rejoindre.

Peu après mon retour au sein de la Famille, Papa m'annonça une nouvelle à laquelle je ne m'attendais pas du tout : « Chérie, Celeste a écrit pour dire qu'elle avait décidé de quitter la Famille. » Il semblait totalement affolé. Celeste avait toujours été sa préférée, celle dont il était fou. La nouvelle l'ébranlait complètement.

J'étais surprise :

« A-t-elle dit pourquoi ? C'est étrange que juste après être revenue de la Demeure de la Reine Marie, elle décide presque aussitôt de quitter la Famille. Peut-être que tout n'est pas aussi rose qu'il y paraît, au Service mondial.

— Oui, je me le demande. »

Je voyais le doute dans les yeux de Papa. Celeste ne ferait jamais rien de mal et peut-être qu'elle avait vu quelque chose là-bas qui aurait suscité cette décision.

Celeste m'écrivit une lettre quelques jours plus tard, m'exposant sa décision et m'expliquant en des termes très vagues qu'elle ne pouvait plus être d'accord avec certaines des croyances de la Famille et qu'elle ne voulait pas y élever sa fille. Je voulus connaître les détails et savoir exactement ce qui avait amené ma sœur à prendre une telle décision. J'avais 21 ans et je sentais que j'avais besoin de savoir. Dans la lettre que je lui adressai, j'écrivis :

En gros, je te demande tout ça parce que récemment j'ai réfléchi sur ma vie et sur ce que je fais, ce que j'accomplis ici et, oui, dans la Famille en général. Quand j'ai lu ta lettre, et tout ce que tu dis sur le fait « d'être entièrement persuadée », je me suis rendu compte que je ne l'étais pas. Et que cela fait déjà un moment. Et ce que je voulais dire en déclarant que tu étais la « plus forte » de nous tous, c'était parce que tu étais la plus « à la botte » de la Famille, puisque tu étais au Service mondial et tout…, mais si tu as découvert que tout n'est pas comme il y paraît là-bas, alors ça me fait vraiment me demander si je ne suis pas le « mouton idiot » que l'on mène par le bout du nez.

En fait, si je suis si triste depuis aussi longtemps, je devrais peut-être commencer à voir plus large et à me demander pourquoi, non ? Oui, je suis triste et je crois que la façon dont je vis n'a été qu'une longue tentative pour me convaincre que je sers une noble cause. Mais je me mens à moi-même, d'où la désillusion, le découragement et l'absence de prise de risque.

Je veux faire quelque chose de ma vie… dont je puisse être fière… Je ne sais absolument pas quoi faire… Je ne sais pas par quoi commencer, ni même comment commencer et, soudain, je me sens impuissante et c'est frustrant. C'est comme si j'étais assise dans le brouillard aujourd'hui ; je vais y rester encore un peu, le temps que cela s'éclaircisse et que je voie quel chemin suivre. J'espère seulement que cela arrivera vite car c'est presque pire d'être assise ici puisque c'est le dernier endroit où j'ai envie d'être en ce moment.

Celeste était très occupée à essayer de commencer une nouvelle vie et, après ma lettre, nos contacts s'espacèrent. Au doute premier que Papa avait formulé succéda de sa part une ferveur redoublée pour la cause de la Famille. Selon lui, il était inévitable que ceux qui n'étaient pas entièrement voués à la cause désertent. « Nous devons juste continuer à prier pour Celeste. Elle reviendra dès qu'elle aura vu à quel point c'est pire dehors ! », me dit-il. De mon côté, je savais que ma sœur ne serait jamais partie sans une bonne raison. Je changeais constamment d'avis : un jour, je pensais à partir ; puis la peur de ne rien connaître du dehors, de ne pas savoir comment j'allais survivre, me faisait rester. J'enfouissais mes doutes dans un coin de mon cerveau et survivais en mode automatique.

Un jour, Royaume éclata en sanglots : il ne s'arrêtait plus de pleurer. Sa mère était inquiète, mais il n'accepta de parler à personne d'autre que Papa. Ce dernier finit par l'amener à révéler toute l'histoire. Royaume s'était réveillé la nuit du cambriolage et avait assisté à toute la scène. Cela l'avait effrayé. Il se demandait pourquoi Jésus avait presque laissé son père se faire couper la jambe à la machette. Mon petit frère était profondément malheureux. Il restait enfermé dans la maison toute la journée : toute sa vie se résumait à l'école, la toilette et le Moment de la Parole. Il se croyait bon à rien et, plus que tout autre chose, il ne se sentait ni aimé ni compris. Dans son esprit, il en vint à conclure qu'il ne servait à rien de vivre. Un jour, il vit une machette dans le jardin et l'idée de s'en servir l'envahit. Il n'avait que 10 ans.

Lorsque Papa décrivit la situation au Conseil des Demeures, Soleil pleurait et tout le monde était sous le choc. Cela me bouleversa. Je comprenais ces émotions, mais j'étais stupéfaite que Royaume en fasse l'expérience si jeune. Je me rendis compte que mon petit frère souffrait en silence et n'exprimait jamais ses pensées intimes. Sa sœur Shirley et lui étaient tous les deux des enfants calmes, renfermés, effacés. Ils avaient appris très jeunes qu'élever la voix n'attirait que des ennuis. Je n'avais jamais su exactement ce qui se passait dans leur tête. Pour la première fois, le désespoir dans lequel ils avaient sombré m'apparut clairement.

Après le cambriolage, rien ne fut plus jamais pareil : la maison rappelait de mauvais souvenirs à tout le monde, et nous déménageâmes à nouveau. Trouver de l'argent pour vivre était une lutte permanente. Notre société, RadioActive Productions, produisait de la musique et des émissions de radio gratuitement. Cela faisait partie de notre « témoignage » – répandre la Parole de David – mais ne nous aidait pas à payer les factures. Papa essayait de se hisser à nouveau au statut de star de la radio, mais nous n'arrivions même pas à vendre les émissions. Dans un pays africain frappé par la pauvreté, personne ne passait nos émissions si elles n'étaient pas gratuites.

En général, nous joignions les deux bouts en nous rendant dans les commerces locaux pour demander des dons. Je n'étais pas fière d'être une mendiante pour le Christ. La Famille appelait cela « le ravitaillement », mais en réalité ce n'était qu'une autre forme de mendicité. Nous, les Blancs privilégiés, réclamions de l'aide alors que nous étions censés être ceux qui en donnent. Cela me semblait terriblement immoral d'avoir à quémander de la nourriture et des vêtements en Afrique, où les populations vivaient en moyenne avec un revenu de moins de 20 dollars par mois. Avec nos télévisions, nos jolis meubles et nos vastes maisons à deux étages, nous étions considérés comme riches par ceux qui vivaient dans des huttes de terre. J'avais tout à fait conscience de cela quand nous recevions des gens dans notre demeure pour l'Étude de la Bible. Qui ne voudrait pas rejoindre la Famille quand il pourrait vivre dans l'abondance en ayant simplement à accepter quelques croyances étranges ?

De temps à autre, un supermarché ou un commerce se retrouvait avec un surplus de nourriture périmée ou endommagée, qu'il nous donnait par charité. Nous étions censés être un centre de distribution mais, en général, nous gardions la majorité des produits pour nous et ne donnions aux divers orphelinats et quartiers pauvres que ce qui n'était pas assez bien pour nous. On appelait cela le TCP – « Tenir Compte des Pauvres ». Pendant ces distributions TCP, une personne suivait les autres, caméra au poing, pendant que nous donnions les produits. Nous posions avec des Africains recevant des produits périmés de nos mains charitables. Ces photos étaient reproduites dans le bulletin mensuel que nous distribuions pour obtenir des aides financières.

Je méprisais l'idée de poser pour une photo. Cela semblait si faux, si humiliant pour les autochtones, et je me demandais parfois ce que ces derniers pensaient de tout cela. Mais les mendiants n'ont pas le choix et, au vu de l'état de pauvreté dans lequel ils vivaient, cela leur importait peu : ils étaient simplement reconnaissants qu'on leur donne quelque chose. Cela m'ennuyait encore plus : nous utilisions leur pauvreté dans notre propre intérêt – pour recevoir plus de denrées de la part d'entreprises charitables que l'on garderait pour nous, alors que seuls nos déchets arriveraient jusqu'à eux.

Nous nous appelions avec audace des missionnaires.

Mais que pouvions-nous faire d'autre ? La plupart des missionnaires sont aidés financièrement par leur Base. Dans la Famille, c'était l'inverse : nous, les missionnaires, soutenions financièrement notre Base. Nous survivions donc du mieux que nous le pouvions, récoltant de l'argent en posant pour des photos. Nous ne pouvions pas vendre les magazines, livres et autres vidéos de la Famille car la plupart des gens étaient trop pauvres pour se les payer, et le peu que nous vendions n'était qu'une goutte d'eau dans l'océan.

Dix-sept pour cent de nos revenus allaient obligatoirement au Service mondial. Nous mangions beaucoup de haricots, de lentilles, de riz et de viande bon marché. Nous nous répartissions de frugales portions de nourriture. Nous avions toujours du mal à payer nos factures. Se loger coûte cher en Ouganda. En général, nous bouclions tout juste notre budget et ne pouvions rien gaspiller.

C'est alors que la Reine Marie publia une lettre appelée « Dons », déclarant que Dieu n'était pas content que la Famille n'offre que le minimum au Service mondial et que ses membres ne pouvaient pas espérer Ses faveurs financières s'ils ne donnaient pas gracieusement plus que le quota fixé. Par ailleurs, si une Demeure ne suivait pas toutes les « Nouvelles Mesures de l'Esprit », ou si elle abritait le péché, Dieu serait obligé de la mettre au rebut. Après cette lettre, lors de notre réunion hebdomadaire du Conseil de la Demeure, tout le monde se prononça docilement en faveur d'une règle qui faisait passer le pourcentage à vingt-cinq pour cent. Lors du vote, quand ma main fut la seule à se lever contre, je bouillais de rage. Le quart des revenus de notre demeure allait revenir au Service mondial, dans l'espoir que cela nous attire les bonnes grâces du Tout-Puissant. Puis, nous regardâmes au plus profond de nos âmes pour nous assurer qu'il n'y avait aucun péché dissimulé sur lequel l'œil de la Providence pourrait se fixer. Enfin, nous suçâmes la semence sacrée de notre Mari spirituel avec une ferveur plus intense.

Peut-être que le montant proposé ou que le timing n'était pas bon, ou peut-être que je ne réussissais pas à satisfaire correctement notre Sauveur, mais la manne que nous espérions ne tomba jamais du ciel.

Quelques mois plus tard, je partis en voyage aux États-Unis avec Tina. Nous allâmes visiter la Demeure dans laquelle se trouvait la Fondation pour l'assistance de la Famille en Californie, l'institution caritative de la Famille où la dîme et les dons étaient canalisés pour être exemptés d'impôts. Je fus choquée de voir que je me rendais dans un manoir. Les dirigeants possédaient une propriété immense. Ils mangeaient de l'excellente nourriture, vivaient dans l'opulence et avaient même de l'argent pour partir dans leur résidence de vacances, au Mexique. Tout était à l'exact opposé des Demeures d'Afrique qui avaient du mal à joindre les deux bouts, dont les membres mangeaient des lentilles et des haricots, et pouvaient à peine payer le loyer.

Je revins de ce voyage quelque peu désabusée. Bien que je fusse contente de rencontrer d'autres jeunes de la Famille, je n'arrivais pas à digérer certaines des expériences vécues au cours de ce voyage : elles m'avaient donné matière à réfléchir. La Famille s'était métamorphosée depuis mon enfance. Au lieu d'élever la nouvelle génération avec une discipline sévère et des camps de formation, la Famille moderne du nouveau millénaire était plutôt détendue. Les jeunes s'habillaient de façon décontractée et allaient à des concerts de musique de la Famille appelés « Wordstock[1] » et à de grands rassemblements – tout cela dans le but de leur inculquer les doctrines de la Famille *en douceur*.

Je me rendis compte que la deuxième génération d'aujourd'hui n'était composée que de jeunes enfants et qu'il restait très peu de gens de mon âge, ou plus âgés. Sur toute l'École de la Ville céleste, qui comptait plus d'une centaine de jeunes, je n'en connaissais que cinq qui soient restés dans la Famille. J'évaluai qu'il ne restait environ que 2 000 jeunes de la deuxième génération. Sur ceux-là, au moins la moitié d'entre eux n'avaient pas 20 ans, ce qui voulait dire qu'ils étaient trop jeunes pour avoir connu les règles du passé. Donc, il ne restait que 1 000 membres de mon âge, ou plus âgés. Plus de 36 000 membres avaient fait partie du groupe. Si même un tiers d'entre eux étaient de la seconde génération, alors, selon la loi des probabilités, moins d'un dixième resta dans la Famille.

Toutes les lettres compromettantes avaient été purgées au cours des procès et il ne restait aucune preuve de l'histoire sombre de la Famille, excepté dans la mémoire de ceux qui l'avait vécue. La plupart des jeunes qui écrivaient des témoignages favorables sur les sites web de la Famille avaient moins de 20 ans

1. Jeu de mots avec Woodstock (*N.d.T.*).

et n'avaient aucun souvenir des moments difficiles. Je me demandais comment ils pouvaient clamer que la Famille était le meilleur endroit au monde quand ils n'avaient jamais rien connu d'autre.

La Reine Marie commença à publier des Lettres déclarant que toute personne qui quittait le groupe pouvait être influencée par le Diable et raconter des histoires exagérées. Une campagne de diffamation fut engagée contre quiconque de la seconde génération évoquait ses expériences douloureuses, ou demandait des explications ou des excuses. On avait déjà présenté des excuses pour tous les abus qui pouvaient avoir eu lieu par le passé, affirma Marie. Les jeunes qui se plaignaient n'étaient qu'une poignée d'apostats amers et bruyants, résolus à détruire la Famille et mettre fin à notre Œuvre en propageant des mensonges. Ces affirmations me mirent en colère car je savais que ces choses s'étaient passées à plus grande échelle que Marie voulait bien le reconnaître. J'avais vécu dans quatre écoles de formation de la Famille autour du monde et avais assisté aux abus très répandus qui étaient pratiqués sur tous les enfants. Ce n'était pas la faute de la nouvelle génération s'ils croyaient Marie : ils ne se souvenaient pas de cette époque. Ils étaient trop jeunes, ou pas encore nés. Un jour, je dis tout cela alors que, lors d'une dévotion, nous lisions une de ces lettres.

« Mais c'est arrivé ! » Je persistais, avec obstination. Je savais que j'allais avoir des ennuis, mais j'avais atteint un stade où je m'en fichais complètement. Ils pouvaient faire ce qu'ils voulaient, j'en avais assez de me taire. « Je m'en souviens bien. Cela m'est arrivé à moi. C'est arrivé à mes sœurs, à ma famille, à mes amis ! On a réécrit l'histoire ! »

Après que Celeste fut partie d'Ouganda, la mère de Tina, Keda, rejoignit la Demeure. Elle avait été pendant de nombreuses années l'une des principales dirigeantes de la Famille et était toujours payée par le Service mondial, recevant un traitement mensuel. Elle devint la bergère de la Demeure et Papa, comme un petit agneau, subit complètement son influence. Keda avait le don troublant de flairer tout rebelle potentiel. Elle me corrigea pour mes emportements et décida que j'avais besoin d'une prière de délivrance contre mon amertume. Je m'exécutai machinalement, mais ne pouvais renier mes souvenirs.

Je commençai à écrire plus régulièrement à Celeste. Maintenant, plus que jamais, j'avais besoin d'une vision des choses différente de l'image partiale que l'on me faisait avaler dans le groupe. Mes doutes commencèrent à alarmer Papa. Un jour, il vint me trouver pour me demander si j'écrivais à Celeste.

« Elle m'envoie de temps à autre des nouvelles, répondis-je.

— Je pense que tu devrais limiter les contacts avec elle, me suggéra-t-il.

— Quoi ? Pourquoi ? »

Je savais parfaitement pourquoi.

Un article dans un magazine avait été consacré à Celeste : elle y racontait sa vie dans le groupe. Elle était désormais possédée par un Vandari – un démon parasite suceur de sang. Elle était passée du côté obscur.

Papa ne devait plus rien à voir avec elle, et moi non plus. Je fus choquée de voir que Papa rejetait sans pitié sa propre enfant maintenant qu'elle n'adhérait plus aux croyances de la Famille.

« Je ne vais pas arrêter d'écrire à ma sœur, Papa. Ne t'inquiète pas : je serai catégorique, je lui parlerai de nos témoignages. »

Je savais que cela rassurerait suffisamment Papa pour qu'il laisse tomber le sujet un moment, bien qu'il continuât de temps à autre à vérifier ce que je faisais. Je me rendis compte que tout ce que je disais serait déformé et utilisé contre Celeste. Cela me mettait en colère. Je pensais par moi-même ; j'avais mes propres opinions. Pourquoi ne pouvais-je pas être tenue pour responsable de mes propres doutes sans que mon père les mette sur le dos de ma sœur ?

27

Prendre son envol

Juliana

Quelque chose finit par se casser en moi. Toute cette folie m'avait frappée au visage comme une bourrasque de vent froid. Après cela, je ne pouvais plus faire marche arrière.

Je commençais à ressentir les limites de ma cage, comme un claustrophobe emprisonné dans un monde minuscule. Je vivais dans une prison entourée de barreaux invisibles. Une prison de l'esprit. Parfois, un sentiment de panique épouvantable s'emparait de moi : je me persuadais que j'allais devenir folle, ou exploser.

Malgré leurs innombrables efforts pour faire de moi une parfaite petite fille de la Famille, ils n'avaient jamais réussi à toucher mon esprit, cet endroit dans lequel je me réfugiais souvent, cette cachette que j'avais trouvée et où personne ne pouvait m'atteindre. J'y avais enfoui l'enfant innocente en moi et la gardais là, pour une durée indéterminée, à l'abri des corrections, des humiliations et de la solitude.

Après quelque temps, j'avais fini par complètement oublier son existence. Le temps, les années avaient passé, dissimulant cette cachette, jusqu'à ce qu'il devienne même difficile de dire qu'il y avait là une porte. Cette enfant finit par en avoir assez des limites de son « coffre-fort » et commença à frapper à la porte. J'entendais de temps à autre son martèlement, comme un battement frénétique de mon cœur. Une voix familière m'appelait, me suppliant de la libérer, mais je n'arrivais pas à me souvenir d'où elle venait. Un jour, l'enfant finit par passer la porte. Je reconnus une petite partie de moi, mais ce fut une créature émaciée qui sortit de cette chambre secrète.

« Pourquoi m'as-tu quittée ? me demandèrent ses yeux hagards dans le miroir.

— Je voulais te protéger.

— De quoi ?

— De la douleur.

— Alors oublie-la. »

Sa réponse était si simple que je me demandais pourquoi je n'y avais pas pensé plus tôt.

« C'est ce que je vais faire. » Et je le fis.

Cela commença avec un voyage en Europe pour une réunion de famille : des parents et mes grands-parents du côté de ma mère se retrouvaient au Portugal. Sur la route, je décidai d'aller rendre visite à Celeste, ainsi qu'à mes frères et sœurs en Angleterre que je connaissais à peine. Mon père essaya de m'en dissuader, me disant que mes sœurs allaient me faire passer du côté obscur. Cette visite fut un moment décisif, mais savoir de quel « côté » je passais était une question de point de vue.

En juillet 2004, je me retrouvai dans le douillet appartement de Celeste dans les Midlands. Je lui donnai des nouvelles d'Afrique et de Papa. Puis, nous décidâmes d'aller voir la sœur que je n'avais jamais rencontrée. Kristina m'accueillit avec un énorme câlin quand j'entrai chez elle. Je trouvai que ma sœur, ce Vandari amer et vengeur que l'on m'avait décrit, était une belle personne, à l'extérieur comme à l'intérieur. C'est alors que je saisis le sens du dicton « la voix du sang est la plus forte ». Peu importe combien mon ancienne famille, la Famille, essayait de déshumaniser mes sœurs, de les diaboliser, rien ne pouvait diminuer l'affection que je leur portais, ni m'éloigner d'elles. Tout au fond de moi, je savais que ce qu'on me disait ne pouvait pas être vrai – et cela ne l'était pas.

Néanmoins, la partie de moi qui avait subi un lavage de cerveau intense essaya de refaire surface une dernière fois. Un soir, Celeste, Kristina et moi allâmes en boîte de nuit et commençâmes à discuter par-dessus la musique. Inévitablement, la conversation dévia sur la Famille. Kristina évoqua tout le mal qu'avait fait le groupe en désignant Marie et Mo explicitement.

Soudain, une voix qui sortait de nulle part se mit à crier : *Vandari, Vandari, Vandari ! Ne l'écoute pas !* Puis j'eus la vision de cette créature d'où dégoulinait du sang, par tous les trous de son visage. Je pris peur. Avais-je été à ce point conditionnée que j'imaginais ma propre sœur être un démon suceur de sang venu des Enfers ? Dans un mouvement de dégoût, je compris où était le vrai mal. Tout groupe capable de détruire de la sorte une famille était le vrai monstre, et pas le contraire.

Cette prise de conscience fut mon point de non-retour. Je me rendis à la réunion de famille au Portugal en ayant pris ma décision. Je ne retournerais pas auprès de Papa… je ne retournerais pas dans la Famille.

Dans le sud du Portugal, je revis mon frère Victor et mes sœurs, Mariana et Lily. Victor avait quitté la Famille et je voulais lui en parler. Il avait eu un grave accident de voiture au Sénégal et avait failli mourir. En sortant du coma, il avait commencé à penser sérieusement à sa vie et à ce qu'il voulait faire, s'étant rendu compte que la vie était courte. « Pendant que j'étais dans le coma, m'expliqua-t-il, il n'y avait rien. Pas de réalité alternative, pas de monde de l'esprit, comme on nous l'a dit. Juste l'obscurité. C'est alors que j'ai compris que Dieu n'existait pas. »

Tous les jours, j'allais me promener jusqu'au bout de la plage déserte et restais assise là pendant des heures, à réfléchir. Les vagues écumeuses qui se brisaient sur le rivage et le vent qui fouettait mes cheveux avaient un effet calmant qui contrastait avec le trouble qui régnait dans ma tête. Mon esprit était las d'essayer de traiter le flot d'idées nouvelles qu'il recevait et que j'avais jusqu'alors refusé d'envisager. J'avais ouvert la boîte de Pandore et ne pouvais plus la refermer. Je laissai donc mon esprit vagabonder à en être étourdie, jusqu'à épuisement ; je croyais que j'allais devenir folle.

Il est difficile de se réveiller un jour et de se rendre compte que vous avez vécu toute votre vie sous la coupe du mensonge de quelqu'un d'autre ; que l'on vous a empêché de vivre vos propres rêves de façon à préserver les fantasmes hystériques d'un seul homme. C'est comme croire qu'on est né aveugle car on a passé sa vie les yeux bandés. Quand on recouvre subitement la vue, on est incapable de comprendre ce qu'on voit.

Au Portugal, je dis à ma mère que j'avais décidé de quitter la Famille. Elle me supplia d'essayer encore six mois, et me dit que si les choses ne s'arrangeaient pas, alors elle accepterait mon choix. Après y avoir encore réfléchi, je promis à ma mère de retourner en Ouganda six mois de plus. Si je devais partir, je n'allais pas me comporter comme une lâche. En outre, j'étais inquiète à l'idée de laisser mes petits frères et sœurs derrière moi. Je voulais garder un œil sur eux et les aider à garder le contact avec leur véritable famille et le monde extérieur.

Au cours des mois qui suivirent, je respectai le règlement à la lettre, mais le cœur n'y était plus. J'épluchai toutes les croyances fondamentales de la Famille et recherchai toutes les Lettres écrites par Mo au sujet de nos doctrines les plus controversées. Puis j'étudiai la Bible tout entière sur les mêmes sujets. Je découvris des vérités choquantes. Chacun peut tourner les Saintes Écritures à son avantage. Pour chaque verset que la famille utilisait pour justifier l'une de ses doctrines, il y en avait quatre qui venaient la contredire.

Je m'aperçus que j'avais grandi en regardant du mauvais côté du miroir. Comme Alice au pays des Merveilles, je vivais dans la réalité déformée d'un monde à l'envers qui n'avait aucun sens. Je recherchais la vérité, en quête d'éclaircissements. Mon esprit, initialement ouvert, avait fini par être complètement obscurci. Je l'avais juste autorisé à gober ces croyances que l'on m'avait dites être la vérité de Dieu, la vérité de Mo.

Ma vie avait été une série de portes fermées et ce voyage les ouvrait les unes après les autres, jusqu'à ce qu'un horizon de possibilités s'offre à moi. J'étais au bord de la liberté, mais terrifiée par l'idée de sauter. J'avais besoin que l'on me pousse à faire le grand saut.

C'est Davidito qui le fit.

Un matin, on nous rassembla tous pour une annonce urgente, destinée à toutes les Demeures : nous sentions que quelque chose n'allait pas. On nous lut un message, nous apprenant que Davidito avait tué

Angela Smith avant de se tirer une balle dans la tête. Il avait enregistré une vidéo la veille de sa mort, mais aucun d'entre nous ne savait ce qu'il y avait dessus.

La pièce tout entière était sous le choc, silencieuse. Le message affirmait que Davidito avait laissé Satan entrer dans son esprit et était passé du côté obscur, mais qu'il y avait des prophéties encourageantes. Maintenant que Davidito était mort, il voyait combien il avait eu tort et était sincèrement désolé. Il avait trahi son droit d'aînesse dans la Famille. Il avait versé des larmes de repentir sur le chemin du Paradis et avait obtenu le pardon de Dieu, mais aussi celui d'Angela.

Personne ne bougeait. Davidito avait été glorifié comme le prince héritier depuis le jour de sa naissance au sein de la Famille royale. Nous avions tous grandi en le considérant comme une étoile brillant de mille feux. Cette tragédie provoqua une onde de choc dans la Famille.

La nouvelle était si perturbante que tout le monde se mit à parler pour libérer son trouble. Je restai quant à moi silencieuse car il me semblait irrévérencieux de parler dans un moment comme celui-ci et je n'en avais aucune envie. Les « prophéties » m'avaient noué l'estomac et j'avais envie de vomir.

« C'est du sérieux ! La guerre dans l'esprit s'intensifie. L'Ennemi commence à sortir la grosse artillerie.

— Cela montre juste que même quelqu'un d'aussi proche de Grand-père que Davidito peut tomber aussi bas, au point d'être possédé.

— Si ça a pu lui arriver à lui, alors à combien d'entre nous ? »

J'étais abasourdie et en colère. J'avais l'impression qu'ils crachaient sur sa tombe. Au bout de dix minutes, je ne tenais plus et pris la parole : « Vous ne pensez pas qu'il a dû se passer quelque chose de très grave pour pousser quelqu'un à de tels extrêmes ? » Tout le monde se retourna pour me regarder.

« Je veux dire, honnêtement, il faut vraiment être désespéré pour croire que le seul choix qui vous reste est la mort ! Davidito était une personne tout à fait normale, très gentille. Les gens ne craquent pas sans raison.

— Oui, Julie, tu as raison. Ils ne craquent pas sans raison, m'interrompit Keda. Cet exemple illustre parfaitement le fait que laisser entrer Satan peut transformer une personne tout à fait normale en meurtrier. »

Je quittai la pièce avant que ma rage ne prenne le dessus. J'étais en colère contre la Famille et sa présomption pharisaïque que Davidito s'était maintenant repenti dans les bras de Jésus ; en colère contre l'aveuglement de tous, qui ne voyaient absolument pas pourquoi cette tragédie avait eu lieu.

Davidito n'était qu'un ancien membre de plus à s'être suicidé. Personne ne se demandait pourquoi. Sa propre mère, la Reine Marie, ne semblait pas le moins du monde avoir le cœur brisé. Il semblait qu'il valait mieux que son fils soit mort plutôt que dans les griffes du Diable.

Le lendemain, je fis mes valises et sortis de la maison. J'allai chez une amie, mais avais besoin de partir pour de bon. Je décidai d'aider au travail humanitaire qui a suivi le tsunami : mon amie et moi partîmes au Sri Lanka.

La dévastation était incroyable. Les deux tiers du rivage de l'île avaient été touchés. Avec l'argent que nous récoltâmes, nous pûmes renvoyer cinq cents enfants déplacés à l'école, acheter des livres de classe, des crayons, des sacs à dos et des uniformes. Nous fîmes le tour des tentes des personnes déplacées pour fournir un réchaud à gaz à chaque famille. Et nous passâmes beaucoup de temps à les écouter parler de ce qu'elles avaient perdu.

La perte des personnes aimées, la perte de leurs maisons, la perte de leurs possessions mais, surtout, la perte de l'espoir. Je lus une citation sur un mur :

Ne perds jamais tes rêves de vue.
Car ne pas avoir de rêves, c'est ne pas avoir d'espoir
Et ne pas avoir d'espoir, c'est ne pas avoir de but.

Je ne m'étais jamais autorisée à rêver car « un espoir différé rend le cœur malade ». Mais j'étais enfin libre, aux commandes de ma propre vie. Et je pouvais oser rêver. Je me sentais en vie, comme jamais auparavant, sachant que peu importe ce que je trouverais sur mon chemin, je pourrais le surmonter. Je n'étais pas sans espoir. C'est avec cette pensée que je repris l'avion pour l'Ouganda.

Moins d'une heure après mon retour à Kampala, Papa me prit à part. « Les murs ont des oreilles », murmura-t-il.

Après s'être assuré qu'aucun enfant ne se trouvait à portée de voix, il se tourna vers moi : « Pendant que tu étais partie, Davida est morte. »

J'eus un blanc. Je n'étais pas sûre de qui il parlait.

« Qui ?

— Davida, ta sœur.

— Ma sœur, Davida, quoi ?

— Eh bien, elle… elle est morte. »

J'éclatai alors de rire :

« C'est ça, très drôle, Papa. C'est l'idée que tu te fais d'une bonne blague ? Elle n'est pas morte ! »

Mais son regard me disait le contraire.

« Ma chérie, elle est morte. La Famille de Grèce m'a contacté.

— Je… je ne comprends pas. Quand ? Comment ? »

Je n'arrivais pas à le croire ; il devait y avoir erreur.

« Environ une semaine après ton départ pour le Sri Lanka, j'ai reçu un e-mail. Les détails ne sont pas clairs, mais Sotiria a passé un coup de téléphone. Elle pleurait, incohérente, et répétait encore et encore : "Il l'a tuée. Il l'a tuée."

— Qui ? Qui l'a tuée ? »

Je n'avais pas encore compris.

« Son petit ami, Stavros.

— Alors, tu ne plaisantes pas ? »

Il secoua la tête : « Je ne voulais pas te le dire avant ton retour, de façon à ne pas te distraire du travail que tu faisais là-bas. »

Tandis que j'aidais les survivants au Sri Lanka, ma propre sœur mourait.

J'étais trop sous le choc pour ressentir quoi que ce soit. Je regardai le visage de Papa. Je m'attendais à voir les signes de chagrin que manifesterait un père normal, mais il ne montrait rien. À la place, il avait plutôt une attitude du genre *Oups, c'est dommage, mais c'est la vie.*

« Tu n'as pas l'air d'être trop affecté, lançai-je. Tu n'es même pas triste ?

— Mais bien sûr que si ma chérie ! Nous n'étions peut-être pas proches, mais c'était tout de même ma fille. Mais ce n'est plus tout neuf pour moi maintenant. Cela m'a pris quelques jours, mais j'ai surmonté cette épreuve », répondit-il de façon plutôt désinvolte.

Je sentais que je commençais à bouillir de rage.

« Vraiment ? Quelques jours !

— Julie, ma chérie, tu savais que ta sœur se droguait. Elle est bien mieux maintenant. C'est plutôt un réconfort de savoir qu'elle est heureuse, dans un monde meilleur.

— Oui, cela doit être réconfortant, crachai-je avec mépris. En particulier puisque sa mort est de ta faute !

— Quoi ? Que veux-tu dire par là ?

— Pourquoi crois-tu qu'elle a commencé à se droguer ? Si tu avais été un père digne de ce nom, elle ne se serait jamais droguée, elle n'aurait jamais rencontré Stavros et elle ne serait pas morte aujourd'hui ! »

Papa parut assommé :

« Chérie, tu es bouleversée. Tu sais que ce n'est pas vrai. Je sais que tu as besoin de blâmer quelqu'un en ce moment, mais que j'aie été son père ou non n'a rien à voir avec sa mort.

— Ça a tout à voir, Papa !

— Julie, tu n'es pas rationnelle !

— Je m'en fiche ! Ma sœur, ta fille, est morte ! Je pense avoir le droit d'être irrationnelle. Est-ce que tu as appelé Sotiria ? Lui as-tu parlé ?

— Non. Je pensais que si elle voulait me contacter, elle le ferait. Je ne crois pas qu'elle ait envie de me parler.

— Oh, je me demande bien pourquoi ! L'as-tu dit à quelqu'un d'autre de ta famille ? Est-ce que Kristina et Celeste sont au courant ?

— Euh, en fait, non.

— Donne-moi le numéro de Sotiria, s'il te plaît. Je vais l'appeler pour comprendre ce qui s'est vraiment passé. Je suis surprise que tu ne l'aies pas encore fait.

— Eh bien, j'ai pensé que ce serait peut-être mieux si tu t'en chargeais. »

Je ne pouvais plus lui parler. Je ne ferais que dire quelque chose d'irréfléchi. Respirant lentement, je lui demandai calmement : « Trouve-moi son numéro maintenant, s'il te plaît. J'attendrai en bas. »

Je courus en bas. Je ne pouvais plus regarder mon père. Je voulais juste partir. Partir loin de lui. Partir de cette maison où la mort venait redresser tous les torts.

Combien de temps Papa me pleurerait-il si je mourais, me demandais-je – si seulement il me pleurerait.

Il descendit et me tendit un papier sur lequel était écrit le numéro. « Tiens-moi au courant », me dit-il.

Les jours suivants, j'allais et venais, étourdie par le remords. J'avais l'impression d'avoir abandonné ma sœur. Je n'étais pas retournée la voir. Je ne l'avais pas appelée une seule fois en presque deux ans. Et, maintenant, elle était morte, qui plus est en pensant très probablement que je l'avais abandonnée, comme les autres. Je savais que la douleur que provoque le sentiment d'abandon est l'une des pires qui soit et qu'avais-je fait ? J'avais abandonné quelqu'un que j'aimais pour un culte qui ne m'aimait pas.

Pourquoi ? La pression que j'avais subie pour laisser ma sœur était-elle aussi forte que cela ? Je savais que j'en revenais toujours à mon père. Il avait toujours eu l'habitude de se moquer de moi, affirmant qu'il faisait ce qu'il voulait de moi, et je savais que c'était vrai. Je voulais son amour et son approbation. Papa pouvait nous donner de l'amour et nous le refuser quand il le désirait. Il l'avait refusé à Davida car elle ne faisait pas partie de sa plus grande Famille. Non seulement c'était une étrangère, elle faisait partie du Système, mais, encore plus embarrassant, c'était une droguée.

La mort de Davida entraîna dans son sillon la mort de mes liens avec la Famille et celle de mes liens avec mon père.

J'en avais plus appris sur la vie et la mort pendant ces trois mois que durant ma vie entière. Il n'existait aucun homme barbu dans le ciel qui décidait de qui méritait de vivre et qui méritait de mourir. La mort ne faisait pas de distinction. La mort était au-dessus de tout : elle atteignait tout le monde. Tout ce que nous avons est du temps. À travers la mort de ma sœur, je fis l'expérience de ma renaissance. Elle était morte et, moi, j'étais vivante. Eh bien, alors, je ferais mieux d'employer mon temps au bien. *Pour Davida*, pensais-je. *Vis ta vie à fond et vis pour deux !*

Pour la première fois, je m'autorisai à penser au futur. Je me rendis compte que je pouvais faire tout ce que j'avais décidé et que la seule personne qui pouvait m'en empêcher, c'était moi. J'étais alors déterminée à prouver à Papa et à la Famille que je pouvais réussir sans leur aide. Je partis avec les 300 dollars que j'avais difficilement mis de côté et les donnai rapidement à un ami du Congo pour venir en aide à un orphelinat là-bas. Puis je me lançai dans la bataille, pour ainsi dire.

Mon but premier m'apparaissait clairement – je voulais aider les enfants soldats du Congo et du nord de l'Ouganda. Ces enfants avaient été kidnappés par les factions rebelles et forcés à tuer – et parfois même à manger – leur propre famille. Les rebelles avaient recours à cette méthode d'une incroyable cruauté pour transformer ces enfants en petites machines à tuer. J'avais été pour ma part exposée à une violence différente, moins meurtrière, mais je savais ce que cela faisait d'être privé de son enfance.

Je me rendis en voiture dans le nord de l'Ouganda avec Kirsten, une Écossaise qui devint l'une de mes amies les plus intimes. Nous prîmes tout un tas de provisions et nous entendîmes pour récolter des fonds afin d'envoyer les plus intelligents de ces enfants à l'école de Kampala. L'espoir était de les éduquer pour qu'ils reviennent ensuite travailler pour la réconciliation et la paix. J'organisai une exposition d'art avec un certain nombre d'artistes locaux et internationaux sur le thème des « Enfants dans le conflit » et trouvai des sponsors pour l'événement.

Le vernissage de l'exposition eut lieu à l'hôtel Sheraton : il figura dans les deux plus grands journaux britanniques et fut retransmis sur la chaîne locale de télévision. Comme je pouvais m'y attendre, la Demeure de la Famille en entier vint assister à cet événement et prit des photos, utilisées plus tard dans leur bulletin mensuel, affichant la collectrice de fonds comme l'une des leurs.

Au bout de trois mois, j'avais mon propre appartement, une voiture et un travail de gérante dans l'une des plus grandes boîtes de nuit de Kampala. J'appris que Mariana et Lily avaient quitté la Famille. Nous étions tous sortis du culte maintenant, excepté nos plus jeunes frères et sœurs.

Papa en resta muet de stupéfaction. Il ne s'était pas attendu à ce que je réussisse, encore moins aussi rapidement.

Je faisais tout pour m'occuper, de façon à ne pas avoir de temps pour penser, mais je ne pouvais pas soutenir ce rythme indéfiniment. Maintenant que j'étais enfin de l'autre côté, je comprenais beaucoup de choses. On peut peut-être pardonner, mais on ne peut pas simplement « oublier », ni effacer une vie de souvenirs. Contrairement à la mémoire d'un ordinateur, l'esprit n'a pas de touche « effacer ».

La plupart du temps, je réprimais ces souvenirs dans un coin de ma tête, mais le plus petit incident les faisait tous ressurgir. Cela faisait quatre mois que j'avais quitté le culte et deux mois que je travaillais quand je commençai à me renfermer sur moi-même. C'était le même sentiment que j'éprouvais quand l'anorexie me faisait toucher le fond – une profonde tristesse, suffocante. Le seul endroit où je me sentais en paix était le toit de l'immeuble de quatre étages dans lequel je vivais. Je me tenais en équilibre sur un pied au bord du pinacle, non pas parce que je pensais à sauter, mais parce que cela remettait toute cette folie en perspective.

Je savais que je ne pourrais pas continuer beaucoup plus longtemps comme cela mais, quand je fus agressée sexuellement dans mon propre bureau, j'atteignis le maximum de ce que je pouvais supporter. Mon travail à la boîte de nuit m'était devenu insupportable. J'en avais assez de devoir raisonner des ivrognes déraisonnables. Assez de mettre fin à des bagarres, de mettre des revolvers sous clé. Assez de voir de jeunes enfants dealer de la coke sous mon nez. Assez de voir de vieux pervers ramener chez eux des filles mineures, trop saoules pour se rendre compte de la manière dont elles allaient finir la nuit. Assez de me faire draguer par tous les hommes ou presque dans la boîte simplement parce que j'en étais la gérante. Assez de satisfaire des magnats qui se permettaient tous leurs caprices alors que partout dans le pays des enfants mouraient de faim. Assez d'être impuissante, assez de ne rien pouvoir faire.

Cela avait été une année charnière pour moi et j'avais besoin de temps pour réfléchir et guérir, pour oublier le passé et avancer. J'avais promis à Sotiria que j'irais la voir. Je savais qu'elle souffrait énormément de la mort de sa fille et cela me travaillait : j'avais une impression d'inachevé. Je laissai tomber mon travail et m'envolai pour la Grèce.

Sotiria m'accueillit à l'aéroport et, ce soir-là, nous discutâmes, assises à la terrasse d'une petite pizzeria d'Athènes. Je lui racontai mon voyage au Sri Lanka et l'aide humanitaire que nous y avions apportée après le tsunami.

« Ah, oui, quelle chose terrible ! Tant d'enfants sont morts cette année. Davida a pleuré quand elle a vu ça aux informations. Et après ça ? Elle est morte elle aussi. » Ses yeux s'emplirent de tristesse.

« Le jour de mon retour, Papa a demandé à me parler, poursuivis-je. Il m'a annoncé que ma sœur était morte. J'étais si furieuse que je ne pouvais même pas pleurer. Je lui ai dit que s'il était resté en contact avec elle, elle n'aurait jamais fait de dépression, elle n'aurait pas commencé à se droguer, et qu'elle ne serait donc pas morte.

— Et qu'a-t-il répondu ?

— Il a dit que j'étais bouleversée, que j'avais besoin de blâmer quelqu'un, et m'a demandé de ne pas être ridicule.

— Ma chérie, avoua-t-elle en éteignant sa cigarette. J'ai longtemps voulu écrire à ton père, mais ai toujours décidé de ne pas le faire. Maintenant, Davida est morte… Je veux qu'il sache toute la vérité. Je n'ai pas voulu le dire quand tu es venue avec lui nous rendre visite, mais Davida a commencé à se droguer à cause de lui. Elle ne comprenait pas pourquoi son père ne voulait pas avoir de contact avec elle. C'était une enfant très sensible. Elle était profondément blessée.

— Ce n'était pas seulement elle. Il était comme ça avec tous ses enfants ! Même avec moi. »

Elle se tut et nous nous retirâmes toutes les deux dans nos pensées. Elle alluma une autre cigarette, tira une autre bouffée. Elle finit par parler à nouveau : « Tu as souffert encore plus que Davida. C'est elle qui m'a dit ça. Un jour après ton départ, elle m'a dit : "Maman, au moins, je t'ai eue, toi, toute ma vie. Julie, elle, n'a personne. Quel genre de père est-il ? Il ne fait que l'utiliser. Je ne veux plus le revoir. Il n'est pas mon père. Je ne veux voir que Julie."

— Elle a dit ça ?

— Oui. Après ça, elle ne voulait plus avoir affaire à ton père. Elle était très en colère. Mais elle t'a toujours aimée. Tu dois te souvenir de ça. Elle t'aimait beaucoup, m'assura-t-elle.

— Oui, je sais. Je l'aimais aussi. »

Il était étrange que nous ayons été si proches, étant donné que nous ne nous étions vues qu'une seule fois.

Mon téléphone sonna et je fouillai mon sac pour le trouver. C'était Nikos, l'oncle de Davida. Ma sœur et Nikos étaient très proches ; il l'aimait comme sa propre fille et elle était sa meilleure amie, sa confidente. Peut-être pourrait-il m'en dire plus sur la vie de ma sœur. Nous convînmes de nous retrouver le lendemain et d'aller boire un café à la plage. Nous nous rendîmes en effet dans un joli café du bord de mer que je reconnaissais vaguement et trouvâmes un endroit isolé avec une vue imprenable sur l'océan.

« Sotiria m'a dit que Davida avait pour habitude de tenir un journal intime.

— Oui. Elle écrivait beaucoup : elle en a tenu plusieurs. J'envisage d'écrire un livre pour raconter son histoire d'après ces journaux. Tout est ici, dit-il. Je le ferai un jour. Mais pas encore. Pas maintenant. C'est trop tôt.

— J'aimerais pouvoir les lire. Je veux tout savoir d'elle. Était-elle heureuse après avoir arrêté de se droguer ?

— Parfois. Parfois, oui, elle était heureuse, mais la plupart du temps, elle était très déprimée.

— Pourquoi ? À cause de quoi était-elle déprimée ? »

Il versa du café dans sa tasse : « Eh bien… pour Davida… elle vivait dans deux mondes. L'un était le monde matériel qui nous entoure, l'autre… » Sa voix s'estompa alors qu'il essayait de trouver ses mots en anglais :

« … L'autre, le spirituel. Elle n'a jamais pu s'adapter à notre monde. C'était très difficile pour elle. Elle m'a dit qu'elle ne ressentait rien. Elle se sentait morte.

— À cause de la drogue ?

— Peut-être, oui. Parfois, elle allait bien. Elle voyait des amis et sortait. D'autres fois, elle éteignait son téléphone et ne parlait à personne pendant une ou deux semaines. Elle aimait être seule. Elle n'aimait pas les gens. Elle ne pouvait entretenir aucune relation. Une fois, elle m'a avoué qu'elle aimerait bien avoir un homme, rester avec lui peut-être une semaine et puis, ah ! [Il s'essuya les mains.] Elle n'aurait plus voulu le voir. Les hommes l'ennuyaient. Elle n'aurait plus voulu les voir. Elle préférait donc être seule. »

Si seulement j'avais été là, pensais-je. *Je comprenais. Elle ne se serait pas sentie si seule.*

Nikos poursuivit : « Et elle était si belle ! Elle m'a dit un jour que sa beauté était comme une malédiction. Les hommes la suivaient toujours dans la rue, la hélaient ; ils tombaient tous amoureux d'elle, mais elle ne voulait aucun d'entre eux. Elle ne pouvait aimer personne. Elle attendait d'eux qu'ils finissent par la quitter. Donc, dès qu'elle commençait à éprouver quelque chose pour un homme, elle le repoussait et ne le voyait plus jamais. »

C'est alors que je compris :

« Cela a commencé avec notre père.

— Oui. Elle pensait que tous les hommes étaient comme son père. Même ses amis. Elle n'acceptait l'amour de personne.

— Sotiria pense que Stavros a tué Davida. C'est ce que tu penses, toi aussi ?

— Euh... oui, Sotiria aime à penser cela, mais je ne sais pas. Je ne crois pas qu'il aurait pu la tuer. Un jour, peut-être un mois avant sa mort, elle m'a assuré qu'elle se battait très dur pour ne pas reprendre de drogue ; tous les jours, elle devait se battre. Et elle a ajouté qu'elle était fatiguée de se battre, qu'un jour elle en reprendrait et que ce jour-là elle mourrait.

— Elle t'a dit ça ?

— Oui. Elle n'avait plus la volonté de vivre. Elle était fatiguée de vivre. Je ne connais pas la vérité, mais c'est peut-être parce qu'elle a revu Stavros une semaine avant de mourir.

— Elle l'a revu ?

— Oui, il est venu la voir à son travail et elle lui a parlé. Je ne sais pas, peut-être qu'il lui a donné de la drogue et qu'elle n'a pas été assez forte pour refuser... Ah ! *Yassus* Sotiria ! »

J'étais tellement concentrée sur ce qu'il me disait que je n'avais pas remarqué Sotiria s'approcher. Elle embrassa son frère, prit une chaise et s'assit entre nous. Je leur racontai la mort tragique de Davidito.

Sotiria fit le signe de croix et marmonna : « Seigneur ! Je prie chaque jour pour ces enfants, pour leur âme. Pauvres enfants ! Pauvres, pauvres enfants. » Elle sortit une cigarette et l'alluma. « Tu sais, je n'ai jamais menti à Davida. Je lui ai toujours expliqué que son père était très occupé et que nous avions notre vie. Mais que, si elle le voulait, quand elle aurait 18 ans, elle pourrait aller le voir. Mais alors, un jour, cette femme qui vit avec ton père a appelé, quand Davida avait 15 ans. Elle lui a raconté beaucoup de choses au sujet de son père : Davida lui a donc écrit, et son père lui a renvoyé une lettre. »

Je m'éclaircis la voix : « Je... je me souviens de cette lettre. »

Celeste et moi avions été horrifiées quand Papa nous avait montré sa lettre. Nous lui avions dit qu'il était insensible, notamment quand il insistait sur le fait qu'il avait désormais une nouvelle famille. Nous lui avions demandé d'écrire une nouvelle lettre à Davida pour s'excuser de l'avoir abandonnée. Nous avions ajouté une lettre que nous avions écrite et des cadeaux mais, un an plus tard, Papa nous avait avoué que Davida n'avait jamais reçu notre paquet. Ensuite, nous avions appris qu'elle avait commencé à se droguer.

« Après cette lettre, poursuivit Sotiria, elle n'a plus entendu parler de son père. Elle est devenue très déprimée. C'est à ce moment-là qu'elle a commencé à boire et à se droguer. Quand vous êtes venus, je n'en ai pas parlé à ton père. Mais maintenant je comprends : il n'est pas venu parce qu'il voulait la connaître. C'est pour lui qu'il est venu. Juste pour avoir la conscience tranquille. Je crois que je vais l'appeler, maintenant qu'elle est partie, pour lui dire ce que je pense. Tu crois que ça servira à quelque chose ? Est-ce qu'il va seulement m'écouter ?

— Peut-être. Je crois que s'il entend ça de différentes personnes, il comprendra peut-être qu'il a été un père négligent pour beaucoup de ses enfants.

— Tu sais, après ton départ, elle était très en colère contre lui. Elle m'a dit : "Ce n'est pas un père pour moi. Pas pour moi ; pas pour Julie. Je ne veux plus jamais le revoir. Pourquoi veut-il que j'aille en Ouganda ? Qu'est-ce que j'y ferais ? Seulement travailler pour lui, comme Julie. Non, je ne veux pas y aller. Je ne ferais que me battre avec lui". »

La nuit était tombée et un vent froid soufflait autour de nous. Nikos regarda sa montre. « Venez, allons dîner, proposa Sotiria. Demain, nous irons sur la tombe de Davida. »

Le lendemain, par un matin gris, nous nous frayâmes un chemin dans le cimetière en direction de la tombe de Davida. D'interminables rangées de croix s'étalaient au loin. Il nous fallut cinq bonnes minutes pour atteindre l'endroit où se trouvait la tombe de ma sœur. Même de loin, elle se distinguait des autres.

« Je n'aimais pas l'idée du marbre », m'expliqua Sotiria.

Au lieu du marbre, tout le lopin de terre avait été transformé en un somptueux jardin. Des gardénias orange vif et pourpres, ainsi que des chrysanthèmes, étaient en fleurs au milieu de roses de toutes les tailles et de toutes les couleurs. Une énorme rose rouge, de la taille de trois roses ordinaires, s'appuyait contre une grande croix ornée au bout de la tombe, avec une statue représentant un ange d'un côté et une danseuse qui posait gracieusement de l'autre. Il y avait également un cœur contenant une photo de Davida en train de danser et une courte épitaphe à l'intérieur, écrite par sa mère.

« Penses-tu que je peux rester quelques minutes seule, pour parler à Davida ?

— Oui, bien sûr. Prends tout le temps qu'il te faut. Je vais aller fumer une cigarette, OK ? »

Je la regardai s'éloigner, et attendis qu'elle fût suffisamment loin. Je ne la voyais plus, mais j'attendais toujours. Quoi, je n'en étais pas sûre. Peut-être que les mots sortent : je voulais à tout prix dire quelque chose, mais cela m'échappait. Le cimetière semblait anormalement calme, comme s'il retenait son souffle… ou comme si moi je retenais le mien.

« Davida… Je suis venue te dire quelque chose et, maintenant que je suis là, je ne sais plus quoi dire. J'imagine qu'il fallait juste que je te revoie. »

Et, bien que j'aie lutté tout le temps de ma visite, je finis par crier : « Je suis tellement désolée. Je suis désolée de ne pas être revenue te voir. Je suis désolée de t'avoir laissée et que tu te soies sentie si seule. Je suis désolée que ta vie ait été une lutte si difficile et que tu aies eu tant de mal à t'en sortir. Mais, plus encore, je suis désolée de ne pas avoir été là pour t'aider. Je sais qu'il est trop tard pour te le dire, mais je veux que tu saches combien tu comptais pour moi. Combien je t'aimais… combien je t'aime toujours et t'aimerai toujours. Je veux que tu saches que je vais vivre ma vie du mieux que je le peux, pour nous deux. D'accord ? Au revoir, ma sœur. »

J'embrassai ma main, la posai sur la photo et m'éloignai sans me retourner.

Alors que je quittais la Grèce, je repensais aux derniers mots de Davida dans son journal :

Je regarde le ciel, les arbres, les lumières et les gens. Chacun laisse son empreinte sur ce monde. J'aimerais pouvoir oublier tous les moments de douleur et de solitude. J'aimerais que le temps s'arrête et retourner dans le centre d'Athènes pour revoir les gens qui m'ont brisé le cœur ; pour voir mes peurs, dans leurs tristes visages.

Ils regardaient dans mes yeux bleus et non la douleur dans mon cœur. Je pleure, je chante, en attendant que quelqu'un m'étreigne.

28

L'aigle enchaîné

Juliana

Je me rendis à la communauté pour aller chercher Papa et boire un verre avec lui. Depuis mon retour de Grèce, nous ne nous étions pas vraiment parlé et je sentais qu'il était temps de sortir de l'impasse. J'avais une lettre de Sotiria à lui remettre et je ne pouvais pas continuer éternellement à remettre cela à plus tard.

Retourner à la Demeure me rendait toujours très nerveuse. À l'intérieur, tous n'étaient qu'apparence : ils me rappelaient un passage de la Bible qui traitent les faux croyants de « sépulcres blanchis qui au-dedans sont pleins d'ossements de morts ». La Famille aimait utiliser ce verset contre les chrétiens mais, moi, je pensais que c'était à eux que ce passage s'appliquait. Je savais que ces lèvres qui me faisaient aujourd'hui de grands sourires de bienvenue servaient plus souvent à prier contre ceux qui disaient la vérité, comme mes sœurs et moi.

Je me rendis avec Papa dans un bar à vin voisin.

Naturellement, ce fut moi qui payai.

Nous étions assis à une table de bois clair ; deux verres de vin bon marché devant nous, nous parlions péniblement de tout et de rien. Puis, je lui donnai la lettre. Il fit tout un tas de manières pour ouvrir l'enveloppe sale, en sortit les feuilles de papier tachées et s'installa pour les lire. Il parcourut bien trop vite l'écriture brisée et replia les pages pour les remettre dans leur enveloppe.

S'ensuivit un silence troublant, comme s'il réfléchissait à ce qu'il devait dire. Je le laissai dans l'embarras, n'étant pas d'humeur à entamer la conversation.

« Que puis-je dire ? commença-t-il en me regardant, mais je restais silencieuse.

— Que puis-je dire ? », répéta-t-il, comme si je devais lui donner un indice ; on aurait dit un disque rayé – agaçant.

« Si je pouvais tout recommencer, je ferais les choses différemment. » La grande gorgée de vin qu'il venait de boire sembla soudain lui délier la langue.

« Vraiment ? » Ma voix avait un ton sarcastique qui me surprit. Je n'avais pas prévu de me disputer avec lui. Me disputer avec Papa était épuisant et je n'avais pas l'énergie nécessaire. Je voulais me contenter de lui remettre la lettre, qui parlait d'elle-même, mais sa réponse calculée me fit exploser.

« Mais bien sûr, ma chérie, répondit-il.

— Comment ? Comment penses-tu que tu aurais fait les choses différemment ?

— Eh bien, je ne vous aurais pas laissés, les enfants.

— Si, tu l'aurais fait ! répondis-je brusquement, un peu trop rapidement.

— Ma chérie, bien sûr que non ! »

Cet échange enfantin ne nous menait nulle part. Je comptai jusqu'à dix avant de répondre, essayant cette fois de raisonner.

« Papa, tu n'aurais même pas envisagé l'idée de quitter tes femmes et tes enfants si on ne t'avait pas ordonné de le faire.

— *Non* ! Je vous ai abandonnés car Dieu me l'avait demandé.

— Était-ce avant, ou après que les "dirigeants" sont venus te voir pour te demander de "prier" et de nous abandonner pour l'Œuvre de Dieu ? L'idée ne te serait jamais venue à l'esprit si personne ne te l'avait mise dans la tête.

— Non ! J'ai prié à ce sujet et j'ai senti que c'était la volonté de Dieu. En outre, je vous ai laissées sous bonne garde. »

C'était le comble :

« Sous bonne garde ! Comment le sais-tu ?

— Parce que. Ils m'envoyaient des rapports. Je recevais des lettres de votre part. Vous sembliez toujours heureuses ; il semblait qu'on s'occupait bien de vous.

— Et donc, tu les croyais sur parole, aveuglément. »

Je souriais désormais, mais de ce sourire furieux qui se dessine sur mon visage quand je suis sur le point d'exploser. « N'as-tu jamais pensé que tes enfants pouvaient être abusés ? N'importe qui peut prendre une photo de tes enfants souriant et te dire qu'ils sont heureux. Le moindre mot que nous t'écrivions passait à la censure. Ils prenaient des photos de nous bien habillées, après quoi on nous déshabillait promptement et nous ne revoyions jamais ces jolis vêtements ! »

Je bouillais de rage :

« Si tu n'avais pas poursuivi ta grande carrière, nous aurions eu un père. Comment pouvais-tu avoir une confiance aussi aveugle en des gens que tu ne connaissais même pas ?

— Je faisais confiance au Seigneur pour vous, répliqua-t-il. Et vous étiez entre les meilleures mains possibles. Mais regarde-toi ! Tu es devenue une jeune femme très bien.

— Pas grâce à la Famille, ni grâce à toi ! J'étais une petite fille triste et apeurée, une adolescente déprimée et suicidaire, et une adulte pas épanouie. Tu le savais. As-tu jamais demandé pourquoi ?

— Ma chérie, il y a des milliers d'enfants abusés de par le monde et, en comparaison, tu étais très bien logée.

— Oh, je t'en prie ! N'essaie pas de minimiser ce que nous avons vécu en le comparant à d'autres. L'une de tes enfants est morte ; nous avons tous, mis à part les plus petits, quitté la Famille. Ne t'es-tu jamais arrêté une seconde pour penser que la Famille n'est peut-être pas du tout ce que tu t'imagines ?

— La Famille est un endroit très spécial ; le meilleur au monde, évidemment ; mais elle ne convient pas à tout le monde. C'est une vocation supérieure.

— C'est une lutte interminable, oui ! N'en as-tu donc pas assez de sans cesse t'évertuer à atteindre cet état de perfection illusoire, qui est toujours hors de portée ? Moi, si !

— Eh bien, tout ce que je sais, c'est que quand arrivera la fin des Temps, la Famille sera le meilleur endroit où se trouver ! répondit-il, avec beaucoup d'assurance.

— Quand arrivera la fin des Temps ? Et si elle n'arrive jamais ? Je m'étais attendue à mourir à douze ans. Tu as passé ta vie entière à marcher sur des charbons ardents, à penser : "Ça va arriver." Et quand tu seras sur ton lit de mort et que Jésus ne sera toujours pas revenu, est-ce que tu diras : "Tu verras bien" ?

— Tu peux croire ce que tu veux, ma chérie mais, quand cela arrivera, vous reviendrez tous en rampant vers la Famille.

— Tu crois toujours que vous allez être les leaders des chrétiens et que vous allez sauver le monde ? Crois-tu vraiment que le monde respecte la Famille ? Votre passé vous a souillés à tout jamais à leurs yeux. Crois-tu sincèrement que tu vas tirer les rayons de Dieu du bâton que tu tiendras à la main, foudroyant en plein vol les hélicoptères de l'Antéchrist dans le ciel ? Voyons, Papa ! La vie n'est pas un film de science-fiction !

— Oui, bien sûr que j'y crois. Je ne sais pas comment cela va se passer, tout ce que je sais, c'est que le Seigneur l'a dit. Et cela se produit déjà ! Pense à notre émission de radio que des milliers d'Ougandais chrétiens écoutent ici !

— En fait, Papa, ça fait si longtemps que tu es coincé ici, en Afrique, que tu ne comprends plus rien. »

Sa naïveté était rageante et, pourtant, je me rendis compte que je le plaignais également.

« La Famille fait la Une de tous les journaux, mais pas d'une manière positive, lui expliquai-je. Particulièrement depuis la mort de Davidito. Que savent exactement tes auditeurs chrétiens des croyances de la Famille ? Tu crois que vous auriez toujours des adeptes s'ils connaissaient vos croyances sur la “Loi d'Amour” ? S'ils connaissaient vos croyances en matière de sexe ? Votre croyance “Aimer Jésus” ? »

Il resta silencieux, puis finit par répondre, à la manière d'un zombi conditionné :

« Eh bien, tu verras ! Tout ce que je sais, c'est que, si le Seigneur l'a dit, cela va arriver.

— Plus des deux tiers de notre génération ont quitté la Famille. Des milliers d'entre eux ont des histoires atroces à raconter. Beaucoup souffrent de dépression ; certains se sont suicidés. La Bible ne dit-elle pas "Vous les reconnaîtrez à leurs fruits" ? N'est-ce pas un signe qui porte à croire que quelque chose ne va pas avec "les fruits" des doctrines de la Famille ?

— Non, répondit-il promptement. S'ils quittent la Famille, alors ils ne sont plus sous la protection de Dieu : ils sont donc à la merci de l'Ennemi. La Bible dit également : "Il y a beaucoup d'appelés, mais peu d'élus."

— C'est une belle histoire que l'on a essayé de te faire avaler de façon à ce que tu te sentes mieux en voyant tes rangs diminuer si rapidement. Je connais la Bible aussi bien que toi. Jésus dit : "Mais si quelqu'un doit scandaliser l'un de ces petits qui croient en moi, il serait préférable pour lui de se voir suspendre autour du cou une de ces meules que tournent les ânes et d'être englouti en pleine mer." Je me demande ce qu'Il aurait pensé de ces centaines de petits que la Famille a abusés en "Son" nom ?

— Je ne comprends pas. Pourquoi es-tu devenue si amère ? Pourquoi ne te contentes-tu pas de laisser tomber, d'avancer ? Je ne te juge pas pour vivre ta vie dans le Système ; pourquoi dois-tu juger la nôtre ? »

C'était le vieux syndrome « Eux contre nous », créé par le culte, qui refaisait surface.

« Je ne te juge pas, Papa. J'essaie de t'amener à comprendre que des choses terribles se sont passées : toi, tu fermes les yeux ; tu prétends qu'elles n'ont pas existé.

— Je ne nie pas qu'elles aient existé dans certaines circonstances, rares, mais nous nous sommes déjà excusés maintes fois.

— Non, ils ont fait de grandes déclarations, à l'emporte-pièce, disant qu'ils étaient désolés que certains membres aient compris les choses de façon extrême et que des erreurs aient été commises. Eh bien, c'était bien plus répandu que tout le monde veut bien l'admettre. Ce n'est pas du passé quand beaucoup de jeunes de ma génération souffrent encore psychologiquement. “Erreurs” est un bien joli mot pour décrire ça. “Crimes” est plus proche de la vérité.

— Maintenant, tu ressembles juste à un apostat amer.

— Quel cliché, Papa ! Maintenant, tu ressembles juste à quelqu'un ayant subi un lavage de cerveau. »

Je fis une pause pour boire, m'attendant à une riposte à la noix, mais Papa se contenta de rester assis là, le regard vide. Je continuai donc :

« Je crois que Dieu ne commet pas d'erreurs.

— Il n'en commet pas. Ce sont des gens qui les ont commises.

— Mais ces “révélations”, elles étaient censées venir de Dieu. Ces “révélations” admettant l'amour libre… avec des enfants. Donc la théorie n'était pas mal, c'était juste la pratique… puisque, depuis, ils ont admis que la pratique était mal ?

— La pratique n'était pas mal. C'est le Système qui en fait quelque chose de mal. »

C'était donc la raison pour laquelle il n'avait jamais cru que ses enfants avaient été abusés. Il n'avait jamais considéré cela comme de l'abus.

« Mais réveille-toi, Papa ! Le “Système”, comme tu l'appelles, c'est la loi ! Et il est illégal d'avoir des rapports sexuels avec des enfants. Il est illégal de pratiquer l'inceste ! On peut être jeté en prison pour ça. C'est mal, un point c'est tout. Et ne me dis pas que tu laisserais un adulte avoir des rapports avec la petite Shirley !

— Non, bien sûr que non ! Et personne ne pratiquait l'inceste !

— En réalité, ce n'est pas vrai. Tes propres dirigeants : Zerby – Marie – avait des rapports avec son propre fils ; Berg, avec ses filles, et avec sa petite-fille, Mene. »

Le visage de Papa s'empourpra de colère :

« Comment oses-tu parler de cette façon du prophète de Dieu ?

— Le prophète de Dieu ? Qui a dit ça ? Je sais qu'il l'a dit, lui : et c'est ça qui fait que c'est vrai ? Tout le monde peut dire des prophéties, mais on reconnaît un vrai prophète à la justesse de ses prophéties. Donne-moi une prédiction de Berg qui s'est réalisée ? »

Il n'avait pas de réponse : il devait donc changer de sujet.

« Zerby ! Berg ! Pourquoi les appelles-tu comme ça ?

— C'est leur nom, Papa ! Qu'y a-t-il de mal à utiliser leur nom ? Pourquoi cela t'ennuie-t-il ?

— Est-ce que je t'appelle Buhring ? Est-ce que tu m'appellerais par mon nom de famille ?

— Mais je suis ta fille. Il est évident que ce n'est pas la même chose. »

De minute en minute, ses arguments devenaient de plus en plus ridicules. Il ne faisait pas le poids et il le savait.

« J'appellerai Keda "Yamaguchi" – je sais qu'elle a aidé à kidnapper un petit garçon, à l'arracher à sa mère et qu'elle a falsifié des documents, qu'elle a fait de faux passeports pour les dirigeants. Je suis sûre et certaine qu'elle est ici, en Afrique, car c'est l'endroit le plus sûr pour se soustraire à la loi.

— Alors qu'est-ce que tu veux faire… la faire jeter en prison ? »

Était-ce seulement le fruit de mon imagination, ou est-ce que sa main tremblait réellement au moment où il leva son verre ?

« Je pense qu'il y a un moment où tout le monde doit payer pour les crimes qu'il a commis, que ce soit au sein, ou en dehors de la Famille. Tout finit par se payer. C'est tout ce que veulent ceux qui ont subi des abus : la justice. Tous les secrets trouvent leur chemin vers la lumière. Qu'est-ce que c'était déjà ce verset ? "Il n'y a rien de caché qui ne doive être découvert. Tout ce que vous aurez dit dans les ténèbres sera entendu dans la lumière, et ce que vous aurez dit à l'oreille dans les chambres sera prêché sur les toits."

— Tu t'entends ? Justice. Vengeance. Tu es passée du côté obscur, comme les autres.

— Passée du "côté obscur" ?

— Oui. Tu as laissé ton amertume prendre le dessus. Tu as écouté tes sœurs.

— Et maintenant je suis possédée par des démons Vandari ?

— Je n'ai pas dit ça.

— Mais si. Si je suis passée du "côté obscur", je dois être sous l'influence des démons. C'est ce que croit la Famille, non ? Honnêtement, Papa ! Regarde-moi dans les yeux et dis-moi que je suis sous l'influence des démons ! »

Il le fit, rapidement, avant de se retourner pour regarder son propre reflet dans son verre terne.

« Je ne sais pas, dit-il la voix un peu tremblotante. C'est possible.

— Tu ne sais pas ? Peux-tu regarder honnêtement ta fille, avec laquelle tu as vécu ces cinq dernières années, et envisager qu'elle puisse être possédée par les démons ?

— Je sais, à la façon dont tu fais des histoires, que tu es devenue une adversaire au sein de mon foyer.

— Une adversaire au sein de ton foyer ?

— Oui, tu l'es, si tu attaques les gens que j'aime comme ma propre famille.

— Papa, nous ne sommes pas des adversaires au sein de ton foyer. Nous sommes ton foyer ! Nous sommes ta famille !

— Jésus a dit : "Quiconque fait la volonté de mon Père qui est dans les cieux, celui-là est mon frère, et ma sœur, et ma mère." Tu as quitté ta naissance et ta vocation supérieure pour vivre dans le Système. Les gens de la Famille sont ma vraie famille.

— Donc, tu mentais quand tu me disais que tu étais fier de moi et de ce que je faisais ? Comment sais-tu que la Famille était ma vocation supérieure ?

— C'est la plus haute vocation au monde.

— Ce qui est bon pour l'un ne l'est peut-être pas pour l'autre. Comment peux-tu affirmer connaître l'esprit de Dieu ? Papa, si Kristina et d'autres enfants comme elle n'avaient pas parlé de ce qui se passait, la Famille serait toujours la même aujourd'hui. Il se peut tout à fait qu'ils aient été utilisés par Dieu pour accomplir Sa volonté.

— Tu es rongée par l'amertume, c'est tout ! »

C'était la meilleure réfutation qu'il pouvait trouver, et il l'utilisait pour tout et n'importe quoi.

« L'amertume ? Contre qui ? m'étranglai-je presque.

— Contre moi.

— Je suis amère contre toi ? Non, Papa. Je ne ressens que de la pitié pour toi. »

Et je me rendis compte que j'avais réellement pitié de lui. Il se cramponnait obstinément aux croyances de Berg et cela lui coûtait ses amours, ses enfants, sa vie et sa jeunesse. Est-ce que cela en avait valu la peine ? Quand ses derniers enfants seraient partis eux aussi, abandonnerait-il enfin ? Je me le demandais. Il plaçait tous ses espoirs dans ces derniers enfants, comme il l'avait un jour fait avec Celeste, puis, quand elle l'avait déçu, avec moi.

« Eh bien, puisque tu as clairement dit que tu n'étais plus du côté de la Famille, tu te rends compte que je ne peux plus te faire confiance ?

— Que veux-tu dire ?

— Te faire confiance et te laisser les enfants. Je ne sais pas quelles bêtises tu vas leur mettre en tête.

— Tu es fou, Papa ! Je ne leur ai jamais rien dit de négatif, tout ce temps, et j'aurais pu. Tu le sais bien. S'ils décident de quitter la Famille, ce sera de leur propre chef car ils auront vite compris, tout comme nous autres, combien tout ça est ridicule.

— Si jamais j'entends que tu leur as dit quoi que ce soit de négatif au sujet de la Famille, ce sera la dernière fois que je te les laisserai.

— Bien sûr, Papa. Je te promets que je ne leur dirai rien ; je t'en fais la promesse. Comme ça, quand ils décideront de partir, tu sauras qu'ils auront pris leur décision tout seuls.

— Ils ne partiront pas. Ce sera différent avec eux.

— Vraiment ? Comment peux-tu en être aussi sûr ?

— Car je leur accorde plus d'attention, que je les forme moi-même, et que je suis un père pour eux.

— Donc, tu es en train de dire que nous ne serions pas partis si tu avais été un père pour nous ?

— Peut-être pas.

— Tu prends toujours ça personnellement, Papa. Le fait que nous ayons fini par partir n'avait rien à voir avec toi ; c'était à cause des doctrines abusives dont Zerby et Berg étaient les instigateurs. Ce sont eux qui sont responsables des crimes qui ont été commis et de la douleur qui nous a été infligée. Ce sont eux qui doivent être tenus pour responsables. »

Il tressaillit au moment où je mentionnai leur nom et je me demandai, comme je l'avais fait d'innombrables fois auparavant, combien de personnes se permettaient d'être plus fidèles à une personnalité qu'à leur propre famille, qu'à leur propre cœur. Berg avait fait de lui-même une idole, l'égal de Dieu et sa parole était considérée comme celle du Seigneur. Pour Papa, il était le porte-parole de Dieu et lui manquer de respect équivalait à manquer de respect à Dieu.

Je finis par me rendre compte que ce débat était inutile. Il valait mieux se contenter de se serrer la main, comme des amis, et accepter que chacun reste sur ses positions.

J'avais auparavant tellement désiré l'amour de Papa que j'aurais fait n'importe quoi pour lui. Aujourd'hui, je ne ressens plus que de l'indifférence. Tout le respect que je portais à l'homme qu'il était s'est désormais envolé. Aujourd'hui, il n'est plus que l'ombre de l'homme qu'il aurait pu être.

Il essaie toujours de me dire qu'il m'aime, mais cette affirmation est difficile à digérer. Il prêche l'amour, mais si l'on prend sa vie pour référence, il ne sait pas ce qu'est l'amour. Si c'est tourner le dos à ses propres enfants et fermer les yeux devant leur douleur ; si c'est les laisser mourir plutôt que de s'intéresser à leur bien-être ; si c'est appeler les bourreaux sa « famille » et diaboliser ceux qui ont été abusés, sa chair et son sang ; si c'est refuser d'accepter leurs choix personnels dans la vie et de tirer de la fierté de ce qu'ils ont accompli – alors, en effet, Papa est plein d'amour.

Un amour comme un feu sans chaleur – cendre et fumée. Un sépulcre blanchi qui au-dedans est plein d'ossements.

29

Le pouvoir de l'amour

Kristina

Un jour, j'étais dans le bus avec mon fils Jordan, qui avait 5 ans : un inconnu vint s'asseoir à côté de moi et me demanda si je voulais bien sortir avec lui. Je déclinai poliment la proposition, mais mon fils se fit rapidement entendre : « Oh oui, elle adorerait ça ! Elle a besoin d'un petit ami. »

Bien que la situation ait été embarrassante, je savais que ce que mon fils voulait avant tout était un père. Mes frères vivaient avec moi pendant les vacances et Jordan était entouré de modèles masculins, mais ce n'était pas comme un père. Jordan m'avait apporté tant de joie dans la vie qu'il était difficile pour moi de l'entendre me demander : « Quand vas-tu me trouver un papa ? »

Bien que j'aie eu quelques relations après Bryan, aucune d'elles n'avait abouti sur quelque chose de sérieux. Je refusais de m'installer avec quelqu'un qui ne soit pas le meilleur des hommes. Les choses que j'avais apprises avant tout et sur lesquelles j'avais appris à compter étaient la détermination et la patience.

À l'époque où je rencontrai Karl, j'avais presque abandonné l'espoir de trouver une âme sœur et un beau-père pour Jordan. Je ne me faisais tout simplement plus confiance pour prendre les bonnes décisions après avoir tant de fois été trahie et blessée. La confiance était un vague concept que j'essayais toujours d'assimiler et je m'étais habituée à être seule.

C'était la veille de Noël ; il neigeait. J'étais chargée des cadeaux achetés à la dernière minute et j'entrai dans un pub pour boire un verre avec Kiron avant qu'il ne parte en voyage. Il avait grandi si vite : il n'était plus seulement mon petit frère aujourd'hui. Il était assis avec Karl quand j'arrivai. Je connaissais Karl par des amis au travail, mais nous n'avions jamais vraiment parlé tous les deux. Quand Kiron dut partir précipitamment, Karl m'invita à rester boire un verre avec lui.

Nous finîmes par discuter pendant des heures et découvrîmes que nous avions beaucoup de choses en commun. Il avait déménagé à Nottingham à l'âge de 19 ans pour y étudier les mathématiques, à peu près à la même époque où j'étais arrivée ici avec ma famille. Après son diplôme, il avait décidé de poursuivre son rêve et de devenir producteur de musique. Nous connaissions les mêmes personnes et fréquentions les mêmes endroits. Il était surprenant de voir combien de fois nous aurions pu nous rencontrer. Le moment n'était sans doute pas encore venu. Notre rencontre ce soir-là relevait du destin. Nous fûmes immédiatement attirés l'un par l'autre.

M'occuper des autres avait été ma façon d'entrer en relation avec les gens pendant si longtemps qu'il fut difficile pour moi d'y mettre un terme. Cela me faisait oublier ma tristesse et mes angoisses, mais cela signifiait également que je ne laissais pas la « petite Nina » se reposer. Certaines des décisions que j'avais prises l'avaient laissé tomber : elle s'était sentie à nouveau abandonnée et apeurée. Karl me montra comment trouver l'équilibre et comment penser d'abord à moi dans différentes occasions. Il m'apprit que j'avais moi aussi le droit d'être en colère et comment libérer mes émotions refoulées. J'avais besoin d'apprendre comment être capable d'exprimer mes sentiments sans avoir peur que l'on me retire son amour. Il créa l'environnement de sécurité dont j'avais besoin pour devenir une adulte sûre d'elle.

Dès le début, cela ne fit aucun doute que le destin en avait décidé ainsi. Karl m'appelait son « rayon de lune ». Il m'avoua néanmoins plus tard qu'il n'avait pas voulu me demander de sortir avec lui avant d'être sûr de pouvoir être un bon père pour Jordan.

Un soir, il m'annonça : « Nous allons à Cracovie pour une semaine, pour la Saint-Valentin. »

Je le pris dans mes bras pour l'embrasser. J'aimais son romantisme, ses attentions.

Il faisait seulement 15 °C en Pologne et une neige craquante recouvrait le sol. La campagne, parsemée de petits villages pittoresques, était encore plus belle recouverte de blanc. L'hôtel Retro était une pension chaleureuse qui surplombait le fleuve, à faible distance à pied de la plus grande « place du marché » d'Europe. Cracovie est l'ancienne capitale spirituelle du peuple polonais et l'une des seules villes à avoir survécu à la Seconde Guerre mondiale. C'était incroyable d'enfin me retrouver dans la patrie de ma grand-mère, dont on m'avait donné le nom.

Ce soir-là, nous nous promenâmes sur la place et je proposai de rentrer dans l'un des nombreux restaurants qui se trouvaient autour pour passer un dîner romantique. J'avais remarqué que, depuis une heure, Karl se comportait bizarrement, de façon indécise. Nous semblions errer sans but sur la place : j'avais froid et faim.

« Je vais juste là-bas une minute… », me dit-il avant de s'éloigner, son appareil photo à la main.

Alors que je l'attendais là, la neige se mit à tomber. Toutes les lumières de la ville s'allumaient et je contemplai cette scène emplie de magie. C'est alors que je vis Karl arriver à grandes enjambées vers moi, de façon délibérée.

« Enlève ton chapeau, me demanda-t-il. J'ai trouvé quelqu'un pour prendre une photo de nous deux. »

J'ôtai donc mon chapeau de laine, le fourrai dans ma poche et me tournai pour prendre la pose avec lui. Mais Karl s'écarta de moi et se mit à genoux.

« Veux-tu m'épouser ? » Il me tendit la bague.

J'étais abasourdie, sans voix, souriant jusqu'aux oreilles.

« C'est un oui ? », me demanda Karl, alors qu'il attendait à genoux, dans l'humidité.

Je détournai le regard et me rendis compte qu'une petite foule s'était rassemblée pour assister à la scène, attendant ma réponse.

« Oui ! », criai-je, et Karl me mit l'anneau au doigt. La foule applaudit et siffla quand il me souleva pour me faire virevolter dans ses bras. Nous étions tous les deux fous de bonheur et, alors que nous nous éloignions de la place, un orchestre de rue commença à jouer « All you need is love ». Nous étions bien d'accord.

Nous entrâmes dans le premier café que nous vîmes : il s'appelait le « Bar de Lune ». Nous portâmes un toast à nos fiançailles, puis nous appelâmes nos amis ainsi que nos familles pour leur annoncer la nouvelle.

Alors que je fixais et tripotais la bague à mon doigt, je remarquai qu'elle portait les initiales « KJ ».

« C'est mon père qui a donné cette bague à ma mère, Kathleen, m'expliqua Karl. Quand mon père est mort, il y a quelques années, ma mère me l'a donnée en souvenir. Ma mère, mon père et moi avons tous les mêmes initiales, « KJ ». Quand je me suis décidé à te demander en mariage, je me suis souvenu de l'alliance – elle porte aussi tes initiales – Kristina Jones. »

Je sentis que la boucle était bouclée et je n'aurais pas pu être plus heureuse.

Épilogue

Plus des deux tiers de la deuxième génération de la Famille ont aujourd'hui quitté le groupe et reconstruisent aujourd'hui leur vie. Les successeurs de David Berg, Karen Zerby (« Marie ») et Steven Kelly (« Pierre Amsterdam »), continuent de vivre cachés, même de leurs propres adeptes. Ils ne se sont pas amendés et n'ont pas restitué la vérité. Au lieu de cela, ils continuent à nous traiter de menteurs et d'apostats amers, rejettent nos affirmations comme de l'exagération et nous décrivent comme des démons dégoulinant de sang.

Karen Zerby n'a jamais accepté ses responsabilités, ni manifesté de remords, ni de compassion pour ceux qui ont souffert des doctrines que David Berg et elle ont instituées. Les dirigeants peuvent bien affirmer que la Famille ne pratique plus de punitions brutales, ni la pédophilie, mais en quoi cela rectifie-t-il les crimes commis ? En quoi cela fait-il oublier toute une génération d'enfants à qui on a volé leur innocence ? La Famille essaie de se cacher derrière une image d'association humanitaire mais, alors qu'ils prétendent vouloir « aider le monde », ils refusent d'aider leurs propres enfants. La plupart de ceux qui étaient coupables de crimes n'ont jamais comparu en justice et beaucoup restent protégés au sein même de la Famille qui, jusqu'à ce jour, continue ses opérations autour du monde sans mesure stricte concernant la protection de l'enfance.

Jusqu'à aujourd'hui, ses dirigeants ont toujours refusé de dénoncer les crimes commis par leurs membres aux autorités requises. En Angleterre, on doit tout d'abord vérifier le casier criminel de tout adulte désirant travailler avec les enfants. Mais, dans les communautés de la Famille, les membres sont en relation directe avec les enfants sans aucune garantie, ce qui augmente considérablement les risques d'abus.

Nos plus jeunes frères et sœurs sont toujours isolés ; ils n'ont pas droit à l'information, ni à l'éducation ; on ne leur énonce pas leurs droits de base. Ils sont toujours endoctrinés, élevés pour devenir les soldats de Dieu lors de la fin des Temps, persuadés que le monde prendra bientôt fin.

Nous sommes brusquement entrées dans l'âge adulte sans avoir été préparées pour la vie en dehors du culte. Nous n'avions pas d'identité, pas de compte en banque, pas de numéro de Sécurité sociale, pas de dossier médical. Il nous a fallu du temps pour découvrir ce en quoi nous croyions véritablement et qui nous étions. On ne nous a jamais appris à raisonner, à penser, à analyser ou à évaluer les choses par nous-mêmes. Nous avons dû définir nos propres limites et découvrir notre valeur. Il existe un grand nombre d'enfants qui grandissent au sein de cultes ou d'organisations sectaires, et il y a peu de moyens aujourd'hui pour les aider à s'adapter à une nouvelle culture quand ils en sortent. Beaucoup ne reçoivent aucune aide et des sentiments de gêne, d'aliénation et d'ignorance peuvent rendre difficile leur intégration dans la société.

Comme le stipule la Convention internationale des droits de l'enfant, nous croyons que les enfants sont égaux en droits devant la « liberté d'expression » et devant la « liberté de rechercher, de recevoir et de répandre des informations et des idées de toute espèce » (article 13), mais aussi devant l'éducation, qui favorise l'épanouissement de leur personnalité et le développement de leurs dons et aptitudes, « dans toute la mesure de leur potentialité », et qui les prépare à « assumer les responsabilités de la vie dans une société libre, dans un esprit de compréhension, de paix, de tolérance, d'égalité entre les sexes et d'amitié entre tous les peuples » (article 29). Nous devons trouver un équilibre entre la protection du droit à la liberté de religion et la protection des enfants qui subissent des comportements criminels et préjudiciables justifiés sous couvert de « religion ».

Bien qu'on ne puisse jamais rattraper le temps perdu, nous sommes reconnaissantes pour chaque jour que nous passons ensemble à nous forger de nouveaux souvenirs et de nouvelles amitiés. Nous pensons que l'histoire de notre famille témoigne de la force de l'esprit humain. Quand nous regardons ce que nous avons accompli, nous nous rendons compte que nous pouvons être fières de beaucoup de choses. Notre frère David est diplômé d'Oxford en mathématiques. Jonathan est diplômé de philosophie de l'université de Duhram et est aujourd'hui expert-comptable. Mariana vit au Sénégal avec son petit ami et travaille dans l'industrie de l'import-export. Victor fait des études de droit. Lily étudie la restauration d'œuvres d'art dans le sud de la France. Rosemarie a étudié la musique à l'université et est une chanteuse de talent. Christopher vient d'avoir son bac et a entrepris des études d'infirmier.

Nous attendons que Kiron revienne de son tour du monde pour le mariage de Kristina et de Karl, prévu à l'été 2008.

Kristina aide et travaille à la Safe Passage Foundation[1] avec ses sœurs. Celeste a travaillé comme volontaire pour Parentline Plus[2] et a obtenu son diplôme de psychologie et de pédagogie à l'université de Nottingham Trent en 2006. Elle vit aujourd'hui dans le Somerset avec sa fille. Elle est désormais travailleuse familiale et espère devenir psychologue clinicienne. Juliana poursuit son rêve de devenir écrivain et étudie pour obtenir une licence de philosophie et de psychologie.

Ensemble, les trois sœurs, nous avons créé une organisation appelée RISE International (Ressources, Informations, Socialisation, Éducation), qui travaille à protéger les enfants de toute forme d'abus au sein de cultes isolés et/ou extrémistes.

Nous remercions tous ceux qui nous ont aidées dans les moments difficiles et sur qui nous pouvons compter. Malgré les obstacles rencontrés sur notre chemin, nous vivons désormais nos vies, libres de prendre nos propres décisions, et nous espérons un futur encore meilleur, futur que nous pensions ne jamais connaître.

---

1. Fondation qui se consacre à aider les jeunes gens ayant été élevés dans des milieux sectaires (*N.d.T.*).
2. Centre de conseils aux parents (*N.d.T.*).

Table

Quatrième partie : En route pour la liberté

COLLECTION « TÉMOIGNAGES »

Nura ABDI, *Larmes de sable*, 2008.
Sameem ALI, *Le Voile de la douleur*, 2013.
Sean BOYNE, *Mon père m'a vendue*, 2015.
Sascha BUZMANN, *Le Jouet du prédateur*, 2015.
Michael CLEMENGER, *Dans l'enfer de l'orphelinat*, 2015.
Candice COHEN-AHNINE, *Rendez-moi ma fille*, 2014.
Hope DANIELS, Morag LIVINGSTON, *Abandonnée de tous*, 2016.
Choga Regina EGBEME, *Je suis née au harem*, 2007.
Amale EL ATRASSI, *Louve musulmane*, 2014.
Cathy GLASS, *Violentée*, 2013.
Cathy GLASS, *Ne dis rien*, 2014.
Cathy GLASS, *Maman dit que c'est ma faute*, 2015.
Cathy GLASS, *La Petite Princesse de papa*, 2017.
Doris GLÜCK, *Niqab*, 2011.
Julie GREGORY, *Ma mère, mon bourreau*, 2011.
Katie HARRISON, *Les Larmes de Daisy*, 2014.
Danie LIEROW, *Sauvée par l'amour*, 2015.
Lilly LINDNER, *Moi, Lilly, violée, prostituée*, 2015.
Lizzie MCGLYNN, *Je te pardonne, papa*, 2015.
Sharon MCGOVERN, *Terrifiée*, 2014.
Senait MEHARI, *Cœur de feu*, 2009.
Hélène MONTEL, *Détruite*, 2016.
Mende NAZER, *Ma vie d'esclave*, 2008.
Tina ROTHKAMM, *Mon combat pour libérer ma fille*, 2016.
Ouarda SAILLO, *J'avais 5 ans*, 2010.
Raluca STERIAN-NATHAN, *L'Âme tatouée*, 2013.
Jacky TREVANE, *Fatwa*, 2008.
Judy WESTWATER, *Abandonnée*, 2011.
Adeline YEN-MAH, *Feuilles d'automne*, 2017.

Cet ouvrage a été composé
par Facompo, Lisieux (Calvados)

Impression réalisée à Barcelone par

CPI

en avril 2017
pour le compte des éditions Archipoche

Imprimé en Espagne
N° d'édition : 451
Dépôt légal : mai 2017